Windows Presentation Foundation 4

Norbert Eder

Windows Presentation Foundation 4

Einführung und Praxis

mitp

Bibliografische Information der Deutschen Nationalbibliothek
Die Deutsche Nationalbibliothek verzeichnet diese Publikation in der
Deutschen Nationalbibliografie; detaillierte bibliografische
Daten sind im Internet über <http://dnb.d-nb.de> abrufbar.

Bei der Herstellung des Werkes haben wir uns zukunftsbewusst für
umweltverträgliche und wiederverwertbare Materialien entschieden.
Der Inhalt ist auf elementar chlorfreiem Papier gedruckt.

ISBN 978-3-8266-5936-2
1. Auflage 2011

E-Mail: kundenbetreuung@hjr-verlag.de

Telefon: +49 89/2183-7928
Telefax: +49 89/2183-7620

www.mitp.de

© 2011 mitp, eine Marke der Verlagsgruppe Hüthig Jehle Rehm GmbH
Heidelberg, München, Landsberg, Frechen, Hamburg

Lektorat: Sabine Schulz
Sprachkorrektorat: Maren Feilen
Satz: III-satz, Husby, www.drei-satz.de
Druck: Beltz Druckpartner GmbH und Co. KG, Hemsbach
Cover: © starush – fotolia.de

Inhaltsverzeichnis

Vorwort

Sieht man sich den Webbereich an, wird das Thema »Usability« ernst genommen. Viele Websites sind so gestaltet, dass Informationen schnell gefunden werden können und intuitiv zu verwenden sind. Full-Client-Anwendungen erfüllen diese Anforderungen sehr oft nicht. Teilweise mag dies daran liegen, dass einige Technologien zu wenig flexibel sind, hilfreiche Unterstützung zu großen Aufwand verursacht oder schlicht das Verständnis dafür fehlt.

Mit der Windows Presentation Foundation hat Microsoft ein Framework gestrickt, welches sich an allem bisher Bekannten misst und viele Vorteile vereint. Angefangen von der oft erwähnten Trennung zwischen Anwendungslogik und Darstellung, der einfachen Handhabung von Effekten bis hin zur einfachsten Einbindung und Verwaltung von Medien.

Wer bereits seit Jahren oder Jahrzehnten Software entwickelt und sich dabei (unter anderem) auf Microsoft stützt, wird wohl auch – so wie ich – Windows Forms über Jahre hinweg eingesetzt haben. Eine grundsolide Technologie, die jedoch viele Einschränkungen besitzt. Viele derselben waren einem bereits damals bekannt, viele rückten erst so richtig durch die WPF in den Vordergrund.

Dabei ist jedoch eines von höchster Bedeutung: Wenn Sie die WPF lernen möchten, vergessen Sie Windows Forms. Viele der Konzepte wurden überarbeitet und haben sich teilweise stark verändert. Ebenso kamen neue Konzepte hinzu, die eine gänzlich neue Denkweise erfordern. Doch wie jede neue Technologie lässt sich auch die WPF erlernen und Ergebnisse sind sehr schnell erzielbar.

So mancher mag sich auch fragen, ob eine Technologie für Full Clients heutzutage überhaupt noch sinnvoll ist, wo doch jede ernst zu nehmende Anwendung als Web Client zur Verfügung stehen muss und durch HTML5 auch zusätzliche Erweiterungen ihren Weg zum Entwickler finden, um Webanwendungen noch attraktiver zu machen. Nichtsdestotrotz besitzen Full Clients viele Vorteile, angefangen von der besseren Performance bis hin zu zahlreicheren Möglichkeiten der Interaktivität. Aus diesen und weiteren Gründen wird es auch weiterhin Full Clients geben – da uns heute jedoch mehr Ressourcen als noch vor Jahren zur Verfügung stehen, wollen diese auch genutzt werden. Der Benutzer verlangt nach mehr Komfort.

Als ich mit diesem Buch begann, war es mir ein großes Anliegen, einen gesunden Mittelweg zwischen Grundlagen und Praxis zu finden. Das Resultat liegt nun vor und beschreibt in 10 Kapiteln die wichtigsten Bestandteile der WPF, angereichert durch zahlreiche Tipps. Das abschließende Kapitel stellt eine komplette praxisnahe Beispielanwendung dar. Dabei wird auch auf das Thema Softwaredesign eingegangen und das MVVM-Pattern vorgestellt und ein kleines MVVM-Framework erstellt, welches den Kern der Anwendung darstellt. Darauf aufbauend finden sich viele in den vorderen Kapiteln vorgestellte Konzepte und Funktionalitäten.

Die Gliederung des Buches stellt sich wie folgt dar:

- *Kapitel 1: Grundlagen der Windows Presentation Foundation* – Bevor auf die einzelnen Konzepte und Funktionalitäten eingegangen wird, müssen grundlegende Informationen vermittelt werden. Dieses Kapitel beschäftigt sich mit den Vor- und Nachteilen der WPF und gibt einen Überblick über die Architektur, die Anwendungstypen und nützliche Tools.

- *Kapitel 2: Grundlagen XAML* – XAML ist kein zentraler Bestandteil der WPF, sondern kann ganz allgemein zur Darstellung von Visualisierungen (siehe auch »Windows Workflow Foundation«) verwendet werden. Da XAML auch in der WPF verwendet wird, stellt dieses Kapitel diese deklarative Programmiersprache näher vor.

- *Kapitel 3: Steuerelemente* – Dieses Kapitel vermittelt das Konzept des Inhaltsmodells und stellt die einzelnen Steuerelemente der WPF vor. Anhand von Beispielen wird gezeigt, wie diese zu verwenden sind.

- *Kapitel 4: Layout* – Sämtliche Steuerelemente, die zu Layout-Zwecken im Framework vorhanden sind, werden in diesem Kapitel vorgestellt. Die Grundlage hierfür bietet die Beschreibung des Layout-Systems. Zusätzlich finden sich Überlegungen zum Aufbau von Layouts und Beispiele für die Implementierung von eigenen Layout-Elementen.

- *Kapitel 5: Ereignisse* – Gerade im Vergleich mit Windows Forms hat es umfangreiche Änderungen im Bereich der Ereignisse gegeben. Dieses Kapitel setzt sich mit diesem Thema auseinander, erklärt die neuen Ereignisstrategien und zeigt anhand von Beispielen deren Anwendung.

- *Kapitel 6: Datenbindung* – Das Eigenschaftensystem hat sich durch die Einführung der Dependency Properties in .NET sehr stark verändert. Sie bilden die Grundlage für die Datenbindung. Beide Themen werden in diesem Kapitel beschrieben.

- *Kapitel 7: Ressourcen* – Gerade in WPF-Anwendungen spielen Ressourcen eine große Rolle. Styles, Templates, Grafiken etc. werden als Ressource abgelegt. Dieses Kapitel führt Sie in die Welt der Ressourcen ein, erklärt Ressourcenwörterbücher und gibt Tipps, wie Ressourcen abgelegt werden.

- *Kapitel 8: Styles und Templates* – Was Webentwickler durch CSS kennen, wird in der WPF durch Styles und Templates abgedeckt. In diesem Kapitel erfahren Sie, wie Styles funktionieren, welche Templates zur Verfügung stehen, was Sie damit machen und wie Sie damit den Benutzer unterstützen können.

- *Kapitel 9: Commands* – Kleine losgelöste Codeteile, die eine bestimmte Aufgabe übernehmen und zudem noch gut getestet werden können. Die WPF bietet ein Command-System, durch welches eine lose Kopplung möglich ist. In diesem Kapitel erfahren Sie mehr darüber.

- *Kapitel 10: Grafik und Multimedia* – Durch Formen, Bilder, Effekte, Videos und vieles mehr können Sie Ihre Anwendungen aufmöbeln und attraktiv gestalten. Dieses Kapitel liefert Ihnen zahlreiche Informationen und Tipps dazu.

- *Kapitel 11: Design und Architektur* – Dies ist ein Praxiskapitel, das sich mit der Implementierung einer Beispielanwendung anhand des Patterns Model-View-ViewModel beschäftigt. Es ermöglicht eine vollständige Trennung zwischen Anwendungslogik und Darstellung. Erfahren Sie, wie Sie mithilfe dieses Patterns zukunftssichere und einfach zu wartende Anwendungen implementieren können.

Zum Schluss des Vorwortes möchte ich noch allen danken, die mich in der Zeit des Schreibens unterstützt haben. Allen voran natürlich meiner Familie, die oft auf mich verzichten musste, ganz speziell meiner Frau Karo, die während der Arbeit an diesem Buch unseren Sohn Maximilian zur Welt gebracht hat. Großen Dank gebührt auch meiner Lektorin Sabine Schulz, die mich immer tapfer begleitet hat und mir mit Rat und Tat zur Seite stand. Ebenfalls möchte ich auch Josh Smith dankend für seine Unterstützung erwähnen. Herzlichen Dank an alle, die mir zur Seite standen.

Norbert Eder

me@norberteder.com

http://www.norberteder.com

Kapitel 1

Grundlagen der Windows Presentation Foundation

Die Windows Presentation Foundation (zukünftig der Einfachheit halber »WPF« genannt) existiert nun schon einige Jahre, ist aber bei einem Großteil der Entwickler noch immer nicht angekommen. Dies betrifft nicht nur die Projektumsetzungshäufigkeit, bei der WPF zum Zuge kommt, sondern auch grundlegendes Wissen über die WPF. Viele Projekte werden nach wie vor mittels Windows Forms umgesetzt, da diesbezüglich Wissen vorhanden und die WPF ein nicht einschätzbarer Faktor ist. Dieses Kapitel möchte sich daher der WPF mitsamt ihrer Prinzipien und grundlegenden Eigenschaften widmen, um die Technologie aus einem »schwarzen Loch« ins Licht zu hieven. Im ersten Teil werden allgemeine Grundlagen rund um diese Technologie vermittelt. Dies beinhaltet nicht nur Vorteile, Nachteile und Nutzen, sondern auch Werkzeuge, die zum Einsatz kommen bzw. kommen können. Der zweite Teil dieses Kapitels beschäftigt sich mit einer Einführung in die unterschiedlichen Anwendungs- und Projekttypen und gibt Ihnen einen Überblick über den Aufbau und die Komponenten von WPF-Anwendungen.

1.1 Einführung

Die WPF stellt eine erhebliche Verbesserung zur bis dato bekannten Entwicklung von Benutzerschnittstellen dar. Bisher wurde (zumindest im .NET-Umfeld) je nach Anforderung auf Windows-Forms- oder ASP.NET-Anwendungen gesetzt. Andere Möglichkeiten haben sich nicht aufgetan. Die Nachteile der Windows-Forms-Anwendungen liegen jedoch förmlich auf der Hand:

- Eine Trennung zwischen Darstellung und Logik ist schwierig und wird kaum ernsthaft durchgesetzt. Die Hauptschwierigkeit liegt darin, dass die Oberfläche vom Entwickler selbst gestaltet werden muss und entsprechend oft jede Menge Logik innerhalb der Formulare zu finden ist, da eine Abgrenzung der Aufgaben nicht stattfindet und daher auch nicht umgesetzt wird. Eine echte Abgrenzung von Darstellung und Logik ist in der Praxis zudem kaum durchführbar.

- Effekte von modernen Oberflächen sind nur mit erhöhtem Aufwand möglich. Windows Forms basiert auf GDI+ und unterliegt daher gewissen Einschränkungen. GDI+ ist eine C++-Schnittstelle, welche die Kommunikation mit der

Hardware für uns unternimmt und entsprechende Funktionalitäten zur Verfügung stellt. Jedoch werden nur allgemeine Fähigkeiten der Hardware unterstützt. Da die Windows Presentation Foundation mit der DirectX-Schnittstelle kommuniziert, können weitere Features in Anspruch genommen werden, die so via GDI+ nicht zur Verfügung stehen (beispielsweise Hardwarebeschleunigung). Daher lassen sich Oberflächen flexibler gestalten und selbst 3D-Effekte sind mit relativ wenig Aufwand möglich (ebenso lässt sich Hardwarebeschleunigung verwenden). Auch fehlt den Windows Forms die notwendige Skalierbarkeit der User Interfaces, um bei unterschiedlichen Auflösungen Ergebnisse ohne Darstellungsverlust anbieten zu können. Und nicht nur die unterschiedlichen Auflösungen kommen hier ins Spiel: Als Beispiel denke man an lokalisierte Anwendungen (also Anwendungen, die an die Sprachumgebung des Benutzers angepasst sind). Hier kommt es sehr oft vor, dass Texte unterschiedlich lang sind usw. Dies kann uns von der WPF abgenommen werden, da sich die Steuerelemente entsprechend in ihrer Größe anpassen.

■ Bedingt durch das Web sind es viele Benutzer gewohnt, sich ihre Oberflächen selbst anzupassen bzw. aus vordefinierten Designs zu wählen. Dies ist mittels Windows Forms zwar machbar, jedoch ist der Aufwand entsprechend hoch. Das bedeutet, dass oftmals eigene Implementierungen von Steuerelementen entwickelt werden müssen, die Skin-fähig sind. Standardelemente bieten diese Möglichkeit vielfach nicht an und können daher nur bedingt für derartige Zwecke verwendet werden. Die WPF bietet von Haus aus freie Hand hinsichtlich des Aussehens von Steuerelementen, wodurch hier hauptsächlich grafisches Talent denn Programmierkönnen gefragt ist.

An diesen Punkten (weitere ließen sich jedenfalls leicht finden) ist durchaus erkennbar, worauf die WPF hauptsächlich abzielt. Die Oberflächen von Anwendungen haben sich in den letzten Jahren geändert. Heute reicht es nicht mehr aus, Funktionalitäten zur Verfügung zu stellen. Es ist wichtig, dass Anwendungen intuitiv sind, Wartezeiten verkürzen (durch Animationen etc.) und grundsätzlich hübsch anzusehen sind. Als Stichwort sei an dieser Stelle die »Usability« zu nennen – ein nicht unwesentlicher Bereich im heutigen Oberflächendesign. Sie ist vor allem bei Anwendungen wichtig, mit denen tagein, tagaus gearbeitet wird. Hierzu würden zwar die Möglichkeiten, die uns Windows Forms bietet, ausreichen, aber wie sieht es mit einer Lösung aus, die uns Zeit erspart und noch dazu wesentlich flexibler agiert?

Genau an dieser Stelle setzt die WPF unter anderem an und bietet sowohl Entwicklern als auch Designern unterschiedliche Vorteile:

■ *eXtensible Application Markup Language,* oder kurz XAML. Dabei handelt es sich um ein erweitertes XML-Format, um grafische Oberflächen deklarativ zu entwickeln. Die deklarative Programmierung beschäftigt sich nicht mit dem »Wie« (imperative Programmierung), sondern mit dem »Was«. Daher wird über XAML beschrieben, was dargestellt werden soll. Es ist also möglich, mithilfe von XAML Steuerelemente zu platzieren, anzuordnen, das Aussehen zu beschreiben und sogar mit Transformationen zu versehen. Natürlich sind auch weitere Möglichkeiten gegeben (mehr dazu in Kapitel 2).

- *Trennung zwischen Design und Logik.* Durch die Einführung von XAML wurde es erheblich erleichtert, das Design von der Logik zu trennen. So ist es möglich, dem Designer die Gestaltung der Oberfläche zu überlassen, während der Entwickler für die Implementierung der Funktionalität sorgt. Damit können die Aufgaben wesentlich einfacher verteilt und Zuständigkeiten besser zugewiesen werden. So kann sich jeder Teilhabende auf seinen Part konzentrieren. Wird dieses Konzept sauber verfolgt, sind sowohl das User Interface als auch die tatsächliche Implementierung austauschbar. Es findet also tatsächlich eine Trennung zwischen Design und Logik in einer Form statt, die bisher nicht so einfach umzusetzen war.

- *Verbesserte 2D- und 3D-Unterstützung.* Die WPF stellt sehr viele Schnittstellen zur Verfügung, die es erheblich erleichtern, Benutzeroberflächen zu gestalten. Dies schränkt sich nicht auf den 2D-Bereich ein, sondern auch 3D-Oberflächen werden unterstützt. Durch die Anbindung an Direct3D ist man nicht auf die Funktionalität beschränkt, die GDI+ zur Verfügung stellt, sondern kann quasi aus dem Vollen schöpfen (Zusatzfunktionen der Hardware, die über DirectX zur Verfügung gestellt werden). 3D-Effekte, sich drehende Körper, Transformationen, verlustfreies Zoomen und vieles mehr ist möglich, ohne monatelange Implementierungsdauer. Trotz der vereinfachten Darstellung sei jedoch darauf verwiesen, dass kleine Erfolge sehr schnell erzielt werden, dennoch ist einiges an Know-how notwendig, um auch komplexere Aufgabenstellungen in annehmbarer Zeit umsetzen zu können. Der Teufel liegt ja bekanntlich im Detail und dies trifft auch auf die WPF zu.

- *Browseranwendungen.* Es lassen sich nicht nur anspruchsvolle Windows-Anwendungen entwickeln. Die WPF kann auch für die Entwicklung von Browseranwendungen herangezogen werden – dies sowohl unter dem Deckmantel der WPF selbst als auch durch Silverlight. Dafür steht die WPF zwar nicht im vollen Funktionsumfang zur Verfügung, dennoch können damit anspruchsvolle Internetanwendungen (beispielsweise für das Intranet) erstellt werden. Die Herangehensweise unterscheidet sich nicht zur Entwicklung unter Windows, es muss dem Entwickler jedoch bewusst sein, dass es Unterschiede im angebotenen Funktionsumfang gibt.

Wie Sie sehen, sind dies größtenteils Vorteile, die das Entwickeln von Oberflächen betrifft. Es sei jedoch darauf verwiesen, dass sich auch unter der Haube einiges geändert hat, wodurch sich nicht nur die Entwicklung von User Interfaces vereinfachen lässt. Auf die genauen Einzelheiten werden wir in den nachfolgen-

den Kapiteln noch näher zu sprechen kommen. Es sei jedoch bereits jetzt vorweg-
genommen, dass sich die Vorteile nicht nur auf Grafisches beschränken.

1.1.1   Nutzen der WPF

Eine Aufzählung der Vorteile ist natürlich eine schöne Sache, jedoch erschließt
sich dadurch meist nicht auf den ersten Blick, welchen Nutzen etwas tatsächlich
bringt und ob sich ein Umstieg wirklich lohnt. Daher widmet sich dieser
Abschnitt dem effektiven Nutzen, den die WPF sowohl dem Designer als auch
dem Entwickler (und im Endeffekt dem Kunden/Anwender) bietet.

Wenn Sie mit der Entwicklung unter der WPF beginnen, werden Ihnen recht
schnell zwei Dinge auffallen:

- Vieles kann um einiges leichter erreicht werden als bisher. Seien es Animationen, 3D-Effekte oder die Ablage des Aussehens in eigenen Dateien (und die damit verbundene einfache Möglichkeit, das Aussehen der gesamten Anwendung innerhalb von Minuten zu ändern). Sehr schnell werden Sie auch erfahren, dass ab sofort Dinge, die Ihnen früher vermutlich zu kompliziert
  erschienen, nun leicht von der Hand gehen.

- Haben Sie bereits unter Windows Forms Anwendungen implementiert, dann
  werden Sie Ihre WPF-Anwendungen wahrscheinlich mit den gleichen Gedanken und derselben Herangehensweise starten. Hier werden Sie erfahren, dass
  sich einiges Bekanntes in Unbekanntes verwandelt hat. So finden sich an vielen Stellen nicht mehr die gewohnten Eigenschaften. Oft muss daher mühsam
  herausgefunden werden, wie die ehemals einfache Aufgabe jetzt realisiert werden kann. Lassen Sie sich dadurch jedoch nicht entmutigen. Sind die neuen
  Konzepte erst einmal bekannt, ist auch dieser Weg einfach zu beschreiten.
  Wichtig beim Umstieg von Windows Forms auf die WPF ist, dass Sie bisher ge-
  festigtes Wissen loslassen und sich frei von alten Gewohnheiten auf diese
  Technologie stürzen.

Eines dieser neuen Konzepte wird durch die vorhandenen Steuerelemente abgebildet. Bis dato hatte man Standardelemente zur Verfügung, die auf ein Formular
gezogen wurden und somit das Aussehen einer Anwendung bestimmten. Für
besondere Fälle mussten eigene Steuerelemente implementiert werden, vor allem
wenn eigene Funktionalität oder ein bestimmtes Aussehen notwendig waren.
Soweit hat sich auch in der WPF nichts verändert. Der Unterschied liegt jedoch –
wie immer – im Detail. Unter Windows Forms hatten alle Elemente eine
bestimmte Aufgabe und waren entsprechend dieser Aufgabe in ihrer Funktion
sehr eingeschränkt. Sollten mehrere Steuerelemente miteinander kombiniert werden, musste meist eine Ableitung her und schon entstand ein neues Benutzerele-
ment. Hier lässt uns die WPF wesentlich mehr Freiraum.

Nehmen wir als Beispiel das ListBox-Element aus den Windows Forms. In den meisten Fällen wird dieses Element verwendet, um Daten aufzulisten und dem Benutzer eine Mehrfachauswahl zu bieten. Großartige Gestaltungsmöglichkeiten werden dem Entwickler jedoch nicht geboten. Sollen Einträge beispielsweise in Form einer Visitenkarte dargestellt werden (eventuell zusammen mit einem Bild) würde dies unter Windows Forms bereits einen beträchtlichen Zeit- und Implementierungsaufwand mit sich bringen. Mithilfe der WPF kann über eine Vorlage (mehr dazu in den Kapiteln 6 und 8) definiert werden, wie die Inhalte auszusehen haben und darüber hinaus können beliebige Steuerelemente innerhalb der einzelnen Zeilen (»Items«) platziert werden. So ist es mittels der WPF auch sehr einfach zu bewerkstelligen, weitere Steuerelemente einzubinden, um einzelne Einträge auf unterschiedliche Art und Weise bearbeitbar zu machen. Ein Beispiel in Verbindung mit einem ComboBox-Element ist in Abbildung 1.1 zu sehen.

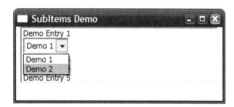

Abb. 1.1:   ComboBox in einer ListBox anzeigen

Dabei handelt es sich um ein Feature, welches einen unheimlichen Vorteil bietet: Es wird erstmals möglich, Controls fast beliebig zu verschachteln, ohne sofort ein neues Steuerelement erstellen zu müssen.

Aber nicht nur gestaltungstechnisch, sondern auch technologisch ändert sich einiges für den Softwareentwickler. Bis dato wurde das Zeichnen der Oberfläche durch die GDI-Funktionen von Windows übernommen. Unter der WPF erfolgt die Darstellung unter Zuhilfenahme von Direct3D. Bisher bekannte Einschränkungen sind daher nicht mehr gültig und Anwendungen profitieren zudem von der dadurch möglichen Hardwareunterstützung. Ein weiterer Unterschied liegt in der vektorbasierten Ausgabe. Dies bedeutet, dass die Anwendung bei jeglicher Auflösung immer korrekt (und verlustfrei) dargestellt wird, unabhängig der vom Entwickler bzw. dem Anwender gewählten Konfiguration. Interessanter Nebeneffekt: Verlustfreies Zoomen wird dadurch realisierbar.

1.1.2   Interaktion

Ein weiterer Nutzen, der jedoch gesondert dargestellt werden soll, ist die Möglichkeit der Interaktion mit Bestehendem. So können WPF-Anwendungen nicht nur mit Win32-Anwendungen interagieren, sondern auch:

- WPF-Teile in herkömmliche Windows-Forms-Anwendungen

- und Windows-Forms-Steuerelemente in WPF-Anwendungen

integriert werden.

Dies mag auf den ersten Blick zwar ein eher unbedeutendes Feature sein, jedoch tun sich in der Realität einige Möglichkeiten auf.

Beispielsweise existiert in der WPF-Welt kein Steuerelement, das es mit dem unter Windows Forms bekannten `PropertyGrid` aufnehmen kann. Anstatt diese Funktionalität nachzubilden, ist es mit sehr wenig Aufwand möglich, das bekannte Element in eine WPF-Anwendung zu integrieren. Auf die gleiche Art und Weise kann ein WPF-Steuerelement in eine Windows-Forms-Anwendung übernommen werden. Sehr interessant, wenn es um Transformationen bzw. Animationen geht.

Schlussendlich funktioniert dies auch im Zusammenspiel mit Office, Visual Studio und anderen Produkten.

Die unterschiedlichen Möglichkeiten der Interaktion bieten den Vorteil, dass eine Anwendung nicht komplett unter der WPF entwickelt werden muss. Es können lediglich die Teile ausgegliedert werden, die sich mithilfe der WPF wesentlich einfacher umsetzen lassen. Das Ergebnis wird anschließend in die eigentliche Anwendung (dies kann beispielsweise eine Windows-Forms-Anwendung sein) integriert und steht sofort zur Verfügung. So ist es möglich, für aufwendige Bereiche Zeit (= Aufwand) zu sparen und dennoch größtenteils in einer bekannten Umgebung zu arbeiten.

1.1.3 Werkzeuge

Die beste Technologie bringt (meist) wenig, wenn es keine Unterstützung durch unterschiedliche Hilfsmittel gibt. Da die Windows Presentation Foundation nun doch schon einige Zeit verfügbar ist, kann auf entsprechende Werkzeuge zurückgegriffen werden. Dieser Abschnitt soll einige Möglichkeiten aufzeigen, die Sie in die Lage versetzen, mit der WPF bzw. XAML zu arbeiten. Werkzeuge, die auf spezielle Bedürfnisse zugeschnitten und für bestimmte Aufgabenstellungen vorgesehen sind, werden in den jeweiligen Kapiteln näher aufgeführt. Hier soll lediglich ein kleiner Überblick gegeben werden, der Ihnen als Stütze bei der Suche Ihres Favoriten dienen soll.

Visual Studio 2010/Cider

Das wohl am meisten genannte Werkzeug (und auch für Entwickler am sinnvollsten) ist Visual Studio 2010 zusammen mit dem integrierten XAML-Editor/-Designer Cider. Da der Editor tatsächlich voll integriert ist, verspricht dies eine optimale Zusammenarbeit. Die Notwendigkeit, verschiedene Anwendungen zu nutzen, ist somit nicht gegeben. Fast. Zwar bietet Cider viele Möglichkeiten, dennoch wird der Entwickler beim Thema Performance etwas enttäuscht. Gerade beim erstmaligen Laden der XAML-Visualisierung vergeht viel Zeit, bis die Oberfläche gerendert wird.

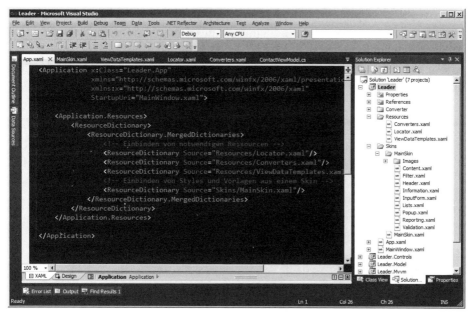

Abb. 1.2:   Visual Studio 2010

Hier nun die wichtigsten Eigenschaften und Möglichkeiten von Cider:

- *Rapid Application Development*: Wie bereits von frühen Visual Basic IDEs und natürlich auch Windows Forms bekannt, können Steuerelemente bequem mittels Maus auf ein WPF-Fenster oder Steuerelement gezogen und platziert werden. Der dahinter liegende XAML-Code wird automatisch generiert und muss somit nur mehr angepasst werden.

- *Split View*: Wenn es um die Oberfläche und den XAML-Code geht, stehen dem Entwickler drei unterschiedliche Modi zur Verfügung. In der DESIGN VIEW wird lediglich die fertige Oberfläche angezeigt bzw. besteht die Möglichkeit, Steuerelemente beliebig zu setzen bzw. zu verändern. In der XAML VIEW ist nur der XAML-Code sichtbar, kann erstellt und/oder verändert werden. Schließlich steht noch die SPLIT VIEW zur Verfügung, die beide Ansichten vereint und untereinander darstellt. Veränderungen in einer Ansicht sind automatisch in der zweiten Ansicht sichtbar.

- *IntelliSense*: Wie im normalen Codefenster steht auch für den XAML-Editor IntelliSense zur Verfügung. Schnelles Setzen von Attributen und Werten (beispielsweise Farben, Pfade) wird so möglich und spart jede Menge Zeit und Nerven.

■ *Fehlererkennung*: Tippfehler passieren, auch andere Fehler gehören zum Alltag des Entwicklers. Der WPF-Designer macht darauf aufmerksam und zeigt vorhandene Fehler wie gewohnt in der Fehlerliste an. In manchen Fällen gilt es jedoch, einfallsreich zu sein, da die eine oder andere Fehlermeldung dann doch nicht unbedingt das darstellt, was sie eigentlich besagen sollte.

Für den WPF-Entwickler bzw. für kleinere Anwendungen sollte der WPF Designer Cider ausreichend sein. Sind Designer und Entwickler nicht dieselbe Person, ist es jedoch anzuraten, dem Designer kein Visual Studio bereitzustellen, sondern stattdessen Expression Blend zu wählen.

Abb. 1.3: Visual Studio WPF Designer (Cider)

Visual Studio bietet natürlich noch weitere Unterstützung. So wurde auch das Eigenschaftenfenster im Vergleich zur Vorgängerversion um zahlreiche Optionen erweitert. Sehr hilfreich ist hierbei die Möglichkeit, Datenbindungen darüber zu setzen, wie in Abbildung 1.4 zu sehen. Mehr zum Thema Datenbindung erfahren Sie in Kapitel 6.

Ebenfalls äußerst hilfreich ist die *Document Outline*. Hiermit ist es möglich, sich innerhalb kürzester Zeit einen Überblick über den Aufbau einer XAML-Datei zu verschaffen. Zusätzlich wird zu jedem Eintrag die visuelle Repräsentation des selektierten Eintrags (inklusive seiner Untereinträge (»Kinder«)) dargestellt (Abbildung 1.4).

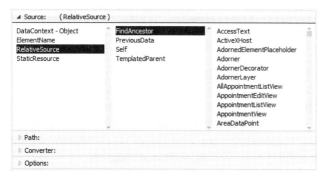

Abb. 1.4: Datenbindungen über Visual Studio 2010

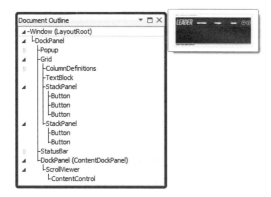

Abb. 1.5: Aufbau einer XAML-Datei

Für den Entwickler ist Visual Studio 2010 sicherlich die beste Wahl. Für den Designer bietet sich das günstigere Microsoft Expression Blend an.

Microsoft Expression Blend

- Microsoft Expression Blend entstammt dem Microsoft Expression Studio. Diese Suite besteht aus insgesamt vier Tools:

- Expression Blend

- Expression Design

- Expression Encoder Pro

- Expression Web + SuperPreview

Die vorgenannten Anwendungen wenden sich an professionelle Webdesigner, -entwickler und Grafiker, um anspruchsvolle Webanwendungen bzw. allgemein Oberflächen erstellen zu können.

Mit Expression Blend erhält der Designer ein ausgefeiltes Werkzeug, um WPF-Oberflächen zu entwickeln. Hierbei werden ihm sämtliche grafischen Möglichkeiten angeboten. Wahlweise kann dazu ein Designer, aber auch der XAML-Editor verwendet werden. So ist es beispielsweise möglich, ohne eine Zeile Sourcecode innerhalb weniger Minuten eine kleine Animation zu erstellen.

Da Expression Blend auch mit .NET Solutions umgehen kann und zudem einwandfrei mit Visual Studio 2010 zusammenarbeitet, ist es das ideale Tool für den Designer, um die gewünschte Oberfläche zu erstellen. Die angelegten Dateien können mit dem Entwickler geteilt werden, welcher schlussendlich die Implementierung vornimmt. Die Trennung von Design und Logik ist somit sowohl auf Anwendungsebene als auch auf Basis der Zuständigkeiten möglich.

Die wichtigsten Features von Expression Blend sind:

- *SketchFlow*: Die Erstellung von schnellen Screen-Prototypen inklusive Ablaufsteuerung der einzelnen Screens. Mithilfe des Resultats können Oberflächen/ Layouts sehr schnell (auch gemeinsam mit dem Kunden) erzeugt und besprochen werden. Das Resultat ist ein voll funktionstüchtiger WPF-Prototyp. Zusätzlich können in dem ausgeführten Prototyp Anmerkungen in grafischer Form sowie Kommentare hinterlassen werden, die in der Prototyp-Solution zusammengefasst und verarbeitet werden können. Auch die Generierung einer Dokumentation ist möglich.

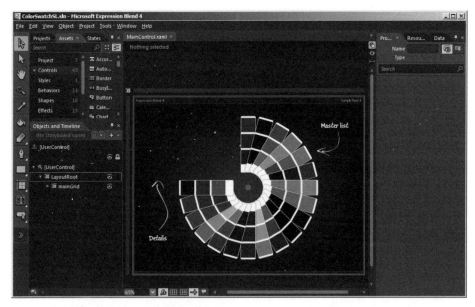

Abb. 1.6: Microsoft Expression Blend

- *Import von Adobe Photoshop und Adobe Illustrator*: Oberflächen werden vielfach mit den beiden genannten Anwendungen designed. Blend erlaubt den Import derartiger Dateien. Dabei kann auch auf einzelne Layer näher eingegangen werden.

- *IntelliSense*: Wie Visual Studio unterstützt auch Expression Blend IntelliSense.

- *Beispieldaten*: Einfache Beispieldaten können sehr schnell erstellt bzw. importiert werden. Dadurch ist es bereits frühzeitig möglich, Probleme der Benutzeroberfläche zu erkennen.

Kaxaml

- Kaxaml (siehe `http://www.kaxaml.com/`) ist ein kostenloser XAML-Editor, der geschriebenes XAML sofort interpretiert und darstellt. Dabei stehen kleine Helferlein zur Verfügung, die den Umgang wesentlich erleichtern:

- *Snippets*: Es werden viele vorgefertigte XAML-Teile angeboten. Diese können entweder direkt verwendet oder zu Lernzwecken genutzt werden. Zusätzlich besteht die Möglichkeit, eigene Snippets abzulegen und zu verwalten.

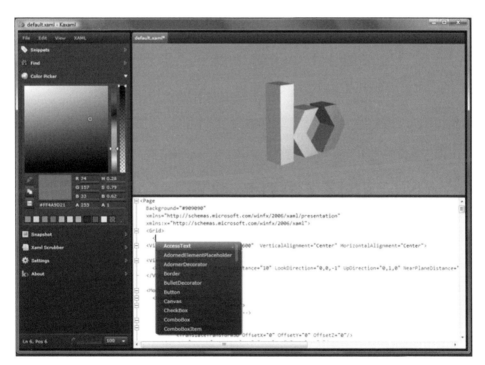

Abb. 1.7:   Kaxaml

- *Snapshot*: Von der aktuellen Darstellung kann ein Snapshot erstellt werden, welcher wahlweise in die Zwischenablage kopiert wird oder ins Dateisystem geschrieben werden kann.

- *XAML Scrubber*: Wird lange an einer XAML-Datei gearbeitet und eventuell mit unterschiedlichen Editoren, kann es schon mal vorkommen, dass die Formatierung und damit die Übersichtlichkeit darunter leiden. Hierbei bietet der Scrubber Unterstützung: Einfach die gewünschten Einstellungen (Einrückung etc.) tätigen und schon wird das gesamte XAML formatiert. Zusätzlich zu dieser Funktionalität ist es auch möglich, Attribute nach ihrer Wichtigkeit zu sortieren.

Grundsätzlich ist dieses Tool kaum vergleichbar mit beispielsweise Expression Blend, dennoch ermöglicht es, ohne viel Aufwand kleinere Szenarien und/oder Demos zu entwickeln. Dafür ist es in der Regel nicht notwendig, große Umgebungen zu laden, die zudem einen hohen Ressourcenverbrauch haben.

XamlPad

- Bei XamlPad handelt es sich um ein Werkzeug aus dem Windows SDK. Dieses wird bei dessen Installation mit auf den Rechner gespielt und ist ab dann verfügbar. Wie schon bei Kaxaml handelt es sich auch hierbei um einen visuellen Editor für XAML. Die einzelnen Funktionen sind jedoch nicht sehr ausgeprägt und stellen vielmehr die minimalen Anforderungen eines XAML-Editors dar. Für kleinere Demos bzw. Beispiele ist XamlPad dennoch durchaus empfehlenswert.

Abb. 1.8:   XamlPad

1.1.4   Systemvoraussetzungen

Last but not least gibt es Voraussetzungen, unter denen WPF-Anwendungen lauf-fähig sind. Diese werden wie folgt definiert:

- Windows 7

- Windows Vista

- Windows XP Service Pack 2

- Windows Server 2003 Service Pack 1

Erstmals wurde die Windows Presentation Foundation mit dem .NET Framework 3.0 eingeführt. Das bedeutet, dass es mindestens installiert sein muss, um WPF-Anwendungen ausführen zu können.

1.1.5   Weiterführende Informationen

Wenn Sie in Teilbereichen weiterführende Informationen benötigen, dann seien Ihnen folgende Quellen mit auf den Weg gegeben:

- Microsoft Windows SDK – Unterstützt Sie mit sehr vielen Beispielen, Dokumentationen und Tools.

- Microsoft Developer Network – Das MSDN hält eine komplette Onlinedokumentation inklusive Input der Community für Sie bereit.

- Microsoft WindowsClient unter `http://windowsclient.net/wpf` – Viele Beispiele, Dokumentationen, Videos und Hands On Labs.

Zusätzlich zu diesen Möglichkeiten beinhaltet auch Expression Blend einige Beispiele sowohl für die WPF als auch für Silverlight.

1.2   Grundlagen der WPF

Bevor es in den nächsten Kapiteln an die ersten Beispiele und an eine konkrete Anwendung geht, sind einige grundlegende Informationen notwendig. So werden die unterschiedlichen Anwendungs- und Projekttypen erklärt, es wird aufgezeigt, wie die WPF mit Namespaces umgeht und eine kurze Einführung in das Thema der Ressourcen gegeben, wobei eine tiefergehende Erläuterung in einem eigenständigen Kapitel (siehe Kapitel 7) abgedeckt wird. Zusätzlich werden einfache (aber deshalb nicht unwichtige) Standardaufgaben gezeigt, die Sie vor Ihrer ersten Anwendung unbedingt kennen sollten.

1.2.1 Anwendungs- und Projekttypen

Um ein wenig Ordnung in ein verwirrendes Thema zu bringen, gilt es, zwischen zwei Typen zu unterscheiden (die sich jedoch teilweise überschneiden):

- Anwendungstypen

- Projekttypen

Unter den »Anwendungstypen« werden die unterschiedlichen Varianten zusammengefasst, die beschreiben, wie eine WPF-Anwendung ausgeführt wird. Hier gibt es insgesamt drei unterschiedliche Typen:

- *Windows-Anwendungen*: Diese nutzen meist das grafische Potenzial der WPF und sind als normale Windows Clients gedacht.

- *Browseranwendungen (XAML)*: Diese Anwendungen werden via Click Once installiert und im Browser ausgeführt.

- *Loose XAML*: Anwendungen, die keinen Code beinhalten, sondern lediglich aus XAML bestehen.

Als »Projekttypen« sind an dieser Stelle die Typen bezeichnet, die Sie als Projekt im Visual Studio kreieren können:

- WPF Application

- WPF Browser Application

- WPF Custom Control Library

- WPF User Control Library

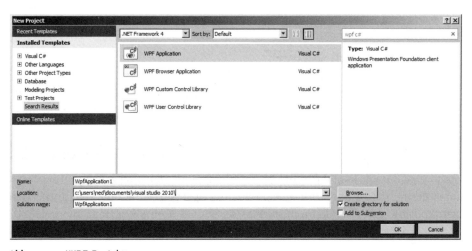

Abb. 1.9: WPF-Projekttypen

In Tabelle 1.1 finden Sie eine Kurzübersicht der einzelnen Projekttypen. Anschließend folgt eine ausführliche Beschreibung der einzelnen Anwendungstypen und welche Entscheidungen bei der Auswahl zum Tragen kommen.

Projekttyp	Beschreibung
WPF Application	Damit erstellen Sie eine typische Windows-Anwendung, welche auf der WPF basiert.
WPF Browser Application	Anwendungen, die im Browser ausgeführt werden und zudem mit Internetrechten ausgestattet sind.
WPF Custom Control Library	Bibliotheken für Steuerelemente, die von anderen Anwendungen benutzt werden können.
WPF User Control Library	

Tabelle 1.1: Übersicht der Projekttypen in Visual Studio

Bevor ein Projekt gestartet wird, sind sehr viele Überlegungen anzustellen und darauf basierend Entscheidungen zu treffen. So muss festgelegt werden, welche Technologie für die Umsetzung verwendet wird, auf welche Oberfläche (Windows, Web, Konsole) gesetzt wird, wie diese auszusehen hat, welche Design Patterns eingesetzt werden und viele weitere Fragen müssen beantwortet werden. Dies trifft auch auf eine WPF-Anwendung zu. Um im Bereich der WPF die richtigen Entscheidungen treffen zu können, müssen die Anforderungen genau bekannt sein. Erst dadurch lässt sich entscheiden, unter welchen Rahmenbedingungen die Anwendung implementiert wird und wie der Aufbau auszusehen hat. Hierzu gibt es drei unterschiedliche Wege:

- *XAML + Code*: Die Anwendung besteht sowohl aus XAML-Markups als auch aus Code, der für die Logik eingesetzt wird. Der Code wird vorwiegend mittels C# und VB.NET entwickelt. Dies stellt die am häufigsten verwendete Methode dar.

- *Code*: Auch ohne die Verwendung von XAML lassen sich WPF-Anwendungen entwickeln. Hierzu wird auch die Oberfläche über den Code generiert.

- *XAML*: Es ist nicht nur möglich, eine WPF-Anwendung komplett per Code zu entwickeln. Ebenso kann hierfür lediglich XAML zum Zuge kommen.

Wie bereits angesprochen, müssen sämtliche Vorgaben bekannt sein, um sich für eine der obigen Varianten entscheiden zu können. Wie unschwer zu erkennen ist, besitzen alle Varianten ihre Vor- und Nachteile. Finden wir gemeinsam heraus, welche das sind.

XAML + Code-Anwendungen

Wie der Name schon sagt, handelt es sich dabei um Anwendungen, die sowohl XAML-Markup enthalten als auch Code (beispielsweise in C# geschrieben). Nach der Erstellung eines Projekts dieses Typs sind die Dateien App.xaml und App.xaml.cs sowie die Dateien MainWindow.xaml und MainWindow.xaml.cs eingebunden. XAML-Dateien enthalten das Markup und beschreiben, wie dieser Teil auszusehen hat, während sich in den C#-Dateien die Logik verbirgt. Dadurch wird bereits ein Grundmaß an Trennung zwischen Präsentation und Logik vorgegeben. Dieses Vorgehen sollte von Ihnen unbedingt weitergeführt bzw. kann durchaus noch verschärft eingesetzt werden. Die Zusammengehörigkeit der XAML- und C#-Dateien wird auch durch den Solution Explorer von Visual Studio dargestellt.

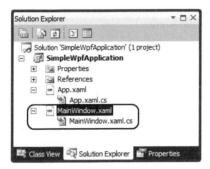

Abb. 1.10: Darstellung XAML- und Code-Behind-Dateien

Code-Anwendungen

Wie der Name schon sagt, wird kein XAML für die Darstellung verwendet. Dies kann natürlich mehrere Gründe haben. So kann es sich bei der Anwendung um ein Programm handeln, welches keine Ausgabe besitzen soll. Das wäre zwar grundsätzlich möglich, jedoch empfiehlt es sich, hierzu eine Konsolenanwendung zu erstellen und daher nicht mit der WPF zu arbeiten. Andere Gründe können allerdings darin liegen, dass entweder (aus welchem Grund auch immer) kein XAML verwendet werden darf/soll oder Sie als Entwickler XAML schlichtweg nicht erlernen möchten.

Grundsätzlich können Sie via Code dasselbe machen, wie das auch mittels XAML der Fall ist. In manchen Fällen sind sogar einige Dinge mehr möglich.

Um eine reine Code-Anwendung zu erstellen, erstellen Sie am besten eine normale WPF-Anwendung. Dadurch wird ein Projekt angelegt, das bereits alle notwendigen Referenzen enthält. In weiterer Folge löschen Sie die Dateien App.xaml, App.xaml.cs sowie MainWindow.xaml und MainWindow.xaml.cs. Nun erstellen Sie eine neue Klasse, die von Window erbt (dazu ist der Namespace System.Windows einzubinden). Beachten Sie, dass Sie natürlich einen Einstiegspunkt in Ihre Anwendung benötigen und daher eine Main-Methode erstellen müssen. Diese muss zudem mit dem Attribut STAThread versehen werden, um das Single-Thread-Modell zu aktivieren. Das ist für die Verwendung von UI-Komponenten notwendig. Damit die benötigten WPF-Steuerelemente eingebunden werden können, ist schließlich noch der Namespace `System.Windows.Controls` einzubinden. Nun kann darangegangen werden, die einzelnen Steuerelemente per Code zu erstellen und zuzuweisen, damit diese schlussendlich auch angezeigt werden. Listing 1.1 zeigt ein vollständiges Beispiel für eine Anwendung ohne die Verwendung von XAML.

```
using System;
using System.Windows;
using System.Windows.Controls;


namespace OnlyCodeApp
{
    public class OnlyCodeApp : Window
    {
        public OnlyCodeApp()
        {
            this.Title = "Only Code";
            this.Width = 200;
            this.Height = 140;

            Button btnOpen = new Button();
            btnOpen.Height = 50;
            btnOpen.Content = "Click here!";
            btnOpen.Click += new RoutedEventHandler(btnOpen_Click);

            Button btnExit = new Button();
            btnExit.Height = 50;
            btnExit.Content = "Exit";
            btnExit.Click += new RoutedEventHandler(btnExit_Click);

            StackPanel stPanel = new StackPanel();
            stPanel.Orientation = Orientation.Vertical;
            stPanel.Children.Add(btnOpen);
            stPanel.Children.Add(btnExit);

            this.Content = stPanel;
        }

        private void btnOpen_Click(object sender, RoutedEventArgs e)
        {
            MessageBox.Show("You've clicked me");
        }

        private void btnExit_Click(object sender, RoutedEventArgs e)
```

```
        {
            Application.Current.Shutdown();
        }

        [STAThread]
        public static void Main()
        {
            new Application().Run(new OnlyCodeApp());
        }
    }
}
```

Listing 1.1:   Anwendung ohne Markup

Hinweis

Das hier gezeigte Beispiel finden Sie auf der beigelegten CD unter `Kapitel01\` `Kap1_OnlyCodeApp`.

Abbildung 1.11 zeigt das Ergebnis des Anwendungsbeispiels.

Abb. 1.11:   Ergebnis der Code-Only-Anwendung

Hinweis

Anhand des gezeigten Beispiels sehen Sie, dass das Schreiben einer WPF-Anwendung ohne XAML grundsätzlich möglich ist. Dennoch empfiehlt es sich nicht, dies in der Realität zu tun. Das mag zwar bei kleineren Anwendungen durchaus sinnvoll sein, bei größeren Anwendungen kann so jedoch sehr schnell ein großer Teil der möglichen Flexibilität verloren gehen. In einigen Fällen wird es natürlich unvermeidlich sein, dass Steuerelemente dynamisch erzeugt werden.

XAML-Anwendungen

Reine XAML-Anwendungen bestehen, wie der Name schon sagt, nur aus XAML. Um eine derartige Anwendung zu erstellen, legen Sie einfach eine normale *WPF Application* an und löschen alle Code-Behind-Dateien, die standardmäßig mit angelebt werden (`App.xaml.cs` und `MainWindow.xaml.cs`). Das Löschen dieser Dateien stellt kein Problem dar, da diese ohnehin keine Logik enthalten werden und somit innerhalb des Projekts überflüssig sind. Listing 1.2 zeigt das bereits bekannte Beispiel als reine XAML-Anwendung.

```
<Window x:Class="XamlOnlyApp.MainForm"
    xmlns=http://schemas.microsoft.com/winfx/2006/xaml/presentation
    xmlns:x=http://schemas.microsoft.com/winfx/2006/xaml
    Title="XAML Only Application" Height="79" Width="300">
    <StackPanel Orientation="Vertical">
        <Button x:Name="ShowButton" Content="Click Me!"
            Click="ShowButton_Click"></Button>
        <x:Code>
            void ShowButton_Click(object sender, RoutedEventArgs e)
            {
                MessageBox.Show("You've clicked me");
            }
        </x:Code>
        <Button x:Name="ExitButton" Content="Exit"
            Click="ExitButton_Click"></Button>
        <x:Code>
            void ExitButton_Click(object sender, RoutedEventArgs e)
            {
                Application.Current.Shutdown();
            }
        </x:Code>
    </StackPanel>
</Window>
```

Listing 1.2: Reine Markup-Anwendung

Hinweis

Das gezeigte Beispiel finden Sie auf der beigelegten CD unter `Kapitel01\Kap1_XamlOnlyApp`.

Abb. 1.12: Das bekannte Beispiel als reine XAML-Anwendung

33

> **Hinweis**
>
> So ganz ohne Code kommt eine reine XAML-Anwendung dann doch nicht aus. Schließlich finden sich Buttons etc., die eine bestimmte Aktion durchführen sollen. Hierzu wird bei diesem Anwendungstyp das XAML-Tag `<x:Code>` verwendet. Damit ist es möglich, innerhalb von XAML-Markup, Code zu implementieren, der ausgeführt werden soll. Dies ist für kleine Demos absolut kein Problem, sollte so jedoch in einer Anwendung nie eingesetzt werden, da dadurch Visualisierung und Code vermischt werden. So ist es in weiterer Folge nicht nur schwieriger, die Oberfläche selbst zu verändern, sondern selbst die Suche nach einem etwaigen Fehler kann sich dadurch zu einem stundenlangen Martyrium hinziehen, mal davon abgesehen, dass dieser Code eher nicht als testbar anzusehen ist.

1.2.2 Assemblies und Namespaces

Die Typen der Windows Presentation Foundation finden sich über mehrere Assemblies und Namespaces verteilt. Die wichtigsten davon werden bei der Anlage eines Projekts automatisch von Visual Studio eingebunden (siehe Abbildung 1.14):

- PRESENTATIONCORE.DLL

- PRESENTATIONFRAMEWORK.DLL

- WINDOWSBASE.DLL

In Abbildung 1.13 finden Sie die ersten beiden genannten Assemblies in einer Architektur-Übersicht. Die hell hervorgehobenen Blöcke stellen die zu der WPF gehörenden Teile dar. Auffällig ist hierbei »Milcore« (MIL selbst steht für Media Integration Layer). Diese Bibliothek ist nicht verwaltet und ermöglicht die Integration mit DirectX. Sie wird für das Rendering verwendet. PRESENTATIONCORE und PRESENTATIONFRAMEWORK sind die Haupt-Assemblies, die für die WPF notwendig sind. Hierbei stellt PRESENTATIONCORE alle notwendigen Basisklassen für einen Presentation Layer zur Verfügung. PRESENTATIONFRAMEWORK enthält schlussendlich die WPF-spezifischen Implementierungen. Enthalten sind unter anderem sämtliche Steuerelemente.

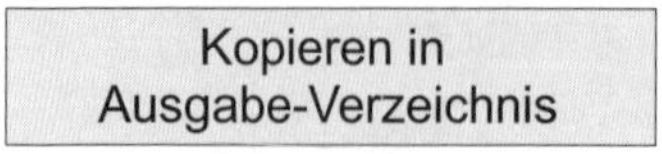

Kopieren in
Ausgabe-Verzeichnis

Abb. 1.13: WPF-Architektur

Die WPF-spezifischen Namespaces finden sich unter `System.Windows` und den darunter liegenden Namespaces.

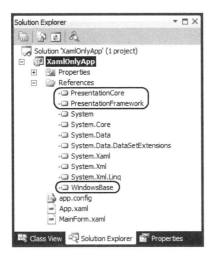

Abb. 1.14: Die Standardreferenzen

Hinweis

Im Laufe der Zeit werden Sie erfahren, dass einige Typen ein Äquivalent im Namespace `System.Windows.Forms` besitzen (beispielsweise der `OpenFile-Dialog`). Dies kann mitunter zu Problemen führen, wenn Sie irrtümlicherweise auch den Namespace `System.Windows.Forms` referenziert haben. Der Hintergrund ist einfach erklärt: Einerseits sollen die bereits bekannten Typen mit neuen Typen einfach assoziiert werden können. Auf der anderen Seite wurden sie in einen anderen Namespace gelegt, um eine deutliche Unterscheidung zu gewährleisten. Zudem ist es oft nicht gewünscht, den Windows-Forms-Namespace einzuschließen (zusätzliche Abhängigkeit usw.).

1.2.3 Ressourcen

Ressourcen wurden bereits an einigen Stellen angesprochen. Wer bereits Windows Forms entwickelt hat, weiß über das Thema Ressourcen grundsätzlich Bescheid. Bei der WPF werden sie zu den gleichen Zwecken verwendet, sind jedoch um einiges mächtiger.

Hinweis

Ressourcen sind ein hilfreiches Werkzeug, die einiges in der Programmierung erleichtern können. So ist es möglich, Informationen (Text, Grafiken etc.) über eigene Ressourcendateien zur Verfügung zu stellen. Diese können entweder direkt in ein Projekt eingebunden oder von externen Dateien geladen werden. Im letzteren Fall ist es sehr einfach möglich, die Ressourcen auszutauschen (Austausch aufgrund von Fehlern in der Übersetzung bei einer mehrsprachigen

Anwendung). Es ist ebenfalls möglich, Ressourcen in eine eigene Assembly zu packen. Diese kann zu einem späteren Zeitpunkt editiert bzw. ebenfalls ausgetauscht werden, sollte sich dies als notwendig erweisen.

Beispielsweise können nicht nur Zeichenfolgen ausgegliedert werden, sondern es besteht die Möglichkeit

- Steuerelemente auszugliedern

- Templates zu verwalten

- Styles zu definieren und zu ändern

Zudem gibt es unterschiedliche Arten von Ressourcen bzw. können diese auf unterschiedliche Art und Weise eingebunden werden:

- statisch

- dynamisch

Der Unterschied besteht darin, wann bzw. wie oft die Ressource ausgewertet wird. Bei einem statischen Zugriff wird die Ressource beim ersten Zugriff ausgewertet, bei allen weiteren nicht mehr. Beim dynamischen Zugriff auf eine Ressource entscheidet die WPF, wann die Ressource neu eingelesen werden muss. Daher können zur Laufzeit Änderungen erfolgen, die Auswirkung auf beispielsweise die Oberfläche haben.

Dies sollte als kurze Einführung in das Thema der Ressourcen genügen. Eine ausführliche Behandlung der Ressourcen finden Sie in Kapitel 7.

Hinweis

Alle in diesem Buch gezeigten Beispiele sind auf der beigelegten CD zu finden und wurden mit Visual Studio 2010 erstellt.

Dieses Kapitel hat eine erste Einführung in die WPF gegeben, die Nutzen-Frage geklärt, Werkzeuge und Systemvoraussetzungen vorgestellt sowie über die Anwendungstypen inklusive der wichtigsten Komponenten informiert. Das folgende Kapitel geht nun näher auf XAML ein.

Kapitel 2

Grundlagen XAML

XAML wurde bereits im ersten Kapitel des Öfteren erwähnt und soll in diesem Kapitel weiter vertieft werden. Dies beinhaltet eine nochmalige (und sicherlich auch genauere) Einführung in die dahinter liegenden Konzepte wie auch die Beschreibung und Erklärung von weiteren Eigenheiten und Funktionalitäten. Dieses Kapitel ist nicht nur für Einsteiger gedacht, sondern liefert auch wertvolle Informationen für Fortgeschrittene, die tiefer gehendes Know-how benötigen.

2.1 Einleitung

Die WPF ist nicht bloß ein weiteres Framework, das auf uns Entwickler losgelassen wird, sondern es bringt auch eine neue Sprache mit sich: XAML (eXtensible Application Markup Language). Dabei handelt es sich um eine Markup-Sprache, basierend auf XML, und ist daher für all diejenigen, die bereits mit XML umgehen können, leicht erlernbar.

> **Hinweis**
>
> XML steht für »eXtensible Markup Language«. Hauptsächlich kommt XML zum Einsatz, wenn es darum geht, Daten hierarchisch aufzubauen. Der Vorteil liegt darin, dass die Struktur selbst vorgegeben werden kann. In Listing 2.1 finden Sie ein einfaches Beispiel dafür, wie Personendaten in einer XML-Datei abgelegt werden können. Weitere Informationen zum Thema XML können Sie unter anderem auf http://www.w3.org/standards/xml/ beziehen.

```xml
<?xml version="1.0">
<People>
  <Person>
    <Firstname>Norbert</Firstname>
    <Lastname>Eder</Lastname>
  </Person>
</People>
```

Listing 2.1: XML-Beispiel

Durch diese neue Sprache ist es möglich, auf deklarative Art und Weise eine Oberfläche zu beschreiben. Dies bedeutet, dass man sich im ersten Schritt wenig

Gedanken darüber machen muss, wie die spätere Implementierung aussieht, sondern sich wirklich nur auf die Oberfläche zu konzentrieren hat.

Hinweis

Die »deklarative Programmierung« beschäftigt sich mit der Frage nach dem »Was« und nicht dem »Wie« (imperative Programmierung). Auf Basis der ursprünglichen mathematischen Definition bedeutet dies, dass das Programmierparadigma der deklarativen Programmierung auf das Ergebnis abzielt und nicht darauf, wie der dafür notwendige Algorithmus arbeitet bzw. aufgebaut ist. Dies kann für die WPF insofern abgeleitet werden, als dass XAML für die Darstellung (das »Was«) zuständig ist und die Code-Behind-Dateien (z.B. C#) den Algorithmus vorgeben, d.h. die hinter der Oberfläche versteckte Logik.

Der Aspekt, sich nur auf die Oberfläche zu konzentrieren ist in der Windows-Client-Entwicklung durchaus recht neu. Webentwickler hingegen beschreiten diesen Weg schon längere Zeit. So ist es bei Webapplikationen seit Jahren üblich, die Logik von der Oberflächendarstellung zu trennen. HTML (Hypertext Markup Language) wird ohne grafische Attribute generiert. Das Aussehen wird via CSS (Cascading Style Sheets) gesteuert. Der Vorteil: Die Anwendung selbst muss sich nicht ändern, das Aussehen kann jedoch durch das Anpassen der vorhandenen CSS-Dateien oder deren Austausch verändert werden.

Zwar bieten reine Windows-Anwendungen wesentlich mehr technische Möglichkeiten (vorhandene Hardware kann besser ausgereizt werden, Usability usw.), dennoch konnten sie den angesprochenen Vorteil von Webanwendungen bis dato nicht auf einem genauso einfachen Weg anbieten. Mit der WPF und XAML wird dem Entwickler nun eine derartige Möglichkeit in die Hand gelegt. Das Aussehen von Webanwendungen kann auf deklarative Art und Weise festgelegt werden. Genauso ist dies nun mittels XAML möglich. Mithilfe einer erweiterten XML-Syntax wird definiert, welche Elemente anzuzeigen sind, an welcher Position sie sich befinden und wie sie aussehen (weitere Möglichkeiten werden wir im Zuge dieses Kapitels noch kennenlernen). Da sich die Logik in sogenannten Code-Behind-Dateien befindet, wird bereits eine erste Möglichkeit geschaffen, die Implementierung vom tatsächlichen Aussehen zu trennen. Dies wird noch weiter unterstützt, indem zwar die einzelnen Elemente definiert werden, jedoch weitere Einstellungen in separate Dateien ausgegliedert werden, die im Echtbetrieb noch verändert werden können.

Wenn wir von einer sauberen Trennung zwischen Implementierung (Logik) und der Darstellung sprechen (wie dies nun mittels der WPF bezogen auf Client-Anwendungen wirklich möglich ist), dann sprechen wir gleichzeitig auch von der Möglichkeit, Zuständigkeiten aufzuteilen (siehe Abbildung 2.1).

Bis dato wurden beide Aufgaben von einer einzigen Person, dem Entwickler, durchgeführt. Natürlich konnte die Darstellung von einem Designer vorgegeben werden (beispielsweise in Form einer Photoshop-Vorlage), jedoch musste sich der Entwickler darum kümmern, wie diese Vorgaben erfüllt werden können. Das ist in dieser Form nicht immer sehr sinnvoll. Zwar gibt es durchaus Entwickler, die grafische Fähigkeiten mit sich bringen, generell kann davon allerdings nicht ausgegangen werden. Der Entwickler soll das tun, was er wirklich gut kann – Software entwickeln. Genauso verhält es sich mit dem Grafiker, nur dass dieser eben für das Design zuständig ist.

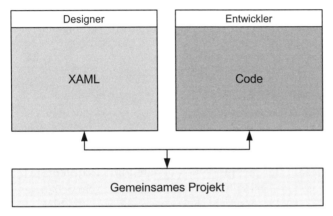

Abb. 2.1: Zusammenhang Designer und Entwickler

Die Trennung von Aufgaben ist in Unternehmen gängige Praxis. Nicht jeder kann, will und soll alles machen. Zuständigkeiten werden an Personen verteilt, die der Aufgabe gewachsen sind und sich im jeweiligen Bereich bestmöglich einbringen können. Warum sollte dies bei der Softwareentwicklung nicht auch so sein? Im Webbereich konnte dies bereits entsprechend umgesetzt werden und die WPF folgt dieser vorteilhaften Entwicklung.

Doch wie sieht die Aufgabenteilung bezogen auf die WPF in der Praxis aus? Der Grafiker kann mithilfe entsprechender Tools (z.B. Microsoft Expression Blend) Oberflächen bequem gestalten, die Elemente entsprechend anordnen, mit Styles arbeiten, Animationen erstellen usw. Bei Verwendung von Expression Blend wird im Hintergrund bereits mit einer Visual Studio Solution gearbeitet, welche es dem Entwickler in weiterer Folge ermöglicht, sofort auf die Ergebnisse des Grafikers aufzubauen und seine Implementierungen vorzunehmen. Auch wenn viele Aufgaben des Grafikers über die Oberfläche des Tools gelöst werden können, sind XAML-Kenntnisse natürlich von großem Vorteil bzw. teilweise notwendig. Durch die Ähnlichkeit zu XHTML und Co. sollte dies jedoch kein allzu großes Problem darstellen.

Wie bereits angesprochen, scheinen immer mehrere Dateien zusammenzugehören. Wie diese Struktur aufgebaut ist, welchen Zweck welche Datei hat und wer damit potenziell zu tun hat, soll in den nächsten Absätzen näher geklärt werden.

Hinweis

An dieser Stelle werden die für Designer und Entwickler wichtigen Dateien erläutert. Einige Dateien, die im Zuge eines neuen Projekts zusätzlich erzeugt werden, werden zu einem späteren Zeitpunkt näher erklärt.

Wird eine neue WPF-Anwendung erstellt, werden einige Dateien automatisch angelegt. Im konkreten Fall beinhaltet ein WPF-Application-Projekt folgende drei Dateien:

- `App.xaml`
- `MainWindow.xaml`
- `MainWindow.xaml.cs`

Hinweis

Die Endung ».cs« ist in diesem Beispiel (und auch generell im gesamten Buch) zu finden, da es sich um ein C#-Projekt handelt. Werden andere Sprachen verwendet (beispielsweise VB.NET), ändert sich diese Dateiendung. Wer sich mit VB.NET leichter tut, kann die Beispielprojekte (vorhanden auf der CD) kompilieren und im .NET Reflector in der Sprache seiner Wahl begutachten. Den .NET Reflector finden Sie unter `http://www.red-gate.com/products/reflector/`.

Jede Anwendung benötigt einen Einstiegspunkt. Dieser definiert, wie die Anwendung gestartet wird, welche Methode hierfür aufgerufen oder welche Klasse instanziiert werden muss. Dies wird durch die Datei `App.xaml` definiert. Die Datei `MainWindow.xaml` beinhaltet sämtlichen XAML-Code und wird hauptsächlich vom Designer verwendet (sofern ein expliziter Designer vorhanden ist). `MainWindow.xaml.cs` hingegen enthält den notwendigen Sourcecode (C#), der für etwaige Events erforderlich ist. Daran ist bereits sehr gut zu sehen, dass die entsprechenden Dateien auf Basis ihrer Inhalte voneinander getrennt werden. Änderungen an der einen Datei haben nicht immer eine Auswirkung auf die andere.

Wer nun aus der Windows-Forms-Welt kommt, dem wird vermutlich eine Frage auf der Zunge brennen, die darauf abzielt, wie es denn mit dem Aufruf von `InitializeComponent` im Konstruktor des Fensters aussieht, da über diese Methode sehr wohl ein Zusammenhang gegeben ist. Dies wurde aber recht einfach gelöst. Die von `Window` abgeleitete Klasse (Code-Behind-Datei) wurde als partielle Klasse erstellt und die Methode `InitializeComponent` befindet sich in einer weiteren

Datei (partielle Klasse gleichen Typs), welche automatisch generiert wird. Mehr dazu in Abschnitt 2.3. Vorerst sei gesagt, dass sich daraus kein Problem für die Zusammenarbeit ergibt. Zu Problemen kommt es dann, wenn keinerlei Abstimmung der involvierten Personen stattfindet und sich somit jeder Projektteilnehmer um sämtliche Informationen alleine kümmern muss.

Abb. 2.2:   Projekt direkt nach der Erstellung

Tipp

Partielle Klassen sind für einige Bereiche äußerst hilfreich. Vor allem, wenn Sourcecode-Teile generiert werden. Unter C# werden diese mittels `partial class` gebildet. Dadurch kann es mehrere gleiche Klassendefinitionen in unterschiedlichen Dateien geben. Der Compiler erkennt diese und fügt sie zu einer einzelnen Klasse zusammen. Der Vorteil liegt somit auf der Hand: Während spezielle Funktionalitäten für die Klasse implementiert werden können, kann ein anderer Teil dieser Klasse, beispielsweise aus einem Template, generiert werden. Das Endprodukt enthält beides. Eigenes wird dadurch nicht überschrieben.

Grundsätzlich wird uns aber durch die Aufteilung des XAML-Markups und des Sourcecodes in unterschiedliche Dateien die Möglichkeit geboten, diese einzeln und unabhängig voneinander zu bearbeiten.

Tipp

Werden die Erstellung des XAMLs und die Implementierung von unterschiedlichen Personen vorgenommen, ist es sehr wichtig, darauf zu achten, dass die einzelnen Bereiche nicht miteinander vermischt werden. Es besteht die technische Möglichkeit, C#-Sourcecode in einer XAML-Datei zu definieren. Unabhängig davon, dass dies generell vermieden werden sollte, würde es die Zusammenarbeit erschweren, da dem entsprechenden Entwickler nicht zwangsläufig sofort auffallen muss, dass Sourcecode in der XAML-Datei vorhanden ist.

Doch wie genau sehen die einzelnen Dateien aus und wie hängen sie zusammen?

```
<Application x:Class="Kap2_WpfXamlAndCode.App">          namespace Kap2_WpfXamlAndCode
    xmlns="http://schemas.microsoft.com/winfx/2006/xaml/presentation"  {
    xmlns:x="http://schemas.microsoft.com/winfx/2006/xaml"    public partial class App : Application
    StartupUri="MainWindow.xaml")>                           {
    <Application.Resources>                                  }
                                                         }
    </Application.Resources>
</Application>

<Window x:Class="Kap2_WpfXamlAndCode.MainWindow>        namespace Kap2_WpfXamlAndCode
    xmlns="http://schemas.microsoft.com/winfx/2006/xaml/presentation"  {
    xmlns:x="http://schemas.microsoft.com/winfx/2006/xaml"    public partial class MainWindow : Window
    Title="Demo WPF und XAML" Height="300" Width="300">      {
    <StackPanel Orientation="Vertical">                        public MainWindow()
        <Label Content="Demo WPF und XAML" FontSize="18"/>     {
        <Button x:Name="CloseButton" Content="Close"/>           InitializeComponent();
    </StackPanel>                                             }
</Window>                                                    }
                                                         }
```

Abb. 2.3:   Zusammenhang der einzelnen Dateien

In Listing 2.2 wird die initiale `App.xaml` gezeigt. Darin sind einige interessante Dinge zu finden. So wird per `x:Class` der Klassenname definiert. Er enthält sowohl den Namespace als auch den Namen der Klasse. Das Element `StartupUri` gibt den Einstiegspunkt der Anwendung an. Beim Start dieser Anwendung wird also `MainWindow.xaml` gestartet und dem Anwender gezeigt.

In Listing 2.3 wird die bereits angesprochene `MainWindow.xaml` gezeigt. Diese enthält ebenfalls die Klassendefinition. In diesem Fall nennt sich die Klasse `MainWindow` und befindet sich im selben Namespace wie die `App.xaml`. Hierin kann nun begonnen werden, mittels XAML die Oberfläche zu beschreiben. Bei Vorhandensein eines Designers wird diese Datei wohl meist von ihm benutzt werden.

Wie auch die `App.xaml` (nähere dazu Informationen finden sich im Abschnitt 2.5) besitzt `MainWindow.xaml` eine Code-Behind-Datei namens `MainWindow.xaml.cs`. Es handelt sich um eine partielle Klasse, welche im Konstruktor die Methode `InitializeComponent` aufruft (siehe Listing 2.4). Im Normalfall werden hier vom Entwickler Implementierungen vorgenommen. Dies bedeutet, notwendige Eventhandler werden erstellt und Aufrufe an die Geschäftslogik weitergereicht bzw. zurückgeliefert.

```
<Application x:Class="Kap2_WpfFileStructureDemo.App"
    xmlns="http://schemas.microsoft.com/winfx/2006/xaml/presentation"
    xmlns:x="http://schemas.microsoft.com/winfx/2006/xaml"
    StartupUri="MainWindow.xaml">
    <Application.Resources>

    </Application.Resources>
</Application>
```

Listing 2.2:   Standard-`App.xaml`

```
<Window x:Class="Kap2_WpfFileStructureDemo.MainWindow"
    xmlns=http://schemas.microsoft.com/winfx/2006/xaml/presentation
    xmlns:x=http://schemas.microsoft.com/winfx/2006/xaml
    Title="MainWindow" Height="300" Width="300">
    <Grid>

    </Grid>
</Window>
```

Listing 2.3: Standard-XAML für ein Fenster (`MainWindow.xaml`)

```
public partial class MainWindow : Window
{
    public MainWindow()
    {
        InitializeComponent();
    }
}
```

Listing 2.4: Standard C#-Code nach Projekterstellung (`MainWindow.xaml.cs`)

In diesem Abschnitt wurden nun einleitende Informationen zu XAML vermittelt. Von einer kurzen Beschreibung, was XAML denn nun wirklich ist, bis hin zu einer möglichen Arbeitsteilung und einem ersten Einblick in die automatisch erstellten Dateien beim Erstellen eines Projekts wurden für den Einsteiger wichtige Informationen vermittelt. Im nächsten Schritt wird das Konzept XAML genauer hinterfragt und die Verbindung zur WPF hergestellt.

2.2 XAML – Das Konzept

XAML wird immer wieder im gleichen Atemzug mit der WPF genannt, wodurch unweigerlich eine sehr enge Verbindung entsteht. Tatsächlich steckt wesentlich mehr dahinter, als man im ersten Augenblick ahnt.

Zusammen mit der WPF (damals noch unter dem Codenamen »Avalon«) wurde auch XAML entwickelt. Beides ist jedoch nicht eng aneinander gekoppelt. XAML ist grundsätzlich so abstrakt gehalten, dass damit nicht nur Oberflächen mithilfe der WPF erstellt werden können. Beispielsweise findet XAML Einsatz in der Workflow Foundation (WF), um Prozesse grafisch zu modellieren. Es wird also genutzt, um Graphen von Objekten zu spezifizieren.

Sieht man sich eine XAML-Datei näher an, bemerkt man relativ schnell, dass jedes Element einem tatsächlichen Objekt im zugrunde liegenden Framework entspricht. Dies bedeutet in weiterer Folge, dass eine XAML-Datei das Ergebnis eines Serialisierungsprozesses sein muss. Und genau das ist sie. Das bedeutet jedoch auch, dass XAML nicht nur in der WPF oder in der WF zum Einsatz kommen muss. Implementierungen auf Basis von XAML könnten in unterschiedlichsten Anwendungen vorgenommen werden, nicht nur um eine Benutzerschnittstelle darzustellen, sondern auch, um grafische Darstellungen auszutauschen.

> **Hinweis**
>
> Unter »Serialisierung« versteht man das Abbilden von Objekten und ihren aktuellen Zuständen in eine sequenzielle Repräsentation. Dadurch ist es möglich, sie zu einem späteren Zeitpunkt einzulesen und den ursprünglichen Zustand wiederherzustellen. In vielen Fällen wird die Serialisierung auch zur Übertragung von Daten verwendet.

Im nächsten Abschnitt soll der Build-Prozess genauer unter die Lupe genommen werden, um ein Verständnis dafür aufzubauen, was tatsächlich im Hintergrund passiert.

2.3   Build-Prozess

Dieser Abschnitt beschäftigt sich mit dem durchaus wichtigen Build-Prozess. Es wird geklärt, wie er genau funktioniert, welche Vorgänge zum Einsatz kommen und welche Möglichkeiten Sie als Entwickler haben, in diesen einzugreifen.

2.3.1   Command Line

Vermutlich wird nur ein kleinerer Teil der Leserschaft Projekte via Command Line kompilieren (im Falle von C# mit »csc.exe«). Dies hat nicht nur den Hintergrund der Komplexität, sondern auch, dass manche Wege über den gewählten Compiler nicht so einfach gegangen werden können.

Nehmen wir als einfaches Szenario eine WPF-Anwendung, die lediglich aus Code besteht. D.h., XAML-Markup wird keines verwendet, die Anwendung besteht aus insgesamt zwei Klassen:

- `App.cs`
- `MainWindow.cs`

Die Klasse `App.cs` (siehe Listing 2.5) leitet von `Application` ab und beinhaltet nur den Einstiegspunkt inklusive der Instanziierung einer `Application`-Instanz, welche dann den weiteren Start der Anwendung übernimmt. Im Grunde unterscheidet sich hier also nichts wirklich stark von Windows Forms.

```
public class App : Application
{
    [STAThread]
    static void Main(string[] args)
    {
        Application app = new Application();
        app.Run(new MainWindow());
    }
}
```

Listing 2.5:   Beispielcode Kap2_WpfCodeOnly/App.cs

Die zweite Klasse namens MainWindow (siehe Listing 2.6) leitet von Window ab und implementiert die Elemente, die schlussendlich angezeigt werden sollen. Ebenfalls vorhanden ist ein Ereignishandler, der lediglich dafür zuständig ist, das Click-Ereignis der Schaltfläche abzufangen und die Anwendung zu beenden.

Mehr ist nicht zu unternehmen, um eine WPF-Anwendung ohne XAML zu entwickeln. Nun gibt es zwei Möglichkeiten, die Anwendung zu kompilieren. Beim ersten Weg muss Visual Studio nicht verlassen werden. Die zweite Möglichkeit besteht darin, es über den eigentlichen Compiler »csc.exe« (bei C#) zu tun.

```
public class MainWindow : Window
{
    StackPanel mainPanel = null;
    Label label1 = null;
    Button button1 = null;

    private void InitializeComponent()
    {
        mainPanel = new StackPanel();
        mainPanel.Name = "MainPanel";
        mainPanel.Orientation = Orientation.Vertical;

        label1 = new Label();
        label1.Content = "Demo Code-Only Application";
        label1.FontSize = 18;

        button1 = new Button();
        button1.Content = "Close";

        mainPanel.Children.Add(label1);
        mainPanel.Children.Add(button1);

        this.Content = mainPanel;
    }
```

```
public MainWindow()
{
    InitializeComponent();

    Init();

    button1.Click += new RoutedEventHandler(button1_Click);
}

void button1_Click(object sender, RoutedEventArgs e)
{
    Application.Current.Shutdown(0);
}

private void Init()
{
    this.Title = "Demo Code-Only Application";
    this.Height = 300;
    this.Width = 300;
}
}
```

Listing 2.6: Beispielcode Kap2_WpfCodeOnly/MainWindow.cs

Hinweis

Den oben angeführten Sourcecode finden Sie auf der CD im Projekt Kap2_WpfCodeOnly.

Eine Einschränkung der direkten Verwendung des C#-Compilers (betrifft auch Compiler der anderen Sprachen) besteht darin, dass bezogen auf die WPF nur WPF-Code-Anwendungen kompiliert werden können.

Tipp

Wenn Sie selbst mit *csc.exe* testen möchten, müssen Sie den Compiler eventuell manuell Ihrer Path-Umgebungsvariablen hinzufügen (Systemeigenschaften). Für gewöhnlich befindet sich der Compiler im Verzeichnis C:\%windir%\Microsoft.NET\Framework\v4.0.30319, wobei »v4.0.30319« gegen die verwendete Framework-Version ausgetauscht werden kann. Haben Sie den Eintrag gemacht, jedoch zu diesem Zeitpunkt bereits ein Konsolenfenster geöffnet, müssen Sie dieses schließen und ein neues starten. Eine einfachere Variante ist das Starten des Visual Studio Command Prompts oder Sie rufen vsvars32.bat auf. Dadurch werden die notwendigen Umgebungsvariablen gesetzt. Diese Batchdatei befindet sich im Verzeichnis Common7\Tools Ihrer Visual-Studio-Installation.

Mit dem nachfolgenden Aufruf kann diese Anwendung nun über die Kommando-zeile generiert werden:

```
csc
  /out:Kap2_WpfCodeOnly.exe
  /target:winexe app.cs mainwindow.cs
  /reference:"C:\Programme\Reference
    Assemblies\Microsoft\Framework\v3.0\presentationframework.dll"
  /reference:"C:\Programme\Reference
    Assemblies\Microsoft\Framework\v3.0\windowsbase.dll"
  /reference:"C:\Programme\Reference
    Assemblies\Microsoft\Framework\v3.0\presentationcore.dll"
```

Listing 2.7: Kompilierung per Kommandozeile

Der Nachteil dieser Variante liegt darin, dass keine WPF-Anwendungen erstellt werden können, die XAML enthalten. Die WPF verlangt nach einem komplexeren Prozess, mit dem Click Once usw. abgebildet werden kann.

2.3.2 MSBuild als Helferlein

Wie im letzten Abschnitt erwähnt wurde, reicht die Kommandozeile nicht ganz aus, um komplexe WPF-Anwendungen zu erstellen und zu verteilen. Aus diesem Grund kommt nun MSBuild ins Spiel. MSBuild ist eine erweiterbare Technologie, die zusammen mit dem .NET Framework eingeführt wurde.

> **Hinweis**
>
> Wer aus der Java-Welt kommt und bereits mit Ant zu tun hatte oder aber die .NET-Portierung NAnt verwendet hat, der sollte auch mit MSBuild kein Problem haben, da die grundlegenden Aufgaben dieselben sind.

Wem MSBuild nichts sagt, dem sei mitgeteilt, dass es sich dabei um ein Werkzeug handelt, mit dessen Hilfe sowohl der zu verwendende Compiler angesprochen werden kann, als auch zusätzliche Tasks ausgeführt werden können. Unter zusätz-lichen Tasks kann man sich als Beispiel vorstellen:

- Das Ausführen von Unit-Tests nach der erfolgreichen Kompilierung

- Das Versenden von Ergebnissen und/oder Log-Informationen

- Das automatische Deployment der kompilierten Anwendung

- Diese Liste kann natürlich noch beliebig erweitert werden, zumal auch eigene Erweiterungen möglich sind. Im Großen und Ganzen erhält man damit also ein Mittel an die Hand, um den Build-Prozess, das Configuration Management sowie das Deployment so zu gestalten, wie es notwendig ist.

MSBuild wurde aber nicht nur für uns Entwickler ins Leben gerufen. Die anfallenden Aufgaben beim Kompilieren von Anwendungen werden mit der Zunahme der Möglichkeiten (siehe WPF, WF usw.) komplexer. Daher wurde ein einheitlicher Weg gewählt, der sowohl vom Entwickler als auch von Visual Studio genutzt werden kann.

Damit MSBuild als Anwendung verwendet werden kann, muss natürlich definiert werden, was sie zu erledigen hat und wo die dafür notwendigen Angaben zu finden sind. Hierfür sind unterschiedliche Informationen notwendig:

- Referenzen zu den Sourcecode-Dateien

- Referenzen auf eingebundene Assemblies

- Detaillierte Informationen zur Konfiguration

- Anforderungen an den Build-Prozess

Diese Angaben werden in einer XML-Datei gespeichert, in sogenannten MSBuild Projektdateien. Ein Beispiel dafür ist in Listing 2.8 zu sehen. Als Basis dient die bereits besprochene Anwendung.

```xml
<?xml version="1.0" encoding="utf-8"?>
<Project
  ToolsVersion="3.5"
  DefaultTargets="Build"
  xmlns="http://schemas.microsoft.com/developer/msbuild/2003">
  <PropertyGroup Condition=" '$(Configuration)|$(Platform)' ==
'Debug|AnyCPU' ">
    <DebugSymbols>true</DebugSymbols>
    <DebugType>full</DebugType>
    <Optimize>false</Optimize>
    <OutputPath>bin\Debug\</OutputPath>
    <DefineConstants>DEBUG;TRACE</DefineConstants>
    <ErrorReport>prompt</ErrorReport>
    <WarningLevel>4</WarningLevel>
  </PropertyGroup>
  <ItemGroup>
    <Reference Include="System" />
    <Reference Include="WindowsBase" />
    <Reference Include="PresentationCore" />
    <Reference Include="PresentationFramework" />
  </ItemGroup>
  <ItemGroup>
    <ApplicationDefinition Include="App.xaml">
      <Generator>MSBuild:Compile</Generator>
      <SubType>Designer</SubType>
    </ApplicationDefinition>
```

```xml
  <Page Include="MainWindow.xaml">
    <Generator>MSBuild:Compile</Generator>
    <SubType>Designer</SubType>
  </Page>
  <Compile Include="App.xaml.cs">
    <DependentUpon>App.xaml</DependentUpon>
    <SubType>Code</SubType>
  </Compile>
  <Compile Include="MainWindow.xaml.cs">
    <DependentUpon>MainWindow.xaml</DependentUpon>
    <SubType>Code</SubType>
  </Compile>
</ItemGroup>
<ItemGroup>
  <Compile Include="Properties\AssemblyInfo.cs">
    <SubType>Code</SubType>
  </Compile>
  <Compile Include="Properties\Resources.Designer.cs">
    <AutoGen>True</AutoGen>
    <DesignTime>True</DesignTime>
    <DependentUpon>Resources.resx</DependentUpon>
  </Compile>
  <Compile Include="Properties\Settings.Designer.cs">
    <AutoGen>True</AutoGen>
    <DependentUpon>Settings.settings</DependentUpon>
    <DesignTimeSharedInput>True</DesignTimeSharedInput>
  </Compile>
  <EmbeddedResource Include="Properties\Resources.resx">
    <Generator>ResXFileCodeGenerator</Generator>
    <LastGenOutput>Resources.Designer.cs</LastGenOutput>
  </EmbeddedResource>
  <None Include="Properties\Settings.settings">
    <Generator>SettingsSingleFileGenerator</Generator>
    <LastGenOutput>Settings.Designer.cs</LastGenOutput>
  </None>
  <AppDesigner Include="Properties\" />
</ItemGroup>
<Import Project="$(MSBuildToolsPath)\Microsoft.CSharp.targets" />
</Project>
```

Listing 2.8: Beispiel einer MSBuild-Projektdatei

In den ItemGroups sind zuerst alle notwendigen Referenzen eingebunden.
Danach finden sich alle Dateien, die zur Applikation gehören. Auf Basis der unterschiedlichen Tags á la Page, Compile usw. wird dem Compiler mitgeteilt, wie
diese zu verwenden sind.

Als letzter Eintrag wird eine .targets-Datei eingebunden. In dieser Datei sind Eigenschaften und Aufgaben für häufige Szenarien enthalten. Projekte, die über Visual Studio erstellt werden, weisen diese Import-Anweisung standardmäßig auf. Damit wird der eigentliche Build-Prozess definiert. In speziellen Fällen können auch mehrere solcher Dateien eingebunden werden. Meist geschieht dies, wenn der Build-Prozess um eigene Anforderungen erweitert werden soll. Die oben eingebundene .targets-Datei befindet sich unter

```
%WINDIR%\Microsoft.NET\Framework\(Version)
```

Bei Microsoft.CSharp.targets handelt es sich um eine sprachspezifische .targets-Datei. Für Visual Basic wäre dies Microsoft.VisualBasic.targets. Für WPF-Anwendungen muss zusätzlich zum sprachspezifischen Target noch ein spezielles Target eingebunden werden: Microsoft.WinFx.targets. Dies wird jedoch automatisch erledigt, so dass es nicht explizit eingetragen werden muss. Das automatische Einbinden geschieht über Microsoft.Common.targets welche wiederum vom sprachspezifischen Target eingebunden wird. Das WPF-spezifische Target ist notwendig, um Unterstützung für die Kompilierung der XAML-Dateien, die Generierung des Manifests für XBAP-Anwendungen und die Verarbeitung von WPF-Ressourcen- und -Inhaltsdateien zu erhalten.

> **Vorsicht**
>
> Achten Sie darauf, dass Sie keine Änderungen an den .targets-Dateien vornehmen, es sei denn, Sie wissen ganz genau, was Sie warum wie ändern. Bei Fehlern in diesen Dateien ist es sehr wahrscheinlich, dass Ihre Anwendungen nicht mehr korrekt erstellt werden. Sollten Sie doch Änderungen daran vornehmen, denken Sie daran, ein Backup der zu ändernden Dateien durchzuführen.

Der gesamte WPF-Build-Ablauf, auch »WPF Build Pipeline« genannt, ist in Abbildung 2.4 dargestellt.

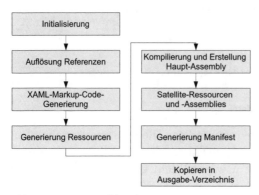

Abb. 2.4:   WPF Build Pipline

Hinweis

Das WPF Build System unterstützt auch inkrementelle Builds. Änderungen im Markup oder Code werden erkannt und ausschließlich diese Artifakte werden neu erstellt.

2.4 Basiselemente

Wir haben bereits erfahren, dass XAML auf XML basiert und über XAML eine Oberfläche definiert werden kann. Nun soll aber geklärt werden, wie dies gemacht wird und wie aus dem geschriebenen Markup eine Oberfläche entsteht bzw. was dazu alles notwendig ist.

2.4.1 Elemente

Wie jedes XML besteht auch XAML aus Elementen. Durch deren Anordnung und Verschachtelung entsteht eine Hierarchie, die in weiterer Folge durch die WPF zu einer Oberfläche interpretiert wird.

Die Basis für die Erstellung einer Oberfläche sind die Elemente

- `Window`
- `Page`
- `UserControl`

Durch diese Elemente wird definiert, was genau durch die jeweilige XAML-Datei repräsentiert werden soll. Unter diesen Elementen befinden sich weitere Elemente, die nun das Hauptelement mit Inhalt füllen. Da diese drei Grundelemente das äußerste Gerüst darstellen, das mit zahlreichen weiteren Elementen angereichert wird, muss es auch Elemente geben, die ihrerseits mehrere Kindelemente beinhalten können, sogenannte »Container-Elemente«. Als Beispiel wären hier unterschiedliche Arten von Panels zu nennen oder auch eine Tabelle (`Grid`).

Im Grunde (einige Einschränkungen sind natürlich vorhanden) kann so eine beliebige Verschachtelung von Elementen stattfinden. Doch wie genau wird daraus nun die Oberfläche?

Jedes Element repräsentiert einen eigenen Typ, der beim Laden der XAML-Datei instanziiert wird. Zum besseren Verständnis sehen wir uns Listing 2.9 einmal genauer an. Es besteht aus dem Root-Element `Window`. Dieses enthält das Element `StackPanel`, welches wiederum zwei Elemente enthält (ein Eingabefeld und eine Schaltfläche). Für alle vier Elemente existiert eine entsprechende Klasse, die den jeweiligen Typ definiert. Beim Laden der XAML-Datei werden nun alle verwendeten Typen instanziiert und wie im XAML definiert ineinander verschachtelt. Aus den visuellen Angaben dieser Typen kann eine Ausgabe gerendert werden. Das entspricht nun der Oberfläche.

```
<Window>
    <StackPanel>
        <TextBox/>
        <Button/>
    </StackPanel>
</Window>
```

Listing 2.9:   Einfaches Fenster mit Eingabefeld und Button

Allein durch die Angabe und Verschachtelung von Elementen kann zwar eine Oberfläche erstellt werden, jedoch muss diese auch bestimmte Anforderungen erfüllen und entsprechend konfiguriert werden. Hierfür sind (unter anderem) Attribute gefragt.

2.4.2   Attribute

Die Angabe von diversen Typen macht noch lange keine Oberfläche aus. Dazu müssen Schaltflächen beschriftet werden, es ist zu definieren, wo genau die Schaltfläche zu platzieren ist und es sind viele zusätzliche Informationen erforderlich, wie der Titel des Fensters, in dem sich die Schaltfläche befindet, und zahlreiche weitere Angaben. Dies kann mithilfe von Attributen erledigt werden.

Attribute sind Angaben, die Elemente erweitern und den Eigenschaften des durch das jeweilige Element definierten Typs entsprechen. Sehen wir uns dazu Listing 2.10 genauer an. Hierbei handelt es sich um eine Erweiterung von Listing 2.9.

Bis auf das StackPanel-Element wurde jedes Element um Attribute erweitert. Beispielsweise wird beim Element Window definiert, welchen Titel es trägt und wie breit und hoch es dargestellt werden soll. Dem Eingabefeld wurde eine Hintergrundfarbe zugewiesen und ein Standardtext, der angezeigt werden soll. Die Schaltfläche erhielt eine Beschriftung usw.

```
<Window x:Class="WpfAttachedPropertiesDemo.MainWindow"
    xmlns="http://schemas.microsoft.com/winfx/2006/xaml/presentation"
    xmlns:x="http://schemas.microsoft.com/winfx/2006/xaml"
    Title="MainWindow" Height="300" Width="300">
    <StackPanel>
        <TextBox Background="LightGray" Text="Hallo Welt"/>
        <Button Content="Klick mich!"/>
    </StackPanel>
</Window>
```

Listing 2.10:   Anreicherung von Elementen durch Attribute

An diesem Beispiel ist zu erkennen, dass alle Attribute durch eine Zeichenfolge repräsentiert werden. Wer nun in der Dokumentation unter der Eigenschaft Background nachschlägt, wird jedoch herausfinden, dass es sich dabei nicht um eine Eigenschaft vom Typ `String` handelt, sondern dass dahinter ein `Brush` steckt. Um den im XAML definierten Wert in den korrekten Typ umzuwandeln, werden im Hintergrund sogenannte »Type Converter« verwendet.

Insgesamt wirkt dies auf den ersten Blick etwas einschränkend. Eventuell soll der Eigenschaft etwas Komplexeres mitgeteilt werden. Hier kommt die Property-Element-Syntax zum Einsatz. Listing 2.11 zeigt dies am Beispiel eines Farbverlaufs für ein Eingabefeld. Diese Syntax setzt sich aus dem Elementnamen und dem Namen der Eigenschaft, getrennt durch einen Punkt, zusammen. Das bedeutet, dass aus einem einfachen Attribut ein Kindelement des eigentlichen Elements erstellt wird. Darunter lassen sich nun weitaus komplexere Einstellungen vornehmen. In diesem Fall wird dem Eingabefeld ein Hintergrund mit farblichem Verlauf gesetzt.

```
<TextBox Text="Hallo Welt">
    <TextBox.Background>
        <LinearGradientBrush>
            <GradientStop Color="LightBlue" Offset="0.0"/>
            <GradientStop Color="DarkBlue" Offset="1.0"/>
        </LinearGradientBrush>
    </TextBox.Background>
</TextBox>
```

Listing 2.11: Eingabefeld mit Farbverlauf als Hintergrund

2.4.3 Namen

Bisher wurde gezeigt, wie Elemente und Attribute definiert werden können. Noch fehlt jedoch, wie auf Elemente zugegriffen werden kann, beispielsweise aus dem Code heraus. Dazu muss dem jeweiligen Element ein Bezeichner zugewiesen werden. Dies kann auf zwei Arten passieren:

Alle Typen, die von `FrameworkElement` erben, erhalten dadurch eine Eigenschaft `Name`, worüber dieser Bezeichner gesetzt werden kann. Er muss eindeutig sein. Ist der Bezeichner gesetzt, kann via Code darauf zugegriffen werden, da über die Hintergrundgenerierung eine Variable des entsprechenden Typs mit diesem Namen erstellt wird.

Besitzt ein Element keine Eigenschaft `Name`, kann dennoch ein Bezeichner gesetzt werden. Dafür ist `x:Name` zu verwenden (siehe 2.6).

2.5 Application Definition Files

Eine Application Definition ist ein XAML-Markup, welches als Root-Element `Application` besitzt. Standardmäßig wird beim Erstellen (siehe Listing 2.12) einer WPF-Anwendung eine Datei namens `App.xaml` erstellt, die dieses Merkmal aufweist. Die Application Definition besteht jedoch nicht nur aus einem XAML-

Markup, sondern auch aus einer Code-Behind-Datei, die von `System.Windows.Application` ableitet und in der auf unterschiedliche Aktionen reagiert werden kann.

> **Hinweis**
>
> Jedes WPF-Projekt kann nur eine einzige Application Definition enthalten. Wird eine zweite hinzugefügt, führt dies zu Fehlern.

```
<Application x:Class="WpfAppDefinitionDemo.App"
    xmlns="http://schemas.microsoft.com/winfx/2006/xaml/presentation"
    xmlns:x="http://schemas.microsoft.com/winfx/2006/xaml"
    StartupUri="MainWindow.xaml">
    <Application.Resources>

    </Application.Resources>
</Application>
```

Listing 2.12: WPF Application Definition

Der Application Definition kommen unterschiedliche Aufgaben zu:

- Definition des Einstiegspunkts der Anwendung

- Globales Exception Handling

- Definition des Verhaltens beim Starten und Beenden der Anwendung

- Behandlung, wenn die Windows-Sitzung beendet oder das System heruntergefahren wird

- Behandlung von Navigatoren

- Definition von globalen Ressourcen

Sämtliche Anwendungen benötigen einen »Einstiegspunkt«. Dieser wird beim Aufruf durchlaufen, ausgeführt und startet die dort definierte Aktion (Starten eines Fensters, Ausführung einer Funktion etc.). Der Einstiegspunkt wird im Attribut `StartupUri` angegeben und muss natürlich vorhanden sein, kann aber auch per Code gesetzt werden.

Der Application Definition kommt auch die Aufgabe der globalen Exception-Behandlung zu. Diese kann implementiert werden, indem `DispatcherUnhandledException` abonniert wird. Darüber können nun alle unbehandelten Exceptions an einem zentralen Ort abgefangen und es kann entsprechend darauf reagiert werden. Eine Einschränkung gibt es hierbei jedoch: Es werden nur unbehandelte Ausnahmen aus dem UI-Thread empfangen. Treten Ausnahmen in einem anderen Thread auf, müssen diese dort explizit behandelt werden. Listing 2.13 zeigt das Abonnement dieses Ereignisses.

```
public partial class App : Application
{
    public App()
    {
        this.DispatcherUnhandledException +=
            new
                System.Windows.Threading.DispatcherUnhandledExceptionEventHandler
                (OnDispatcherUnhandledException);
    }

    private void OnDispatcherUnhandledException(
        object sender,
        System.Windows.Threading.DispatcherUnhandledExceptionEventArgs e)
    {
        // Fehler behandeln, loggen etc.
    }
}
```

Listing 2.13: Globales Exception Handling von unbehandelten Exceptions aus dem UI-Thread

In einigen Anwendungen ist es notwendig, dass beim Start bzw. beim Beenden diverse Aktionen durchgeführt werden, da beispielsweise Startinformationen mitgeschrieben werden sollen. Hierfür können OnStartup bzw. OnExit überschrieben werden. Ebenfalls sehr interessant ist OnSessionEnding. Dieses Ereignis wird aufgerufen, wenn die aktuelle Windows-Sitzung beendet oder das System heruntergefahren wird. Oftmals ist es notwendig, speziell darauf zu reagieren. Diese Möglichkeit wird Ihnen dadurch geboten.

Nun ist es so, dass in der WPF sehr viel mit Ressourcen gearbeitet wird. Dies betrifft das Definieren und Bereitstellen von Styles, Templates und Daten. Sie können an unterschiedlicher Stelle abgelegt werden und haben dadurch mitunter auch unterschiedliche Gültigkeitsbereiche. Global gültige Ressourcen können in der Application Definition angegeben werden und stehen somit für die gesamte Anwendung zur Verfügung. Nähere Informationen dazu finden Sie in Kapitel 8.

2.6 Namespaces

Namespaces sollten dem .NET-Entwickler hinreichend bekannt sein. Kurz umrissen, handelt es sich dabei um eine Möglichkeit, Typen in eine logische Struktur zusammenzufassen. Durch die Einbindung des Namespaces in einen anderen Bereich können die darin enthaltenen Typen verwendet werden.

In der WPF gibt es nun unterschiedliche Arten von Namespaces, die in jedes XAML eingebunden werden können (sämtlicher Sourcecode ist davon nicht betroffen):

- XML-Namespaces

- CLR-Namespaces

Durch die Angabe von Namespaces kann der XAML Processor diese Typen nun finden, wodurch sie dann verwendet werden können. Zwei »XML-Namespaces« werden beispielsweise bereits bei der Erstellung eines Fensters oder eines anderen Elements automatisch eingefügt und sind in vielen der bisher gezeigten Beispiele bereits vorhanden:

```
xmlns="http://schemas.microsoft.com/winfx/2006/xaml/presentation"
xmlns:x="http://schemas.microsoft.com/winfx/2006/xaml"
```

Die erste XML-Namespace-Deklaration definiert den gesamten Windows-Presentation-Foundation-Namespace als den Standard-Namespace. Darüber kann nun ohne Angabe eines Mappings auf sämtliche WPF-Elemente zugegriffen werden.

Die zweite Deklaration weist den Extensible-Markup-Language (XAML)-Namespace dem Präfix »x:« zu. Darüber wird weitere spezielle Funktionalität eingebunden, die in vielen Fällen sehr hilfreich sein kann. Eine genaue Liste der verfügbaren Direktiven finden Sie nachstehend.

Vorsicht

Das Präfix »x:« könnte zwar vom Entwickler gegen ein eigenes ausgetauscht werden, dennoch sollte dies tunlichst vermieden werden, vor allem wenn mehrere Entwickler an demselben Projekt beteiligt sind. Eine derartige Vorgehensweise kann sehr schnell zu schwer aufzuspürenden Fehlern und damit größeren Problemen führen.

XAML-Namespace-Direktive	Beschreibung
x:Array	Erstellt ein CLR-Array.
x:Class	Der Name des zu erstellenden Typs – wird beispielsweise bei der Definition eines Windows oder einer Page angegeben.
x:ClassModifier	Gibt den Modifizierer einer Klasse an (public, internal etc.).
x:Code	Definiert einen Inline-Codeblock.

Tabelle 2.1: Übersicht XAML-Namespace-Direktiven

XAML-Namespace-Direktive	Beschreibung
x:Key	Vergibt einen Schlüssel für ein Element, um beispielsweise via Binding auf dieses Element zuzugreifen.
x:Name	Definiert einen Namen für ein Element, welches keine Name-Eigenschaft besitzt.
x:Null	Repräsentiert einen null-Wert.
x:Static	Erstellt einen Wert über den Zugriff auf ein statisches Feld oder eine statische Eigenschaft.
x:SubClass	Repräsentiert einen Basistyp für Markup-Kompilierung für Sprachen, die keine partiellen Klassen unterstützen.
x:Type	Repräsentiert einen CLR-Typ.
x:TypeArguments	Gibt generische Typargumente für das instanziieren von generischen Typen an.
x:XData	Definiert einen Inline-XML-Block.

Tabelle 2.1: Übersicht XAML-Namespace-Direktiven (Forts.)

Geht die Entwicklung von WPF-Anwendungen über den Status von kleinen Beispielanwendungen hinaus, müssen bereits sehr schnell eigene Typen in XAML eingebunden werden. Sei es, um eigene Klassen bereitzustellen oder gar benutzerdefinierte Steuerelemente. Hierfür werden sogenannte »CLR-Namespaces« benötigt.

Ein CLR-Namespace wird im Root-Element wie die WPF- bzw. XAML-Namespaces definiert, verweist jedoch auf einen Namespace, wie wir sie bisher kannten. Ein Beispiel hierfür ist in Listing 2.14 zu sehen. Definiert wird er durch ein xmlns, gefolgt von einem Präfix, mit dem zukünftig alle Typen aus dem eingebundenen CLR-Namespace angesprochen werden können sollen. In diesem Beispiel wird local als Präfix verwendet.

Die Definition des CLR-Namespaces besteht aus zwei Teilen:

- clr-namespace
- assembly

Der clr-namespace muss immer angegeben werden und gibt den gesamten CLR-Namespace zum gewünschten Typ an. Mit assembly wird der Name der einzubindenden Assembly definiert. Zu beachten sind hier drei Dinge:

1. Die Dateiendung der Assembly darf nicht angeführt werden.

2. Die Assembly muss zuvor bereits innerhalb der Referenzen angeführt sein.

3. assembly muss nicht angeführt werden, wenn sich der einzubindende Namespace innerhalb derselben Assembly befindet.

```
<Window x:Class="WpfNamespaces.MainWindow"
    xmlns="http://schemas.microsoft.com/winfx/2006/xaml/presentation"
    xmlns:x="http://schemas.microsoft.com/winfx/2006/xaml"
    xmlns:local="clr-namespace:WpfNamespaces.Lib;assembly=WpfNamespaces.Lib"
    Title="Window1" Height="300" Width="300">
    <Grid>
        <local:BetterButton/>
    </Grid>
</Window>
```

Listing 2.14: Beispiel für einen CLR-Namespace

Hinweis

Beachten Sie, dass das Trennzeichen zwischen `clr-namespace` und dem zu übergebenden Wert durch einen »:« dargestellt wird, bei `assembly` jedoch durch ein »=« repräsentiert wird. Dies führt immer wieder zu Fehlern.

Was aber, wenn beispielsweise im eigenen Unternehmen zahlreiche Assemblies zur Verfügung gestellt werden, die größtenteils Verwendung in der zu implementierenden WPF-Anwendung finden sollen? Verkürzt: Wie können mehrere CLR-Namespaces einfacher eingebunden werden?

Vorausgesetzt, man selbst ist der Hersteller dieser Assemblies, kann man sich das Attribut `XmlnsDefinition` zunutze machen. Dieses kann in der `AssemblyInfo` definiert werden:

```
[assembly: XmlnsDefinition("http://www.norberteder.com/2008/wpf", "Wpf-
NamespaceDemo")]
```

Der erste Parameter stellt die Bezeichnung eines XML-Namespaces dar, der zweite Parameter definiert den Namespace, der in den XML-Namespace aufgenommen wird. Dadurch ist es nun möglich, mehrere Namespaces in einen XML-Namespace zusammenzufassen und diesen wie die WPF- bzw. XAML-Namespaces einzubinden:

```
xmlns:local="http://www.norberteder.com/2008/wpf"
```

Mittels `local:` kann nun auf die im XML-Namespace enthaltenen Typen zugegriffen werden.

Hinweis

Die Verwendung der eigenen XML-Namespaces funktioniert nur, wenn sie in einer eigenen Assembly definiert wurden. Wird dies in der aktuellen Assembly definiert, kann der XML-Namespace in derselben Assembly nicht verwendet werden.

2.7 Markup-Erweiterungen

In Abschnitt 2.4.2 wurde gezeigt, wie Attributen Werte zugewiesen werden können und welche Auswirkungen dies hat. Nun werden die einzelnen Werte jedoch nicht immer direkt im Markup definiert oder per Code zugewiesen. Um genau diese Fälle abzudecken, wurde ein spezieller Mechanismus erschaffen: die »Markup Extension«.

Eine Markup Extension ist, wie der Name bereits vermuten lässt, eine Erweiterung von XAML. So können darüber nun zusätzliche Möglichkeiten geschaffen werden:

Erweiterung	Beschreibung
`Binding`	Definiert ein Data Binding für das jeweilige Attribut, mit dem andere Daten daran gebunden und dadurch automatisch aktualisiert werden können.
`TemplateBinding`	Weist innerhalb eines `ControlTemplates` einem Attribut einen Wert zu, der an anderer Stelle definiert wird.
`StaticResource`	Weist einem Attribut eine Ressource zu, die beim ersten Zugriff ausgewertet wird und danach unverändert bleibt.
`DynamicResource`	Weist einem Attribut eine Ressource zu, die sich ändern kann.

Tabelle 2.2: WPF Markup Extensions

Hinweis

Die einzelnen Möglichkeiten wie Data Binding und Ressourcen werden in späteren Kapiteln genauer beschrieben und durch zusätzliche Beispiele veranschaulicht.

Listing 2.15 zeigt ein einfaches Beispiel für die Verwendung der Markup Extension `Binding`. Es wird ein Eingabefeld erstellt und ein `TextBlock` (ähnlich zu einem `Label`). Die Eigenschaft `Text` des `TextBlocks` wird an die Eigenschaft `Text` des Eingabefeldes gebunden. Das Resultat daraus ist, dass sich der Block ändert, wenn sich der Inhalt des Eingabefeldes ändert.

```
<TextBox x:Name="EnterBox"/>
<TextBlock Text="{Binding ElementName=EnterBox, Path=Text}"/>
```

Listing 2.15: Einfaches Beispiel einer Markup Extension

2.8 Dependency und Attached Properties

Dependency Properties und Attached Properties sind ein wichtiges Konzept und stellen die Grundlage für einige Funktionalitäten der WPF bereit. In diesem Abschnitt wird kurz darauf eingegangen, eine genauere Beschreibung finden Sie in späteren Kapiteln.

2.8.1 Dependency Properties

Mit .NET 3.0 wurde neben den CLR-Properties noch eine neue Art von Eigenschaften eingeführt: die »Dependency Properties« (Abhängigkeitseigenschaften). Sie basieren zwar grundsätzlich immer noch auf den CLR-Properties, werden jedoch anders deklariert und bieten zusätzliche Möglichkeiten:

- Validierung

- Automatische Aktualisierung

- Definition von Standardwerten

- Aufruf von Callback-Methoden bei Wertänderungen

In der WPF ist sehr vieles von Benachrichtigungen und automatischen Aktualisierungen abhängig. Daher wurde es notwendig, das vorhandene Eigenschaftensystem zu erweitern.

Schlussendlich gibt es Features der WPF, die nur für Dependency Properties zur Verfügung stehen:

- Data Binding

- Styles

- Animationen

Hinweis

Weitere Informationen sowie Beispiele für Dependency Properties finden Sie in Kapitel 5.

2.8.2 Attached Properties

Attached Properties (angehängte Eigenschaften) sind eine Spezialform der Dependecy Properties. Vereinfach gesagt, handelt es sich um Eigenschaften, die beim Kindelement gesetzt werden, jedoch zu einem Elternelement gehören. In den meisten Fällen ist das Elternelement ein Container-Element (Panel etc.).

Um dies zu verdeutlichen, lohnt sich ein Blick auf Listing 2.16 bzw. Listing 2.17. Darin werden zwei häufig vorkommende Verwendungen gezeigt. Im ersten Beispiel wird ein DockPanel definiert, das ein Button-Element enthält, welches an den oberen Bereich des Panels gedockt wird.

Hinweis

Dieses Verhalten ähnelt weitestgehend der Dock-Eigenschaft, die Sie möglicherweise von Windows Forms kennen.

Im zweiten Beispiel wird eine Tabelle mit zwei Reihen und einer Spalte definiert. Anschließend wird ein Button in die erste Zeile und erste Spalte gesetzt. Hier ist schön zu sehen, dass die Positionsangaben im Kindelement gesetzt werden. Die einzelnen Eigenschaften werden vom Grid-Element angeboten, jedoch im Button gesetzt. Dies erleichtert natürlich die Definition ungemein, denn diese Eigenschaften gehören zwar dem Grid-Element, werden jedoch logischerweise beim Kindelement gesetzt, um die Definition zu vereinfachen (andernfalls müsste bereits bei der Grid-Definition angegeben werden, welches Element sich wo befindet).

```
<DockPanel>
    <Button DockPanel.Dock="Top" Content="..."/>
</DockPanel>
```

Listing 2.16: Attached Properties bei einem DockPanel

```
<Grid>
    <Grid.RowDefinitions>
        <RowDefinition Height="Auto"/>
        <RowDefinition Height="*"/>
    </Grid.RowDefinitions>
    <Grid.ColumnDefinitions>
        <ColumnDefinition Width="*"/>
    </Grid.ColumnDefinitions>
    <Button Grid.Row="0" Grid.Column="0" Content="..."/>
</Grid>
```

Listing 2.17: Attached Properties bei einem Grid

Hinweis

Weitere Informationen sowie Beispiele für Attached Properties finden Sie in Kapitel 5.

2.9 Einlesen und Schreiben von XAML

Gerade wenn es richtig dynamisch zugehen soll, dann muss XAML zur Laufzeit eingelesen und/oder geschrieben werden. Hierfür stehen zwei Klassen zur Verfügung, mit deren Hilfe diese Aufgabe bewältigt werden kann:

- XamlReader
- XamlWriter

Die Klasse XamlReader bietet die Möglichkeit, XAML zur Laufzeit in ein Objekt zu parsen. Dies kann sowohl synchron als auch asynchron geschehen. Für die synchrone Variante wird die statische Methode Load verwendet. Listing 2.18 zeigt, wie diese Methode angewendet werden kann. Zu beachten ist, dass ein Objekt vom Typ object zurückgeliefert wird, welches in den eigentlichen Typ gecastet werden muss.

```
private object LoadXamlSync(String fileName)
{
    XmlReader reader = XmlReader.Create(fileName);
    return XamlReader.Load(reader);
}
```

Listing 2.18: Synchrones Einlesen von XAML zur Laufzeit

Aber auch das asynchrone Einlesen von XAML ist möglich. Hierzu muss jedoch eine Instanz von XamlReader erstellt werden. Damit steht die Methode LoadAsync bereit, welche ebenfalls ein Objekt vom Typ object zurückliefert. Zusätzlich wird das Event LoadCompleted angeboten, welches darüber informiert, dass das Laden des XAML abgeschlossen wurde.

Wichtig

Damit das XAML asynchron geladen werden kann, muss das Attribut x:SynchronousMode auf Async gesetzt werden. Das Ausführen unterschiedlicher gleichzeitiger Aktionen innerhalb einer Instanz ist nicht möglich.

Listing 2.19 zeigt, wie XAML auf asynchrone Art und Weise geladen werden kann.

```
private object LoadXamlASync(String fileName)
{
    XamlReader reader = new XamlReader();
    reader.LoadCompleted += new
        AsyncCompletedEventHandler(reader_LoadCompleted);
    return reader.LoadAsync(XmlReader.Create(fileName));
}
```

Listing 2.19: XAML asynchron laden

Das Laden zur Laufzeit ist sehr hilfreich, wenn Inhalte dynamisch eingebunden werden sollen, zumal sie sich durch Benutzereingriffe, Generierung etc. auch ändern können. XAML kann jedoch auch geschrieben werden, sei es auf Basis einer Generierung, für Debug-Zwecke oder aus zahlreichen anderen Gründen. Dafür steht die Klasse XamlWriter parat.

Der XamlWriter bietet insgesamt nur eine einzige Methode an. Sie ist statisch und nennt sich Save. Die Methode besitzt insgesamt 5 Überladungen, wobei der ersten lediglich das zu serialisierende Objekt übergeben werden muss und ein String zurückgegeben wird, während alle anderen mit unterschiedlichsten Arten der Ausgabeform (Streams) arbeiten.

Sehen wir uns dazu ein einfaches Beispiel an. Listing 2.20 zeigt die Erstellung eines TextBlock-Elements. Danach wird dieser mithilfe des XamlWriters serialisiert und anschließend ausgegeben. Die Ausgabe in Listing 2.21 zeigt das Ergebnis.

```
TextBlock block = new TextBlock();
block.FontSize = 14;
block.FontWeight = FontWeights.Bold;
block.Name = "InfoBlock";
block.Text = "Dies ist ein InfoBlock";

String savedViewer = XamlWriter.Save(block);
Console.WriteLine(savedViewer);
```

Listing 2.20: TextBlock mithilfe der XamlWriter-Klasse serialisieren

```
<TextBlock
   Text="Dies ist ein InfoBlock"
   FontWeight="Bold"
   FontSize="14"
   Name="InfoBlock"
   xmlns="http://schemas.microsoft.com/winfx/2006/xaml/presentation" />
```

Listing 2.21: XAML-Ausgabe erstellt durch den XamlWriter

Da XamlWriter zur Laufzeit ausgeführt wird, kann die XAML-Ausgabe auch nur den Laufzeitstatus repräsentieren. Dieser kann – und wird natürlich auch in den meisten Fällen – unterschiedlich zur Entwurfszeit sein.

Eventhandler, die an das zu serialisierende Objekt angehängt wurden (unabhängig davon, ob via XAML oder über die Code-Behind-Datei) werden nicht serialisiert. Selbst das jeweilige Attribut (wenn via XAML erstellt) wird nicht serialisiert.

Alles, was serialisiert wird, wird innerhalb eines einzigen Root-Elements dargestellt. Externe Ressourcen – außer URIs – werden nicht eingebunden. Wird also beispielsweise anwendungsweit eine Ressource über einen Schlüssel zur Verfügung gestellt, etwa ein Style, dann wird dieser Style beim Serialisieren berücksichtigt, als wäre er Bestandteil des zu serialisierenden Objekts. Um dies zu verdeutlichen, werfen Sie einen Blick auf Listing 2.22, welches eine Schaltfläche zeigt, die mittels `XamlWriter` serialisiert werden soll. Listing 2.23 zeigt das Ergebnis.

```
<Button
    x:Name="ReadButton"
    Content="Read XAML"
    Style="{StaticResource ButtonStyle}"/>
```

Listing 2.22: Mittels XamlWriter zu serialisierender Button

```
<Button
    Name="ReadButton"
    xmlns="http://schemas.microsoft.com/winfx/2006/xaml/presentation">
    <Button.Style>
        <Style TargetType="Button">
            <Style.Resources>
                <ResourceDictionary />
            </Style.Resources>
            <Setter Property="FrameworkElement.Margin">
                <Setter.Value>
                    <Thickness>2,2,2,2</Thickness>
                </Setter.Value>
            </Setter>
        </Style>
    </Button.Style>
    Read XAML
</Button>
```

Listing 2.23: Serialisierter Button mit Style aus App.xaml

Wie Sie sehen, muss mit dem `XamlWriter` durchaus vorsichtig umgegangen werden. Bevor Sie von einem bestimmten Ergebnis ausgehen, führen Sie lieber einen Test durch, der Ihre Annahme bestätigt oder Sie eines Besseren belehrt.

In diesem Kapitel haben Sie einiges über XAML und die damit verbundenen Konzepte erfahren. Im folgenden Kapitel gehen wir näher auf die einzelnen Steuerelemente der WPF ein. Dies beinhaltet auch die Grundlagen der Darstellungsmodelle.

Kapitel 3

Steuerelemente

In den bisherigen Kapiteln wurden Grundlagen zu der WPF, XAML und den unterschiedlichen Anwendungstypen vermittelt. Doch damit allein lässt sich noch keine Anwendung entwickeln. Dazu werden die unterschiedlichsten Arten von Steuerelementen benötigt, mit deren Hilfe einem Fenster oder einer Seite Leben eingehaucht werden kann. Diesem Thema werden wir uns in diesem Kapitel näher widmen.

3.1　Grundlagen

Steuerelemente sind bereits seit langer Zeit ein fixer Bestandteil von Entwicklungsplattformen. Diese bieten Standardelemente wie Eingabefelder, Schaltflächen und weitere, um möglichst einfach grafische Oberflächen entwickeln zu können.

Wieso Steuerelemente benötigt werden, ist einfach erklärt: Sie stellen eine bestimmte Funktionalität (beispielsweise die Eingabe von Texten) zur Verfügung und können an unterschiedlichsten Stellen beliebig oft verwendet werden. Die Funktionalität muss also nur einmal entwickelt werden.

Wirft man einen genaueren Blick auf die Steuerelemente, wie sie in den letzten Jahren verwendet wurden, dann ist zu erkennen, dass sie in ihrer Verwendung meist wenig flexibel sind. Seit jeher besitzt eine Schaltfläche (Button) eine Beschriftung und die notwendigen Events, um festzustellen, wann der Benutzer eine Schaltfläche angeklickt hat. Sollte diese weitere Funktionalität bieten, musste sie selbst implementiert werden. Soll eine ansprechende grafische Oberfläche entwickelt werden, entsteht dadurch ein nicht unbeträchtlicher Aufwand (zumal es ja nicht bei der Schaltfläche bleibt).

Die Windows Presentation Foundation geht hier einen wesentlich flexibleren Weg. So werden drei Prinzipien verwirklicht:

- Element Composition
- Rich Content
- Einfaches Programmiermodell

Um diese drei Prinzipien genauer zu erläutern, bleiben wir beim bereits angesprochenen Beispiel der Schaltfläche.

Schaltflächen sind an allen möglichen Stellen zu finden, sei es in einem Dialogfenster, seien es die Schaltflächen für das Auf- und Abblättern bei Scrollbars oder aber auch die Schaltflächen für das Vergrößern, Verkleinern und Schließen von Fenstern. Überall steckt eine Schaltfläche dahinter, die eine Klick-Aktion entgegennimmt und ausführt. Weitgehend abstrahiert: Alle besitzen die gleiche Funktionalität, werden aber für jeden dieser Fälle eigens implementiert. Genau hier kommt die »Element Composition« zu tragen: eine Schaltfläche, die überall verwendet werden kann.

Siehe dazu auch Abbildung 3.1.

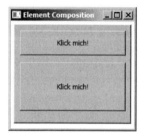

Abb. 3.1: Beispiel für das Prinzip der Element Composition

Durch das Internet sind wir es mittlerweile gewohnt: durch Formatierungen aufgewertete Inhalte, angereichert durch Grafiken und Videos. Nahezu völlige Gestaltungsfreiheit ermöglicht es dem Webdesigner, Inhalte intuitiv und leicht verständlich aufzubereiten. Bisher gab es ein RichEdit-Steuerelement, welches die Möglichkeit bot, Texte entsprechend zu formatieren. Das Grundprinzip »Rich Content« besagt, dass überall dort, wo Texte angezeigt werden können, derartige Formatierungen wie auch das Anzeigen von Medien und anderen Elementen möglich sein soll. Ein Beispiel dazu ist in Abbildung 3.2 zu sehen.

Abb. 3.2: Beispiel für eine Schaltfläche mit Rich Content

Zusätzlich sollen diese erweiterten Möglichkeiten auch durch ein »einfaches Programmiermodell« abbildbar sein. Bis dato (man nehme Windows Forms zum Vergleich) konnten Steuerelemente sehr einfach via Sourcecode erstellt werden. Dies blieb auch bei der WPF erhalten. Als Beispiel sei auf Listing 3.1 verwiesen. Dieses zeigt den verwendeten Sourcecode, der die Schaltfläche aus Abbildung 3.2 definiert. An diesem Beispiel ist schön zu sehen, dass die einzelnen Bestandteile mithilfe einer einfachen Notation erstellt werden. Im ersten Schritt wird ein Button definiert und der Abstand zu anderen Elementen gesetzt. Nun soll die Beschriftung des Buttons angezeigt werden. Dazu wird `TextBlock` verwendet und die einzelnen Texte werden mit entsprechenden Formatierungen versehen.

```
Button button = new Button();
button.Margin = new Thickness(5);

TextBlock text = new TextBlock();
text.FontSize = 28d;
text.Inlines.Add(new Italic(new Run("Bitte ")));
text.Inlines.Add(new Bold(new Run("klicken")));
text.Inlines.Add("!");

button.Content = text;
```

Listing 3.1:   Einfaches Programmiermodell am Beispiel einer `Button`-Deklaration

Schließlich wird der formatierte Text dem `Button` hinzugefügt. Mithilfe der Eigenschaft `Content`. Aber haben wir dafür bislang nicht immer die Eigenschaft `Text` verwendet? Dies führt uns zum nächsten Thema »Inhaltsmodell« (engl. »Content Model«).

3.2   Inhaltsmodell

Von Windows Forms oder früheren Technologien waren wir bis dato gewohnt, Inhalte über die `String`-Eigenschaft `Text` zu füllen. Dies verhält sich nun anders:

```
Button button = new Button();
button.Content = "Klick mich!";
```

Die Beschriftung der Schaltfläche erfolgt demnach nicht mehr über die Eigenschaft `Text`, sondern über `Content`. Betrachten wir diese Eigenschaft näher, kann festgestellt werden, dass der dahinter liegende Typ durch `System.Object` repräsentiert wird. Dies wirft natürlich einige Fragen auf. Allen voran: Wie wird der Inhalt auf die gewünschte Art und Weise dargestellt?

Alle Steuerelemente, die über eine Eigenschaft `Content` verfügen, erben von der Klasse `System.Windows.Controls.ContentControl`. Dadurch kann, wie bereits erwähnt, jedes beliebige Objekt übergeben und angezeigt werden. Es gilt jedoch zwei Fälle zu unterscheiden:

- Handelt es sich beim gesetzten Element um ein `System.Windows.UIElement`, wird dieses gerendert und angezeigt. Den Inhalt des `ContentControls` stellt also eine weitere Komponente dar.

- Handelt es sich beim Inhalt um ein anderes Objekt, wird eine Text-Repräsentation visualisiert.

Die meisten Steuerelemente der WPF erben von `ContentControl`. Dieses erbt wiederum von `System.Windows.Controls.Control`.

Die Klasse `Control` ist die Basisklasse für Elemente der Benutzeroberfläche. Sie definieren ihre Darstellung über ein `ContentTemplate`, das angepasst werden kann (mehr dazu ist in Kapitel 7 zu finden). In der Tabelle 3.1 finden Sie eine Auflistung der wichtigsten Eigenschaften der `Control`-Klasse.

Wichtig

Beachten Sie, dass viele Elemente der WPF den gleichen Namen wie ihre Windows-Forms-Entsprechungen besitzen. Die WPF-Elemente sind im Namespace `System.Windows.Controls` zu finden, während die Windows-Forms-Steuerelemente in `System.Windows.Forms` platziert sind. Gerade bei der Suche via MSDN kann dies leicht zu Verwirrung führen.

Eigenschaft	Beschreibung
Background	Hintergrundfarbe
FontFamily	Schriftart
FontSize	Schriftgröße
FontStyle	Schriftschnitt: Normal, Kursiv und Schräg sind möglich
FontWeight	Breite der Schrift: Light, Normal, Bold, UltraBold etc.
Foreground	Vordergrundfarbe
Height	Höhe des Elements
Margin	Äußerer Rand
Name	Name des Steuerelements
Opacity	Transparenz
Padding	Innerer Rand
Resources	Verweis auf ein Resource Dictionary
Style	Verweis auf einen Stil
TabIndex	Index innerhalb der Tabulatorreihenfolge
Tag	Frei verfügbare Eigenschaft
ToolTip	Informationsanzeige
Visibility	Sichtbarkeit des Elements
Width	Breite des Elements

Tabelle 3.1: Ausgewählte Eigenschaften der Klasse `Control`

Den Grundstock für die `Control`-Klasse bildet die Klasse `FrameworkElement`. Sie stellt Basiseigenschaften, -methoden und -ereignisse für Elemente der WPF zur Verfügung.

3.2.1 Vererbungshierarchie

Die Klasse `System.Windows.DependencyObject` aus der WINDOWSBASE.DLL bietet die Grundlage für die Teilnahme am Dependency Property System der WPF. Darüber werden Systembenachrichtigungen bei geänderten Werten etc. angeboten. Darauf bauen schlussendlich viele Funktionalitäten der WPF auf. Von dieser Klasse leiten `System.Windows.Media.Visual` wie auch `System.Windows.ContentElement` ab (beide aus der PRESENTATIONCORE.DLL). Durch `Visual` werden Rendering, Transformationen, Clipping, Hit-Testing (Treffer-Test) etc. angeboten. Sie bietet die Grundlage für die Entwicklung von Steuerelementen unter der WPF. `ContentElement` unterstützt die einfache Behandlung von fortlaufender Darstellung von Inhalten.

> **Hinweis**
>
> Eine weitere wichtige Klasse, die mit dem Dependency System verbunden ist, wird durch die Klasse `DependencyProperty` dargestellt und in den nachfolgenden Kapiteln erklärt und immer wieder erwähnt.

Von `Visual` abgeleitet ist `System.Windows.UIElement`, ebenfalls aus der Assembly PRESENTATIONCORE.DLL. Diese Klasse stellt den Ausgangspunkt für Eigenschaften des Layouts von Elementen dar. Sie bietet eine größere Anzahl von virtuellen Methoden an, die von abgeleiteten Klassen überschrieben werden können, um das Layout-Rendering zu beeinflussen. Zusätzlich werden Grundfunktionalitäten des Eingabe- und Fokusverhaltens geboten. Ebenfalls unterstützt werden Teile des Animationssystems.

Die von `UIElement` abgeleitete Klasse `System.Windows.FrameworkElement` eröffnet nun die große Welt der WPF. Zusätzlich zu den in `UIElement` definierten Methoden werden durch `FrameworkElement` weitere Möglichkeiten hinzugefügt:

- Stile

- Unterstützung für Datenbindung

- Dynamische Ressourcen

- Ereignisse hinsichtlich der Objektlebensdauer

- Logische Struktur als Vorbereitung für Inhaltsmodelle

Im nächsten Ableitungsschritt werden unter anderem Klassen wie `System.Windows.Controls.Control`, `System.Windows.Shapes.Shape` und `System.Windows.Controls.Panel` zur Verfügung gestellt. Die Klasse `Control` wurde bereits weiter oben näher beschrieben, ebenso die davon ableitende Klasse `ContentControl`. Im Gegensatz zu `ContentControl` kann die ebenfalls von `Control` abgeleitete Klasse `ItemsControl` eine Liste von Objekten darstellen (siehe auch diverse Listenelemente).

Die Klasse **Shape** bietet die Basis für die Darstellung von Formen wie Polynomen, Ellipsen und Rechtecken. Mehr dazu erfahren Sie in Kapitel 10.

Layout-Container, die in Kapitel 4 näher beschrieben werden, finden ihre Basis in der Klasse **Panel**.

Abbildung 3.3 zeigt die besprochenen Typen in einem Klassendiagramm.

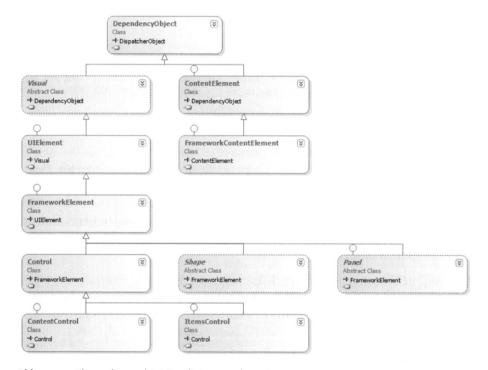

Abb. 3.3:   Klassenhierarchie Visualisierungselemente

3.3   Standard-Steuerelemente

Die Windows Presentation Foundation beinhaltet bereits einige häufig benötigte Steuerelemente, die sofort verwendet werden können. Sie sind für den allgemeinen Einsatz entwickelt und bieten daher allgemeingültige Funktionalität. Spezielle Anforderungen müssen daher von Ihnen implementiert werden.

Der Einfachheit halber wurden die Steuerelemente nachstehend in Gruppen unterteilt:

Gruppe	Beschreibung
Buttons	Bieten die Möglichkeit, vom Benutzer angeklickt zu werden. Dadurch können Aktionen ausgelöst werden. Die möglichen Aktionen unterscheiden sich je nach Typ des Steuerelements.
Text-Steuerelemente	Diese bieten dem Benutzer die Möglichkeit, Texte einzugeben. Die verfügbaren Optionen unterscheiden sich je nach Typ des Steuerelements.
Datum-Steuerelemente	Sie bieten dem Benutzer eine komfortable Auswahl von Datums-werten. Diese Steuerelemente wurden in der WPF 4 eingeführt.
Menüs	Menüs bieten dem Benutzer unterschiedliche Auswahlmöglich-keiten sowie Zugang zu weiteren Funktionalitäten und Naviga-tionsunterstützung.
Listen	Komponenten zur Darstellung von Auflistungen.
Hilfskomponenten	Weitere hilfreiche Steuerelemente, die in vielen Situationen not-wendig sind.

Tabelle 3.2: Einteilung der Steuerelemente in Gruppen

Tipp

Auf der beiliegenden CD im Unterverzeichnis Kapitel03 finden Sie sämtliche Beispiele aus diesem Kapitel.

Wichtig

Wer bereits Erfahrungen mit der WPF gesammelt hat, wird Container-Steuer-elemente vermissen. Diese werden gesondert in Kapitel 4 beschrieben.

Nachfolgend werden die einzelnen Gruppen besprochen sowie die darin enthalte-nen Steuerelemente aufgezeigt und anhand von Beispielen vorgestellt.

3.3.1 Buttons

Buttons sind Steuerelemente, die vom Benutzer angeklickt werden können. Sie nehmen eine Aufforderung zur Durchführung einer Aktion entgegen. Je nach tat-sächlicher Implementierung (abhängig vom Typ) wird definierter Code sofort aus-geführt (Button etc.) oder es werden Elemente ausgewählt (CheckBox etc.), wodurch eine Aktion keine sofortige Auswirkung hat.

Alle unterschiedlichen `Button`-Typen erben von der Basisklasse `System.Windows.Controls.Primitives.ButtonBase`. Diese Basisklasse stellt unter anderem das `Click`-Ereignis zur Verfügung. Darüber kann eine Benutzerinteraktion aufgefangen werden, um entsprechend darauf zu reagieren.

Tabelle 3.3 zeigt die in diesem Abschnitt besprochenen `Button`-Steuerelemente inklusive einer Kurzbeschreibung.

Steuerelement	Beschreibung
Button	Standard-Button, wird zum Starten einer Aktion verwendet.
ToggleButton	Button, der seinen Status verändern kann: gedrückt oder nicht gedrückt.
RepeatButton	Solange die Schaltfläche gedrückt bleibt, wird das `Click`-Ereignis wiederholt ausgelöst.
CheckBox	Dient zur Mehrfachauswahl von Optionen.
RadioButton	Dient zur Auswahl von Optionen. Innerhalb derselben Gruppe kann nur ein `RadioButton`-Element aktiviert sein.

Tabelle 3.3: Button-Steuerelemente

Button

Die einfachste Variante ist ein `Button` (Schaltfläche). Dieser kann vom Benutzer per Mausklick betätigt werden. Als Alternativen stehen ⏎ bzw. die ⌷Leertaste⌷ zur Verfügung, sofern das Steuerelement den Fokus besitzt. Durch eine dieser Aktionen wird das `Click`-Ereignis ausgelöst, das in einem eigenen Eventhandler abgefangen und behandelt werden kann. Dadurch ist es möglich, unmittelbar auf eine Aktion des Benutzers zu reagieren. Die einfachste Definition einer Schaltfläche sieht wie folgt aus:

```
<Button x:Name="DemoButton" Content="Klick mich!"/>
```

Damit wird ein einfacher `Button` dargestellt, dem ein Name und ein Schaltflächentext zugewiesen wurde. Das unspektakuläre Ergebnis ist in Abbildung 3.4 zu sehen.

Dieser `Button` kann natürlich noch nicht viel, da das `Click`-Ereignis nicht abonniert wurde. Das kann auf zwei unterschiedliche Arten passieren: Entweder wird es per XAML oder per Sourcecode erledigt.

Abb. 3.4: Einfacher Button

Per XAML kann dies wie folgt bewerkstelligt werden:

```
<Button x:Name="DemoButton" Content="Button: Klick mich!"
        Click="DemoButton_Click"/>
```

Visual Studio unterstützt insofern, als dass der Eventhandler im Code-Behind automatisch angelegt und somit Tipparbeit erspart wird. Der Nachteil ist der, dass eine derartige Definition bzw. derartige Vorgaben nicht per XAML vermittelt werden sollten. Daher gilt als Empfehlung, Eventhandler direkt per Sourcecode im Code-Behind zu definieren:

```
public ButtonDemoWindow()
{
    InitializeComponent();
    DemoButton.Click += new RoutedEventHandler(DemoButton_Click);
}

void DemoButton_Click(object sender, RoutedEventArgs e)
{
    MessageBox.Show("DemoButton wurde geklickt!");
}
```

Listing 3.2: Eventhandler per Code

Hinweis

Bessere Varianten der Abbildung finden Sie in den Kapiteln 10 und 11. Diese zeigen, wie Sie eine saubere Trennung mithilfe von Commands bzw. des MVVM-Patterns erreichen.

Der Vorteil, den Eventhandler per Code-Behind zu registrieren, liegt darin, dass das Design der Oberfläche und die Implementierung sehr einfach aufgeteilt werden können. Die Implementierung ist Aufgabe des Entwicklers. Dazu gehört auch die Definition der Eventhandler. Den Designer der Anwendung hat dies nicht zu interessieren, da er unter anderem nicht zwingend Know-how über die dahinter liegende Anwendung und deren Aufbau besitzen muss.

Wie im obigen Sourcecode zu sehen ist, wird innerhalb des Eventhandlers des Click-Ereignisses eine MessageBox geöffnet. Sie zeigt einen vordefinierten Text an. Mit dieser Anzeige wird also sofort auf die Aktion des Benutzers reagiert.

ToggleButton

Der ToggleButton verhält sich anders als der Standard-Button. Bei einem Mausklick ändert der Button selbst seinen Status: Beim ersten Klick verbleibt diese Schaltfläche im gedrückten Zustand, bei einem erneuten Klick wird der ursprüngliche Zustand wiederhergestellt.

Durch dieses Verhalten werden dem Entwickler mehrere Möglichkeiten geboten:

Durch das Click-Ereignis kann unverzüglich auf eine Aktion des Benutzers reagiert werden.

Durch die Eigenschaft IsChecked kann abgefragt werden, in welchem Status sich die Schaltfläche gerade befindet. Je nach Status kann entsprechender Code ausgeführt werden. Auf diese Weise kann der Benutzer beispielsweise mehrere derartige Schaltflächen selektieren, um eine darauf zugeschnittene Aktion ausführen zu lassen.

Eine Kombination aus beiden Verhalten ist denkbar. So kann eine Aktion zum Zeitpunkt des Klickens ausgeführt werden, zusätzlich kann der Status der Schaltfläche zu einem späteren Zeitpunkt abgefragt und weiterverwertet werden.

Die Deklaration ist denkbar einfach:

```
<ToggleButton
    x:Name="DemoToggleButton"
    Content="Toggle Button: Klick mich!"
    Click="DemoToggleButton_Click"/>
```

Hier wird ein ToggleButton definiert und dessen Click-Ereignis abonniert. Der Eventhandler wird in der Code-Behind-Datei angelegt und enthält spezifischen Code. In unserem Beispiel wird lediglich der Status der Schaltfläche abgefragt und behandelt:

```
private void DemoToggleButton_Click(object sender, RoutedEventArgs e)
{
    if (DemoToggleButton.IsChecked.HasValue &&
        DemoToggleButton.IsChecked.Value)
        MessageBox.Show("Is checked");
    else
        MessageBox.Show("Is not checked");
}
```

Listing 3.3:   Click-Ereignishandler eines ToggleButton-Elements

Diese Schaltfläche wird meist in komplexeren Fällen und zusammen mit weiteren Schaltflächen ihrer Art eingesetzt. So werden dadurch unter anderem unterschiedliche Einstellungen selektiert und anschließend ausgewertet.

RepeatButton

Der RepeatButton ist mit dem normalen Button gleichzusetzen. Er unterscheidet sich lediglich dadurch, dass das Click-Ereignis so lange ausgelöst wird, bis die Schaltfläche losgelassen wird. Definiert wird ein RepeatButton wie folgt:

```
<RepeatButton
    x:Name="DemoRepeatButton"
    Content="Repeat Button: Klick mich!"/>
```

Diese Schaltfläche besitzt zwei wichtige Eigenschaften:

- Delay: Legt die Zeitspanne fest, die vergeht, bis das erste Click-Ereignis ausgelöst wird, nachdem der Button erstmalig angeklickt wurde. Die Angabe erfolgt in Millisekunden.

- Interval: Beschreibt die Zeitspanne zwischen den ausgelösten Click-Events. Die Angabe erfolgt in Millisekunden.

Durch das Setzen dieser Eigenschaften kann das Verhalten dieses Steuerelements an die eigenen Anforderungen angepasst werden.

Einsatz kann diese Schaltfläche in unterschiedlichsten Bereichen finden. Hauptsächlich wird sie für numerische Up-Down-Elemente benötigt oder aber auch für Scrollbalken.

CheckBox

Die CheckBox ist eine spezielle Implementierung des ToggleButton-Steuerelements, der bereits vorgestellt wurde. Dieses Steuerelement kann aktiviert und deaktiviert werden. Insgesamt stehen drei verschiedene Zustände zur Verfügung, die abgefragt werden können:

- Aktiviert

- Deaktiviert

- Unbestimmt

- Die Deklaration ist einfach:

```
<CheckBox>
    Aufgabe 1 ausführen
</CheckBox>
```

Es wird eine einfache CheckBox mit der Beschriftung »Aufgabe 1 ausführen« erstellt.

Mehrere `CheckBox`-Steuerelemente können in »Gruppen« angeordnet werden. Dadurch erhält der Benutzer die Möglichkeit, aus einer Liste von Optionen auszuwählen. Auch eine Kombination der Optionen ist dadurch möglich.

RadioButton

Das `RadioButton`-Steuerelement bietet die Möglichkeit einer Auswahl. Es kann selektiert, die Auswahl jedoch durch den Benutzer nicht mehr aufgehoben werden. Das Aufheben einer Auswahl kann nur programmatisch oder durch Auswahl eines anderen `RadioButton`-Steuerelements der gleichen Gruppe geschehen. Es stehen zwei Zustände zur Verfügung, die über die Eigenschaft `IsChecked` abgefragt werden können:

- `True`
- `False`

Auch `RadioButton`-Steuerelemente können in Gruppen dargestellt werden. Innerhalb dieser Gruppe kann – im Gegensatz zu `CheckBox`-Elementen – immer nur ein Element ausgewählt werden. Beim Wählen eines Elements werden alle anderen Elemente derselben Gruppe deselektiert.

```
<StackPanel>
    <RadioButton>Diese Aufgabe ausführen ...</RadioButton>
    <RadioButton>... oder diese ...</RadioButton>
    <RadioButton>... oder diese.</RadioButton>
</StackPanel>
```

Dieses Steuerelement bietet sich dann an, wenn dem Benutzer nur eine Option von mehreren zur Verfügung steht und eine Mehrfachauswahl daher nicht zulässig ist.

Gruppen können auf zwei unterschiedliche Arten erstellt werden:

1. Sie verwenden pro Gruppe ein eigenes Container-Element.

2. Sie verwenden die Eigenschaft `GroupName`, um eine Gruppenzugehörigkeit zu setzen. Bei dieser Möglichkeit können innerhalb eines Container-Elements mehrere Gruppen verwendet werden. Ein Beispiel ist in Listing 3.4 zu sehen.

```
<StackPanel>
    <RadioButton IsChecked="True"
            GroupName="Job1">Diese Aufgabe ausführen ...</RadioButton>
    <RadioButton GroupName="Job1">... oder diese.</RadioButton>
    <RadioButton IsChecked="True"
            GroupName="Job2">Und diese Aufgabe ausführen ...</RadioButton>
    <RadioButton GroupName="Job2">... oder diese.</RadioButton>
</StackPanel>
```

Listing 3.4: RadioButton-Gruppen mittels GroupName

Durch das Setzen der Eigenschaft `IsChecked` im XAML-Markup oder via Source-code kann eine Standardeinstellung vorgegeben werden:

```
<StackPanel>
    <RadioButton>Diese Aufgabe ausführen ...</RadioButton>
    <RadioButton IsChecked="True">... oder diese ...</RadioButton>
    <RadioButton>... oder diese.</RadioButton>
</StackPanel>
```

Listing 3.5:   RadioButton mit gesetzter IsChecked-Eigenschaft

Auf Veränderungen des Zustands kann über drei Events einfach reagiert werden:

- `Click`
- `Checked`
- `Unchecked`

Wie jedes andere `Button`-Steuerelement besitzt auch die `RadioButton`-Schaltflä-che ein `Click`-Event. Darüber kann unmittelbar auf einen Benutzerklick reagiert werden. Ist es erforderlich, auf Änderungen des Zustands zu reagieren, bieten sich die Events `Checked` und `Unchecked` an. Ersteres wird ausgelöst, wenn die Schaltfläche aktiviert wurde, Letzteres, wenn sich `IsChecked` auf `false` ändert.

3.3.2   Text-Steuerelemente

In den zahlreichen Steuerelementen befinden sich Elemente zur Darstellung und Eingabe von Texten. Je nach Einsatzgebiet stehen mehr oder weniger komplexe Steuerelemente zur Verfügung.

Tabelle 3.4 zeigt die in diesem Abschnitt besprochenen Text-Steuerelemente in einer Übersicht inklusive einer Kurzbeschreibung.

Steuerelement	Beschreibung
TextBox	Einfaches Eingabefeld für unformatierten Text
PasswordBox	Feld zur sicheren Eingabe von Passwörtern
RichTextBox	Eingabefeld für formatierten Text

Tabelle 3.4:   Text-Steuerelemente

TextBox

Das einfachste Steuerelement der Text-Steuerelemente ist die `TextBox`. Damit lassen sich unformatierte Texte darstellen und eingeben. Zusätzlich werden grundlegende Standard-Editierfunktionen wie Copy & Paste, Auswahl usw. unterstützt.

Standardmäßig wird Text einzeilig dargestellt. Wird die Eigenschaft `AcceptRe-turn` auf `true` gestellt, wird ein ⏎ in der Eingabe akzeptiert und löst somit eine Zeilenschaltung aus. Dadurch ist auch die mehrzeilige Eingabe von Texten möglich. Wird diese Eigenschaft allein gesetzt, dann wird die `TextBox` (sofern noch kein entsprechender Text gesetzt wurde) einzeilig dargestellt und vergrößert sich bei der Eingabe. Soll die `TextBox` von Beginn an mehrzeilig dargestellt werden, muss die Eigenschaft `MinLines` festgelegt werden. Durch `MaxLines` können Sie zusätzlich eine maximale Größe des Eingabefeldes definieren.

Listing 3.6 zeigt ein einfaches Beispiel zur Verwendung des `TextBox`-Steuerelements, sowohl als einzeilige als auch mehrzeilige Variante. Die grafische Repräsentation wird in Abbildung 3.5 gezeigt.

```
<StackPanel>

    <TextBox Margin="5">Einzeilige Textbox</TextBox>

    <TextBox Margin="5" AcceptsReturn="True">Mehrzeilige TextBox</TextBox>

</StackPanel>
```

Listing 3.6:   Einfaches TextBox-Beispiel

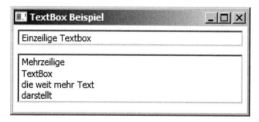

Abb. 3.5:   Einzeilige und mehrzeilige TextBox

Zugriff auf die Eingaben gewährleistet die Eigenschaft `Text`. Darüber kann sowohl der Text einer `TextBox` gesetzt als auch ausgelesen werden. In Listing 3.6 wird diese Eigenschaft nicht verwendet, um den Text anzuzeigen, da der Inline-Text standardmäßig der `Text`-Eigenschaft zugewiesen wird. Sie könnten das Element auch folgendermaßen deklarieren:

```
<TextBox Margin="5" Text="Einzeilige Textbox"/>
```

Für die Arbeit mit selektiertem Text stehen Eigenschaften zur Verfügung, die in Tabelle 3.5 aufgezählt und beschrieben sind.

Eigenschaft	Beschreibung
SelectedText	Liefert den ausgewählten Text des Textfeldes zurück oder legt ihn fest.
SelectionLength	Liefert die Anzahl der selektierten Zeichen der Auswahl zurück oder legt diese fest.
SelectionStart	Liefert den Zeichenindex des ersten selektierten Zeichens der Auswahl zurück oder legt ihn fest.

Tabelle 3.5: Auswahlunterstützung durch die TextBox

PasswordBox

Das Steuerelement PasswordBox unterstützt bei der sicheren Eingabe von Passwörtern. Eine Deklaration sieht wie folgt aus:

```
<PasswordBox Margin="5"/>
```

Abbildung 3.6 zeigt, wie dieses Eingabefeld dargestellt wird. Standardmäßig wird ein Platzhalter pro Zeichen angezeigt. Dieser Platzhalter kann mithilfe der Eigenschaft PasswordChar geändert werden. Beachten Sie zusätzlich, dass dieses Steuerelement das Kopieren der Eingabe in die Zwischenablage verhindert und somit eine vielfache Angriffsmethode abzuwehren weiß.

Abb. 3.6: Eine PasswordBox

Im Gegensatz zur TextBox bietet die PasswordBox keine Eigenschaft Text, um auf die Eingabe Zugriff zu erhalten. Stattdessen wird eine Eigenschaft Password angeboten. Darüber kann auf das Plain-Text-Passwort zugegriffen werden. Dies ist nicht zu empfehlen, da das Kennwort somit unverschlüsselt im Arbeitsspeicher vorhanden wäre. Dafür wurde die Eigenschaft SecurePassword eingeführt. Diese liefert ein Objekt vom Typ System.Security.SecureString zurück und hält das Passwort in verschlüsselter Form.

> **Tipp**
>
> Der Typ System.Security.SecureString arbeitet ähnlich des gewöhnlichen System.String-Typs. Bei der Initialisierung oder einer Änderung der Instanz wird der Inhalt jedoch verschlüsselt. Über die Eigenschaft MakeReadOnly kann der gespeicherte Inhalt als schreibgeschützt markiert werden. Eine Änderung des Wertes ist dann nicht mehr möglich.

> Beachten Sie auch, dass bei einem normalen String nicht genau bekannt ist, wie lange dieser im Speicher gehalten wird. Ist eine immerwährende Referenz auf ein String-Objekt vorhanden, wird dieses vom Garbage Collector generell nicht entfernt, wodurch dieser Inhalt über die Laufzeit der Anwendung im Speicher verbleiben würde. Bei einem SecureString kann Dispose aufgerufen werden, dadurch werden die verschlüsselten Daten sofort zurückgesetzt.

RichTextBox

Die bisherigen Text-Eingabemöglichkeiten waren eher sehr bescheiden. Häufig soll es möglich sein, Texte zu formatieren, Grafiken einzubinden und noch vieles mehr. Diese Möglichkeiten bietet das Steuerelement RichTextBox.

Windows-Forms-Entwicklern dürfte der darin enthaltene Wrapper der RichText-Box bekannt sein. Die WPF-Variante ist vielseitiger als die Windows-Forms-Variante, aber auch komplexer.

Im Gegensatz zu einer TextBox oder der Windows-Forms-Variante besitzt das Element RichTextBox keine Eigenschaft Text. Vielmehr steht eine Eigenschaft Document zur Verfügung. Dahinter verbirgt sich ein Objekt vom Typ System.Windows.Documents.FlowDocument.

Dem Namen entsprechend können in einem FlowDocument fortlaufende Inhalte angezeigt werden. Das FlowDocument erzwingt ein starkes Inhaltsmodell für untergeordnete Elemente. Diese müssen von System.Windows.Documents.Block abgeleitet sein, um Kindelemente des FlowDocument-Typs sein zu können (bezieht sich auf die erste Ebene). Eine Auflistung der möglichen Elemente finden Sie in Tabelle 3.6.

Block-Element	Beschreibung
BlockUIContainer	Ermöglicht das Einbinden von Elementen, die von System.Windows.UIElement ableiten (z.B. Button).
List	Bietet die Möglichkeit, geordnete und nicht geordnete Listen darzustellen.
Paragraph	Inhalte können in Absätze zusammengefasst werden.
Section	Dient der Gruppierung anderer Block-Elemente.
Table	Inhalte können rasterförmig in Reihen und Spalten dargestellt werden.

Tabelle 3.6: Gültige Elemente der ersten Ebene eines FlowDocument-Elements

Innerhalb der Block-Elemente können weitere Elemente für die unterschiedlichen Formatierungen herangezogen werden. Eine Liste dieser Inline-Elemente ist in Tabelle 3.7 aufgeführt.

Inline-Element	Beschreibung
Bold	Darstellung des eingeschlossenen Textes mit fetter Schriftbreite. Dies entspricht einem Span-Element, dessen FontWeight-Eigenschaft auf Bold festgelegt wurde.
Floater	Mit diesem Element können Grafiken und Texte so angezeigt werden, dass sie vom restlichen Text losgelöst sind bzw. davon umflossen werden.
Figure	Ermöglicht das Einbinden von Grafiken.
Hyperlink	Bietet die Möglichkeit, Links zu erstellen.
InlineUIContainer	Einbinden von UIElement-Elementen im Inline-Bereich.
Italic	Darstellung des eingeschlossenen Textes mit kursiver Schrift. Dies entspricht einem Span-Element, dessen FontStyle-Eigenschaft auf Italic festgelegt wurde.
LineBreak	Verursacht einen Zeilenumbruch an der angegebenen Stelle.
Run	Stellt unformatierten Lauftext dar.
Span	Gruppiert andere Inline-Elemente.
Underline	Eingeschlossener Text wird unterstrichen dargestellt.

Tabelle 3.7: Elemente zur Formatierung auf Inline-Ebene

Listing 3.7 zeigt die Anwendung der RichTextBox via XAML-Markup. Das Ergebnis ist in Abbildung 3.7 zu sehen.

```
<RichTextBox
    Margin="5"
    AcceptsReturn="True">
    <FlowDocument>
        <Paragraph >
            Das ist ein Beispieltext mit
            <Bold>fetten</Bold> und
            <Italic>kursiven</Italic> Inhalten.
            Das ist ein Beispieltext mit
            <Bold>fetten</Bold> und
            <Italic>kursiven</Italic> Inhalten.
            Das ist ein Beispieltext mit
            <Bold>fetten</Bold> und
            <Italic>kursiven</Italic> Inhalten.
            Das ist ein Beispieltext mit
            <Bold>fetten</Bold> und
            <Italic>kursiven</Italic> Inhalten.
        </Paragraph>
        <Section>
            <Paragraph FontSize="18">Eine Liste</Paragraph>
```

```
        <List>
            <ListItem>
                <Paragraph>Eintrag 1</Paragraph>
            </ListItem>
            <ListItem>
                <Paragraph>Eintrag 2</Paragraph>
            </ListItem>
            <ListItem>
                <Paragraph>Eintrag 3</Paragraph>
            </ListItem>
            <ListItem>
                <Paragraph>Eintrag 4</Paragraph>
            </ListItem>
            <ListItem>
                <Paragraph>Eintrag 5</Paragraph>
            </ListItem>
        </List>
        <Paragraph>
            <Bold>Bitte auswählen:</Bold>
            <LineBreak/>
            <InlineUIContainer>
                <StackPanel>
                    <RadioButton>A</RadioButton>
                    <RadioButton>B</RadioButton>
                    <RadioButton>C</RadioButton>
                </StackPanel>
            </InlineUIContainer>
        </Paragraph>
    </Section>
  </FlowDocument>
</RichTextBox>
```

Listing 3.7:   Anwendung des RichTextBox-Elements

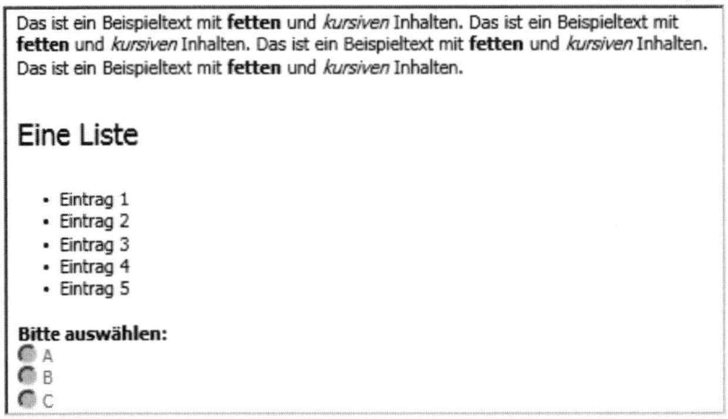

Das ist ein Beispieltext mit **fetten** und *kursiven* Inhalten. Das ist ein Beispieltext mit **fetten** und *kursiven* Inhalten. Das ist ein Beispieltext mit **fetten** und *kursiven* Inhalten. Das ist ein Beispieltext mit **fetten** und *kursiven* Inhalten.

Eine Liste

- Eintrag 1
- Eintrag 2
- Eintrag 3
- Eintrag 4
- Eintrag 5

Bitte auswählen:
- A
- B
- C

Abb. 3.7:   Einfaches Beispiel einer RichTextBox

> **Tipp**
>
> Sehen Sie sich auch die weiteren Möglichkeiten der RichTextBox an. So ist es mit einer kleinen Einstellung möglich, eine vollständige Rechtschreibhilfe zu aktivieren. Dazu ist SpellCheck.IsEnabled auf True zu stellen. Über die Eigenschaft Language kann die verwendete Sprache eingegeben werden (beispielsweise: de-AT).

3.3.3 Datum-Steuerelemente

Für die Eingabe von Datumswerten stehen seit der WPF 4 zwei Steuerelemente zur Verfügung. Sie bieten die typische Funktionalität, die bereits aus früheren Varianten bekannt ist und gehen in manchen Bereichen einen Schritt weiter. Nachfolgend werden sie näher beschrieben.

Calendar

Das Calendar-Steuerelement bietet die Möglichkeit einer visuellen Datumsauswahl, und das in unterschiedlichen Varianten. Über zahlreiche Einstellungen lässt sich das Erscheinungsbild steuern. Eine Auflistung der wichtigsten Eigenschaften ist in Tabelle 3.8 dargestellt.

Eigenschaft	Beschreibung
BlackoutDates	Hierüber können Datumswerte definiert werden, die nicht zur Auswahl stehen.
DisplayDate	Gibt an, was der Kalender anzeigt und was innerhalb des Kalenders den Fokus besitzt.
DisplayDateEnd	Legt das Enddatum der Anzeige fest.
DisplayDateStart	Legt das Startdatum der Anzeige fest.
DisplayMode	Definiert, in welchem Modus der Kalender ausgeführt wird. Zur Verfügung stehen Month, Year und Decade.
IsTodayHighlighted	Standardmäßig auf true. Gibt an, ob der aktuelle Tag hervorgehoben wird.
SelectedDate	Stellt das ausgewählte oder gesetzte Datum dar. Dieser Wert kann nur geändert werden, wenn DisplayMode auf Month gestellt ist.
SelectionMode	Legt den Auswahlmodus fest. Möglich sind die Einstellungen SingleDate, SingleRange, MultipleRange und None.

Tabelle 3.8: Eigenschaften des Calendar-Steuerelements

Durch die vorhandenen Eigenschaften lassen sich unterschiedlichste Szenarien abbilden. Ebenso können die Auswahlmöglichkeiten derart eingeschränkt werden, dass eine Falscheingabe unmöglich wird. Ein Beispiel dafür wird in Listing 3.8 gegeben. Abbildung 3.8 zeigt die unterschiedlichen Darstellungsmodi.

Abb. 3.8: Datumsauswahl per `Calendar` mit unterschiedlichen Darstellungen

Zu beachten ist auch, dass der Kalender unterschiedliche Tasten bzw. Tastenkombinationen unterstützt. So ist es mithilfe der Pfeiltasten wie auch der Tasten ⌈Pos1⌉ und ⌈Ende⌉ möglich, durch den Kalender zu navigieren.

```
<Calendar SelectedDate="08/31/2010"
         DisplayDateStart="08/01/2010"
         DisplayDateEnd="08/31/2010"
         SelectionMode="MultipleRange"
         DisplayMode="Month">
   <Calendar.BlackoutDates>
       <CalendarDateRange Start="08/01/2010" End="08/15/2010"/>
   </Calendar.BlackoutDates>
</Calendar>
```

Listing 3.8: Kalender mit eingeschränkten Auswahlmöglichkeiten

DatePicker

Mithilfe des `DatePicker`-Elements können Werte sowohl über ein Textfeld eingegeben als auch über ein Dropdown-Element (welches durch ein `Calendar`-Element gebildet wird) ausgewählt werden. Auch dieses Steuerelement bietet die vom `Calendar`-Element bekannten Eigenschaften an. Sie werden auf dieselbe Art und Weise verwendet.

Die Eigenschaft `SelectedDateFormat` bestimmt die Darstellung des Datums im Textfeld. Zur Auswahl stehen die beiden Werte `Long` und `Short`. Abbildung 3.9 zeigt den Unterschied dieser Einstellungen.

Die Verwendung des `DatePicker`-Elements ist einfach:

```
<DatePicker SelectedDateFormat="Long"
           SelectedDate="08/30/2010"
           />
```

Abb. 3.9: DatePicker in Aktion

3.3.4 Menüs

Kaum eine Anwendung kommt ohne Menüs aus. Sie können auf unterschiedliche Arten gebildet werden. Die WPF bietet bekannte Standardmöglichkeiten an: Menu und ContextMenu. Durch die Flexibilität, die durch die WPF geboten wird, sind jedoch auch eigene Kreationen durchaus vorstellbar und teilweise einfach zu realisieren. Bevor Sie darangehen, werfen Sie einen Blick auf die Steuerelemente, die bereits im .NET Framework vorhanden sind.

Alle konkreten Menüimplementierungen innerhalb der WPF leiten von System.Windows.Controls.Primitives.MenuBase ab. MenuBase stellt die Basisklasse für Steuerelemente dar, die Auswahlmöglichkeiten für Benutzer bereitstellen. Diese Klasse erbt selbst von System.Windows.Controls.ItemsControl. Alle Kindelemente werden dementsprechend als Items dargestellt.

Menu

Das Steuerelement System.Windows.Controls.Menu stellt ein Standard-Windows-Menü dar. Darin werden durch den Benutzer auswählbare Menüpunkte hierarchisch dargestellt.

Ein einfaches Menü könnte durch

```
<Menu>
    <Menu.Items>
        <MenuItem Header="Eintrag 1"/>
        <MenuItem Header="Eintrag 2"/>
        <MenuItem Header="Eintrag 3"/>
    </Menu.Items>
</Menu>
```

erzeugt werden. Menu stellt das Haupt-Steuerelement für ein Menü dar. Die Kindelemente werden durch MenuItem-Objekte generiert. Da jedoch alle Kindelemente automatisch in die Items-Auflistung aufgenommen werden, muss Menu.Items nicht explizit angeführt werden:

```
<Menu>
    <MenuItem Header="Eintrag 1"/>
    <MenuItem Header="Eintrag 2"/>
    <MenuItem Header="Eintrag 3"/>
</Menu>
```

Durch entsprechende Verschachtelung können Hierarchien und somit Untermenüs aufgebaut werden:

```
<Menu Name="DemoMenu">
    <MenuItem Header="Eintrag 1">
        <MenuItem Header="Eintrag 1.1">
            <MenuItem Header="Eintrag 1.1.1"/>
        </MenuItem>
        <MenuItem Header="Eintrag 1.2"/>
        <MenuItem Header="Eintrag 1.3"/>
    </MenuItem>
</Menu>
```

Listing 3.9:   Menü mit Subeinträgen

In Abbildung 3.10 finden Sie das Ergebnis des obigen XAML-Markups.

Abb. 3.10:   Einfaches Menü mit Untermenüs

Menüeinträge können auch per Sourcecode erstellt und hinzugefügt werden. Es ist eine Instanz vom Typ **MenuItem** zu erstellen und der **Items**-Auflistung hinzuzufügen:

```
MenuItem entry2 = new MenuItem();
entry2.Header = "Eintrag 2";
MenuItem entry21 = new MenuItem();
entry21.Header = "Eintrag 2.1";

entry2.Items.Add(entry21);
DemoMenu.Items.Add(entry2);
```

Listing 3.10:   Menü per Code aufbauen

Abbildung 3.11 zeigt das ursprüngliche Menü und den zusätzlich zur Laufzeit erstellten Menüeintrag. Damit dieser auf eine Benutzerinteraktion reagiert, muss das Click-Event abonniert und entsprechender Sourcecode hinzugefügt werden.

Abb. 3.11:   Dynamisch erstellter Menüeintrag

Neben der Eigenschaft Header, mit der die Beschreibung eines Menüeintrags festgelegt wird, stehen weitere zur Verfügung. Unter anderem ist es möglich, jedem Menüeintrag ein Icon zuzuweisen:

```
<MenuItem Header="Open">
    <MenuItem.Icon>
        <Image Source="/Images/open.png" Width="16"/>
    </MenuItem.Icon>
</MenuItem>
```

Listing 3.11:   Icons für Menüeinträge setzen

Die Eigenschaft Icon kann nicht direkt gesetzt werden. Stattdessen ist ihrem Inhalt ein Objekt vom Typ Image zuzuweisen. Durch das Image-Objekt werden die gewünschte Grafik deklariert und auch andere Optionen festgelegt. Beachten Sie, dass die verwendeten Grafiken zuvor dem Projekt hinzugefügt werden müssen. Die Eigenschaft Buildvorgang der Grafik ist als Ressource zu definieren (siehe Abbildung 3.12).

Abb. 3.12:   Dem Projekt Grafiken hinzufügen

Wurden die Grafiken dem Projekt hinzugefügt, kann aus XAML heraus darauf zugegriffen werden.

Listing 3.12 zeigt ein etwas größeres Menü, angereichert mit Grafiken. Das Ergebnis ist in Abbildung 3.13 zu sehen.

```xml
<Menu>
    <MenuItem Header="File">
        <MenuItem Header="Open">
            <MenuItem.Icon>
                <Image Source="/Images/open.png" Width="16"/>
            </MenuItem.Icon>
        </MenuItem>
        <MenuItem Header="Save">
            <MenuItem.Icon>
                <Image Source="/Images/save.png" Width="16"/>
            </MenuItem.Icon>
        </MenuItem>
        <Separator/>
        <MenuItem Header="Exit" x:Name="ExitMenuItem"/>
    </MenuItem>
    <MenuItem Header="Edit">
        <MenuItem Header="Copy"/>
        <MenuItem Header="Paste"/>
    </MenuItem>
</Menu>
```

Listing 3.12:   Beispiel eines Menüs mit Grafiken

Hinweis

Grafiken können auch als Ressourcen zur Verfügung gestellt und damit einfacher ausgetauscht werden. Mehr dazu erfahren Sie in den Kapiteln 7 und 8.

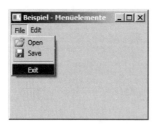

Abb. 3.13:   Standardmenü mit Grafiken

Sind mehrere Menüs in einem Fenster oder einer Seite vorhanden, muss ein Menü als Hauptmenü festgelegt werden. Dieses empfängt Nachrichten bezüglich des Drückens der ⌞Alt⌟- bzw. ⌞F10⌟-Tasten. Das Hauptmenü kann durch das Setzen der Eigenschaft `IsMainMenu` auf `True` festgelegt werden.

ContextMenu

Im Gegensatz zu einem Hauptmenü bietet ein Kontextmenü Zugriff auf Funktionalitäten, die für die aktuelle Arbeit (also dem aktuellen Kontext) von Bedeutung sind.

Jedem Element, das von `System.Windows.FrameworkElement` ableitet, kann durch die Eigenschaft `ContextMenu` ein Kontextmenü zugewiesen werden. Die Erstellung eines derartigen Steuerelements ähnelt der eines Menüs:

```
<ContextMenu>
    <MenuItem Header="Eintrag 1"/>
    <MenuItem Header="Eintrag 2"/>
    <MenuItem Header="Eintrag 3"/>
    <Separator/>
    <MenuItem Header="Eintrag 4"/>
    <MenuItem Header="Eintrag 5"/>
</ContextMenu>
```

Listing 3.13: Deklaration eines Kontextmenüs

Anstatt des Elements `Menu` wird `ContextMenu` verwendet. Die weiterführende Verwendung ist dieselbe. In diesem Beispiel sehen Sie eine weitere Möglichkeit, den `Separator`. Dadurch kann eine Gruppierung von Menüeinträgen vorgenommen werden.

Ein Kontextmenü wird normalerweise durch die Betätigung der rechten Maustaste auf einem Element angezeigt. Daher muss es diesem auch zugewiesen werden (das Ergebnis ist in Abbildung 3.14 zu sehen):

```
<TextBlock Text="Kontextmenü mit rechter Maustaste öffnen" Margin="10">
    <TextBlock.ContextMenu>
    <ContextMenu>
        <MenuItem Header="Eintrag 1"/>
        <MenuItem Header="Eintrag 2"/>
        <MenuItem Header="Eintrag 3"/>
        <Separator/>
        <MenuItem Header="Eintrag 4"/>
        <MenuItem Header="Eintrag 5"/>
    </ContextMenu>
    </TextBlock.ContextMenu>
</TextBlock>
```

Listing 3.14: TextBlock-Element mit Kontextmenü

Kontext-Menü mit rechter Maustaste öffnen

Abb. 3.14:   Einfaches Kontextmenü

3.3.5   Listen

Große Datenmengen können am übersichtlichsten mithilfe von Listen dargestellt werden. Gerade in datengetriebenen Anwendungen müssen sie klar und deutlich dargestellt werden. Sie bieten mehrere Vorteile:

- Darstellung von großen Datenmengen in einer für den Benutzer übersichtlichen Form

- Darstellung einer Auswahl der möglichen Informationen

- Ein- oder Mehrfachauswahl von Daten für die Weiterverarbeitung.

- Insgesamt sind fünf Listen-Steuerelemente verfügbar:

- ListBox

- ComboBox

- ListView

- DataGrid

- TreeView

Alle diese Elemente erben von der Klasse `System.Windows.Controls.Items-Control`, welche die Eigenschaften `Items` und `ItemsSource` zur Verfügung stellt. Über die Eigenschaft `Items` können einzelne Datenelemente der internen Liste des Steuerelements hinzugefügt werden:

```
ListBox listBox = new ListBox();
listBox.Items.Add("Eintrag 1");
listBox.Items.Add("Eintrag 2");
```

Über die Eigenschaft `ItemsSource` ist es möglich, eine Liste von Datenobjekten an ein Listenelement zu übergeben und es somit mit Daten zu füllen:

```
ListBox listBox = new ListBox();
List<String> stringList = new List<string>() { "Eintrag 1", "Eintrag 2" };
listBox.ItemsSource = stringList;
```

Listing 3.15:   Verwendung der Eigenschaft `ItemsSource`

ListBox

Das ListBox-Steuerelement ist eines der Elemente, mit denen Listen von Daten in einer flachen Struktur dargestellt werden. Dabei ist das gesamte Steuerelement sichtbar, kann jedoch an den entsprechenden Platz angepasst werden. Reicht der verfügbare Platz nicht aus, um alle Einträge anzuzeigen, wird eine Scrollbar sichtbar, mit deren Hilfe durch die Liste geblättert werden kann. Via XAML lässt sich eine ListBox einfach erstellen:

```
<ListBox x:Name="DemoListBox">
    <ListBoxItem Content="Element 1" IsSelected="True"/>
    <ListBoxItem Content="Element 2"/>
    <ListBoxItem Content="Element 3"/>
    <ListBoxItem Content="Element 4"/>
</ListBox>
```

Listing 3.16: Deklaration einer ListBox mit mehreren Einträgen

Abbildung 3.15 zeigt die Repräsentation des XAML-Markups.

Abb. 3.15: Einfaches ListBox-Element

Mithilfe der Eigenschaft IsSelected ist es möglich, einen einzelnen Eintrag zu selektieren bzw. den selektierten Eintrag abzufragen. Nachfolgend ist zu sehen, wie dies mittels XAML-Markup bewerkstelligt werden kann. Die entsprechende Visualisierung wird in Abbildung 3.16 gezeigt.

```
<ListBox x:Name="DemoListBox">
    <ListBoxItem Content="Element 1"/>
    <ListBoxItem Content="Element 2" IsSelected="True"/>
    <ListBoxItem Content="Element 3"/>
</ListBox>
```

Abb. 3.16: Ausgewählter ListBox-Eintrag

Auf Basis des zu Beginn dieses Kapitels erklärten Inhaltsmodells ist es auch hier möglich, jegliches Element als Kindelement zu definieren. Nachfolgend wird der

Auflistung eine Liste von `RadioButton`-Elementen hinzugefügt. Das Ergebnis ist in Abbildung 3.17 zu sehen.

```
<ListBox x:Name="DemoListBox">
    <RadioButton Content="Auswahl 1"/>
    <RadioButton Content="Auswahl 2"/>
    <RadioButton Content="Auswahl 3"/>
    <RadioButton Content="Auswahl 4"/>
    <RadioButton Content="Auswahl 5"/>
    <RadioButton Content="Auswahl 6"/>
</ListBox>
```

Listing 3.17: RadioButton-Elemente als Auswahlmöglichkeiten einer ListBox

Abb. 3.17: ListBox mit RadioButton-Elementen

Das `ListBox`-Steuerelement ermöglicht die Auswahl mehrerer Elemente. Dieses Verhalten kann über die Eigenschaft `SelectionMode` beeinflusst werden. Insgesamt stehen die drei Möglichkeiten `Single`, `Multiple` und `Extended` zur Verfügung:

- `Single`: Nur ein einziger Eintrag der `ListBox` kann ausgewählt sein.

- `Multiple`: Mehrere Elemente können vom Benutzer ausgewählt werden.

- `Extended`: Eine Mehrfachauswahl wird unterstützt, dazu ist vom Benutzer jedoch die ⬆ zu verwenden.

Damit mit dem `ListBox`-Steuerelement und der getroffenen Auswahl gearbeitet werden kann, stehen weitere Eigenschaften zur Verfügung (siehe Tabelle 3.9). Hiermit kann festgestellt werden, welche Auswahl tatsächlich getroffen wurde, um entsprechend darauf zu reagieren.

Eigenschaft	Beschreibung
DisplayMemberPath	Gibt die Eigenschaft des gebundenen Objekts an, die dem Benutzer als Auswahl angeboten wird.
SelectedIndex	Liefert den auf 0 basierenden Index der aktuellen Auswahl zurück. Sind mehrere Elemente ausgewählt, wird der Index des ersten Elements der Auswahl zurückgeliefert. Ist kein Element selektiert, wird -1 zurückgegeben.

Tabelle 3.9: Oft benötigte Eigenschaften der ListBox

Eigenschaft	Beschreibung
SelectedItem	Liefert das erste Element der aktuellen Auswahl zurück bzw. null, wenn kein Element ausgewählt wurde.
SelectedItems	Retourniert eine Liste aller ausgewählten Elemente. Diese Methode kann nicht verwendet werden, wenn die Eigenschaft SelectionMode auf Single gesetzt wurde. Verwenden Sie in diesem Fall SelectedItem.
SelectedValue	Ruft den Wert von SelectedItem unter Zuhilfenahme der Eigenschaft SelectedValuePath ab.
SelectedValuePath	Beschreibt die Eigenschaft, die den ausgewählten Wert enthält. Dies stellt bei Referenzen üblicherweise den eindeutigen Schlüssel dar.

Tabelle 3.9: Oft benötigte Eigenschaften der ListBox (Forts.)

In den meisten Fällen wird eine Liste von Daten an ein Listenelement gebunden. Laut dem zuletzt gezeigten Beispiel müsste pro Item ein RadioButton-Element erzeugt werden. Dies wäre für den Entwickler sehr aufwendig. Daher wird in diesem Zusammenhang auch meist ein Template verwendet. Nähere Informationen zum Thema Templates finden Sie in Kapitel 7.

ComboBox

Dem ListBox-Steuerelement sehr ähnlich ist das ComboBox-Element. Im Gegensatz zur ListBox werden die einzelnen Einträge hier nicht in einer offenen Liste dargestellt. Vielmehr wird kein oder nur der gewählte Eintrag dargestellt. Um eine Auswahl treffen zu können, muss die Liste der Elemente aufgeklappt werden (Abbildung 3.18). Zusätzlich kann nur ein Element ausgewählt werden, eine Mehrfachauswahl ist dementsprechend nicht möglich. Aus diesem Grund fehlt auch die Eigenschaft SelectedItems.

Das Verhalten und die Verwendung dieses Steuerelements unterscheiden sich jedoch nicht:

```
<ComboBox x:Name="DemoComboBox" Margin="5">
    <ComboBoxItem Content="Element 1"/>
    <ComboBoxItem Content="Element 2"/>
    <ComboBoxItem Content="Element 3"/>
</ComboBox>
```

Listing 3.18: Deklaration einer ComboBox mit Auswahlmöglichkeiten

Abb. 3.18: Aufgeklappte ComboBox

Auch hier ist es wieder möglich, unterschiedlichste Elemente in der Auflistung darzustellen.

ListView

Die bisher vorgestellten Elemente sind sehr einfach aufgebaut. Sie können zwar weitestgehend erweitert werden, in vielen Fällen soll jedoch auf Komponenten zurückgegriffen werden, die von Haus aus eine komplexere Darstellung gewährleisten. Eines dieser Steuerelemente ist die ListView.

Im einfachsten Fall wird eine Liste von Elementen wie in einer ListBox dargestellt (siehe Listing 3.19). Das ListView-Steuerelement ist jedoch wesentlich mächtiger.

```
<ListView x:Name="DemoListView" Margin="5">
    <ListViewItem Content="Element 1"/>
    <ListViewItem Content="Element 2"/>
    <ListViewItem Content="Element 3"/>
</ListView>
```

Listing 3.19: ListView mit einfacher Darstellung

Die Hauptaufgabe des ListView-Steuerelements besteht in der tabellarischen Darstellung von Daten. Dies ist dann notwendig, wenn es nicht ausreicht, einzelne Werte anzuzeigen. Als Beispiel könnte eine Mitarbeiterliste herangezogen werden. Diese besteht meist aus Informationen wie Personalnummer, Nachname, Vorname und zahlreichen weiteren Daten. Damit die Daten übersichtlich dargestellt werden können, sind Spalten notwendig. Diese verfügen über Spaltenüberschriften und stellen eine Ableitung von ButtonBase dar. So können bei einem Klick auf den Header entsprechende Aktionen, wie beispielsweise die Ausführung einer Sortierung, aufgerufen werden.

Damit Spalten festgelegt werden können, ist die Eigenschaft View zu setzen. Dabei handelt es sich um ein GridView-Objekt, das eine Auflistung von GridViewColumn-Objekten hält.

> **Tipp**
>
> Die Klasse GridView erbt von der Klasse ViewBase, welche grundlegende Funktionen für die Erstellung von Sichten zur Verfügung stellt. Hierüber ist es möglich, benutzerdefinierte Sichten zu erstellen, indem sie ebenfalls von dieser Klasse erben.

Die Definition per XAML ist einfach:

```xaml
<ListView x:Name="DemoListView2" Margin="5">
    <ListView.View>
        <GridView>
            <GridViewColumn
                Header="Personalnummer"
                DisplayMemberBinding="{Binding EmployeeNumber}"/>
            <GridViewColumn
                Header="Nachname"
                DisplayMemberBinding="{Binding LastName}"/>
            <GridViewColumn
                Header="Vorname"
                DisplayMemberBinding="{Binding FirstName}"/>
        </GridView>
    </ListView.View>
</ListView>
```

Listing 3.20: Deklaration einer benutzerdefinierten ListView-Sicht

GridViewColumn bietet einige hilfreiche Eigenschaften an: Mit Header kann der Inhalt des Spaltenkopfs definiert werden. Durch DisplayMemberBinding kann festgelegt werden, welche Eigenschaft der anzuzeigenden Objekte in der jeweiligen Spalte dargestellt wird. Mehr dazu erfahren Sie in Kapitel 6. Abbildung 3.19 zeigt die Darstellung des obigen XAML-Markups.

Personalnummer	Nachname	Vorname
1	Eder	Norbert
2	Eder	Karoline
3	Gomez	Susi
4	Mustermann	Max

Abb. 3.19: Darstellung von Daten in Spalten

Wie bereits erwähnt, leitet der Spaltenkopf von ButtonBase ab, wodurch für den Klick spezifische Logik implementiert werden kann. Dies reicht in manchen Fällen jedoch nicht aus. Stattdessen sind weitere Möglichkeiten gefordert. So besteht unter anderem die Möglichkeit, für den Spaltenkopf ein Kontextmenü zu definieren. Darüber können weitere Funktionen zur Verfügung gestellt werden:

```xaml
<GridViewColumn
    DisplayMemberBinding="{Binding EmployeeNumber}"
    Width="50">
    <GridViewColumnHeader>
        Personalnummer
    <GridViewColumnHeader.ContextMenu>
```

```
            <ContextMenu x:Name="EmployeeNumberContextMenu">
                <MenuItem Header="Aufsteigend"/>
                <MenuItem Header="Absteigend"/>
            </ContextMenu>
        </GridViewColumnHeader.ContextMenu>
    </GridViewColumnHeader>
</GridViewColumn>
```

Listing 3.21: Kontextmenü für den Spaltenkopf einer GridViewColumn

Beachten Sie hierbei Zeile 5. Sie beschreibt den Inhalt des Spaltenkopfes. Wird diese Definition verwendet, kann die Eigenschaft Header nicht gesetzt werden, da dies zu einer doppelten Definition führen würde.

Wichtig

Um die horizontale Ausrichtung für Spalten festzulegen, muss ein CellTemplate (mehr dazu in Kapitel 7) festgelegt werden. Die Verwendung von HorizontalAlignment bzw. VerticalAlignment führt nicht zum Ziel.

Soll es zur Laufzeit möglich sein, die Anordnung der Spalten zu verändern, muss lediglich die Eigenschaft AllowsColumnReorder der GridView auf True gesetzt werden:

```
<GridView AllowsColumnReorder="True">
```

Ab sofort kann der Benutzer die Spaltenreihenfolge nach Belieben verändern.

DataGrid

Sind Daten tabellarisch anzuzeigen und zusätzlich auch zu bearbeiten, bietet sich das mit der WPF 4 eingeführte DataGrid-Element an. Dieses Steuerelement ist ebenfalls von ItemsControl abgeleitet und besitzt die bereits bekannten Eigenschaften. Tabelle 3.10 zeigt weitere hilfreiche Einstellungsmöglichkeiten.

Eigenschaft	Beschreibung
AlternatingRowBackground	Legt den Zeilenhintergrund alternierender Zeilen fest.
AlternationCount	Legt ein Intervall für alternierende Zeilen fest.
AutoGenerateColumns	Definiert, ob Spalten automatisch auf Basis der gebundenen Daten erstellt werden.
CanSelectMultipleItems	Legt fest, ob mehrere Items ausgewählt werden können.

Tabelle 3.10: Eigenschaften des DataGrid-Steuerelements

Eigenschaft	Beschreibung
CanUserAddRows	Definiert, ob Einträge durch den Benutzer hinzugefügt werden können.
CanUserReorderColumns	Definiert, ob die Reihenfolge von Spalten durch den Benutzer geändert werden kann.
CanUserResizeColumns	Definiert, ob der Benutzer die Spaltenbreite verändern darf.
CanUserResizeRows	Definiert, ob der Benutzer die Zeilenhöhe verändern darf.
CanUserSortColumns	Definiert, ob der Benutzer Spalteninhalte sortieren darf oder nicht.
Columns	Diese Auflistung definiert die einzelnen Spalten des Steuerelements.
CurrentCell	Legt die Zelle fest, die aktuell den Fokus besitzt, oder liefert diese zurück.
CurrentColumn	Liefert die aktuelle Spalte zurück oder legt diese fest.
CurrentItem	Liefert das an die aktuelle Zeile gebundene Objekt zurück.
DeleteCommand	Legt den Befehl (siehe Kapitel 9) fest, der beim Löschen eines Eintrags ausgeführt wird.
GridLinesVisibility	Definiert die Sichtbarkeit der Rasterlinien. Folgende Werte sind möglich: All, Horizontal, None und Vertical.
HeadersVisibility	Legt die Sichtbarkeit von Spalten bzw. Zeilenbeschriftungen fest. Folgende Werte sind möglich: All, Column, Row und None.
RowBackground	Definiert den Hintergrund für Zeilen.
RowDetailsVisibilityMode	Legt fest, ob Details einer Reihe angezeigt werden. Mögliche Werte sind: Collapsed, Visible und VisibleWhenSelected.
RowValidationRules	Liefert die für jede Zeile gültigen Validierungsregeln zurück.
SelectAllCommand	Legt den Befehl (siehe Kapitel 9) fest, der für die Auswahl aller Einträge verwendet wird.
Selected	Mehrere Methoden, die zur aktuellen Auswahl entsprechende Informationen zurückliefern.
SelectionMode	Definiert den Auswahlmodus des DataGrid-Elements oder legt diesen fest. Mögliche Werte sind: Single und Extended (mehrere Einträge können gleichzeitig ausgewählt werden).
SelectionUnit	Legt die Auswahleinheit fest. Zur Auswahl stehen: Cell, FullRow und CellOrRowHeader.

Tabelle 3.10: Eigenschaften des DataGrid-Steuerelements (Forts.)

Für jede einzelne Spalte des DataGrid-Elements ist ein Spaltentyp zu definieren. Dazu stehen mehrere vordefinierte Möglichkeiten zur Verfügung:

- DataGridCheckBoxColumn: Dient der Anzeige von boolschen Daten.

- DataGridComboBoxColumn: Ermöglicht die Anzeige und Auswahl von Enumerationen.

- DataGridHyperlinkColumn: Bietet die Anzeige von Hyperlinks.

- DataGridTextColumn: Anzeige und Eingabe von Textdaten.

Nachfolgend findet sich die Definition eines DataGrid-Elements und der darzustellenden Spalten. Dazu ist die Auflistung Columns mit bereits genannten Typen zu versehen. Über die Eigenschaft Header kann jeweils die Spaltenüberschrift angegeben werden.

```
<DataGrid>
    <DataGrid.Columns>
        <DataGridTextColumn Header="Personal-Nr."/>
        <DataGridTextColumn Header="Vorname"/>
        <DataGridTextColumn Header="Nachname"/>
        <DataGridHyperlinkColumn Header="Email"/>
        <DataGridComboBoxColumn Header="Familienstand"/>
    </DataGrid.Columns>
</DataGrid>
```

Listing 3.22: Spalten eines DataGrid-Elements definieren

Wichtig

In der Beispielanwendung sind zwei unterschiedliche Varianten abgebildet. Die zweite Variante verwendet die Eigenschaft Binding, um die Daten direkt an die jeweiligen Spalten zu binden. Mehr über Data Binding erfahren Sie in Kapitel 6.

Die vordefinierten Spaltentypen sind für einfache Fälle meist ausreichend. Sobald jedoch auch Datumswerte, Bewertungen etc. anzuzeigen sind, stellt sich die Frage nach mehr Freiheit. Dafür steht die Klasse DataGridTemplateColumn zur Verfügung. Dadurch lässt sich jeder beliebige Spaltentyp abbilden.

In Listing 3.23 wird DataGridTemplateColumn verwendet, um eine Datumsauswahl anzuzeigen. Nun gibt es zwei Modus, für welche diese gesetzt werden könnte:

- CellEditingTemplate: Wird verwendet, wenn sich eine Zelle im Bearbeitungsmodus befindet.

- CellTemplate: Kommt zur Anwendung, wenn die Zelle nicht im Bearbeitungsmodus ist und Daten lediglich anzeigt.

Beide Eigenschaften können ein DataTemplate-Objekt aufnehmen, das die Darstellung schlussendlich genauer beschreibt. Im erwähnten Beispiel wird generell das CellTemplate gesetzt und mit einem DatePicker-Element hinterlegt. Dadurch steht die Datumsauswahl auch im Lesemodus zur Verfügung. Das Datum könnte im Lesemodus auch mithilfe eines TextBlock-Elements angezeigt werden, Sie müssten jedoch das Datum selbst formatieren. Abbildung 3.20 zeigt das visuelle Ergebnis aus Listing 3.23.

> **Hinweis**
>
> Mit Datenvorlagen kann bestimmt werden, wie Daten schlussendlich dargestellt werden sollen. Mehr dazu erfahren Sie in Kapitel 8.

```
<DataGrid>
   <DataGrid.Columns>
      <DataGridTextColumn Header="Personal-Nr."/>
      <DataGridTextColumn Header="Vorname"/>
      <DataGridTextColumn Header="Nachname"/>
      <DataGridTemplateColumn Header="Einstellungsdatum">
         <DataGridTemplateColumn.CellTemplate>
            <DataTemplate>
               <DatePicker/>
            </DataTemplate>
         </DataGridTemplateColumn.CellTemplate>
      </DataGridTemplateColumn>
      <DataGridHyperlinkColumn Header="Email"/>
      <DataGridComboBoxColumn Header="Familienstand"/>
   </DataGrid.Columns>
</DataGrid>
```

Listing 3.23: Benutzerdefinierte Spalte im DataGrid

Personal-Nr.	Vorname	Nachname	Einstellungsdatum	Email		Familienstand	
00001	Barbara	Triklapol	01.01.2009	15	b.triklapol@wpf-blogger.com	Married	
00002	Hugo	Tester		wpf-blogger.com		Single	
00003	Claudio	Gustavo		@wpf-blogger.com		Married	
00004	Gerhard	Sitralik		@wpf-blogger.com		Married	
00005	Martina	Merativalla		valla@wpf-blogger.com		Married	
00006	Gustaf	Autobuk		k@wpf-blogger.com		Married	
00007	Franz	Hellabika		a@wpf-blogger.com		Married	
00008	Herbert	Mustermann	03.05.2010	15	h.mustermann@wpf-blogger.com	Married	
00009	Klaus	Batalluta	15.06.2010	15	k.batalluta@wpf-blogger.com	Married	
00010	Sandra	Klimariti	01.08.2010	15	s.klimariti@wpf-blogger.com	Married	

Abb. 3.20: Bearbeiten im DataGrid

> **Tipp**
>
> Dieses Steuerelement bietet sehr viele Möglichkeiten, es an die aktuellen Anforderungen anzupassen. So kann das Aussehen von nahezu allen Teilen mithilfe von Vorlagen und Styles verändert werden. Mehr dazu erfahren Sie in Kapitel 8.

TreeView

Bis jetzt wurden Daten in Listenform dargestellt. Häufig wird jedoch eine strukturierte Form benötigt. Dies kann mithilfe einer Baumansicht gelöst werden. Dabei ist es möglich, einzelne Ebenen auf- bzw. zuzuklappen (siehe Abbildung 3.21).

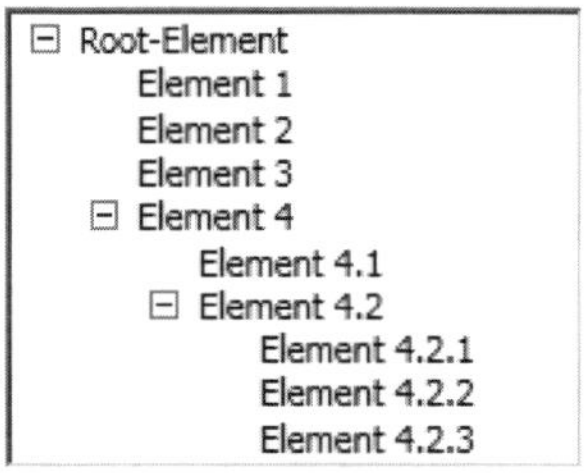

```
⊟ Root-Element
    Element 1
    Element 2
    Element 3
⊟ Element 4
        Element 4.1
    ⊟ Element 4.2
            Element 4.2.1
            Element 4.2.2
            Element 4.2.3
```

Abb. 3.21: Ausgeklappte `TreeView`

Innerhalb eines `TreeView`-Elements können `TreeViewItem`-Elemente beliebig verschachtelt werden. Dadurch lässt sich jede beliebige Variante eines Baumes darstellen:

```xml
<TreeView x:Name="DemoTreeView" Margin="5">
    <TreeViewItem Header="Root-Element">
        <TreeViewItem Header="Element 1"/>
        <TreeViewItem Header="Element 2"/>
        <TreeViewItem Header="Element 3"/>
        <TreeViewItem Header="Element 4">
            <TreeViewItem Header="Element 4.1"/>
            <TreeViewItem Header="Element 4.2">
                <TreeViewItem Header="Element 4.2.1"/>
                <TreeViewItem Header="Element 4.2.2"/>
                <TreeViewItem Header="Element 4.2.3"/>
            </TreeViewItem>
        </TreeViewItem>
    </TreeViewItem>
</TreeView>
```

Listing 3.24: Deklaration eines `TreeView`-Elements mit Kindelementen

Über die Eigenschaft SelectedItem kann auf die aktuelle Auswahl zugegriffen werden. Ist keine Auswahl getroffen, wird null zurückgegeben. Die einzelnen Kindelemente können mittels IsSelected auf ihre Auswahl hin befragt werden. Ebenso kann über IsExpanded festgestellt werden, ob das befragte Element ausgeklappt ist oder nicht. Mithilfe von Header kann der Inhalt des jeweiligen Eintrags beschrieben werden.

Hinweis

Die TreeView kann wie die anderen genannten Elemente in ihrem Aussehen durch Templates und Styles verändert werden. Dies ist äußerst hilfreich, um Grafiken oder zusätzliche Informationen in der Baumansicht darzustellen. Weitere Informationen und Beispiele dazu finden Sie in Kapitel 7.

Soll auf die Änderung der Auswahl reagiert werden, muss das Ereignis SelectedItemChanged abonniert werden. Dies kann via XAML-Markup oder Code geschehen. Nachfolgend wird das Ereignis via XAML abonniert. Der Inhalt des Eintrags wird bei einer Änderung der Auswahl in einer MessageBox ausgegeben:

```
<TreeView
    x:Name="DemoTreeView"
    SelectedItemChanged="DemoTreeView_SelectedItemChanged">

private void DemoTreeView_SelectedItemChanged(
    object sender,
    RoutedPropertyChangedEventArgs<object> e)
{
    TreeViewItem tvItem = DemoTreeView.SelectedItem as TreeViewItem;
    MessageBox.Show(tvItem.Header.ToString());
}
```

Listing 3.25: Reaktion auf Auswahländerung eines TreeView-Elements

3.3.6 Hilfskomponenten

Die WPF bietet weit mehr Komponenten, als bisher besprochen wurden. In diesem Abschnitt werden weitere äußerst hilfreiche Steuerelemente tabellarisch vorgestellt und kurz beschrieben.

Steuerelement	Beschreibung
Expander	Bereiche können auf- und zugeklappt werden und verfügen über eine Überschrift (siehe Microsoft Outlook).
Image	Damit lassen sich einfach Grafiken darstellen. Unterstützt werden die folgenden Formate: *.tmp*, *.gif*, *.ico*, *.jpg*, *.png*, *.wdp* und *.tiff*.

Tabelle 3.11: Hilfskomponenten der WPF

Steuerelement	Beschreibung
Popup	Hiermit lassen sich Popup-Fenster über das Setzen der Eigenschaft IsOpen auf True öffnen. Die Eigenschaft Child enthält den Inhalt des Fensters. Popups eigenen sich sehr gut, um einen erweiterten ToolTip oder Hilfsinformationen einzublenden.
ProgressBar	Dieses Steuerelement kann zur Anzeige eines Fortschrittsbalkens verwendet werden. Es enthält dieselben Eigenschaften wie die Windows-Forms-Variante: Maximum, Minimum und Value. Hierüber können der Maximalwert, der Minimalwert und der aktuelle Wert abgerufen bzw. festgelegt werden. Mithilfe von Orientation kann dieses Element horizontal oder vertikal ausgerichtet werden.
Slider	Der Slider bietet die Möglichkeit, einen Wert auf einer Skala mithilfe eines Schiebereglers einzustellen. Über die Eigenschaften Maximum bzw. Minimum kann der Maximal- bzw. der Minimalwert eingestellt werden. Value bietet Zugriff auf den aktuell gesetzten Wert. Durch Orientation kann die Ausrichtung des Steuerelements festgelegt werden.
StatusBar	Viele Anwendungen verwenden eine Statuszeile, um zusätzliche – für den Benutzer relevante – Informationen anzuzeigen. Ebenfalls können darüber oft benötigte Funktionen oder Einstellungen dargestellt werden. Durch das Hinzufügen eines StatusBarItem-Elements kann innerhalb der StatusBar ein weiterer Bereich angelegt werden.
ToolTip	Ein ToolTip wird in der Regel angezeigt, wenn sich die Maus über ein Element bewegt und eine bestimmte Zeitspanne darauf verweilt. Dazu muss die Eigenschaft ToolTip des jeweiligen Steuerelements gesetzt werden. Je nach angezeigter Meldung sind unterschiedliche Zeitintervalle notwendig. Diese lassen sich durch die Eigenschaften InitialShowDelay und ShowDuration der Klasse ToolTipService beeinflussen.

Tabelle 3.11: Hilfskomponenten der WPF (Forts.)

Tipp

Im MSDN finden Sie alle Steuerelemente aufgelistet. Versuchen Sie, sich auch über die hier nicht besprochenen Elemente einen Überblick zu verschaffen. Dadurch können Sie eine eventuelle Implementierung eines Steuerelements vermeiden.

Beachten Sie außerdem den Namespace System.Windows.Controls.Primitives. Er enthält sehr viele rudimentäre Elemente, die hauptsächlich in anderen, komplexeren Steuerelementen eingesetzt werden. Auch in Ihren eigenen Steuerelementen könnten diese Platz finden.

In diesem Kapitel haben Sie Informationen zu den in der WPF vorhandenen Steuerelementen erhalten. Ebenso haben Sie das Inhaltsmodell als wichtiges Konzept kennengelernt. Im nachfolgenden Kapitel beschäftigen wir uns mit dem Layout von Anwendungen und den Möglichkeiten, die diesbezüglich bestehen.

Kapitel 4

Layout

Die Windows Presentation Foundation bringt nicht nur in vielen Bereichen zahlreiche Neuerungen mit sich. Sie wurde unter anderem auch entwickelt, um Oberflächen einfacher und flexibler zu gestalten. Vormals komplexe Dinge können nun einfach umgesetzt werden. Was aber bleibt ist, dass sich der Entwickler respektive der Designer Gedanken über das Layout der Anwendung machen muss. Hier spielen unterschiedlichste Themen eine Rolle:

- Um welche Art von Software handelt es sich? Ein kleines Tool, eine Geschäftsanwendung, vielleicht ein Spiel?

- Anhand des Anwendungstyps ergeben sich unterschiedliche Anforderungen an die Bedienung der Software.

- Auf Basis der Bedienung muss das Layout der Anwendung aufgebaut werden. Die Daten sollen in einer übersichtlichen Art und Weise dargestellt werden. Ebenso soll die Software einfach zu benutzen sein.

- Welche Mittel stehen zur Verfügung, um die Anwendung ansprechend und benutzerfreundlich zu präsentieren?

- Ist es bereits im Vorfeld möglich, eventuellen Performanceproblemen entgegenzuwirken?

Das Resultat sind Vorgaben, wie die Anwendung auszusehen hat, wie sie bedient werden soll und generelle Anforderungen die Visualisierung betreffend.

Dieser Abschnitt soll zeigen, welche grundlegenden Möglichkeiten zur Verfügung stehen, eine Anwendung aufzubauen bzw. in einzelne Teile zu unterteilen. Bei den vorgestellten Varianten handelt es sich um Container-Elemente, welche einzelne Steuerelemente gruppiert darstellen sollen. Damit wird Ihnen die notwendige Basis an die Hand gegeben, eine ideale Struktur der Oberfläche für Ihre Anforderungen zu finden.

Hinweis

Nachfolgend werden die einzelnen Möglichkeiten getrennt dargestellt. Abschließend wird anhand des Beispiels der Windows-Suche demonstriert, wie Sie die einzelnen Elemente kombiniert einsetzen können.

4.1 Grundlagen

Die Basis für die dargestellten Elemente bildet die Klasse `Panel`. Dabei handelt es sich um ein Container-Steuerelement, das weitere Elemente in sich aufnehmen und in einer definierten Art und Weise darstellen kann. Ein `Panel` selbst erbt wiederum vom `FrameworkElement` und stellt damit grundlegende WPF-Funktionalitäten zur Verfügung. Als untergeordnete Elemente können alle Elemente vom Typ `UIElement` dargestellt werden. Wie dies genau passiert, wird von der tatsächlichen Implementierung bestimmt.

> **Hinweis**
>
> Sollte keine `Panel`-Implementierung Ihren Wünschen entsprechen, können Sie natürlich jederzeit eine eigene Ableitung erstellen. Ein Beispiel dafür wird etwas später gezeigt.

Bevor auf die einzelnen Layout-Möglichkeiten eingegangen wird, muss das Layout-System erläutert werden, da es den Grundstock für alle Layout-Themen bietet.

4.2 Layout-System

Die Klasse `Panel` ist die Basisklasse für alle Elemente, die Layout-Unterstützung für die Windows Presentation Foundation bereitstellen. Sämtlichen Ableitungen (siehe 4.3) können Unterelemente vom Typ `UIElement` hinzugefügt werden. Dabei kümmert sich die jeweilige Implementierung um die korrekte Darstellung der Inhalte.

> **Wichtig**
>
> Beachten Sie, dass ein `Panel` nur dann Ereignisse von einer Maus oder einem Stylus (Stift für Tabletts) empfängt, wenn auch ein Hintergrund (Eigenschaft `Background`) eingestellt wurde. Verwenden Sie daher beispielsweise `Transparent`, wenn keine Hintergrundfarbe gesetzt werden soll.

Damit das Element inklusive aller Unterelemente korrekt dargestellt werden kann, müssen einige Informationen bezogen werden. Dies geschieht über zwei Methoden, die bei einer eigenen Implementierung überschrieben werden müssen:

- `MeasureOverride`
- `ArrangeOverride`

Im ersten Durchlauf wird die Methode `MeasureOverride` aufgerufen. Hierüber werden die von den Unterelementen benötigten Größen berechnet. Der Methode selbst wird der für das Element verfügbare Platz innerhalb des Container-Objekts übergeben.

Anschließend wird die Methode `Measure` jedes Unterelements in der `Children`-Auflistung aufgerufen. Dieser wird ein Objekt vom Typ `Size` übergeben. Dadurch wird dem Unterelement mitgeteilt, welcher Platz insgesamt verfügbar ist. Darin wird nun der Platzbedarf des Unterelements ermittelt und über die Eigenschaft `DesiredSize` zur Verfügung gestellt.

Im zweiten Schritt erfolgt die Anordnung aller Unterelemente. Dafür zuständig ist die Methode `ArrangeOverride`. Hier wird nun die Position und Größe eines jeden Unterelements festgestellt und über die Methode `Arrange` mitgeteilt.

Aus den beteiligten Elementen werden einige Eigenschaften für das Layout berücksichtigt:

- `Height`
- `Width`
- `Margin`
- `Style`

Dies ist jedoch abhängig von der tatsächlichen Implementierung des Layout-Containers.

Wichtig

Bei einer eigenen Implementierung eines Layout-Containers sollten Sie Ihren Algorithmus gut überlegen. Bei jeder Änderung, die das Layout und Ihren Container betrifft (Änderung der Fenstergröße etc.), wird das Layout-System aktiv und berechnet sämtliche Informationen neu. Ist der Algorithmus sehr aufwendig oder fehlerhaft, kann dies zu Performanceeinbußen führen.

4.3 Layout-Elemente

Nachfolgend werden die wichtigsten Layout-Elemente vorgestellt, mit denen Sie Layouts für Ihre Anwendungen aufbauen können. Zusätzlich finden Sie auch hilfreiche Tipps und Hinweise, die Ihnen die Verwendung erleichtern sollen.

4.3.1 Canvas

Ein `Canvas` definiert einen Bereich, in dem untergeordnete Elemente explizit mithilfe von Koordinatenangaben dargestellt werden können. Dies bedeutet, dass nicht das `Canvas` die Positionierung bestimmt, sondern Sie als Entwickler dies tun. Die Darstellung erfolgt relativ zum `Canvas`.

> **Tipp**
>
> Idealerweise wird ein Canvas dann verwendet, wenn Sie als Entwickler festlegen möchten, an welcher Stelle welches Steuerelement angezeigt werden soll. Ebenfalls möchten Sie selbst die Größe des Elements festlegen. Das Canvas-Element übernimmt diese Angaben und enthält selbst keine Logik für eine automatische Positionierung. Alle anderen Elemente sind darauf ausgelegt, dass die Positionierung durch das Layout-System vorgenommen wird. Ein Eingreifen durch den Entwickler und/oder den Designer sollte vermieden werden.

Ein einfaches Beispiel:

```
<Canvas>
    <TextBlock Canvas.Top="10" Canvas.Left="10" Text="Vorname"/>
    <TextBox Canvas.Top="35" Canvas.Left="10" Width="200"/>
    <TextBlock Canvas.Top="60" Canvas.Left="10" Text="Nachname"/>
    <TextBox Canvas.Top="85" Canvas.Left="10" Width="200"/>
</Canvas>
```

Listing 4.1:   Deklaration eines Canvas-Elements

Innerhalb der Unterelemente kann über folgende Attached Properties (mehr dazu erfahren Sie in Kapitel 6) die Position relativ zum Canvas festgelegt werden:

- Canvas.Top
- Canvas.Right
- Canvas.Bottom
- Canvas.Right

Damit wird die eigentliche Position festgelegt. Enthält das entsprechende Element Daten, wird dessen Breite automatisch durch die WPF angepasst. Ist das nicht der Fall (siehe beispielsweise ein umgefülltes Textfeld) muss die Breite des Steuerelements mittels Width manuell festgelegt werden – sofern gewünscht. Abbildung 4.1 zeigt, wie obiger Code dargestellt wird.

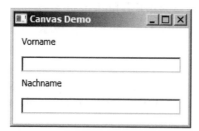

Abb. 4.1:   Layouting mithilfe eines Canvas

Wer ein wenig mit Canvas experimentiert, wird bald der Versuchung erliegen, die Inhalte nicht nur via XAML zu setzen, sondern auch über die Code-Behind-Datei. Das funktioniert recht einfach:

```
TextBox demoBox = new TextBox();
demoBox.Text = "Dies ist eine Demo-TestBox";
MyFirstCanvas.Children.Add(demoBox);
```

Dies wirft jedoch eine – durchaus verständliche – Frage auf: Wie kann per Source-code die Position des Steuerelements festgelegt werden? Die relevanten Attached Properties sind schließlich nicht vorhanden. Auch dafür gibt es eine Lösung:

```
TextBox demoBox = new TextBox();
demoBox.Text = "Dies ist eine Demo-TestBox";
Canvas.SetLeft(demoBox, 10);
Canvas.SetTop(demoBox, 130);
MyFirstCanvas.Children.Add(demoBox);
```

Listing 4.2: Positionierung von Elementen innerhalb eines Canvas per Code

An dieser Stelle wissen wir, dass das per Code erstellte Element einem Canvas-Element hinzugefügt werden soll. Die Canvas-Klasse bietet uns die eigentlichen Attached Properties als statische Methoden an. Diese können verwendet werden, um die Position zu setzen. Nachdem das passiert ist, wird das neue Element wie gewohnt der Children-Auflistung hinzugefügt.

In Listing 4.3 wurde der eben gezeigte Code um die Erstellung einer Beschriftung für das Eingabefeld erweitert. Das Ergebnis wird in Abbildung 4.2 sichtbar.

```
TextBlock demoBlock = new TextBlock();
demoBlock.Text = "Demo-Label";
Canvas.SetTop(demoBlock, 110);
Canvas.SetLeft(demoBlock, 10);
MyFirstCanvas.Children.Add(demoBlock);

TextBox demoBox = new TextBox();
demoBox.Width = 200;
demoBox.Text = "Dies ist eine Demo-TestBox";
Canvas.SetLeft(demoBox, 10);
Canvas.SetTop(demoBox, 135);
MyFirstCanvas.Children.Add(demoBox);
```

Listing 4.3: Positionierung von Elementen in einem Canvas via Code

Abb. 4.2:   Elementdarstellung mithilfe eines Canvas

4.3.2   StackPanel

Mit dem Canvas wurde das einfachste aller Panels bereits beschrieben. Das StackPanel besitzt nun bereits weit mehr eigene Logik, um seine Unterelemente selbstständig zu positionieren. Die Arbeitsweise ist einfach, aber auch äußerst hilfreich:

Das StackPanel-Element reiht alle hinzugefügten Unterelemente nacheinander an. Dies kann auf zwei Arten passieren:

■ vertikal

■ horizontal

Kurz und bündig: Das zuletzt hinzugefügte Element wird unter bzw. neben dem bis dato letzten Element angezeigt. Im Gegensatz zum Canvas ist keine Positionsangabe erforderlich.

Wenn wir also dieselben Elemente wie im Canvas-Beispiel darstellen möchten, dann kann das so aussehen:

```
<StackPanel>
    <TextBlock Text="Vorname"/>
    <TextBox />
    <TextBlock Text="Nachname"/>
    <TextBox/>
</StackPanel>
```

Listing 4.4:   Deklaration eines StackPanel-Elements

Standardmäßig werden die Elemente »vertikal« dargestellt. Das Ergebnis ist in Abbildung 4.3 dargestellt.

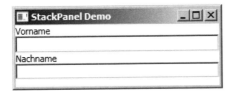

Abb. 4.3: StackPanel mit vertikaler Anordnung

Die Änderung der Darstellung kann über die Eigenschaft `Orientation` vorgenommen werden. Ausgewählt werden kann – wie bereits oben erwähnt – zwischen `Vertical` und `Horizontal`. Richten wir die Elemente doch einfach einmal »horizontal« an:

```
<StackPanel Orientation="Horizontal">
    <TextBlock Text="Vorname"/>
    <TextBox />
    <TextBlock Text="Nachname"/>
    <TextBox/>
</StackPanel>
```

Listing 4.5: Horizontale Ausrichtung eines `StackPanel`-Elements

Abbildung 4.4 zeigt das Ergebnis. Augenscheinlich werden die Elemente tatsächlich horizontal aneinandergereiht.

Abb. 4.4: StackPanel mit horizontaler Ausrichtung

Hinweis

Je nach Ausrichtung wird der vorhandene Platz ideal genutzt. Dies bedeutet, dass bei einer vertikalen Ausrichtung alle Elemente in voller Breite und bei horizontaler Ausrichtung in voller Höhe dargestellt werden. In vielen Fällen kann man sich dieses Verhalten durch ein optimales Layout zunutze machen, während in einigen wenigen Situationen die Angaben für Breite und Höhe explizit gesetzt werden müssen. Das explizite Setzen dieser Werte sollte allerdings vermieden werden.

Was in vielen Fällen vergessen wird, ist, dass das StackPanel keinen Umbruch vornimmt, sollten die Elemente nicht zur Gänze in die *Zeile* passen. D.h., das StackPanel wird in die jeweilige Richtung (definiert durch die Eigenschaft Orientation) vergrößert. Dadurch können Elemente in einem nicht sichtbaren Bereich dargestellt werden.

4.3.3 VirtualizingStackPanel

Gerade wer innerhalb eines StackPanel-Elements viele Unterelemente anzeigt, kann im laufenden Betrieb böse Überraschungen erleben. Das liegt nicht in der geringen Leistungsfähigkeit der WPF, sondern vielmehr in einer anderen Tatsache begründet:

»Virtualisieren« bedeutet in diesem Zusammenhang, dass nur ein Teilbereich aller Elemente tatsächlich gerendert wird. Dabei wird berücksichtigt, welche Elemente im sichtbaren Bereich zu finden sind und welche nicht. Kurz und bündig: Das VirtualizingStackPanel rendert nur die Elemente, die auf Basis der Berechnung des Layout-Systems für den Benutzer sichtbar sind.

Durch die Eigenschaft IsVirtualizing kann dieses Verhalten beeinflusst werden. Wird sie auf false gesetzt, verhält sich das VirtualizingStackPanel wie ein StackPanel-Steuerelement. Zusätzlich kann über VirtualizationMode das Verhalten weiter beeinflusst werden. Zur Verfügung stehen zwei Einstellungen:

- Standard: Die notwendigen Element-Container werden durch das Steuerelement erstellt, verwendet und anschließend verworfen.

- Recycling: Nicht mehr benötigte Element-Container werden wiederverwendet.

Vorsicht

Die Virtualisierung funktioniert allerdings nur, wenn das Steuerelement selbst die Element-Container erstellt. Das geschieht beispielsweise über das Data Binding. Werden die Element-Container manuell erstellt, führt dies nicht zu einer Virtualisierung.

Ein Beispiel zum VirtualizingStackPanel wird weiter hinten im Kapitel »Performance« gezeigt, da hierfür Wissen benötigt wird, das in einem späteren Kapitel erläutert wird.

4.3.4 WrapPanel

Dem StackPanel sehr ähnlich ist das WrapPanel. Es ordnet die Unterelemente in sequenzieller Reihenfolge an und bricht automatisch in die nächste Zeile um, wenn ein Element platzmäßig nicht mehr ausgeht. Die Sortierung erfolgt von oben nach unten bzw. von links nach rechts. Sie kann durch die Angabe der Eigenschaft `Orientation` beeinflusst werden. Auch hier stehen wieder die vom `Stack-Panel` bekannten zwei Möglichkeiten zur Verfügung:

- `vertical`
- `horizontal`

Um die Verhaltensweise des `WrapPanel`-Elements zu demonstrieren, soll sie an einem kleinen Beispiel verdeutlicht werden. Zum besseren Verständnis der Sortierung werden innerhalb des `WrapPanel`-Steuerelements Schaltflächen dargestellt, die zusätzlich nummeriert sind:

```
<WrapPanel>
    <Button Content="Button 1"/>
    <Button Content="Button 2"/>
    <Button Content="Button 3"/>
    <Button Content="Button 4"/>
    <Button Content="Button 5"/>
    <Button Content="Button 6"/>
    <Button Content="Button 7"/>
    <Button Content="Button 8"/>
    <Button Content="Button 9"/>
</WrapPanel>
```

Listing 4.6: WrapPanel mit Kindelementen

Wie in Abbildung 4.5 zu sehen ist, wird zum einen ein automatischer Umbruch vorgenommen und zum zweiten standardmäßig eine horizontale Ausrichtung angewendet (im Gegensatz zum `StackPanel`).

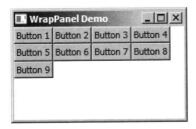

Abb. 4.5: WrapPanel mit horizontaler Ausrichtung

Die Änderung der Ausrichtung ist zwar eher unspektakulär, führt jedoch zu einer deutlich unterschiedlichen Darstellung (siehe Abbildung 4.6).

```
<WrapPanel Orientation="Vertical">
    <Button Content="Button 1"/>
    <Button Content="Button 2"/>
    <Button Content="Button 3"/>
```

```
    <Button Content="Button 4"/>
    <Button Content="Button 5"/>
    <Button Content="Button 6"/>
    <Button Content="Button 7"/>
    <Button Content="Button 8"/>
    <Button Content="Button 9"/>
</WrapPanel>
```

Listing 4.7: WrapPanel mit horizontaler Ausrichtung

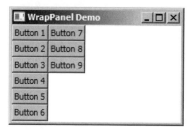

Abb. 4.6: WrapPanel mit vertikaler Ausrichtung

Naheliegend ist nun die Frage, wie es sich denn mit Größenangaben verhält. Grundsätzlich kann die Höhe und Breite jedes einzelnen Unterelements gesetzt werden, was sich auch auf die Darstellung auswirkt. Sehen wir uns das nachfolgende XAML-Markup einmal genauer an:

```
<WrapPanel Orientation="Vertical">
    <Button Content="Button 1" Width="150"/>
    <Button Content="Button 2" Width="120" Height="30"/>
    <Button Content="Button 3"/>
    <Button Content="Button 4"/>
    <Button Content="Button 5"/>
    <Button Content="Button 6"/>
    <Button Content="Button 7"/>
    <Button Content="Button 8"/>
    <Button Content="Button 9"/>
</WrapPanel>
```

Die ersten beiden Schaltflächen unterscheiden sich durch ihre Breite. Zusätzlich erhält die zweite Schaltfläche eine Höhenangabe. Das WrapPanel zieht diese Angaben zur Berechnung der Anordnung der Elemente heran. Der Weg ist ein einfacher: Im Falle der vertikalen Ausrichtung wird die Höhe eines Buttons ohne Größenangabe ermittelt und es werden angegebene Höhenangaben berücksichtigt. Daraus lässt sich ermitteln, wie viele Schaltflächen in einer Spalte angezeigt werden können und wie viele Spalten insgesamt notwendig sind.

In weiterer Folge wird die breiteste Schaltfläche für jede Reihe ermittelt. Dieser Wert wird für alle Schaltflächen ohne Breitenangabe herangezogen. Ist eine Schaltfläche schmaler, wird sie auch schmaler dargestellt. Abbildung 4.7 zeigt das Resultat.

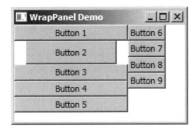

Abb. 4.7:   WrapPanel mit unterschiedlichen Höhen- und Breitenangaben

Nun möchte man sich jedoch nicht immer auf die von der WPF ermittelte Größe des Steuerelements verlassen. Ebenso wenig möchte man bei jedem hinzugefügten Element die Angaben für Höhe und Breite vornehmen. Genau dafür sieht das WrapPanel zwei interessante Eigenschaften vor:

- ItemWidth
- ItemHeight

Diese Eigenschaften definieren die Breite und Höhe für alle Unterelemente des WrapPanels. Sind sie gesetzt, haben direkte Größenangaben bei einem oder mehreren Unterelementen ausschließlich auf das betroffene Element eine Auswirkung. Elemente ohne Größenangaben in derselben Reihe oder Zeile sind von diesen Änderungen nicht betroffen, aber auch dazu ein Beispiel:

```
<WrapPanel Orientation="Vertical" ItemHeight="75" ItemWidth="75">
    <Button Content="Button 1" Width="90" Height="45"/>
    <Button Content="Button 2"/>
    <Button Content="Button 3"/>
    <Button Content="Button 4"/>
    <Button Content="Button 5"/>
    <Button Content="Button 6"/>
    <Button Content="Button 7"/>
    <Button Content="Button 8"/>
    <Button Content="Button 9"/>
</WrapPanel>
```

Listing 4.8:   WrapPanel mit expliziten Größenangaben

In Abbildung 4.8 ist zu sehen, dass sich alle Elemente ohne explizite Größenangabe entsprechend der Eigenschaften ItemHeight und ItemWidth verhalten. Die erste Schaltfläche erhielt jedoch gänzlich andere Werte gesetzt und wird entsprechend dargestellt, mit dem Ergebnis, dass die Schaltfläche breiter als die Spalte ist und daher nicht die gesamte Schaltfläche sichtbar ist.

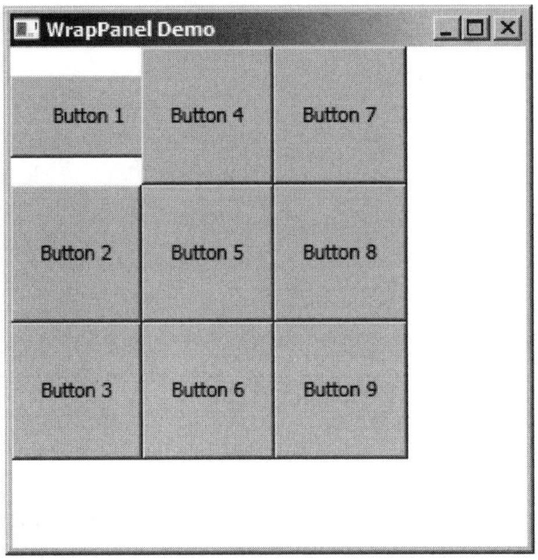

Abb. 4.8:   Default-Größeneinstellungen für alle Unterelemente und explizite Angaben

> **Hinweis**
>
> Ein WrapPanel ist äußerst hilfreich, wenn Elemente in einer Reihe angeordnet werden sollen, ein Umbruch unbedingt erforderlich ist und die Anzahl der Elemente nicht bekannt ist.

4.3.5   DockPanel

Mithilfe des DockPanel-Elements können Unterelemente relativ zueinander entweder horizontal oder vertikal angeordnet werden. Dies geschieht, indem dem Unterelement mitgeteilt wird, an welche Seite des Panels es sich hängen soll. Die Reihenfolge der Unterelemente bestimmt ebenfalls die Position des Elements.

Sind Unterelemente darzustellen, durchläuft sie das DockPanel der Reihe nach und stellt jedes Element anhand seiner Eigenschaften dar. Dem folgenden Element kann nur mehr eine Position im freibleibenden Bereich zugewiesen werden. Dies wird so lange fortgesetzt, wie Elemente vorhanden sind.

Ein paar XAML-Zeilen sind bereits in der Lage, ein einfaches Layout zu repräsentieren:

```
<DockPanel>
    <Border Height="25" Background="Goldenrod"
        DockPanel.Dock="Top" BorderThickness="1" BorderBrush="Black">
        <TextBlock>Top</TextBlock>
```

```
    </Border>
    <Border Height="25" Background="LightGray"
        DockPanel.Dock="Bottom" BorderThickness="1" BorderBrush="Black">
        <TextBlock>Bottom</TextBlock>
    </Border>
    <Border Width="75" Background="LemonChiffon"
        DockPanel.Dock="Left" BorderThickness="1" BorderBrush="Black">
        <TextBlock>Left</TextBlock>
    </Border>
    <Border Background="White" BorderThickness="1"
        BorderBrush="Black">
        <TextBlock>Mit diesem Bereich wird ausgefüllt!</TextBlock>
    </Border>
</DockPanel>
```

Listing 4.9: Deklaration eines DockPanel-Elements

Das Resultat ist in Abbildung 4.9 zu sehen. In diesem Beispiel kommen wieder Attached Properties ins Spiel, diesmal, um festzulegen, an welcher Seite des Panels das Element angehängt (angedockt) werden soll. DockPanel.Dock kann insgesamt vier Werte besitzen:

- Bottom
- Left
- Right
- Top

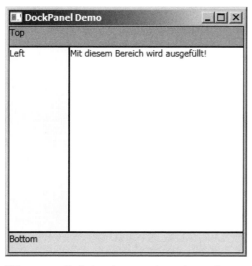

Abb. 4.9: Einfaches Layout mit DockPanel

Über die Eigenschaft `LastChildFill` kann zudem festgelegt werden, ob das zuletzt hinzugefügte Element stets auf die restliche zur Verfügung stehende Fläche vergrößert werden soll oder nicht. Standardmäßig ist diese Eigenschaft auf `true` gesetzt. In diesem Fall wird außerdem der unter `DockPanel.Dock` gesetzte Wert ignoriert. Aber sehen wir uns anhand eines kleinen Beispiels die Auswirkung dieser Eigenschaft an:

```
<DockPanel LastChildFill="True">
    <Border Height="25" Background="Goldenrod" DockPanel.Dock="Top"
        BorderThickness="1"
        BorderBrush="Black">
      <TextBlock>Top</TextBlock>
    </Border>
    <Border Width="35" Background="LightGray" DockPanel.Dock="Left"
        BorderThickness="1"
        BorderBrush="Black">
      <TextBlock>Left</TextBlock>
    </Border>
    <Border Height="25" Background="Goldenrod" DockPanel.Dock="Top"
        BorderThickness="1"
        BorderBrush="Black">
      <TextBlock>Top</TextBlock>
    </Border>
    <Border Width="35" Background="LightGray" DockPanel.Dock="Left"
        BorderThickness="1"
        BorderBrush="Black">
      <TextBlock>Left</TextBlock>
    </Border>
    <Border Height="25" Background="Goldenrod" DockPanel.Dock="Top"
        BorderThickness="1"
        BorderBrush="Black">
      <TextBlock>Top</TextBlock>
    </Border>
    <Border Width="35" Background="LightGray" DockPanel.Dock="Left"
        BorderThickness="1"
        BorderBrush="Black">
      <TextBlock>Left</TextBlock>
    </Border>
    <Border Background="Goldenrod" DockPanel.Dock="Bottom"
        BorderThickness="1"
        BorderBrush="Black">
      <TextBlock>Top</TextBlock>
    </Border>
</DockPanel>
```

Listing 4.10: DockPanel und LastChildFill-Eigenschaft

Werfen Sie einen Blick auf Abbildung 4.10. Obwohl dem letzten Element mitgeteilt wurde, dass es sich an die obere Seite anhängen soll, wurde es auf die gesamte verfügbare Größe vergrößert. Im Vergleich dazu sehen Sie die Layout-Veränderung bei LastChildFill bei einem Wert von false in Abbildung 4.11

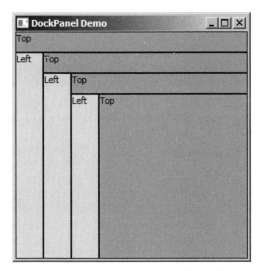

Abb. 4.10: DockPanel mit LastChildFill = true

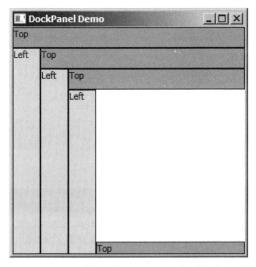

Abb. 4.11: DockPanel mit LastChildFill = false

Ein DockPanel kann natürlich auch via Sourcecode erstellt werden. Wichtig hierbei ist, wie an die anzudockende Seite gesetzt wird. Dies funktioniert auf dieselbe

Art und Weise, wie Größenangaben für ein Unterelement eines `Canvas` gesetzt werden. Via `DockPanel.SetDock` kann sowohl ein Element, für das diese Eigenschaft gesetzt werden soll, als auch der zu setzende Wert angegeben werden. Ein entsprechendes Beispiel finden Sie in Listing 4.11, das visuelle Ergebnis ist in Abbildung 4.12 zu sehen.

```
DockPanel dPanel = new DockPanel();
dPanel.LastChildFill = false;

Border topBorder = new Border();
topBorder.BorderThickness = new Thickness(1);
topBorder.BorderBrush = Brushes.Black;
topBorder.Background = Brushes.Goldenrod;

TextBlock topBlock = new TextBlock();
topBlock.Text = "top";

DockPanel.SetDock(topBorder, Dock.Top);

Border leftBorder = new Border();
leftBorder.BorderThickness = new Thickness(1);
leftBorder.BorderBrush = Brushes.Black;
leftBorder.Background = Brushes.LightGray;

TextBlock leftBlock = new TextBlock();
leftBlock.Text = "left";

DockPanel.SetDock(leftBorder, Dock.Left);

topBorder.Child = topBlock;
dPanel.Children.Add(topBorder);
leftBorder.Child = leftBlock;
dPanel.Children.Add(leftBorder);
```

Listing 4.11: Ein DockPanel per Sourcecode erstellen

Hinweis

Mit einem `DockPanel` können sehr viele unterschiedliche Layout-Bereiche abgedeckt werden. Idealerweise wird es an Stellen eingesetzt, die einen Teilbereich haben, der sich an den vorhandenen Platz anpassen muss. Vor allem für Änderungen an der Fenstergröße bzw. an anderen Bereichen des Layouts kann dies sehr hilfreich sein.

Abb. 4.12: Per Sourcecode erstelltes DockPanel

4.3.6 UniformGrid

Das UniformGrid gehört zu den primitiven Steuerelementen. Es wird benutzt, um Unterelemente in einem Raster auszurichten, dessen Zellen alle dieselbe Größe besitzen. Zur Demonstration ein einfaches Beispiel:

```
<UniformGrid>
    <Border Background="Black"/>
    <Border Background="White"/>
    <Border Background="Black"/>
    <Border Background="White"/>
    <Border Background="Black"/>
    <Border Background="White"/>
    <Border Background="Black"/>
    <Border Background="White"/>
    <Border Background="Black"/>
</UniformGrid>
```

Listing 4.12: Verwendung eines UniformGrid

Abbildung 4.13 zeigt die Darstellung des Beispiels. Standardmäßig wird der zur Verfügung stehende Platz genutzt und mit den Unterelementen ausgefüllt.

Abb. 4.13: Einfaches UniformGrid

Das UniformGrid besitzt jedoch auch einige Eigenschaften, um die Darstellung zu beeinflussen. Unter anderem stehen die Eigenschaften Rows und Columns zur Verfügung. Damit kann bestimmt werden, wie viele Zeilen bzw. Spalten vom UniformGrid dargestellt werden sollen. Wird nur eine der beiden Eigenschaften gesetzt, wird die zweite berechnet. Werden beide Werte gesetzt, hält sich das Grid daran, was jedoch auch dazu führen kann, dass das Ergebnis nicht wie gewünscht ist. Das heißt, bei Platzmangel können einige Elemente nicht mehr auf dem sichtbaren Platz dargestellt werden. Hierzu eine kleine Erweiterung des obigen Beispiels:

```
<UniformGrid Rows="2">
    <Border Background="Black"/>
    <Border Background="White"/>
    <Border Background="Black"/>
    <Border Background="White"/>
    <Border Background="Black"/>
    <Border Background="White"/>
    <Border Background="Black"/>
    <Border Background="White"/>
    <Border Background="Black"/>
</UniformGrid>
```

Listing 4.13: UniformGrid und die Rows-Eigenschaft

Neu ist hier die Angabe bezüglich der Anzahl der Zeilen. Diese wurden auf insgesamt zwei eingeschränkt. Das UniformGrid hält sich an diese Einschränkung, wie in Abbildung 4.14 zu sehen.

Abb. 4.14: UniformGrid mit zwei Zeilen

Hinweis

Das UniformGrid ist ein sehr einfaches Steuerelement. Sollen jedoch unzählige Elemente in gleicher Größe dargestellt werden, eignet es sich sehr gut und sollte durchaus in Erwägung gezogen werden.

4.3.7 Grid

Ein wesentlich komplexeres Steuerelement für die Layout-Unterstützung wird durch das Grid geboten. Dabei handelt es sich – wie der Name schon sagt – um ein Steuerelement, das eine Tabelle repräsentiert.

Hinweis

Es gibt auch ein eigenes Steuerelement namens Table. Dieses bietet ähnliche Funktionen an, ist aber in vielen Situationen nicht annähernd so flexibel wie das Grid. Vielleicht sollten Sie dennoch einen Blick auf dieses Steuerelement werfen, um es im Bedarfsfall in Erinnerung zu haben.

Für gewöhnlich wird das Raster einer Tabelle durch die Angabe von Zeilen und Spalten festgelegt. Dies muss jedoch nicht zwangsläufig passieren. Das Grid besitzt ohne diese Angaben per Default eine Zeile und eine Spalte. Die Besonderheit daran ist nun, dass die hinzugefügten Elemente übereinander dargestellt werden. Diese Eigenschaft kann auch auf einzelne Zellen angewendet werden (wenn Zeilen und Spalten definiert wurden) und dieses Verhalten kann äußerst hilfreich sein. Der nachfolgende XAML-Code erstellt ein Grid und fügt ihm einige Unterelemente hinzu. Abbildung 4.15 zeigt das Ergebnis.

```
<Grid>
    <Border Background="Beige"/>
    <Border Background="Maroon" Width="100" Height="100" />
    <TextBlock Text="Grid-Demo"
            Foreground="White"
            TextAlignment="Center"
            VerticalAlignment="Center"
            FontSize="18"/>
</Grid>
```

Listing 4.14: Grid mit Kindelementen

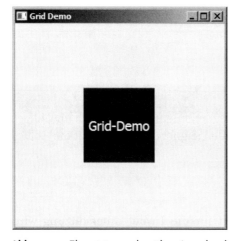

Abb. 4.15: Elemente werden übereinander dargestellt.

Nun ist es doch in den meisten Fällen gewünscht, tatsächlich eine Tabelle abzubilden. Hierfür müssen Spalten und Zeilen spezifiziert werden. Angegeben werden sie durch ColumnDefinitions und RowDefinitions. Über diese Spalten- und Zeilendefinitionen können spezifische Informationen weitergegeben werden. So kann eine Zeile Informationen über die Höhe enthalten, während eine Spalte Informationen über ihre Breite aufweisen kann. Per XAML wird dies folgendermaßen definiert:

```
<Grid>
    <Grid.ColumnDefinitions>
        <ColumnDefinition/>
        <ColumnDefinition/>
    </Grid.ColumnDefinitions>
    <Grid.RowDefinitions>
        <RowDefinition/>
```

```
        <RowDefinition/>
    </Grid.RowDefinitions>
</Grid>
```

Listing 4.15: Spalten- und Zeilendefinition eines Grid

Dieses Markup definiert eine Tabelle mit zwei Spalten und zwei Zeilen. Natürlich kann dies ebenfalls im Code-Behind implementiert werden. Das `Grid` besitzt sowohl eine Eigenschaft `ColumnDefinitions` vom Typ `ColumnDefinitionCollection` als auch eine Eigenschaft `RowDefinitions` vom Typ `RowDefinitionCollection`. Beide können verwendet werden, um per Code Zeilen und Spalten zu setzen:

```
Grid demoGrid = new Grid();

demoGrid.RowDefinitions.Add(new RowDefinition());
demoGrid.RowDefinitions.Add(new RowDefinition());

demoGrid.ColumnDefinitions.Add(new ColumnDefinition());
demoGrid.ColumnDefinitions.Add(new ColumnDefinition());
```

Listing 4.16: Zeilen und Spalten eines Grid-Elements per Code festlegen

Höhe und Breite von Zeilen bzw. Spalten können sowohl fix als auch variabel sein. Eine fixe Höhe lässt sich folgendermaßen definieren:

```
<RowDefinition Height="120"/>
```

Eine fixe Spaltenbreite funktioniert analog dazu:

```
<ColumnDefinition Width"120"/>
```

Für die Angabe von variablen Werten gibt es einige unterschiedliche Möglichkeiten. Durch das Anhängen von »*« wird ein fixer Wert automatisch zu einer Variablen:

```
<RowDefinition Height="10*"/>
<RowDefinition Height="20*"/>
```

Zeilen, die auf diese Art erstellt werden, vergrößern und verkleinern sich, um sich dem zur Verfügung stehenden Platz anzupassen. Die zweite Reihe ist jedoch immer doppelt so hoch, wie es die erste ist.

Natürlich können fixe und variable Zeilen bzw. Spalten auch miteinander kombiniert werden:

```
<RowDefinition Height="20"/>
<RowDefinition Height="*"/>
```

Hier besitzt die erste Zeile eine Höhe von 20, während sich die zweite Zeile über den gesamten verbleibenden (und verfügbaren Platz) erstreckt.

Eine weitere Möglichkeit der Angabe ist durch `Auto` gegeben. Hiermit wird die Höhe der Zeile bzw. die Breite der Spalte an den Inhalt angepasst.

```
<RowDefinition Height="20"/>
<RowDefinition Height="Auto"/>
```

Im Gegensatz zum vorherigen Beispiel würde sich nun die zweite Zeile nicht über den gesamten verfügbaren Platz erstrecken, sondern lediglich so hoch sein, wie es auch der darin dargestellte Inhalt ist.

Nun haben wir bereits einiges über das `Grid` erfahren, jedoch noch nicht, wie Elemente darin dargestellt werden. Das geschieht über die Attached Properties des `Grid`:

- `Grid.Column`
- `Grid.Row`

Diese Angaben werden bei den Unterelementen gesetzt und beziehen sich auf die Zellen der Tabelle.

```
<Grid>
    <Grid.ColumnDefinitions>
        <ColumnDefinition Width="10*"/>
        <ColumnDefinition Width="20*"/>
    </Grid.ColumnDefinitions>
    <Grid.RowDefinitions>
        <RowDefinition Height="20"/>
        <RowDefinition Height="*"/>
    </Grid.RowDefinitions>

    <Border BorderBrush="Black" BorderThickness="1"
        Grid.Column="0" Grid.Row="0">
        <TextBlock>0,0</TextBlock>
    </Border>
    <Border BorderBrush="Black" BorderThickness="1"
        Grid.Column="1" Grid.Row="0">
        <TextBlock>1,0</TextBlock>
    </Border>

    <Border BorderBrush="Black" BorderThickness="1"
        Grid.Column="0" Grid.Row="1">
        <TextBlock>0,1</TextBlock>
```

```
    </Border>
    <Border BorderBrush="Black" BorderThickness="1"
        Grid.Column="1" Grid.Row="1">
        <TextBlock>1,1</TextBlock>
    </Border>
</Grid>
```

Listing 4.17: Spalten- und Zeilenzuweisung von Elementen innerhalb eines Grid

Sichtbar wird das Ergebnis in Abbildung 4.16. Wie sich die Tabelle verändern würde, wenn die Höhenangabe der zweiten Zeile auf Auto gesetzt wäre, ist in Abbildung 4.17 zu sehen.

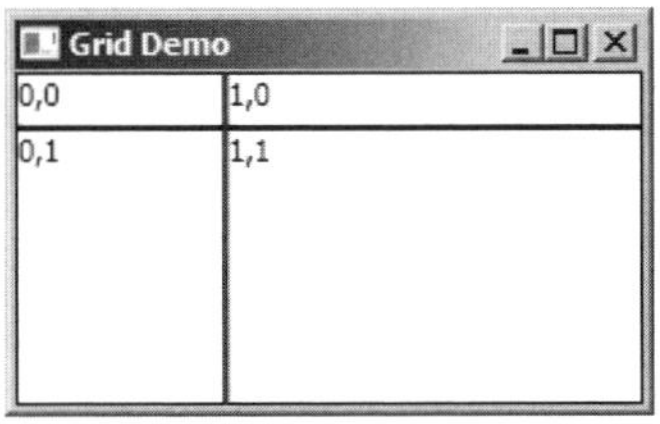

Abb. 4.16: Einfaches Grid

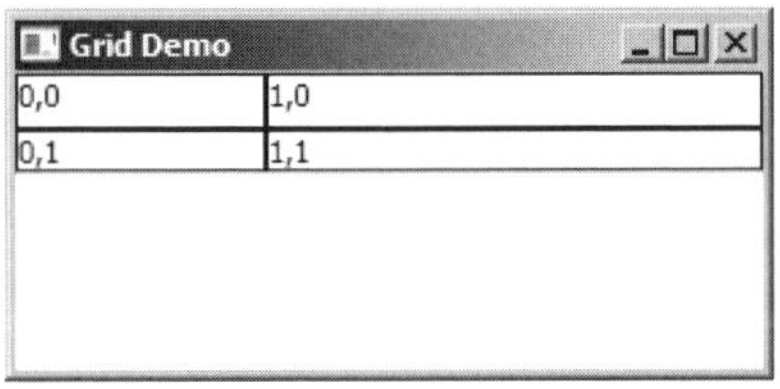

Abb. 4.17: Auto-Anpassung der Zeile

Wenn Sie bereits mit HTML-Tabellen gearbeitet haben, dann werden Sie vermutlich die Eigenschaften ColumnSpan und RowSpan zu schätzen wissen. Damit können Zellen über mehrere Spalten bzw. Zeilen vergrößert werden. Die Angabe dieser Eigenschaften erfolgt analog zur Verwendung von Row und Columns.

4.3.8 GridSplitter

Passend zum Grid sollte auch der GridSplitter erwähnt werden. Dabei handelt es sich um ein Steuerelement, mit dessen Hilfe Spalten in ihrer Breite bzw. Zeilen in ihrer Höhe verändert werden können. Das heißt, der Benutzer kann den Grid-Splitter zur Laufzeit mit der Maus festhalten und somit Zeilen oder Spalten in ihrer Größe verändern.

Während der GridSplitter für den Benutzer äußerst intuitiv zu verwenden ist, ist dies für den Entwickler leider nicht der Fall. Der GridSplitter kann zwar von der Toolbox direkt auf die Oberfläche gezogen werden, danach müssen jedoch noch einige Konfigurationen vorgenommen werden. So ist es nicht möglich, den Splitter im Designer zwischen den Spalten zu positionieren, sondern immer nur auf einer Zelle. Daher ist es in den meisten Fällen besser und schneller, ihn gleich direkt per XAML-Markup zu erfassen.

Eine simple Demonstration liefert das nachfolgende XAML-Markup:

```
<Grid>
    <Grid.ColumnDefinitions>
        <ColumnDefinition Width="10*"/>
        <ColumnDefinition Width="20*"/>
    </Grid.ColumnDefinitions>

    <Border BorderBrush="Black" BorderThickness="1" Grid.Column="0" Grid.Row="0">
        <TextBlock></TextBlock>
    </Border>
    <Border BorderBrush="Black" BorderThickness="1" Grid.Column="1" Grid.Row="0">
        <TextBlock></TextBlock>
    </Border>

    <GridSplitter Grid.Column="1" HorizontalAlignment="Left"
            ResizeDirection="Columns"
            Width="9" />
</Grid>
```

Listing 4.18: Verwendung des `GridSplitter`-Elements

Wie dies im Visual Studio Designer aussieht, wird in Abbildung 4.18 gezeigt.

4.4 Beispiel

Theorie ist ein wichtiger Bestandteil, um Neues zu erlernen. Kleine Beispiele verdeutlichen den neuen Stoff, aber richtig verständlich wird es meist erst bei der ersten Umsetzung bzw. bei einem Vergleich mit einer praktischen Anwendung. Daher soll hier gezeigt werden, wie einfach mit den bisher gezeigten Mitteln ein Praxisfall umgesetzt werden kann.

Der Such-Assistent von Microsoft Windows XP sollte den meisten bekannt sein (siehe Abbildung 4.19). Damit wir mit der Umsetzung beginnen können, muss ein Konzept erarbeitet werden, das uns ans Ziel bringt. Hierfür soll das Fenster im ersten Schritt genau in seine Einzelbestandteile zerlegt werden.

Im Grunde handelt es sich dabei um ein zweigeteiltes Fenster. Im linken Bereich können (je nach Auswahl) die unterschiedlichsten Suchinformationen erfasst werden, während auf der rechten Seite die Suchergebnisse zur Anzeige kommen.

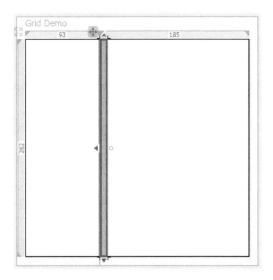

Abb. 4.18: GridSplitter im Visual Studio Designer

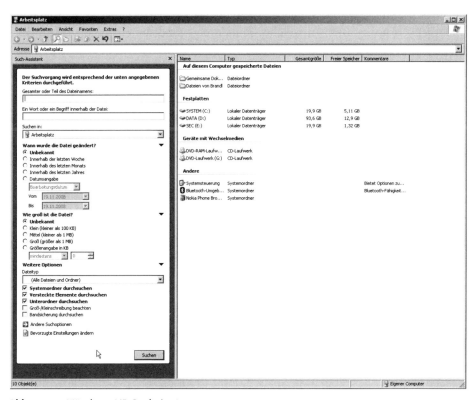

Abb. 4.19: Windows-XP-Such-Assistent

Dazu kommen die Menüleiste, die Toolbar und die Adressleiste, welche sich immer im Kopf des Fensters befinden. Eine weitere wichtige Information ist in der Tatsache gegeben, dass sich die einzelnen Bereiche an die Größe des Fensters anpassen. Davon betroffen sind die linke wie auch die rechte Spalte.

Mit diesen Informationen lässt sich bereits gut arbeiten. Folgende Schlüsse können gezogen werden:

- Die offensichtlichste Sache ist, dass zwei Spalten notwendig sind. Das kann mit einer Tabelle so umgesetzt werden.

- Die Inhalte müssen sich an das Fenster anpassen. Wird also das Fenster vergrößert oder verkleinert, müssen die darin enthaltenen Steuerelemente entsprechend nachziehen. Das spricht für die Verwendung eines `DockPanel`-Elements.

- Vereinfacht man die Suchleiste auf der linken Seite, besteht diese aus Elementen, die ausschließlich untereinander angereiht sind. Umgesetzt werden kann dies mithilfe eines `StackPanel`-Elements.

Da wir uns aktuell mit dem Layout beschäftigen, können die einzelnen Elemente, die dann im Endeffekt die Bereiche ausfüllen werden, vernachlässigen. Eine Frage bleibt jedoch noch offen: In welcher Reihenfolge sind die einzelnen Layout-Elemente anzuordnen?

Eine entscheidende Frage, da eine falsche Anordnung nicht zum gewünschten Ziel führt. Also einfach Schritt für Schritt:

Das Hauptelement wird durch ein `DockPanel` gebildet. Dieses gewährleistet, dass der Inhalt skaliert wird bzw. an bestimmte Stellen des Fensters angehängt werden kann. Damit können nun sowohl die Menüleiste als auch die Toolbar sofort per

```
DockPanel.Dock="Top"
```

an die Oberseite des Fensters angedockt werden.

Die Standardeinstellung des `DockPanel`-Elements ist, dass das letzte Unterelement auf den gesamten verfügbaren Platz vergrößert wird. Daher wird nun die Statusleiste eingefügt und mit

```
DockPanel.Dock="Bottom"
```

versehen.

Jetzt fehlt noch der Mittelteil des Fensters. Dieser soll in zwei Bereiche unterteilt werden, genauer gesagt in zwei Spalten. Ein Fall für das `Grid`-Steuerelement:

```
<Grid.ColumnDefinitions>
    <ColumnDefinition Width="300"/>
    <ColumnDefinition Width="*"/>
</Grid.ColumnDefinitions>
```

Hinweis

In der Praxis sollten fixe Formatierungen (Breiten, Höhen, Farben etc.) nicht zugewiesen werden. Dies sollte eigentlich über Styles etc. passieren. Im vorliegenden Beispiel wird darauf verzichtet, da die entsprechenden Themen erst in Kapitel 8 aufgegriffen werden.

Im linken Bereich sollen nun die unterschiedlichen Einstellungen vorgenommen werden. Die Beschriftungen wie auch die Eingabemöglichkeiten sind untereinander zu positionieren. Dafür eignet sich das StackPanel ideal. Wie bereits weiter oben besprochen wurde, können damit Elemente entweder horizontal oder vertikal aneinandergereiht werden. Nachfolgend ein kleiner Auszug:

```
<StackPanel Orientation="Vertical" Margin="5">
    <TextBlock Text="Der Suchvorgang wird entsprechend der..."
        FontWeight="Bold" TextWrapping="Wrap"/>
    <TextBlock Text="Gesamter oder Teil des Dateinamens"/>
    <TextBox/>
    <TextBlock Text="Ein Wort oder ein Begriff innerhalb der Datei"/>
    <TextBox/>
    ...
</StackPanel>
```

Hinweis

Auffällig ist, dass das StackPanel in diesem Beispiel keiner Spalte der Tabelle zugewiesen wird, wie es in der eigentlichen Beschreibung des Grid-Elements aufgezeigt wurde. Der Grund dafür ist, dass das StackPanel in weitere Elemente eingebettet wurde, um ein ähnliches Aussehen wie das Original zu erreichen. Tatsächlich würde dies in der Praxis anders gelöst werden. Beispiele hierfür finden Sie im Kapitel über »Styles und Templates« (siehe Kapitel 8).

Die rechte Seite ist ebenso einfach zu erstellen. Unter den verfügbaren Steuerelementen gibt es eine ListView. Diese kann mit Spalten inklusive Überschriften versehen werden und dient dazu, Informationen übersichtlich in einer Liste anzuzeigen.

```
<ListView Grid.Column="1">
    <ListView.View>
        <GridView>
            <GridView.Columns>
                <GridViewColumn Header="Name"/>
                <GridViewColumn Header="Typ"/>
                <GridViewColumn Header="Gesamtgröße"/>
                <GridViewColumn Header="Freier Speicher"/>
                <GridViewColumn Header="Kommentare"/>
            </GridView.Columns>
        </GridView>
    </ListView.View>
</ListView>
```

Listing 4.19: Spaltenüberschriften einer `ListView`-Sicht

Damit ist die einfache Nachbildung des Such-Assistenten von Windows XP fertig. Das Ergebnis ist in Abbildung 4.20 dargestellt. Das gesamte, ungekürzte XAML-Markup können Sie sich in Listing 4.20 ansehen.

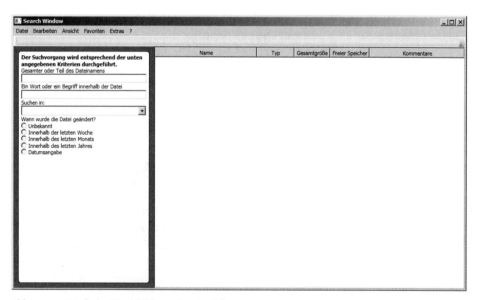

Abb. 4.20: Einfache Nachbildung des Suchfensters

```
<DockPanel>
    <Menu DockPanel.Dock="Top">
        <MenuItem Header="Datei"/>
        <MenuItem Header="Bearbeiten"/>
        <MenuItem Header="Ansicht"/>
```

```xml
            <MenuItem Header="Favoriten"/>
            <MenuItem Header="Extras"/>
            <MenuItem Header="?"/>
        </Menu>
        <ToolBar DockPanel.Dock="Top">
            <ToolBarPanel Height="16"/>
        </ToolBar>
        <StatusBar DockPanel.Dock="Bottom"/>
        <Grid>
            <Grid.ColumnDefinitions>
                <ColumnDefinition Width="300"/>
                <ColumnDefinition Width="*"/>
            </Grid.ColumnDefinitions>

            <Border Grid.Column="0" Background="#3A6EA5" BorderThickness="0">
                <Border BorderBrush="Black" BorderThickness="1" Margin="10
                    CornerRadius="5" Background="White">
                    <StackPanel Orientation="Vertical" Margin="5">
                        <TextBlock Text="Der Suchvorgang wird entsprechend
                            der unten angegebenen Kriterien durchgeführt."
                            FontWeight="Bold" TextWrapping="Wrap"/>
                        <TextBlock Text="Gesamter oder Teil des Dateinamens"/>
                        <TextBox/>
                        <TextBlock Text="Ein Wort oder ein Begriff
                            innerhalb der Datei"/>
                        <TextBox/>
                        <TextBlock Text="Suchen in:"/>
                        <ComboBox>
                            <ComboBoxItem Content="Arbeitsplatz"/>
                        </ComboBox>
                        <TextBlock Text="Wann wurde die Datei geändert?"/>
                        <RadioButton Content="Unbekannt" GroupName="Changed"/>
                        <RadioButton Content="Innerhalb der letzten Woche"
                            GroupName="Changed"/>
                        <RadioButton Content="Innerhalb des letzten Monats"
                            GroupName="Changed"/>
                        <RadioButton Content="Innerhalb des letzten Jahres"
                            GroupName="Changed"/>
                        <RadioButton Content="Datumsangabe"
                            GroupName="Changed"/>
                    </StackPanel>
                </Border>
            </Border>
```

```
        <ListView Grid.Column="1">
            <ListView.View>
                <GridView>
                    <GridView.Columns>
                        <GridViewColumn Header="Name"/>
                        <GridViewColumn Header="Typ"/>
                        <GridViewColumn Header="Gesamtgröße"/>
                        <GridViewColumn Header="Freier Speicher"/>
                        <GridViewColumn Header="Kommentare"/>
                    </GridView.Columns>
                </GridView>
            </ListView.View>
        </ListView>
    </Grid>
</DockPanel>
```

Listing 4.20: Markup für das Suchfenster

Welche Hilfestellungen lassen sich aus diesem Beispiel für die tägliche Arbeit ableiten:

1. Wie es generell für die Softwareentwicklung von Bedeutung ist, sollte man sich über das Layout der Anwendung Gedanken machen. Nur wenn der Aufbau bekannt ist, kann ein sinnvolles Layout erstellt werden, das auch späteren Änderungen gegenüber flexibel auftritt.

2. Lernen Sie alle Layout-Elemente kennen. Sie unterscheiden sich durch zahlreiche Funktionalitäten, doch nicht alle Funktionen können jederzeit eingesetzt werden. Nur wer alle Möglichkeiten kennt, kann sie auch optimal verwenden.

3. Lassen Sie performancerelevante Informationen in die Gestaltung des Layouts einfließen. Sind viele Daten anzuzeigen, muss es beispielsweise nicht immer ein StackPanel sein. Ein VirtualizingStackPanel kann hier einige Vorteile bieten und die Ressourcen schonen.

Nachfolgend finden Sie ein Beispiel für die Implementierung eines Layout-Containers, welches als Basis für weitere Entwicklungen herangezogen werden kann.

Hinweis

Das hier gezeigte Beispiel finden Sie auf der beiliegenden CD unter Kapitel04\ Kap4_SearchWindow.

4.5 Beispiel: Eigener Layout-Container

Die standardmäßig ausgelieferten Layout-Container decken viele Anforderungen ab. Früher oder später kommen Sie dennoch an den Punkt, an dem Sie einen eigenen Container benötigen.

Die eigentliche Erstellung desselben ist schnell erledigt. Leiten Sie dazu von dem Panel ab, das Ihren Anforderungen am nächsten kommt. Im Normalfall dürfte dies die Basisklasse Panel selbst sein.

In diesem Beispiel wird ein Panel implementiert, das die Unterelemente kreisförmig anordnet. Es soll die Standardfunktionen eines Panels anbieten. Dazu wird eine Klasse erstellt, die von Panel erbt. Damit die Größen und die Positionen der Unterelemente bestimmt werden können, sind zusätzlich die Methoden

- MeasureOverride
- ArrangeOverride

zu überschreiben und mit einem eigenen Algorithmus zu versehen. Eine Umsetzung finden Sie in Listing 4.21.

In der Methode MeasureOverride wird jedes Unterelement durchlaufen und dessen Measure-Methode aufgerufen. Anschließend wird MeasureOverride des Basisobjekts aufgerufen und der verfügbare Platz übergeben. Die neu berechnete Größe wird zurückgeliefert.

Die Methode ArrangeOverride ist wesentlich komplexer. Darin werden ebenfalls alle Unterelemente durchlaufen und deren Positionen sowie die Größen berechnet. Wie auch bereits erklärt, wird die Methode Arrange eines jeden Elements aufgerufen.

Wie Sie sehen, liegt die Hauptarbeit bei der Erstellung eines eigenen Layout-Containers beim Algorithmus, der die notwendigen Berechnungen vornimmt. Beachten Sie jedoch, dass die Berechnungen nicht komplizierter als notwendig werden, da in diesem Fall durchaus Performanceprobleme auftreten können. Es ist daher ratsam, den Algorithmus anhand zahlreicher Unterelemente zu testen.

```
public class CircularPanel : Panel
{
    protected override Size MeasureOverride(Size availableSize)
    {
        foreach (UIElement element in InternalChildren)
        {
            element.Measure(new Size(Double.PositiveInfinity,
            Double.PositiveInfinity));
        }
    }
```

```
        return base.MeasureOverride(availableSize);
    }

    protected override Size ArrangeOverride(Size finalSize)
    {
        if (InternalChildren.Count == 0)
            return finalSize;

        double currentAngle = 0;
        double angle = (360.0 / InternalChildren.Count) * (Math.PI / 180);

        foreach (UIElement element in InternalChildren)
        {
            double diagonal = Math.Sqrt(Math.Pow(element.DesiredSize.Width / 2, 2)
                + Math.Pow(element.DesiredSize.Height / 2, 2));
            double rx = finalSize.Width / 2 - diagonal;
            double ry = finalSize.Height / 2 - diagonal;
            Point point = new Point(Math.Cos(currentAngle) * rx,
                -Math.Sin(currentAngle) * ry);
            Point movedPoint = new Point(finalSize.Width / 2 +
                point.X - element.DesiredSize.Width / 2,
                finalSize.Height / 2 + point.Y -
                element.DesiredSize.Height / 2);
            element.Arrange(new Rect(movedPoint.X, movedPoint.Y,
                                     element.DesiredSize.Width,
                element.DesiredSize.Height));
            currentAngle += angle;
        }
        return finalSize;
    }
}
```

Listing 4.21: CircularPanel: Kreisförmige Darstellung der Unterelemente

In den Abbildungen 4.21 und 4.22 wird das Verhalten des erstellten Layout-Containers bei unterschiedlichen Fenstergrößen gezeigt.

Hinweis

Die hier gezeigte Implementierung finden Sie auf der beiliegenden CD unter Kapitel04\Kap4_CircularPanel.

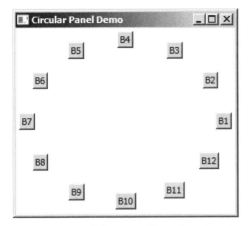

Abb. 4.21: Mögliche Darstellung des CircularPanel

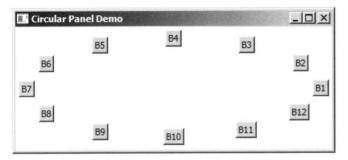

Abb. 4.22: Darstellung nach Veränderung der Fenstergröße

In diesem Kapitel wurden viele Informationen über Steuerelemente und Layouting vermittelt. Auf Basis der vermittelten Grundlagen sollte es möglich sein, die Arbeitsweise der unterschiedlichen Steuerelemente zu verstehen. Ebenfalls sollte ein Überblick über die verschiedenen Layout-Möglichkeiten gegeben sein. Bedenken Sie, dass sehr viele Performancefehler in der Anwendung unpassender Steuerelemente begründet sind. Ein häufiger Stolperstein hinsichtlich der Performance sind eigens implementierte Layout-Container mit oft unnötig komplexer Berechnung.

Kapitel 5

Ereignisse

Ereignisse sind ein wichtiger Bestandteil von Anwendungen – und daher auch für den Entwickler. Durch die Verwendung von Ereignissen ist es möglich, auf Aktionen des Benutzers zu reagieren. Führt der Benutzer beispielsweise einen Klick auf eine Schaltfläche aus, wird ein Ereignis Click ausgelöst. Dieses kann im Code abgefangen und behandelt werden. Das genannte Ereignis ist nur eines von vielen. Komponenten bieten unterschiedlichste Ereignisse an, auf die reagiert werden kann. Nicht alle müssen vom Benutzer ausgelöst werden. Auch die Veränderung eines Objektstatus kann in einem Ereignis resultieren.

Dieses Kapitel beschäftigt sich mit dem Thema Ereignisse in Bezug auf die WPF. So werden die mit der WPF neu eingeführten weitergeleiteten Ereignisse (»Routed Events«) sowie die wichtigsten System- und Komponentenereignisse vorgestellt.

5.1 Routed Events

Das Konzept der Routed Events (weitergeleitete Ereignisse) funktioniert ähnlich wie die bereits bekannten Ereignisse. Der Unterschied ist, dass weitergeleitete Ereignisse nicht nur beim betroffenen Element ausgelöst werden, sondern auch von anderen Elementen der Elementhierarchie (»Visual Tree«). Dadurch ergibt sich für den Entwickler im Vergleich zur Vergangenheit der Vorteil, dass es mehrere Stellen gibt, auf ein Ereignis zu reagieren.

Als einfaches Beispiel kann eine Taschenrechner-Anwendung angesehen werden. Eine einfache Lösung ist die Anordnung der notwendigen Schaltflächen mithilfe einer Tabelle (siehe Abbildung 5.1).

Nun gibt es zwei Möglichkeiten, auf die durch den Benutzer getätigten Klicks zu reagieren:

- Für jede Schaltfläche wird das Click-Ereignis abonniert und in einem eigenen Eventhandler bearbeitet.

- Für jede Schaltfläche wird das Click-Ereignis abonniert, jedoch wird immer auf einen einzigen Eventhandler weitergeleitet, der dann die entsprechende Aktion durchführt.

Dies erfüllt zwar den Zweck der Aufgabe, ist jedoch mit dem Aufwand verbunden, bei jeder Schaltfläche das entsprechende Ereignis einzutragen. Ein wesentlich eleganterer Weg wäre hingegen, wenn dieses Ereignis bereits bei der darüber liegenden Tabelle für alle enthaltenen Schaltflächen abonniert werden könnte. Weitergeleitete Ereignisse bieten genau diese Möglichkeit und gewährleisten so eine Erleichterung und auch erweiterte Eingriffsmöglichkeiten seitens des Entwicklers.

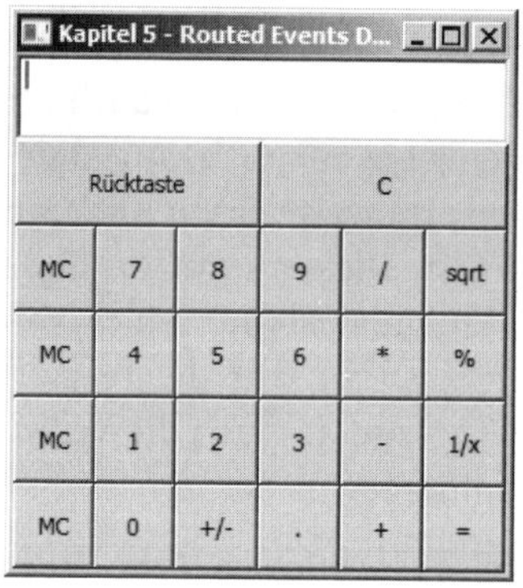

Abb. 5.1: Einfache Darstellung eines Taschenrechners

5.1.1 Ereignisregistrierung

Events können auf zwei unterschiedliche Arten registriert/abonniert werden:

- via Code

- via XAML

Das Abonnieren eines Ereignisses via Code funktioniert genauso, wie wir es bisher gewohnt sind:

```
public MainWindow()
{
    InitializeComponent();

    MainGrid.MouseDown +=
        new MouseEventHandler(MainGrid_MouseDown);

}

void MainGrid_MouseDown(object sender, MouseButtonEventArgs e)
{
    // Code
}
```

Listing 5.1: Ereignis per Code abonnieren

Mit dem Zuweisungsoperator »+=« wird eine Delegatenverkettung vorgenommen und eine Methode definiert, welche als Reaktion auf das Ereignis aufgerufen wird. In dieser Methode kann nun die jeweilige Aktion ausgeführt werden.

Die zweite Möglichkeit besteht darin, das Ereignis bereits im XAML-Markup zu definieren:

```
<TextBlock
    x:Name="HeaderBlock"
    Text="WPF Taschenrechner"
    MouseDown="HeaderBlock_MouseDown"/>
```

Listing 5.2: Ereignishandler per XAML setzen

Dabei ist das jeweilige Ereignis wie eine Eigenschaft zu verwenden. Als Zuweisung erhält es die Methode, die beim Auslösen des Ereignisses aufgerufen werden soll. Visual Studio unterstützt Sie hierbei, indem der Eventhandler automatisch generiert wird:

```
private void HeaderBlock_MouseDown(object sender, MouseButtonEventArgs e)
{
    // Code
}
```

Wie auch bei herkömmlichen CLR-Events muss der Eventhandler zwei Parameter besitzen. Als erster Parameter wird das Objekt übermittelt, durch das der Eventhandler ausgelöst wurde. Der zweite Parameter enthält Informationen des Ereignisses, die von Ereignis zu Ereignis abhängen, jedoch in vielen Fällen benötigt werden. Diese sogenannten Ereignisargumente besitzen zwar dieselbe Basisklasse EventArgs, die .NET-Entwicklern bereits bekannt sein sollte. Für weitergeleitete Ereignisse stellt jedoch die Klasse RoutedEventArgs die Basis dar. Eine Beschreibung der wichtigsten Eigenschaften ist in Tabelle 5.1 zu finden.

Unterschiedliche weitergeleitete Ereignisse besitzen in manchen Fällen auch andere Ereignisargumente. Dies ist abhängig vom Ereignis und den Informationen, die an den Eventhandler weitergegeben werden müssen. Die Basis für weitergeleitete Ereignisse stellt jedoch immer RoutedEventArgs dar.

Eigenschaft	Beschreibung
Handled	Diese Eigenschaft beschreibt, ob das betreffende Ereignis bereits behandelt wurde oder nicht. Durch das Setzen dieser Eigenschaft auf true kann eine weitere Verarbeitung verhindert werden.

Tabelle 5.1: Wichtige Eigenschaften der Klasse RoutedEventArgs

Eigenschaft	Beschreibung
OriginalSource	Liefert das Objekt zurück, das ursprünglich das Ereignis ausgelöst hat. In den meisten Fällen ist dies identisch mit dem Rückgabewert der Eigenschaft Source, dennoch kann es hier auch zu Unterschieden kommen.
RoutedEvent	Liefert das Objekt des weitergeleiteten Ereignisses zurück. Dies kann dann wichtig sein, wenn ein einziger Eventhandler benutzt wird, um unterschiedliche Ereignisse zu behandeln. In diesem Fall ist es manchmal notwendig, über dieses Objekt festzustellen, welches Ereignis tatsächlich ausgelöst wurde.

Tabelle 5.1: Wichtige Eigenschaften der Klasse RoutedEventArgs (Forts.)

5.1.2 Routing-Strategien

Insgesamt stehen drei unterschiedliche Strategien zur Verfügung: »Direct Events«, »Bubbling Events« und »Tunneling Events«.

Direct Events

Direkte Ereignisse entsprechen im Grunde dem aus Windows Forms bekannten Ablauf der Ereignisbehandlung. Bei dieser Strategie kann nur das Quellelement selbst durch Aufrufen von Handlern reagieren. Der Unterschied zu den CLR-Ereignissen liegt darin, dass direkte Ereignisse auch durch EventSetter und EventTrigger angewendet werden können. Zusätzlich ist eine Behandlung auf Klassenebene möglich (siehe 5.4).

Bubbling Events

Wie der Name schon vermuten lässt, werden Bubbling Events durch die Elementhierarchie nach oben weitergereicht. Dies bedeutet, dass das Ereignis als Erstes bei dem Steuerelement ausgelöst wird, bei dem die Aktion eingetreten ist. Anschließend wird die Hierarchie Element für Element nach oben durchlaufen und das Ereignis auch dort ausgelöst. Um dies zu verdeutlichen, werfen wir einen Blick auf folgendes Beispiel:

```
<Window x:Class="Kap5_RoutedEvents.MainWindow"
    xmlns="http://schemas.microsoft.com/winfx/2006/xaml/presentation"
    xmlns:x="http://schemas.microsoft.com/winfx/2006/xaml"
    Title="Kapitel 5 - Routed Events Demo"
    SizeToContent="WidthAndHeight"
    MouseDown="Window_MouseDown">

    <StackPanel
        x:Name="MainPanel"
```

```
        MouseDown="MainPanel_MouseDown">
    <TextBlock
        x:Name="HeaderBlock"
        Text="WPF Taschenrechner"
        Margin="5"
        FontSize="21"
        MouseDown="HeaderBlock_MouseDown"/>
    </StackPanel>
</Window>
```

Listing 5.3:   Beispiel für Bubbling Events

Hierbei handelt es sich um ein einfaches Fenster mit einem StackPanel und einem TextBlock darin. An den Hervorhebungen ist zu erkennen, dass für jedes dieser Elemente das Ereignis MouseDown abonniert wurde. Dieses wird ausgelöst, wann immer ein Mausknopf auf diesen Elementen gedrückt wird. Lässt man sich in jedem Eventhandler auf der Konsole ausgeben, dass dieser gerade aufgerufen wurde, dann erhält man folgendes Ergebnis, wenn auf das TextBlock-Element geklickt wird:

```
TextBlock:   MouseDown
StackPanel:  MouseDown
Window:      MouseDown
```

Dabei ist klar ersichtlich, dass zuerst der Eventhandler des TextBlock-Steuerelements aufgerufen wurde, anschließend der Eventhandler des darüber liegenden Elements (StackPanel) und erst zum Schluss der des Stammelements, also des Window-Objekts. Einen visuellen Überblick über die Strategien gibt Abbildung 5.2.

Tunneling Events

Tunneling Events funktionieren entgegengesetzt zu den Bubbling Events. Während Bubbling Events beim Auslöser beginnen und sich in der Elementhierarchie bis zum Stammknoten hocharbeiten, wird das Tunneling Event beim Stammknoten ausgelöst. Es wird Element um Element weitergereicht, bis es das eigentlich betroffene Element erreicht.

Jedes Ereignis kann nur einer einzigen Strategie folgen. Aus diesem Grund besitzen viele Steuerelemente sowohl in einer Bubbling- als auch einer Tunneling-Variante dasselbe Ereignis.

Als Beispiel kann das Ereignis MouseDown herangezogen werden. Dieses entspricht der Bubbling-Strategie, wie im obigen Beispiel zu sehen. Die Tunneling-Variante wird durch **PreviewMouseDown** abgedeckt.

> **Wichtig**
>
> Innerhalb des .NET Frameworks beginnen alle Tunneling-Ereignisse mit Pre-view. Sollten Sie für Ihre Steuerelemente Ereignisse definieren, ist es empfehlenswert, sich an dieses Muster halten, um für Konsistenz zu sorgen. Dies ist besonders dann wichtig, wenn Dritte damit arbeiten werden.

Ergänzen wir also das vorherige Beispiel um Tunneling-Ereignisse:

```xml
<Window x:Class="Kap5_RoutedEvents.MainWindow"
    xmlns="http://schemas.microsoft.com/winfx/2006/xaml/presentation"
    xmlns:x="http://schemas.microsoft.com/winfx/2006/xaml"
    Title="Kapitel 5 - Routed Events Demo"
    SizeToContent="WidthAndHeight"
    MouseDown="Window_MouseDown"
    PreviewMouseDown="Window_PreviewMouseDown">

    <StackPanel
        x:Name="MainPanel"
        MouseDown="MainPanel_MouseDown"
        PreviewMouseDown="MainPanel_PreviewMouseDown">
        <TextBlock
            x:Name="HeaderBlock"
            Text="WPF Taschenrechner"
            Margin="5"
            FontSize="21"
            FontWeight="Bold"
            MouseDown="HeaderBlock_MouseDown"
            PreviewMouseDown="HeaderBlock_PreviewMouseDown"/>
    </StackPanel>
</Window>
```

Listing 5.4: Beispiel für Tunneling Events

Wird die Anwendung ausgeführt und ein Klick auf das TextBlock-Steuerelement ausgelöst, findet sich folgende Ausgabe in der Konsole:

```
Window:     PreviewMouseDown
StackPanel: PreviewMouseDown
TextBlock:  PreviewMouseDown
TextBlock:  MouseDown
StackPanel: MouseDown
Window:     MouseDown
```

Es wird deutlich, dass beim Tunneling-Event tatsächlich beim Stammelement begonnen wird und diese Ereignisse vor den Bubbling-Ereignissen ausgeführt werden. Eine Übersicht der Strategien zeigt Abbildung 5.2.

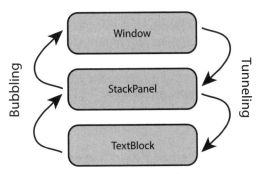

Abb. 5.2: Routing-Strategien im Überblick

Wichtig

Im MSDN finden Sie zu allen Ereignissen auch die entsprechenden Angaben der jeweiligen Strategie. In Abbildung 5.3 sehen Sie ein Beispiel anhand des MouseDown-Ereignisses.

UIElement.MouseDown-Ereignis

msdn

.NET Framework 4 | Andere Versionen ▾

Tritt ein, wenn eine Maustaste gedrückt wird, während sich der Zeiger über diesem Element befindet.

Namespace: System.Windows
Assembly: PresentationCore (in PresentationCore.dll)
XMLNS für XAML: http://schemas.microsoft.com/winfx/2006/xaml/presentation,
http://schemas.microsoft.com/netfx/2007/xaml/presentation

Syntax

| VB | C# | C++ | F# | JScript | Kopieren

```
public event MouseButtonEventHandler MouseDown
```

| XAML | Kopieren

```
<object MouseDown="MouseButtonEventHandler" .../>
```

Informationen zum Routingereignis

Bezeichnerfeld	MouseDownEvent
Routingstrategie	Bubbling
Delegate	MouseButtonEventHandler

Das entsprechende Tunneling-Ereignis ist PreviewMouseDown.
Überschreiben Sie OnMouseDown, um die Klassenbehandlung für dieses Ereignis in abgeleiteten Klassen zu implementieren.

Abb. 5.3: Information über die Routing-Strategie im MSDN

Hinweis

Normale .NET-Ereignisse haben einen großen Vorteil gegenüber den weiterge-leiteten Ereignissen: Die meisten .NET-Sprachen bieten dafür Unterstützung an. Aus diesem Grund wird ein weitergeleitetes Ereignis oft als normales .NET-Ereignis angeboten. Machen auch Sie davon Gebrauch.

Weiterleitung von Ereignissen verhindern

In Tabelle 5.1 wurde bereits die Eigenschaft Handled der Klasse RoutedEventArgs angesprochen. Wird sie auf true gestellt, bedeutet dies, dass das Ereignis behan-delt wurde und somit nicht mehr an die restlichen Elemente weitergereicht wird. Bleiben wir beim aktuellen Beispiel und setzen wir diese Eigenschaft im Mouse-Down-Eventhandler des TextBlock-Elements:

```
private void HeaderBlock_MouseDown(
    object sender,
    MouseButtonEventArgs e)
{
    e.Handled = true;
    Console.WriteLine("TextBlock: MouseDown");
}
```

Listing 5.5: Bubbling Event als behandelt markieren

Nun dürfte nur noch der Eventhandler des TextBlock-Elements aufgerufen wer-den, die beiden anderen jedoch nicht mehr. Sehen wir uns die Ausgabe an:

```
Window:      PreviewMouseDown
StackPanel:  PreviewMouseDown
TextBlock:   PreviewMouseDown
TextBlock:   MouseDown
```

Logischerweise werden alle Eventhandler des Tunneling-Ereignisses aufgerufen. Beim Bubbling-Gegenstück ist jedoch nach dem TextBlock Schluss. Versuchen wir dies bei einem Tunneling-Ereignis:

```
private void Window_PreviewMouseDown(
    object sender,
    MouseButtonEventArgs e)
{
    e.Handled = true;
    Console.WriteLine("Window: PreviewMouseDown");
}
```

Listing 5.6: Tunneling Event als behandelt markieren

Und hier die Ausgabe:

```
Window: PreviewMouseDown
```

Es wird lediglich der Eventhandler des `PreviewMouseDown`-Ereignisses des Fensters aufgerufen. Alle anderen Eventhandler der Tunneling-Variante werden nicht ausgeführt, allerdings auch keine Eventhandler der Bubbling-Ereignisse. Der Hintergrund ist jedoch sehr einfach erklärt:

Werden diese Ereignispaare (also Varianten für Bubbling und Tunneling) angeboten, dann teilen sie sich in den meisten Fällen auch das jeweilige Ereignisargument-Objekt. Ein Setzen der Eigenschaft hat also Auswirkung auf beide Ereignisse.

> **Hinweis**
>
> Das dazugehörige Beispiel finden Sie auf der CD unter `Kapitel05\Kap5_RoutedEvents`. Verwenden Sie dieses Beispiel, um einige Verhaltensweisen zu testen und so das Ereignissystem besser kennenzulernen.

5.2 Routed Events erstellen

Zur Verwaltung aller weitergeleiteten Ereignisse der WPF wird eine statische Klasse namens `EventManager` verwendet.

Methode	Beschreibung
`GetRoutedEvents`	Liefert ein Array aller in der Anwendung registrierten weitergeleiteten Ereignisse zurück.
`GetRoutedEventsForOwner`	Liefert ein Array aller weitergeleiteten Ereignisse zurück, die für ein bestimmtes Element registriert wurden.
`RegisterClassHandler`	Registriert einen Eventhandler auf Klassenebene.
`RegisterRoutedEvent`	Registriert einen Eventhandler auf Instanzebene.

Tabelle 5.2: Methoden der Klasse `EventManager`

Aber sehen wir uns in einfachen Schritten an, wie ein weitergeleitetes Ereignis erstellt wird und wie der `EventManager` dabei helfen kann.

Im ersten Schritt muss ein statisches Ereignis erstellt werden:

```
public static readonly RoutedEvent DoSomethingEvent;
```

Listing 5.7: Erstellung RoutedEvent

Danach muss die Zugriffsmethode implementiert werden, damit das Ereignis sowohl registriert als auch wieder verworfen werden kann:

```
public event RoutedEventHandler DoSomething
{
    add
    {
        this.AddHandler(DoSomethingEvent, value);
    }
    remove
    {
        this.RemoveHandler(DoSomethingEvent, value);
    }
}
```

Listing 5.8: Zugriffsmethode für ein RoutedEvent

Damit unser neues Ereignis schlussendlich wirklich zur Verfügung steht, registrieren wir es mithilfe des EventManager:

```
public static readonly RoutedEvent DoSomethingEvent =
    EventManager.RegisterRoutedEvent(
        "DoSomething",
        RoutingStrategy.Bubble,
        typeof(RoutedEventHandler),
        typeof(MainWindow)
    );
```

Listing 5.9: Registrierung eines Events beim EventManager

In diesem Beispiel wird das Ereignis als Bubbling-Ereignis reagiert. Bei der Registrierung durch den EventManager können Sie die zu verwendende Strategie setzen. Beachten Sie jedoch, dass jedes weitergeleitete Ereignis nur eine einzige Strategie verfolgen kann.

Damit das Ereignis nun beim Auftreten auch tatsächlich ausgelöst wird, implementieren wir eine dafür zuständige Methode, die innerhalb der Klasse beim Eintritt eines bestimmten Falles aufgerufen werden kann:

```
private void RaiseDoSomethingEvent()
{
    RoutedEventArgs routedEventArgs =
        new RoutedEventArgs(MainWindow.DoSomethingEvent);
    RaiseEvent(routedEventArgs);
}
```

Listing 5.10: Ein RoutedEvent auslösen

Beim Aufruf dieser Methode werden die Ereignisargumente erstellt und das Ereignis selbst wird durch `RaiseEvent` unter Angabe der Argumente ausgelöst. Würden Eventhandler definiert, die auf dieses Ereignis reagieren, würden diese aufgerufen werden.

Hinweis

Dieses Beispiel finden Sie auf der CD unter `Kapitel05\Kap5_CreateRouted-Events`.

5.3 Attached Events

Eingangs dieses Kapitels wurde das Beispiel eines Taschenrechners angeführt. Rufen wir es uns in Erinnerung: Ein Taschenrechner besteht aus vielen Schaltflächen, die alle angeklickt werden können. An dieser Stelle wäre es äußerst mühsam, für jede Schaltfläche einen Eventhandler zu erstellen bzw. das `Click`-Ereignis einer jeden Schaltfläche auf einen einzelnen Eventhandler zu verweisen. Stattdessen kann ein »Attached Event« (angehängtes Ereignis) verwendet werden.

Das `Button`-Element weist ein `Click`-Ereignis auf, das `Grid`-Element, welches die Schaltflächen anzeigt, bietet dieses Ereignis nicht an. Dennoch kann ein Handler für das `Click`-Ereignis auf `Grid`-Ebene via XAML definiert werden – über ein Attached Event:

```
<Grid x:Name="MainGrid" ButtonBase.Click="MainGrid_Click">
...
</Grid>
```

Darüber ist es nun möglich, an zentraler Stelle auf die Klicks aller im `Grid` enthaltenen Schaltflächen zu reagieren.

Angehängte Ereignisse können Ereignisse von über- oder untergeordneten Elementen sein. Dabei muss das jeweilige Element dieses Ereignis selbst gar nicht anbieten.

Ein angehängtes Ereignis kann mithilfe der Methode `AddHandler` erstellt werden. Diese Methode ist für alle Elemente verfügbar, die das Interface `IInputElement` implementieren, wie beispielsweise `UIElement`. Letzterer Typ besitzt zudem weitere Überladungen.

```
MainPanel.AddHandler(
    PreviewKeyDownEvent,
    new KeyEventHandler(MainPanel_PreviewKeyDownEvent)
    );
```

Listing 5.11: Attached Event per AddHandler

Auf diese Weise können Sie beliebige weitergeleitete Ereignisse an Komponenten registrieren. Wird das anzuhängende Ereignis von der Komponente nicht unterstützt, kann es unter Angabe des vollständigen Ereignistyps erstellt werden.

Vorsicht

Sie können mithilfe von `AddHandler` dasselbe Ereignis mehrfach an das entsprechende Element registrieren. Es wird dadurch keine Ausnahme ausgelöst. Vielmehr wird der registrierte Eventhandler mehrfach aufgerufen. Dies kann zu Nebeneffekten führen und unvorhergesehene Fehler, Falschberechnungen etc. auslösen.

Um das angehängte Ereignis zu testen, kann eine einfache Oberfläche erstellt werden:

```
<StackPanel x:Name="MainPanel" Background="Beige">
    <TextBlock Text="Text-Eingabe:"/>
    <TextBox Margin="10"/>
    <TextBlock Text="Statusmeldungen:"/>
    <TextBox x:Name="MessageTextBox"
            IsReadOnly="True"
            Margin="10"
            MaxLines="10" />
</StackPanel>
```

Schließlich fehlt noch der erstellte Eventhandler:

```
private void MainPanel_PreviewKeyDownEvent(
    object sender,
    KeyEventArgs e)
{
    if (e.Key == Key.U)
    {
        e.Handled = true;
        MessageTextBox.Text = "[U] ist nicht erlaubt"
            + System.Environment.NewLine
            + MessageTextBox.Text;
    }
    else
    {
        e.Handled = false;
        MessageTextBox.Text = String.Format("Erlaubtes Zeichen [{0}]", e.Key)
            + System.Environment.NewLine
            + MessageTextBox.Text;
    }
}
```

Im Eventhandler werden nun die einzelnen Tastendrücke behandelt. Handelt es sich um einen gültigen Tastendruck, wird er ausgeführt, andernfalls nicht und eine entsprechende Meldung in das zweite Eingabefeld geschrieben.

Wichtig hierbei sind zwei Dinge: Bei dem angehängten Ereignis handelt es sich um ein Tunneling-Ereignis und es wurde an das StackPanel-Element angehängt. Besitzt eines der Eingabefelder den Fokus und wird ein Tastendruck getätigt, durchläuft der Eventhandler den Visual Tree von oben nach unten. Daher besteht im StackPanel-Element die Möglichkeit der Filterung.

Abb. 5.4:   Beispiel für die gemeinsame Verarbeitung von Ereignissen

> **Hinweis**
>
> Dieses Beispiel befindet sich auf der CD unter Kapitel05\Kap5_AddHandler.

5.4   Klassenhandler

Bis jetzt wurden Eventhandler an Elemente gebunden. Es besteht jedoch auch die Möglichkeit, einen Handler an eine Klasse zu binden. Dies führt dazu, dass der Handler aufgerufen wird, wenn ein Ereignis in einer beliebigen Instanz dieser Klasse auftritt.

Ein entsprechender Klassenhandler kann durch die statische Methode Register-ClassHandler der Klasse EventManager bei der zu definierenden Klasse registriert werden.

Die Registrierung erfolgt im Konstruktor des Fensters MainWindow. Dabei werden als Parameter der Typ des Fensters übergeben, das gewünschte weitergeleitete Ereignis, ein Delegate auf den Eventhandler und schlussendlich wird mit true festgelegt, dass auch bereits behandelte Ereignisse verarbeitet werden sollen.

```
EventManager.RegisterClassHandler
    (
        typeof(MainWindow),
        MouseUpEvent,
        new MouseButtonEventHandler(ClassRoutedMouseUp),
        true
    );
```

Listing 5.12: Einen Klassenhandler registrieren

Im Eventhandler werden einige interessante Informationen in ein `ListBox`-Element geschrieben. Über den Zugriff auf die Eigenschaft `Source` der übergebenen Argumente kann festgestellt werden, auf welches Element geklickt wurde:

```
private void ClassRoutedMouseUp(
    object sender,
    MouseButtonEventArgs e)
{
    StringBuilder sb = new StringBuilder();
    sb.Append(e.RoutedEvent.ToString());
    sb.Append(", ");
    sb.Append(((FrameworkElement)e.Source).Name);
    sb.Append(", ");
    sb.Append(sender.ToString());

    EventBox.Items.Add(sb.ToString());
}
```

Abbildung 5.5 zeigt die endgültige Anwendung und die getätigte Klickfolge.

Abb. 5.5: Ausgabe des Klassenhandlers

> **Hinweis**
>
> Das Beispielprojekt finden Sie auf der CD unter `Kapitel05`. Öffnen Sie hier das Projekt `Kap5_KlassenHandler`.

5.5 Anwendungsereignisse

Eine WPF-Windows-Anwendung besitzt als Hauptelement ein Objekt vom Typ `Application`. Diese Klasse bietet einige sehr interessante und hilfreiche Ereignisse an, die in diesem Abschnitt besprochen werden.

> **Hinweis**
>
> Einige Aspekte der Klasse `Application` wurden bereits in Kapitel 1 besprochen.

Nachfolgend wird eine Auswahl der angebotenen Ereignisse anhand eines Beispiels näher besprochen. Eine Liste der wichtigsten Ereignisse finden Sie in Tabelle 5.3.

Ereignis	Beschreibung
`Activated`	Tritt dann auf, wenn die Anwendung den Fokus erhält und in den Vordergrund geholt wird.
`Deactivated`	Verliert die Anwendung den Fokus und wird eine andere Anwendung in den Vordergrund geholt, dann wird dieses Ereignis ausgelöst.
`DispatcherUnhandledException`	Wird ausgelöst, wenn unbehandelte Ausnahmen des UI-Threads auftreten.
`FragmentNavigation`	Dieses Ereignis tritt auf, wenn der Navigator beginnt, zu einem Inhaltsfragment zu navigieren.
`Exit`	Dieses Ereignis wird ausgelöst, wenn die Anwendung beendet wird.
`LoadCompleted`	Wird ausgelöst, wenn der Navigator den Inhalt, zu dem er navigieren soll, geladen und analysiert sowie mit dem Rendering begonnen hat.
`Navigated`	Wird ausgelöst, wenn der Navigator den Inhalt, zu dem er navigieren soll, gefunden hat.
`Navigating`	Tritt auf, wenn eine neue Navigation angefordert wird.
`NavigationFailed`	Tritt ein Fehler beim Navigieren auf, wird dieses Ereignis ausgelöst.

Tabelle 5.3: Die wichtigsten Ereignisse der Klasse `Application`

Ereignis	Beschreibung
NavigationProgress	Über dieses Ereignis informiert der Navigator über den Navigationsfortschritt.
NavigationStopped	Tritt auf, wenn während der Navigation eine neue Navigation angefordert wird oder die Methode Stop-Loading des Navigators aufgerufen wird.
SessionEnding	Dieses Ereignis wird ausgelöst, wenn die aktuelle Windows-Sitzung beendet oder das Betriebssystem heruntergefahren wird.
StartUp	Wird ausgelöst, wenn die Methode Run des Application-Objekts aufgerufen wird.

Tabelle 5.3: Die wichtigsten Ereignisse der Klasse Application (Forts.)

Wie bereits im ersten Kapitel erklärt, wird das Application-Objekt durch die Datei App.xaml definiert. Darin können wesentliche Informationen hinterlegt werden, wie in Listing 5.13 zu sehen ist.

```
<Application x:Class="Kap5_ApplicationEreignisse.App"
    xmlns="http://schemas.microsoft.com/winfx/2006/xaml/presentation"
    xmlns:x="http://schemas.microsoft.com/winfx/2006/xaml"
    StartupUri="MainWindow.xaml"
    Activated="Application_Activated"
    Deactivated="Application_Deactivated"
    DispatcherUnhandledException="Application_DispatcherUnhandledException"
    Exit="Application_Exit"
    SessionEnding="Application_SessionEnding"
    Startup="Application_Startup">

    <Application.Resources>

    </Application.Resources>

</Application>
```

Listing 5.13: Application-Definition in der App.xaml

Zum einen befinden sich im gezeigten Markup die Abonnements einiger der in Tabelle 5.3 angeführten Ereignisse. Zum anderen befindet sich eine wichtige Angabe in der Eigenschaft StartupUri. Diese beschreibt, dass das Fensterelement namens MainWindow.xaml nach dem Start der Anwendung instanziiert und geöffnet werden soll.

Das erste im Beispiel ausgelöste Ereignis ist StartUp. Es tritt auf, sobald die Methode Run des Application-Objekts aufgerufen wurde. Über die Startup-EventArgs ist der Zugriff auf die Eigenschaft Args möglich. Sie stellen eventuell übergebene Startargumente bereit, die entsprechend verarbeitet werden können. Nachfolgend wird je nach Vorhandensein von Argumenten eine andere Message-Box beim Start angezeigt (Ergebnis siehe Abbildung 5.6):

```
private void Application_Startup(object sender, StartupEventArgs e)
{
    if (e.Args.Length > 0)
    {
        MessageBox.Show(
            "Anwendung wurde mit den Argumenten ["
            + String.Join(",", e.Args)
            + "] gestartet",
            "Startup Argumente",
            MessageBoxButton.OK,
            MessageBoxImage.Information);
    }
    else
    {
        MessageBox.Show(
            "Keine Startup-Argumente angegeben",
            "Keine Startup Argumente",
            MessageBoxButton.OK,
            MessageBoxImage.Information);
    }
}
```

Listing 5.14: Application.Startup verwenden

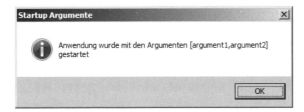

Abb. 5.6: Anzeige der Anwendungsargumente

Von großem Interesse ist das Ereignis DispatcherUnhandledException. Ist dieses abonniert, können alle unbehandelten Ereignisse des UI-Threads aufgefangen und – wenn möglich – behandelt werden. Darüber lässt sich eine globale Ausnahmenbehandlung implementieren:

```
private void Application_DispatcherUnhandledException(
    object sender,
    System.Windows.Threading.DispatcherUnhandledExceptionEventArgs e)
{
    this.exceptionMessages.Add(DateTime.Now.ToString()
      + " " + e.Exception.Message);
    IncidentWindow window = new IncidentWindow(this.exceptionMessages);
    window.ShowDialog();

    e.Handled = true;
}
```

Listing 5.15: Unbehandelte Ausnahmen des UI-Threads abfangen

Hier wird eine unbehandelte Ausnahme aufgefangen und der Einfachheit halber eine Liste vom Typ String geschrieben. Des Weiteren wird ein neues Fenster vom Typ IncidentWindow geöffnet, das die gesammelten Fehlernachrichten zur Anzeige bringt (siehe Abbildung 5.7). Im Normalfall würde man sich an dieser Stelle eine Liste von Exception-Objekten merken, zur Vereinfachung wurde darauf an dieser Stelle jedoch verzichtet.

Zu beachten ist zudem die Eigenschaft Handled der Ereignisargumente. Wird diese Eigenschaft nicht gesetzt, behält sie den Standardwert false und die Anwendung wird beendet, sobald das angezeigte Fenster geschlossen wird. Soll die Anwendung jedoch fortgeführt werden, ist diese Eigenschaft auf true zu stellen.

In der Praxis bieten sich an dieser Stelle einige Möglichkeiten an. So ist es denkbar, aufgetretene Ausnahmen zu protokollieren und unterschiedlichen Services zuzuführen.

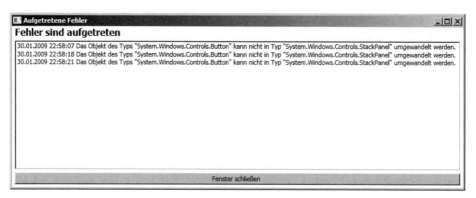

Abb. 5.7: Einfaches Beispiel einer globalen Ausnahmenbehandlung

Zu beachten ist, dass durch dieses Ereignis nur unbehandelte Ausnahmen des UI-Threads abgefangen werden. Wird innerhalb der Anwendung beispielsweise ein `BackgroundWorker` gestartet und während dessen Verarbeitung eine Ausnahme geworfen, dann wird diese durch das Ereignis `DispatcherUnhandledException` nicht bekanntgegeben. Damit dies geschehen kann, müssen Sie die Ausnahme im Hintergrund-Thread behandeln, an den UI-Haupt-Thread übergeben und hier nochmals auslösen und nicht behandeln. Erst dann wird das Ereignis `Dispatcher-UnhandledExeption` ausgelöst.

Wichtig

Beachten Sie, dass das angebotene Ereignis `DispatcherUnhandledException` keinen Freibrief darstellt, Ausnahmen nur mehr an dieser einen Stelle zu behandeln. Ausnahmen sind eine teure Angelegenheit und verbrauchen zahlreiche Ressourcen. Es gilt nach wie vor, zu überlegen, an welcher Stelle eine Ausnahme wirklich zu behandeln ist.

Weitere äußerst hilfreiche Ereignisse werden durch `SessionEnding` und `Exit` dargestellt. Das erste Ereignis wird in zwei Fällen ausgelöst:

- Der aktuelle Benutzer meldet sich ab

- Das System wird heruntergefahren

In beiden Fällen kann es – je nach Anwendung – vorkommen, dass auf diese Möglichkeiten reagiert werden muss. Die Eigenschaft `ReasonSessionEnding` der Ereignisargumente hält Informationen darüber bereit, welcher der beiden Fälle eingetreten ist. Durch das Setzen der Eigenschaft `Cancel` auf `true` kann beispielsweise das Abmelden des Benutzers gestoppt werden. Ein Beispiel dafür hält Listing 5.16 bereit.

```
private void Application_SessionEnding(
    object sender,
    SessionEndingCancelEventArgs e)
{
    if (e.ReasonSessionEnding == ReasonSessionEnding.Shutdown)
    {
        MessageBox.Show(
            "Computer wird herunter gefahren",
            "Shutdown",
            MessageBoxButton.OK,
            MessageBoxImage.Information);
    }
    else
    {
```

```
        MessageBox.Show(
            "Aktueller Benutzer wird abgemeldet",
            "Logoff",
            MessageBoxButton.OK,
            MessageBoxImage.Information);
    }
}
```

Listing 5.16: Beispiel für `SessionEnding`

Nach der Behandlung des Eventhandlers für das `SessionEnding`-Ereignis wird die Methode `Shutdown` des `Application`-Objekts aufgerufen, das wiederum das `Exit`-Ereignis auslöst.

Listing 5.17 zeigt ein sehr einfaches Beispiel für die Behandlung des `Exit`-Ereignisses. In unserem Fall wird lediglich durch eine `MessageBox` darauf hingewiesen, dass die Anwendung nun beendet wird.

In der Praxis kann an dieser Stelle abgefragt werden, ob noch nicht persistierte Daten gespeichert werden sollen. Eventuell sind von der Anwendung selbst Daten über den Anwendungs-Shutdown zu schreiben.

```
private void Application_Exit(object sender, ExitEventArgs e)
{
    MessageBox.Show(
        "Dieses Ereignis wird beim Beenden der Anwendung aufgerufen"
        + System.Environment.NewLine
        + "Hier können Aufräumarbeiten stattfinden",
        "Information",
        MessageBoxButton.OK,
        MessageBoxImage.Information);
}
```

Listing 5.17: Behandlung des `Exit`-Ereignisses

> **Hinweis**
>
> Das zugrunde liegende WPF-Projekt ist auf der CD unter `Kapitel05` zu finden. Öffnen Sie hier das Projekt `Kap5_ApplicationEreignisse`.

Dieses Kapitel hat Sie über Wissenswertes aus dem Bereich der Ereignisse informiert. So wurde das Konzept der Routed Events erläutert und dargestellt, warum es für die WPF von besonderer Wichtigkeit ist. Ebenfalls wurden Attached Events und Klassenhandler behandelt. Schlussendlich haben Sie einen Überblick über Anwendungsereignisse erhalten. Im nächsten Kapitel steigen wir in das große Thema der Datenbindung ein.

Kapitel 6

Datenbindung

Dieses Kapitel beschäftigt sich damit, wie eine Verbindung zwischen Daten und Visualisierung hergestellt werden kann.

6.1 Grundlagen

Wenn Sie bereits die eine oder andere Anwendung geschrieben haben, dann standen Sie sicherlich schon vor dem Problem, wie denn die Kommunikation zwischen der Oberfläche und den Daten sauber gelöst werden kann.

Zum einen sollen die geladenen Daten auf der Oberfläche angezeigt werden. Zum anderen müssen die Objekte bei der Änderung der angezeigten Daten auch geändert werden.

Bis dato wurde dies in den meisten Fällen umständlich durch Ereignisse gelöst. Zuerst wurden die Daten eingelesen und per Code in die entsprechenden Felder geschrieben. Bestimmte Ereignisse dieser Steuerelemente wurden abonniert (`TextChanged`, `LostFocus` oder `SelectedIndexChanged`) und bei Auftreten im Code entsprechend behandelt, indem die neuen Werte in das jeweilige Objekt übertragen wurden.

In der WPF ist dies wesentlich komfortabler gelöst. Das Abonnieren von Ereignissen ist nicht mehr notwendig. Insgesamt fällt gar kein oder nur wenig zusätzlicher Code an. Doch um dies zu verstehen, müssen wir uns das neue Eigenschaftensystem der WPF erst einmal genauer ansehen.

6.2 Dependency Properties

Bevor wir auf »Dependency Properties« (Abhängigkeitseigenschaften) eingehen, widmen wir uns den bereits bekannten CLR-Eigenschaften. Dadurch lässt sich der Unterschied besser hervorheben. Rufen wir uns zunächst in Erinnerung, wie sie definiert werden:

```
private string firstName;

public string FirstName
{
```

```
    get { return this.firstName; }
    set { this.firstName = value; }
}


public string LastName { get; set; }
```

Insgesamt sehen wir hier zwei Möglichkeiten, CLR-Eigenschaften zu definieren. Die erste Variante ist die älteste. Es wird eine private Member-Variable firstName deklariert. Dazu wird eine öffentliche Eigenschaft mit einem Getter und einem Setter zur Verfügung gestellt. Die Angabe der Getter und Setter steht uns hierbei völlig frei (siehe oben).

Die zweite Variante ist auch als »Automatic Property« bekannt. Ähnlich wie in einer Schnittstelle wird nur der Rumpf definiert. Der Compiler erstellt die dahinter liegende Variable. Dadurch erspart sich der Entwickler die Deklaration der Member-Variablen und gerät auch nicht in Versuchung, damit zu arbeiten:

```
public string FirstName { get; set; }
```

Wenn wir nochmals die erste Variante betrachten, können wir feststellen, dass die Werte hier in einer eigens dafür definierten Variable gespeichert werden. In der Realität wird es meist so gehandhabt. Tatsächlich ist es jedoch völlig egal, woher der Getter seinen Wert bezieht, solange er ihn passend zum Rückgabetyp zurückliefert. Ebenso verhält es sich mit dem Setter. Niemand schreibt vor, dass der erhaltene Wert in eine Variable geschrieben werden muss. Stattdessen kann er auch an eine vorhandene Methode zur Weiterverarbeitung übergeben werden.

6.2.1 Verwenden und Erstellen

Die Art der Verwendung und Erstellung definiert den Unterschied der Dependency Properties: Sie kümmern sich selbst um die Verwaltung der enthaltenen Daten. Das betrifft folgende Bereiche:

- Automatische Aktualisierung
- Integrierte Validierung
- Definition von Standardwerten
- Verwendung von Callback-Methoden im Falle von Wertänderungen

Diese Funktionalitäten sind nur für Dependency Properties verfügbar und werden für folgende Techniken benötigt:

- Datenbindung
- Animationen
- Styles

Damit Dependency Properties funktionieren können, müssen alle Klassen, die Dependency Properties enthalten, von der Klasse `DependencyObject` aus dem Namespace `System.Windows` erben. Hierüber werden zwei hilfreiche Methoden zur Verfügung gestellt: `GetValue` und `SetValue`. Diese sorgen dafür, dass die Daten in ein internes Array vom Typ `EffectiveValueEntry` eingetragen bzw. daraus gelesen werden. Bei diesem Typ handelt es sich um eine Struktur, die nicht nur den Wert, sondern auch ein Matching auf die entsprechende Eigenschaft ablegt. Diese Zuordnung erfolgt über einen eindeutigen Index, den jede Dependency Property erhält.

> **Wichtig**
>
> Erstellen Sie nicht wahllos Dependency Properties. Dadurch verursachen Sie einen größeren Aufwand für das System, als es normale CLR-Eigenschaften tun. Deshalb sollten Dependency Properties nur verwendet werden, wenn sie für den Einsatz mit WPF-Features (Datenbindung, Styles etc.) angedacht sind. Ist das nicht der Fall, sind reguläre CLR-Eigenschaften vorzuziehen.

Eine Dependency Property besteht immer aus insgesamt drei Teilen:

- einem Dependency Property Identifier
- einem CLR-Wrapper
- statischen Methoden für Ereignisse

Bei einem »Dependency Property Identifier« handelt es sich um eine Definition, anhand derer diese Eigenschaft erkannt werden kann. Diese Definition wird an vielen Stellen benötigt. Beispielsweise muss sie bei den Methoden `GetValue` und `SetValue` angegeben werden.

Als Beispiel kann man das `TextBlock`-Element heranziehen. Die Eigenschaften können auf zwei unterschiedliche Arten gesetzt werden. Die erste besteht in der herkömmlichen Verwendung der angebotenen Eigenschaften:

```
HeaderTextBlock.Text = "Eine Überschrift";
```

Wie wir es von Windows Forms etc. gewohnt sind, wird für eine bestimmte Eigenschaft des Objekts über den Zuweisungsoperator ein Wert gesetzt. Eine andere Möglichkeit besteht in der Verwendung der oben besprochenen Methode `SetValue`:

```
HeaderTextBlock.SetValue(TextBlock.TextProperty, "Eine Überschrift");
```

Die Methode `SetValue` verlangt zwei Parameter: Der erste Parameter definiert den jeweiligen Typ und die Dependency Property, deren Wert gesetzt werden soll. Als zweiter Parameter wird der zu setzende Wert übergeben.

Hinweis

Etwas später wird gezeigt, wie eine Dependency Property selbst erstellt werden kann. Aber schon jetzt soll darauf hingewiesen werden, dass Sie sich an diese Namenskonvention halten sollten. Damit bewahren Sie Konsistenz zum .NET Framework und andere Entwickler können intuitiver mit Ihrem Sourcecode arbeiten.

Sehr hilfreich wird dieses Vorgehen, wenn via Code Attached Properties gesetzt werden sollen. Gehen wir von folgender Konstellation aus:

```
<Canvas>
    <TextBlock
        x:Name="HeaderTextBlock"
        Text="Initialer Text"/>
</Canvas>
```

Listing 6.1: Canvas mit TextBlock ohne Attached Property

Es wird ein Canvas-Container definiert, der ein TextBlock-Element beinhaltet. Ein Canvas zeichnet sich dadurch aus, dass Kindelemente absolut positioniert werden können. Dies geschieht, wie beispielsweise auch bei DockPanel und Grid, über Attached Properties, die einfach via XAML gesetzt werden können:

```
<Canvas>
    <TextBlock
        x:Name="HeaderTextBlock"
        Canvas.Left="50"
        Canvas.Top="50"
        Text="Initialer Text"/>
</Canvas>
```

Listing 6.2: Canvas mit TextBlock und Attached Properties

Die fett gekennzeichneten Zeilen zeigen, wie das TextBlock-Element positioniert werden kann. Nun kommt es in der Praxis vor, dass dies via Code erledigt werden muss. Dazu kann auf die Methode SetValue zurückgegriffen werden:

```
HeaderTextBlock.SetValue(Canvas.LeftProperty, 75.0);
HeaderTextBlock.SetValue(Canvas.TopProperty, 25.0);
HeaderTextBlock.SetValue(TextBlock.FontWeightProperty, FontWeights.Bold);
HeaderTextBlock.SetValue(TextBlock.FontSizeProperty, 16.0)
```

Listing 6.3: Attached Properties für TextBlock per Code setzen

Hier wird SetValue nicht benutzt, um eine angebotene Eigenschaft des Text-Block-Elements zu setzen. Stattdessen wird die angehängte Eigenschaft des Can-

`vas`-Objekts gesetzt (Ergebnis siehe Abbildung 6.1). Beachten Sie hierbei, dass der zweite Parameter dem Typ der Eigenschaft entsprechen sollte, da sonst eine Ausnahme ausgelöst wird. Die Eigenschaften `Left` bzw. `Top` des `Canvas`-Elements verlangen einen Typ `Double`. Bei Angabe eines Wertes von »75« wird dieser Wert als `Integer` interpretiert und eine Ausnahme vom Typ `ArgumentException` ausgelöst.

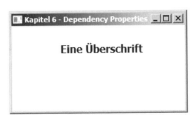

Abb. 6.1: Verwendung von Dependency Properties

Wenn Sie eigene Elemente entwickeln und auf WPF-Features zurückgreifen möchten, dann werden Sie schnell in die Lage kommen, eigene Dependency Properties implementieren zu müssen. Dazu müssen Sie im ersten Schritt einen Dependency Property Identifier definieren. Der Rumpf sieht dabei wie folgt aus:

```
public static readonly DependencyProperty <Name>Property = …
```

Listing 6.4: Definition eines Dependency Property Identifiers

Beachten Sie hierbei, dass es sich bei `<Name>` um einen Platzhalter für den tatsächlichen Namen der Eigenschaft handelt. Diesem muss das Suffix `Property` folgen. Das ist eine Konvention, die zwingend eingehalten werden muss, damit sämtliche darauf aufbauende WPF-Features korrekt funktionieren.

Im nächsten Schritt muss der Bezeichner über die statische Methode `Register` der `DependencyObject`-Klasse registriert werden. Hierfür stehen drei Überladungen zur Verfügung:

```
public static System.Windows.DependencyProperty Register(
   string name,
   System.Type propertyType,
   System.Type ownerType)

public static System.Windows.DependencyProperty Register(
   string name,
   System.Type propertyType,
   System.Type ownerType,
   System.Windows.PropertyMetadata typeMetadata)
```

```
public static System.Windows.DependencyProperty Register(
    string name,
    System.Type propertyType,
    System.Type ownerType,
    System.Windows.PropertyMetadata typeMetadata,
    System.Windows.ValidateValueCallback validateValueCallback)
```

Listing 6.5: DependencyObject.Register Überladungen

In der ersten Überladung sind insgesamt drei Parameter zu definieren. Der erste Parameter bestimmt den Namen der Eigenschaft. Der nächste Parameter gibt den Typ der Eigenschaft an. Und der dritte Parameter definiert schlussendlich den Besitzer der Eigenschaft. Dabei handelt es sich meist um die umgebende Klasse.

Nachfolgend finden Sie ein einfaches Beispiel einer Eigenschaft Description. Der Typ der Eigenschaft wird auf String festgelegt. An der Angabe des Besitzers sehen wir, dass diese Eigenschaft einem Fenster zugeordnet wird:

```
public static readonly DependencyProperty DescriptionProperty =
    DependencyProperty.Register(
        "Description",
        typeof(String),
        typeof(MainWindow)
    );
```

Listing 6.6: Registrierung einer Dependency Property

Die nächste Überladung bietet zusätzlich an, Metadaten zu definieren. Dazu wird ein Objekt des Typs PropertyMetadata benötigt. Es ermöglicht das Setzen von bis zu drei hilfreichen Eigenschaften bzw. Callback-Methoden. Hierzu werden fünf unterschiedliche Konstruktoren angeboten. Wir werfen einen Blick auf den letzten Konstruktor, der alle drei Möglichkeiten anbietet:

```
public PropertyMetadata(
    object defaultValue,
    System.Windows.PropertyChangedCallback propertyChangedCallback,
    System.Windows.CoerceValueCallback coerceValueCallback)
```

Listing 6.7: Metadaten für eine Dependency Property

Hiermit kann ein Standardwert für diese Eigenschaft festgelegt werden, eine Callback-Methode, die im Falle einer Wertänderung aufgerufen wird, sowie eine weitere Callback-Methode. Letztere wird aufgerufen, wenn der Wert der Dependency Property erneut ausgewertet wird oder eine Umwandlung angefordert wird.

Soll für die Eigenschaft nun ein Standardwert gesetzt und auf Wertänderungen reagiert werden können, dann hat eine Implementierung so auszusehen:

```
public static readonly DependencyProperty DescriptionProperty =
    DependencyProperty.Register(
        "Description",
        typeof(String),
        typeof(MainWindow),
        new PropertyMetadata("Standard-Beschreibung", PropertyChanged)
    );
```

Listing 6.8:   Dependency Property mit Metadaten definieren

Hierzu muss nun noch die Callback-Methode erstellt werden:

```
private static void PropertyChanged(
    object sender,
    DependencyPropertyChangedEventArgs e)
{
    MessageBox.Show(
        String.Format("Old Value: {0}\nNew Value: {1}",
            e.OldValue,
            e.NewValue),
        "Veränderte Eigenschaft",
        MessageBoxButton.OK,
        MessageBoxImage.Information);
}
```

Listing 6.9:   Dependency Property mit Callback definieren

Sobald eine Wertänderung der Eigenschaft auftritt, wird der Handler aufgerufen und entsprechende Aktionen können vorgenommen werden. In diesem Fall wird lediglich ein Infofenster geöffnet und der alte sowie auch der neue Wert werden angezeigt (siehe Abbildung 6.2).

Damit die Dependency Property verwendet werden kann, fehlt noch der CLR-Wrapper:

```
public String Description
{
    get { return (String)GetValue(DescriptionProperty); }
    set { SetValue(DescriptionProperty, value); }
}
```

Listing 6.10:   CLR-Wrapper einer Dependency Property

Hier werden nun die bereits besprochenen Methoden SetValue und GetValue verwendet, um den Wert der Dependency Property zu setzen bzw. auszulesen.

Abb. 6.2: Meldung bei veränderten Eigenschaftswerten

Zu beachten ist, dass die Klasse `PropertyMetadata` zwei weitere Ableitungen besitzt:

- `FrameworkPropertyMetadata`

- `UIPropertyMetadata`

Die weitaus interessantere Ableitung stellt `FrameworkPropertyMetadata` dar, da sie zusätzliche Konstruktoren besitzt. Diese Klasse können Sie verwenden, wenn Ihre Komponente von `FrameworkElement` ableitet. Besondere Beachtung verdient der Parameter des Typs `FrameworkPropertyMetadataOptions`. Damit können der Dependeny Property weitere Merkmale hinzugefügt werden, beispielsweise, dass sich die Komponente bei einer Änderung des Wertes neu zeichnen muss oder eine Layout-Anpassung notwendig ist. Ausgesuchte Eigenschaften und deren Beschreibung finden Sie in Abbildung 6.1.

Eigenschaft	Beschreibung
`AffectsArrange`	Gibt an, ob die Eigenschaft Einfluss auf die Anordnung innerhalb der Komponente hat.
`AffectsMeasure`	Gibt an, ob die Eigenschaft Einfluss auf Größenverhältnisse innerhalb der Komponente hat.
`AffectsRender`	Gibt an, ob die Eigenschaft Auswirkung auf das allgemeine Layout hat, Größen und Anordnung nicht verändert werden, die Komponente aber dennoch neu gezeichnet werden muss.
`BindsToWayByDefault`	Definiert, ob die Eigenschaft standardmäßig bidirektional bindet.
`IsDataBindingAllowed`	Legt fest, ob Datenbindung für die Dependency Property unterstützt wird oder nicht.
`IsNotDataBindable`	Legt fest, ob Datenbindung von der Dependency Property unterstützt wird oder nicht.

Tabelle 6.1: Ausgesuchte Eigenschaften der `FrameworkPropertyMetadataOptions`

6.3 Elementeigenschaften binden

Nachdem nun die Grundlagen vermittelt wurden, wenden wir uns jetzt wirklich dem Thema Datenbindung zu. In den nächsten Abschnitten wird gezeigt, wie eine Bindung per XAML und per Sourcecode erstellt werden kann. Zusätzlich werden die unterschiedlichen Bindungsmodi erklärt.

6.3.1 Funktionsweise

Zur Datenbindung wird ein Objekt vom Typ `Binding` benötigt. Darüber können die notwendigen Informationen bereitgestellt werden, auf denen die Bindung schlussendlich basiert. Dazu zählen unter anderem die Eigenschaften `Element-Name` und `Path`. Über `ElementName` kann eine Komponente festgelegt werden, die als Quellelement dient. Eine weitere Spezifizierung wird durch die Eigenschaft `Path` vorgenommen. Hierüber erfolgt die Definition der Eigenschaft, woher der Wert für das Ziel der Bindung bezogen werden soll. Das Ziel selbst wird nicht nur durch eine Eigenschaft des `Binding`-Objekts festgelegt. Vielmehr wird das Binding einem Element hinzugefügt und definiert so das Ziel der Bindung.

Insgesamt stehen drei unterschiedliche Möglichkeiten zur Verfügung, um eine Bindung zu definieren:

- Deklaration des Binding-Objekts via XAML
- Verwendung der Binding Markup Extension via XAML
- Programmatisches Erstellen der Bindung

Die einfachste Variante der Datenbindung ist die Bindung von Eigenschaften zweier Objekte. Dies dient als Grundlage zur Veranschaulichung der drei angegebenen Varianten.

Den Ausgangspunkt stellt ein Eingabefeld dar. Eingaben sollen an eine Schaltfläche und ein `TextBlock`-Element gebunden werden. Dies bedeutet: Wird Text eingegeben, ändert sich die Beschriftung der Schaltfläche wie auch des `TextBlock`-Elements, ohne dass zusätzlicher Code geschrieben werden muss.

```
<TextBox x:Name="NameTextBox" Margin="4"/>
```

Das Eingabefeld besitzt neben der Definition des Randes lediglich einen zugewiesenen Namen. Dieser wird benötigt, um innerhalb der Bindung auf dieses Element zugreifen zu können.

```
<Button Margin="4">
   <Binding ElementName="NameTextBox" Path="Text"/>
</Button>
```

Listing 6.11: Bindung auf die Eigenschaft Content

Die Deklaration der Schaltfläche bringt soweit nichts Neues. Im Inhaltsbereich wird nun das Binding-Objekt definiert. Als ElementName wird das Element namens NameTextBox verwendet, also das zuvor definierte Eingabefeld. Der Wert für die Bindung wird aus der Eigenschaft Text bezogen. Nun stellt sich noch die Frage nach dem Ziel der Bindung. Es wird durch die Platzierung des Binding-Objekts festgelegt. In diesem Fall wird es im Inhaltsbereich der Schaltfläche definiert. Das Ziel der Bindung ist dementsprechend dieser Bereich.

Ein TextBlock-Element besitzt nun keinen Inhaltsbereich (Eigenschaft Content). Vielmehr bietet es die Eigenschaft Text an, welche Textinhalte aufnehmen kann. Soll die Eigenschaft Text das Ziel der Bindung sein, kann dies wie folgt festgelegt werden:

```
<TextBlock Margin="4">
   <TextBlock.Text>
      <Binding ElementName="NameTextBox" Path="Text"/>
   </TextBlock.Text>
</TextBlock>
```

Listing 6.12: Bindung auf die Eigenschaft Text

Wird nun der Text des Eingabefeldes geändert, werden durch die Bindungen die jeweiligen Ziele ebenfalls geändert. Das Ergebnis ist in Abbildung 6.3 zu sehen.

In Listing 6.13 finden Sie das gesamte XAML-Markup. Zusätzlich ist eine weitere Besonderheit zu sehen. An der Schaltfläche wird durch die Eigenschaft Content-StringFormat eine spezielle Formatierung der Bindung definiert. Darauf wird in Abschnitt 6.6.5 näher eingegangen.

```
<Window x:Class="Kap6_Bindungen.MainWindow"
   xmlns="http://schemas.microsoft.com/winfx/2006/xaml/presentation"
   xmlns:x="http://schemas.microsoft.com/winfx/2006/xaml"
   Title="Kapitel 6 - Bindungen" Height="300" Width="300">
   <StackPanel>
```

```
    <TextBlock Text="Geben Sie ihren Namen ein:" Margin="4"/>
    <TextBox x:Name="NameTextBox" Margin="4"/>
    <Separator Margin="4"/>
    <StackPanel Orientation="Horizontal">
        <TextBlock Text="Guten Tag, " Margin="4"/>
        <TextBlock Margin="4">
            <TextBlock.Text>
                <Binding ElementName="NameTextBox" Path="Text"/>
            </TextBlock.Text>
        </TextBlock>
    </StackPanel>
    <Button Margin="4"
        ContentStringFormat="{}{0} zur Freundesliste hinzufügen" >
        <Binding ElementName="NameTextBox" Path="Text"/>
    </Button>
    </StackPanel>
</Window>
```

Listing 6.13: Einfache Datenbindung per XAML

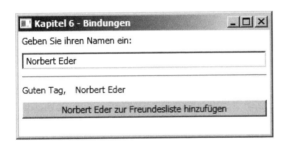

Abb. 6.3: Einfache Datenbindung

Eine weitere Möglichkeit zur Datenbindung ist die Verwendung der »Binding Markup Extension«. Dabei handelt es sich um eine andere Darstellungsform der bereits besprochenen Möglichkeiten. Das `Binding`-Objekt wird mithilfe geschwungener Klammern direkt in der Zieleigenschaft gesetzt.

Das erste Element der Markup Extension wird dabei durch den Namen der Erweiterung definiert, in diesem Fall: `Binding`. Anschließend werden die Eigenschaften und Werte durch Name-Wert-Paare abgebildet, wobei die einzelnen Paare durch ein Komma getrennt werden.

Demzufolge kann das gebundene `TextBlock`-Element folgendermaßen deklariert werden:

```
<TextBlock Margin="4"
        Text="{Binding ElementName=NameTextBox, Path=Text}"/>
```

Listing 6.14: Binding per Binding Markup Extension

> **Wichtig**
>
> Die Zieleigenschaft einer Datenbindung muss immer eine Dependency Property sein. Der Typ dieser Eigenschaft bestimmt zudem den Typ der Bindung. Kann der zu bindende Wert nicht automatisch konvertiert werden, kann dies mithilfe einer eigenen Implementierung gelöst werden (siehe 6.6.1).

Die dritte Variante besteht schlussendlich darin, die Bindung per Sourcecode festzulegen.

```
private void AddBindings()
{
    Binding textBinding = new Binding();
    textBinding.ElementName = "NameTextBox";
    textBinding.Path = new PropertyPath("Text");

    BindedTextBlock.SetBinding(TextBlock.TextProperty, textBinding);
}
```

Listing 6.15: Bindung per Code hinzufügen

Anstatt die Bindung via XAML festzulegen, wird per Sourcecode ein Objekt vom Typ `Binding` erstellt. Der Eigenschaft `SourceElement` wird wieder der Name der Quelle zugewiesen. Die Eigenschaft `Path` erhält ein neues Objekt vom Typ `PropertyPath`, das als Konstruktor-Parameter den Namen der Quelleigenschaft übergeben bekommt.

Durch die Methode `SetBinding` des Zielelements kann die Bindung vollendet werden. Es sind zwei Parameter zu definieren: Der erste Parameter bestimmt die Dependency Property, die als Ziel dienen soll. Der zweite Parameter stellt das `Binding`-Objekt dar.

Die genannte Methode stellt eine Hilfsmethode dar. Im Hintergrund wird die Methode `SetBinding` der Klasse `BindingOperations` aufgerufen. Natürlich kann der Aufruf auch darüber erfolgen. Beachten Sie jedoch, dass `BindingOperations.SetBinding` drei Parameter verlangt, da zu den beiden genannten noch das Zielelement angegeben werden muss.

In der Praxis kommt es vor, dass Bindungen auch wieder entfernt werden müssen. Dazu kann die Methode `ClearBinding` der Klasse `BindingOperations` herangezogen werden.

Tabelle 6.2 zeigt weitere hilfreiche Methoden der Klasse `BindingOperations`.

Methode	Beschreibung
`ClearAllBindings`	Entfernt aus dem angegebenen `DependencyObject` alle Bindungen.
`GetBinding`	Liefert die für die angegebene Eigenschaft gesetzte Bindung zurück.
`IsDataBound`	Gibt einen Wert zurück, ob die angegebene Eigenschaft gebunden ist.

Tabelle 6.2: Hilfreiche Methoden der Klasse `BindingOperations`

Hinweis

Das gesamte Beispielprojekt ist auf der CD unter `Kapitel06` zu finden. Öffnen Sie das Projekt namens `Kap6_Bindung` und verwenden Sie es für eigene Erweiterungen und Tests.

6.3.2 Bindungsmodus

Datenbindungen sind nur dann sinnvoll, wenn sie den Wünschen entsprechend angepasst werden können. Soweit wir bisher gesehen haben, ist es möglich, Quellelement, Quelleigenschaft und Ziel zu definieren. Sollen Bindungen produktiv eingesetzt werden, müssen weitere Möglichkeiten vorhanden sein.

Eine wichtige Funktion ist daher das Festlegen, in welche Richtung(en) die Daten übertragen werden. Dies kann über Bindungsmodi festgelegt werden. Es stehen fünf unterschiedliche Varianten zur Verfügung (siehe Tabelle 6.3). Dadurch wird festgelegt, ob die Daten zum Ziel, vom Ziel zur Quelle oder in beide Richtungen synchronisiert werden.

Wie die gesamte Bindung, kann auch der Bindungsmodus via XAML oder Code festgelegt werden. In beiden Fällen erfolgt dies über die Eigenschaft `Mode`.

Die Deklaration via XAML funktioniert wie bereits gesehen:

```
<TextBox Text="{Binding ElementName=DefaultSourceTB, Path=Text, Mode=OneTime}"/>
```

Der Vollständigkeit halber auch die Implementierung auf der Code-Seite:

```
b.Mode = BindingMode.TwoWay
```

In Listing 6.16 finden Sie ein einfaches Beispiel, das anhand von Eingabefeldern die Arbeitsweise aller zur Verfügung stehenden Modi vorführt. In Abbildung 6.4 ist schließlich das Endergebnis zu sehen.

Typ	Beschreibung
Default	Der vordefinierte Standardmodus einer Eigenschaft wird verwendet
OneTime	Die Daten werden nur einmal von der Quelle zum Ziel übertragen. Danach wird die Datenbindung nicht mehr aktualisiert.
OneWay	Dabei werden Änderungen von der Quelle zum Ziel übertragen. Änderungen der Zieleigenschaft verursachen einen Bruch der Datenbindung.
OneWayToSource	Dieser Modus ist das Gegenstück zu OneWay. Hier wird die Quelleigenschaft aktualisiert.
TwoWay	Die Aktualisierung erfolgt in beide Richtungen. Änderungen an der Quelle als auch am Ziel werden an die jeweils andere Seite weitergereicht.

Tabelle 6.3: Übersicht der Bindungstypen

```xml
<Window x:Class="Kap6_BindingModes.MainWindow"
    xmlns="http://schemas.microsoft.com/winfx/2006/xaml/presentation"
    xmlns:x="http://schemas.microsoft.com/winfx/2006/xaml"
    Title="Kapitel 6 - Bindungsmodi" Height="200" Width="300">

    <Grid>
        <Grid.ColumnDefinitions>
            <ColumnDefinition Width="1.3*"/>
            <ColumnDefinition Width="*"/>
            <ColumnDefinition Width="*"/>
            <ColumnDefinition Width="*"/>
        </Grid.ColumnDefinitions>
        <Grid.RowDefinitions>
            <RowDefinition />
            <RowDefinition />
            <RowDefinition />
            <RowDefinition />
            <RowDefinition />
            <RowDefinition />
        </Grid.RowDefinitions>

        <TextBlock Text="Bindungsmodus" Grid.Row="0" Grid.Column="0"
                FontWeight="Bold" HorizontalAlignment="Right" Margin="3"/>
        <TextBlock Text="Quelle" Grid.Row="0" Grid.Column="1"
                FontWeight="Bold" HorizontalAlignment="Center" Margin="3"/>
        <TextBlock Text="Richtung" Grid.Row="0" Grid.Column="2"
                FontWeight="Bold" HorizontalAlignment="Center"/>
```

```xml
<TextBlock Text="Ziel" Grid.Row="0" Grid.Column="3"
        FontWeight="Bold" HorizontalAlignment="Center" Margin="3"/>

<TextBlock Text="Default" Grid.Row="1" Grid.Column="0"
        HorizontalAlignment="Right" Margin="4"/>
<TextBox x:Name="DefaultSourceTB" Text="Beispielwert"
        Grid.Row="1" Grid.Column="1"/>
<StackPanel Orientation="Horizontal" Grid.Row="1" Grid.Column="2"
        HorizontalAlignment="Center">
    <Image Source="Images/leftarrow.png"/>
    <Image Source="Images/rightarrow.png"/>
</StackPanel>
<TextBox Text="{Binding ElementName=DefaultSourceTB, Path=Text}"
        Grid.Row="1" Grid.Column="3"/>

<TextBlock Text="OneTime" Grid.Row="2" Grid.Column="0"
        HorizontalAlignment="Right" Margin="4"/>
<TextBox x:Name="OneTimeSourceTB" Text="Beispielwert"
        Grid.Row="2" Grid.Column="1"/>
<Image Source="Images/rightarrow.png" Grid.Row="2" Grid.Column="2"/>
<TextBox Text="{Binding ElementName=OneTimeSourceTB, Path=Text,
        Mode=OneTime}"
        Grid.Row="2" Grid.Column="3"/>

<TextBlock Text="OneWay" Grid.Row="3" Grid.Column="0"
        HorizontalAlignment="Right" Margin="4"/>
<TextBox x:Name="OneWaySourceTB" Text="Beispielwert"
        Grid.Row="3" Grid.Column="1"/>
<Image Source="Images/rightarrow.png" Grid.Row="3" Grid.Column="2"/>
<TextBox
    Text="{Binding ElementName=OneWaySourceTB, Path=Text, Mode=OneWay}"
    Grid.Row="3" Grid.Column="3"/>

<TextBlock Text="OneWayToSource" Grid.Row="4" Grid.Column="0"
        HorizontalAlignment="Right" Margin="4"/>
<TextBox x:Name="OneWayToSourceSourceTB" Text="Beispielwert"
        Grid.Row="4" Grid.Column="1"/>
<Image Source="Images/leftarrow.png" Grid.Row="4" Grid.Column="2"/>
<TextBox Text="{Binding ElementName=OneWayToSourceSourceTB, Path=Text,
        Mode=OneWayToSource}"
        Grid.Row="4" Grid.Column="3"/>

<TextBlock Text="TwoWay" Grid.Row="5" Grid.Column="0"
```

```
                    HorizontalAlignment="Right" Margin="4"/>
    <TextBox x:Name="TwoWaySourceTB" Text="Beispielwert"
            Grid.Row="5" Grid.Column="1"/>
    <StackPanel Orientation="Horizontal" Grid.Row="5" Grid.Column="2"
                HorizontalAlignment="Center">
        <Image Source="Images/leftarrow.png"/>
        <Image Source="Images/rightarrow.png"/>
    </StackPanel>
    <TextBox
        Text="{Binding ElementName=TwoWaySourceTB, Path=Text, Mode=TwoWay}"
        Grid.Row="5" Grid.Column="3"/>

    </Grid>

</Window>
```

Listing 6.16: Beispiel zur Veranschaulichung der Bindungsmodi

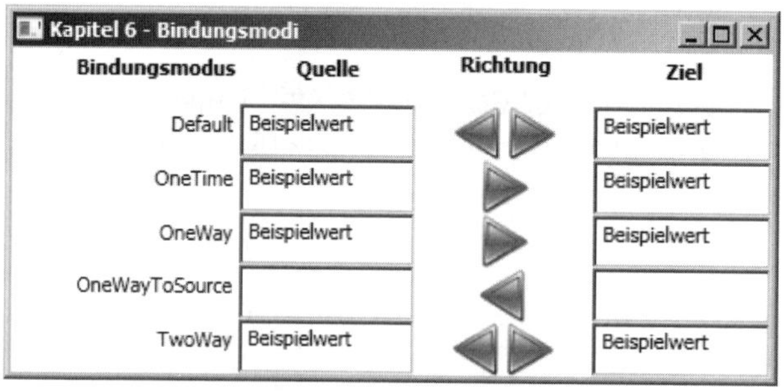

Abb. 6.4: Darstellung der Bindungsmodi

Aktualisierungsstrategie

Wenn Sie das Beispiel ausprobiert haben, dann ist Ihnen sicherlich ein bestimmtes Verhalten bei den beiden Modi OneWayToSource und TwoWay aufgefallen: Die Werte werden erst beim Verlassen des Feldes aktualisiert. Dieses Verhalten kann an die eigenen Bedürfnisse angepasst werden. Hierzu steht das Attribut UpdateSourceTrigger zur Verfügung.

Wert	Beschreibung
Default	Verwendet die Standardeinstellung der Dependency Property. In den meisten Fällen ist dies der Wert PropertyChanged. Texteigenschaften weisen als Standardwert jedoch LostFocus auf.

Tabelle 6.4: Werte für UpdateSourceTrigger

Wert	Beschreibung
Explicit	Die Bindungsquelle wird nur durch expliziten Aufruf der Methode UpdateSource aktualisiert.
LostFocus	Die Bindungsquelle wird aktualisiert, sobald das Ziel der Bindung den Fokus verliert.
PropertyChanged	Das Bindungsziel wird aktualisiert, sobald sich der Eigenschaftswert der Quelle verändert hat.

Tabelle 6.4: Werte für UpdateSourceTrigger (Forts.)

Die Deklaration dieser Eigenschaft geht folgendermaßen vonstatten:

```
<TextBox Text="{Binding ElementName=TwoWaySourceTB,
                Path=Text,
                Mode=TwoWay,
                UpdateSourceTrigger=PropertyChanged}"
         Grid.Row="5" Grid.Column="3"/>
```

Listing 6.17: UpateSourceTrigger eines Bindings festlegen

> **Hinweis**
>
> Dieses Beispiel finden Sie auf der CD unter Kapitel06. Öffnen Sie das Projekt Kap6_BindingModes und ändern Sie die jeweiligen Werte, um die vorgestellten Modi in Aktion zu erleben.

6.4 Bindungsquellen

Die Werte für eine Bindung können aus unterschiedlichsten Quellen stammen. Den einfachsten Weg – die Bindung an andere Elementeigenschaften – haben Sie bereits kennengelernt. Es stehen jedoch noch weitere Möglichkeiten zur Verfügung.

So kann die Bindung auf im Code definierte Objekte und Listen vorgenommen werden. Zusätzlich ist es möglich, eine Bindung an XML-Daten und ADO-Quellen durchzuführen. In diesem Abschnitt gehen wir auf die entsprechenden Möglichkeiten näher ein.

6.4.1 Bindung von Objekten

Häufig wird eine Datenbindung verwendet, um Daten eines Objekts anzuzeigen. Dies kann zu Informationszwecken passieren, aber auch, um diese Daten zu bearbeiten. Dazu muss per Code eine Klasse implementiert werden, die öffentliche

Eigenschaften zur Verfügung stellt, welche schlussendlich als Quelle für die Datenbindung herangezogen werden.

Damit die Bindung erfolgreich vorgenommen werden kann, muss das Objekt einige Anforderungen erfüllen:

- Für die Bindung dürfen nur öffentliche Eigenschaften verwendet werden. Öffentliche Variablen sind als Datenquelle nicht zugelassen und sollten ohnehin nicht verwendet werden.

- Damit bei Bedarf eine Instanz der Klasse erzeugt werden kann, muss ein parameterloser Konstruktor vorhanden sein. Dies ist der Fall, wenn keine Überladung des Konstruktors implementiert wurde. Andernfalls muss ein Konstruktor ohne Parameter angeboten werden.

- Werden Objekteigenschaften per Code verändert und sollen diese durch die Bindung reflektiert werden, muss die jeweilige Klasse das Interface INotifyPropertyChanged implementieren. Dadurch werden Änderungen an das Binding-System weitergereicht und entsprechend verarbeitet.

Im nächsten Beispiel wird eine Klasse Person erstellt. Sie bietet zwei Eigenschaften FirstName und LastName an. Diese Eigenschaften werden an Eingabefelder der Oberfläche gebunden. Somit können Werte angezeigt, aber auch verändert werden. Zusätzlich wird das bereits angesprochene Interface INotifiyPropertyChanged implementiert. Diese Klasse ist in Listing 6.18 zu sehen.

```csharp
public class Person : INotifyPropertyChanged
{
    private string firstName;
    private string lastName;

    public string FirstName
    {
        get { return this.firstName; }
        set
        {
            if (value != this.firstName)
            {
                this.firstName = value;
                OnPropertyChanged("FirstName");
            }
        }
    }

    public string LastName
    {
```

```
    get { return this.lastName; }
    set
    {
        if (value != this.lastName)
        {
            this.lastName = value;
            OnPropertyChanged("LastName");
        }
    }
}

protected void OnPropertyChanged(string propertyName)
{
    if (PropertyChanged != null)
        PropertyChanged(this, new PropertyChangedEventArgs(propertyName));
}

public event PropertyChangedEventHandler PropertyChanged;
}
```

Listing 6.18: Personenklasse für die Bindung an ein Objekt

Wertänderungen an Objektdaten

Wie bereits angesprochen, muss das Interface INotifyPropertyChanged implementiert werden, sofern direkte Änderungen an den Objekteigenschaften an die Datenbindung weitergegeben werden sollen.

Bei der Implementierung der Schnittstelle wird das Ereignis PropertyChanged vorgeschrieben. Dieses muss bei Änderung einer Eigenschaft ausgelöst werden. Da bei jedem Auslösen des Ereignisses überprüft werden muss, ob Handler angehängt wurden, empfiehlt es sich, eine Methode OnPropertyChanged zu schreiben, die diese Prüfung für uns übernimmt. Ihr wird als Parameter der Name der Eigenschaft übergeben, die sich geändert hat, da dieser Wert beim Lösen des Ereignisses weitergereicht werden muss. Auf Basis dieses Namens kann das Binding-System feststellen, um welche Eigenschaft es sich handelt und je nach definierter Bindungsstrategie darauf reagieren. Die Basis der Klasse könnte so aussehen:

```
public class Person : INotifyPropertyChanged
{
    protected void OnPropertyChanged(string propertyName)
    {
        if (PropertyChanged != null)
            PropertyChanged(this, new PropertyChangedEventArgs(propertyName));
```

```
    }

    public event PropertyChangedEventHandler PropertyChanged;
}
```

Listing 6.19: INotifyPropertyChanged implementieren

Werden nun Eigenschaften definiert, muss bei Veränderung des Wertes das Ereignis PropertyChanged ausgelöst werden. Werfen wir einen Blick auf die Eigenschaft FirstName:

```
public string FirstName
{
    get { return this.firstName; }
    set
    {
        if (value != this.firstName)
        {
            this.firstName = value;
            OnPropertyChanged("FirstName");
        }
    }
}
```

Listing 6.20: Auf Änderung von Eigenschaftswerten reagieren

Im Getter wird – wie üblich - die private Variable zurückgeliefert. Interessant wird es beim Setter. Hier erfolgt eine Überprüfung auf Änderung. Nur wenn sich der Wert verändert hat, wird der Variablen der neue Wert zugewiesen. Zusätzlich wird die Methode OnPropertyChanged aufgerufen und der Name der Eigenschaft als Parameter übergeben.

> **Vorsicht**
>
> In vielen Beispielen wird innerhalb des Setters nicht überprüft, ob sich der neue vom alten Wert unterscheidet. Damit das Ereignis PropertyChanged nur dann ausgelöst wird, wenn sich auch tatsächlich der Wert verändert hat, empfiehlt es sich, diese Überprüfung durchzuführen. Grundsätzlich wird durch das Binding-System eine entsprechende Prüfung vorgenommen und ein entsprechender Änderungs-Callback einer Dependency Property nicht ausgelöst, wenn ein Wert gesetzt wird, der bereits in der Eigenschaft hinterlegt ist. Nichtsdestotrotz wird aber dennoch das Ereignis PropertyChanged ausgelöst. Durch eine entsprechende Abfrage lässt sich dies vermeiden.

Bindung eines Objekts

Die notwendige Klasse unseres Beispiels wurde erstellt und auch auf Werteänderungen wird reagiert. Nun muss ein Objekt instanziiert und an die Oberfläche gebunden werden.

Dazu ist im ersten Schritt ein Namespace zu unserer Klasse einzubinden:

```
<Window x:Class="Kap6_BindungAnEinObjekt.MainWindow"
   xmlns="http://schemas.microsoft.com/winfx/2006/xaml/presentation"
   xmlns:x="http://schemas.microsoft.com/winfx/2006/xaml"
   xmlns:local="clr-namespace:Kap6_BindungAnEinObjekt"
   Title="Kapitel 6 - Bindung an ein Objekt"
   Height="300" Width="300">
```

Listing 6.21: CLR-Namespace in XAML einbinden

Der Alias local verweist nun auf das aktuelle Projekt und den damit verbundenen Namespace. Darüber können alle darin definierten Klassen angesprochen und auch via XAML instanziiert werden.

Eine Instanziierung und die Zuweisung des Objekts können auf unterschiedliche Arten erfolgen. In diesem Beispiel wird gezeigt, wie ein Objekt mithilfe von XAML erstellt werden kann.

Innerhalb der Ressourcen des jeweiligen Fensters (oder auch Seite) kann ein Objekt als Instanz zur Verfügung gestellt werden. Die Angabe erfolgt so:

```
<Window.Resources>
   <local:Person x:Key="APerson"
             FirstName="Norbert"
             LastName="Eder"/>
</Window.Resources>
```

Listing 6.22: Objektinstanz als Ressource ablegen

Unter Berücksichtigung des Aliases kann das Objekt des Typs Person angegeben werden. Damit wir später darauf zugreifen können, ist ein eindeutiger Schlüssel zu vergeben, der dieses Objekt identifiziert. Ebenfalls können bereits in dieser Notation die gewünschten Eigenschaften mit einem Initialwert versehen werden.

> **Hinweis**
>
> Beachten Sie, dass durch die gewählte Instanziierung auf den parameterlosen Konstruktor zugegriffen wird und dieser daher zwingend in der Klasse vorhanden sein muss.

Ist dies geschehen, fehlt nur noch die Datenbindung selbst. Das gesamte XAML ist in Listing 6.23 abgebildet, die Ausgabe ist in Abbildung 6.5 zu sehen.

```
<Window x:Class="Kap6_BindungAnEinObjekt.MainWindow"
    xmlns="http://schemas.microsoft.com/winfx/2006/xaml/presentation"
    xmlns:x="http://schemas.microsoft.com/winfx/2006/xaml"
    xmlns:local="clr-namespace:Kap6_BindungAnEinObjekt"
    Title="Kapitel 6 - Bindung an ein Objekt"
    Height="300" Width="300">

    <Window.Resources>
        <local:Person x:Key="APerson"
                    FirstName="Norbert"
                    LastName="Eder"/>
    </Window.Resources>

    <StackPanel>
        <TextBlock Text="Personendaten" FontSize="16"
                FontWeight="Bold" Margin="3"/>
        <TextBlock Text="Vorname" Margin="3"/>
        <TextBox x:Name="FirstNameTextBox"
                Margin="3"
                Text="{Binding
                    Source={StaticResource APerson}, Path=FirstName}"/>
        <TextBlock Text="Nachname" Margin="3"/>
        <TextBox x:Name="LastNameTextBox"
                Margin="3"
                Text="{Binding
                    Source={StaticResource APerson}, Path=LastName}"/>
        <Separator/>
    </StackPanel>
</Window>
```

Listing 6.23: Objektinstanziierung via XAML und Datenbindung

Dieses Beispiel unterscheidet sich, was die Bindung betrifft, von den bisherigen Beispielen. So wird hier die Eigenschaft Source verwendet. Durch das Setzen dieser Eigenschaft kann der Bindung explizit ein Quellobjekt zugewiesen und ein gesetztes Quellobjekt abgerufen werden.

Da das zu verwendende Objekt via XAML instanziiert wurde, müssen wir uns mit der Markup-Erweiterung StaticResource behelfen, darauf zuzugreifen. Hierfür benötigen wir den eindeutigen Schlüssel, der bei der Deklaration des Objekts angegeben wurde. Als Quelleigenschaft werden die entsprechenden Eigenschaften der Klasse wieder mittels Path angegeben.

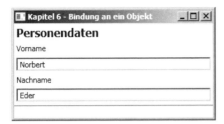

Abb. 6.5:   Einfache Bindung eines Objekts

Wer sich nun fragt, wie denn auf das via XAML definierte Objekt aus dem Source-code heraus zugegriffen werden kann, findet hier die Lösung:

```
object personObject = FindResource("APerson");
Person aPerson = personObject as Person;
if (aPerson != null)
{
    // Code
}
```

Listing 6.24: Eine Ressource finden

Mittels `FindResource` können definierte Ressourcen gesucht werden. Ist die gewünschte Ressource vorhanden, wird sie als `object` zurückgegeben und muss auf den eigentlichen Typ gecastet werden. Mehr zum Thema Ressourcen – inklusive einer genauen Beschreibung von `FindResource` – erfahren Sie in Kapitel 7.

> **Hinweis**
>
> Dieses Beispiel ist auf der CD unter `Kapitel06` zu finden. Öffnen Sie das Projekt `Kap6_BindungAnEinObjekt`, um die Funktionsweise zu testen.

Instanziierung über ObjectDataProvider

Die gezeigte Variante stellt nicht die einzige Möglichkeit dar, Objekte via XAML zu instanziieren. Zusätzlich wird der `ObjectDataProvider` angeboten, der selbiges ermöglicht.

Nachfolgend sehen wir uns unterschiedliche Möglichkeiten an, den `ObjectDa-taProvider` zu verwenden.

```
<Window.Resources>
    <ObjectDataProvider x:Key="PersonProvider1" />
</Window.Resources>
```

Listing 6.25: `ObjectDataProvider` definieren

In diesem Fall wird im Ressourcenabschnitt ein `ObjectDataProvider` erstellt und mit einem eindeutigen Schlüssel versehen. Darauf kann in der Bindung verwiesen werden.

```
<TextBlock Text="Erstellen und binden" FontSize="16"
        FontWeight="Bold" Margin="3"/>
<TextBlock Text="Vorname" Margin="3"/>
<TextBox Margin="3"
        Text="{Binding
            Source={StaticResource PersonProvider1}, Path=FirstName}"/>
<TextBlock Text="Nachname" Margin="3"/>
<TextBox Margin="3"
        Text="{Binding
            Source={StaticResource PersonProvider1}, Path=LastName}"/>
<Button x:Name="CreateObjectAndBindButton"
        Content="Objekt erstellen und binden"
        Click="CreateObjectAndBindButton_Click"/>
```

Listing 6.26: Bindung auf einen `ObjectDataProvider`

Die fett gekennzeichneten Zeilen zeigen die Bindung, die sich von den bisher vermittelten Lösungen nicht unterscheidet. Aber wie wird das gewünschte Objekt nun instanziiert und gebunden? In diesem Fall wird die Instanziierung durch einen Klick auf die Schaltfläche ausgelöst. Dabei kommt die bereits bekannte Klasse `Person` zum Einsatz:

```
private void CreateObjectAndBindButton_Click(
    object sender,
    RoutedEventArgs e)
{
    ObjectDataProvider provider =
        FindResource("PersonProvider1") as ObjectDataProvider;

    if (provider != null)
    {
        Person p1 = new Person()
        {
            FirstName = "Norbert",
            LastName = "Eder"
        };

        provider.ObjectInstance = p1;
    }
}
```

Listing 6.27: Quelle des `ObjectDataProvider` zur Laufzeit zuweisen

Über FindResource wird der als Ressource deklarierte ObjectDataProvider gesucht. Anschließend wird ein Objekt vom Typ Person instanziiert und der Eigenschaft ObjectInstance zugewiesen. Die Datenbindung wird aktiviert und die Daten werden angezeigt.

```
public Person(string first, string last)
{
   this.firstName = first;
   this.lastName = last;
}
```

Dazu bietet der ObjectDataProvider die Eigenschaft ConstructorParameters an. Zusätzlich muss bei dieser Variante die Eigenschaft ObjectType auf den zu bindenden Typ gesetzt werden.

```
<ObjectDataProvider x:Key="PersonProvider2"
                ObjectType="{x:Type local:Person}">
   <ObjectDataProvider.ConstructorParameters>
      <clr:String>Norbert</clr:String>
      <clr:String>Eder</clr:String>
   </ObjectDataProvider.ConstructorParameters>
</ObjectDataProvider>
```

Listing 6.28: ObjectDataProvider und Konstruktor-Parameter

Die Parameter werden genau in der definierten Reihenfolge an den Konstruktor übergeben und es wird automatisch eine Instanz erstellt. Da dabei der Typ String verwendet wird, ist er entsprechend bekanntzumachen:

xmlns:clr="clr-namespace:System;assembly=mscorlib"

Eine Instanziierung über den Aufruf des Standard-Konstruktors kann so vorgenommen werden:

```
<ObjectDataProvider x:Key="PersonProvider3" ObjectType="{x:Type
local:Person}"/>
```

Die letzte hier vorgestellte Variante besteht im Aufruf einer Methode. Hierzu ist der ObjectType zu setzen und die Eigenschaft MethodName.

```
<ObjectDataProvider x:Key="PersonProvider4"
                ObjectType="{x:Type local:Person}"
                MethodName="CreatePerson"/>
```

Listing 6.29: ObjectDataProvider und Methoden-Aufrufe

Die angegebene Methode des angegebenen Typs wird aufgerufen, ein `Person`-Objekt zurückgeliefert und die Bindung automatisch hergestellt.

```
public Person CreatePerson()
{
    Person p1 = new Person()
    {
        FirstName = "Norbert",
        LastName = "Eder"
    };

    return p1;
}
```

Sind einer Methode Parameter zu übergeben, kann auch dies erledigt werden:

```
<ObjectDataProvider x:Key="PersonProvider4"
                ObjectType="{x:Type local:Person}"
                MethodName="CreatePerson">
    <ObjectDataProvider.MethodParameters>
        <clr:String>Parameter 1</clr:String>
        <clr:String>Parameter 2</clr:String>
    </ObjectDataProvider.MethodParameters>
</ObjectDataProvider>
```

Listing 6.30: `ObjectDataProvider` und Methoden-Parameter

Abb. 6.6: `ObjectDataProvider`-Beispielanwendung

6.4.2 Datenkontext

Bei umfangreichen Eingabemasken kann es einen nicht unerheblichen Aufwand darstellen, bei jedem gebundenen Element das `Source`-Attribut zu setzen. Neben dem Aufwand ist diese Vorgehensweise zudem auch keine bevorzugte Variante bei großen Formularen. Hierzu bietet sich die Eigenschaft `DataContext` an, die von der Klasse `FrameworkElement` geerbt wird.

Wird an einer Stelle eine Bindung ohne `ElementName` und ohne `Source` gesetzt, wird der Visual Tree aufsteigend nach einem gesetzten `DataContext` durchsucht. Kann ein Datenkontext gefunden werden, erfolgt die Bindung darauf.

```
<Window x:Class="Kap6_DataContext.MainWindow"
    xmlns="http://schemas.microsoft.com/winfx/2006/xaml/presentation"
    xmlns:x="http://schemas.microsoft.com/winfx/2006/xaml"
    xmlns:local="clr-namespace:Kap6_DataContext"
    Title="Kapitel 6 - Datenkontext" Height="300" Width="300">

    <Window.Resources>
        <local:Person x:Key="PersonResource"
                    FirstName="Norbert"
                    LastName="Eder"/>
    </Window.Resources>

    <StackPanel DataContext="{StaticResource PersonResource}">
        <TextBlock Text="Bindung über Datenkontext" FontSize="16"
                FontWeight="Bold" Margin="3"/>
        <TextBlock Text="Vorname" Margin="3"/>
        <TextBox Margin="3" Text="{Binding Path=FirstName}"/>
        <TextBlock Text="Nachname" Margin="3"/>
        <TextBox Margin="3" Text="{Binding Path=LastName}"/>
    </StackPanel>

</Window>
```

Listing 6.31: Verwendung der DataContext-Eigenschaft

In diesem Beispiel wird dem `DataContext`-Attribut des `StackPanel`-Elements eine per XAML erstellte `Person`-Instanz als Ressource zugewiesen. Die Bindung der einzelnen Eingabefelder beschränkt sich nun lediglich auf die Angabe des zu verwendenden Pfades:

```
<TextBox Margin="3" Text="{Binding Path=FirstName}"/>
```

Da das Elternelement einen Datenkontext gesetzt hat, wird dieser quasi an die Kindelemente »vererbt« und kann von ihnen verwendet werden.

Hinweis

Unter Kapitel06 befindet sich das Projekt Kap6_DataContext. Dieses kann als Grundlage für Tests bezüglich des Datenkontextes dienen.

6.4.3 Bindung von Listen

Bei größeren datengetriebenen Anwendungen reicht das Binden einfacher Objekte nicht mehr aus. Oftmals müssen Daten übersichtlich in Listenform dargestellt werden. Dies geschieht in den meisten Fällen mithilfe der Steuerelemente ListBox, ComboBox, ListView, DataGrid oder TreeView. Dazu müssen die Daten in einer Auflistung (»Collection«) gehalten werden, die das Interface IEnumerable zu implementieren hat. Natürlich ist es wichtig, dass auch im Falle einer Bindung einer Liste an entsprechende Steuerelemente Änderungen innerhalb der Liste an diese Elemente weitergegeben werden. Nur so kann das Element darauf reagieren und die Darstellung anpassen. Zur Realisierung dessen muss die Auflistung das Interface INotifyCollectionChanged implementieren. Um uns Entwicklern die Arbeit zu erleichtern, steht eine solche Collection zur Verwendung bereit: ObservableCollection. Diese Klasse benachrichtigt, wenn Einträge hinzugefügt bzw. gelöscht werden ebenso wie bei einer Aktualisierung der gesamten Liste. Idealerweise enthält die Auflistung Objekte, deren zugrunde liegende Klasse das bereits bekannte Interface INotifyPropertyChanged implementiert. Dadurch werden auch Änderungen an den Eigenschaften der Objekte weitergereicht und auch diese können in der Oberfläche nachgezogen werden.

Zur Demonstration sehen wir uns dies anhand eines Beispiels an. Dazu wird wieder die bereits bekannte Person-Klasse verwendet. Für unsere Zwecke müssen wir jedoch die Methode ToString überschreiben, damit im verwendeten ListBox-Element die gesetzten Namen dargestellt werden.

```
public override string ToString()
{
    return String.Format("{0}, {1}", LastName, FirstName);
}
```

Im nächsten Schritt wird eine Klasse `PersonCollection` erstellt. Diese erbt von `ObservableCollection` und definiert den Typ `Person` für alle enthaltenen Objekte. Für den vereinfachten Ablauf werden direkt im Konstruktor Beispielobjekte angelegt.

```
public class PersonCollection : ObservableCollection<Person>
{
    public PersonCollection()
        : base()
    {

        Add(new Person { FirstName = "Norbert", LastName = "Eder" });
        Add(new Person { FirstName = "Hubert", LastName = "Tester" });
        Add(new Person { FirstName = "Karoline", LastName = "Eder" });
    }
}
```

Listing 6.32: Ableitung von der Klasse ObservableCollection<T>

Änderungen an der Liste werden durch diese Klasse an die Oberfläche weitergereicht, wie wir etwas später sehen werden.

Schlussendlich fehlt noch die passende Oberfläche. Als Listenelement wird eine `ListBox` verwendet. Zusätzlich besteht die Möglichkeit, einzelne Datensätze auszuwählen, zu bearbeiten und auch neue Datensätze hinzuzufügen bzw. bestehende zu löschen.

```
<Window x:Class="Kap6_BindungAnEineListe.MainWindow"
    xmlns="http://schemas.microsoft.com/winfx/2006/xaml/presentation"
    xmlns:x="http://schemas.microsoft.com/winfx/2006/xaml"
    xmlns:local="clr-namespace:Kap6_BindungAnEineListe"
    Title="Kapitel 6 - Bindung an eine Liste" Height="300" Width="300">

    <Window.Resources>
        <local:PersonCollection x:Key="People"/>
    </Window.Resources>

    <Grid>
        <Grid.RowDefinitions>
            <RowDefinition Height="*"/>
            <RowDefinition Height="Auto"/>
            <RowDefinition Height="Auto"/>
        </Grid.RowDefinitions>

        <ListBox x:Name="PersonList"
                Grid.Row="0"
```

```
                ItemsSource="{Binding Source={StaticResource People}}"
                Margin="3"/>

    <StackPanel Grid.Row="1" Margin="3">
        <TextBlock Text="Vorname"/>
        <TextBox Text="{Binding
                    ElementName=PersonList,
                    Path=SelectedItem.FirstName}"/>
        <TextBlock Text="Nachname"/>
        <TextBox Text="{Binding
                    ElementName=PersonList,
                    Path=SelectedItem.LastName}"/>
    </StackPanel>

    <StackPanel Grid.Row="2"
                Margin="3"
                Orientation="Horizontal"
                HorizontalAlignment="Center">
        <Button x:Name="AddButton"
                Content="Hinzufügen"
                Click="AddButton_Click"/>
        <Button x:Name="DeleteButton"
                Content="Löschen"
                Click="DeleteButton_Click"/>
    </StackPanel>
    </Grid>
</Window>
```

Listing 6.33: Eine Auflistung per Ressourcen zur Verfügung stellen

Im Ressourcenabschnitt wird ein Objekt vom Typ PersonCollection instanziiert. Durch die Anlage von Beispieldaten im Konstruktor stehen diese sofort zur
Verfügung. Im weiteren Schritt wird diese Liste an das deklarierte ListBox-Element gebunden (Eigenschaft ItemsSource).

Wichtig

Dies wird nur im Falle dieser Beispielanwendung so gehandhabt und sollte nie
den Weg in eine produktive Anwendung finden.

Nun soll es laut Definition des Beispiels möglich sein, ausgewählte Einträge zu
bearbeiten. Dazu wurden entsprechende Eingabefelder deklariert und mit einer
Bindung versehen. Durch die Eigenschaft ElementName wird die ListBox als
Quelle festgelegt. Besonderes Augenmerk gilt der Eigenschaft Path. Der Pfad wird

für den Vornamen auf `SelectedItem.FirstName` festgelegt. Das `ListBox`-Element kennt den Datentyp der dargestellten Objekte nicht, dafür musste auch die `ToString`-Methode überschrieben werden. Allerdings bietet es über `Selected-Item` Zugriff auf den aktuell ausgewählten Eintrag. Durch die Angabe von `First-Name` kann das Binding-System den Typ nach einer Eigenschaft dieses Namens erfragen, wird diesen finden und kann den Wert anzeigen.

Wie in Abbildung 6.7 zu sehen ist, hat das beschriebene Vorgehen jedoch einen kleinen Nachteil: Da die Liste selbst den Typ der darzustellenden Objekte nicht kennt, wird die `ToString`-Methode aufgerufen, um Werte anzuzeigen. Es besteht daher keine Bindung auf die eigentlichen Eigenschaften, wodurch auch kein Abonnement des `PropertyChanged`-Ereignisses vorgenommen wird. Änderungen werden deshalb nicht in der Oberfläche reflektiert, wenn auch die Objekte selbst die geänderten Daten beinhalten. Im Abschnitt 6.5 wird jedoch eine Möglichkeit vorgestellt, dies eleganter zu lösen.

Abb. 6.7:   Bindung an eine Liste ohne Änderung der Darstellung

Schlussendlich finden sich zwei Schaltflächen auf der Oberfläche. Damit können zum einen neue Objekte hinzugefügt und zum anderen auch Objekte gelöscht werden. Die Änderung der Auflistung erfolgt sofort in der Darstellung.

```
private void AddButton_Click(object sender, RoutedEventArgs e)
{
    PersonCollection pList = FindResource("People") as PersonCollection;
    if (pList != null)
    {
        pList.Add(new Person { FirstName = "Neue", LastName = "Person" });
    }
}
```

```
private void DeleteButton_Click(object sender, RoutedEventArgs e)
{
    PersonCollection pList = FindResource("People") as PersonCollection;
    if (pList != null)
    {
        pList.RemoveAt(0);
    }
}
```

Listing 6.34: Objekte einer ObservableCollection hinzufügen oder entfernen

Abb. 6.8: Bindung an eine Liste

Hinweis

Das zugrunde liegende Beispiel finden Sie unter Kapitel06. Öffnen Sie das Projekt mit dem Namen Kap6_BindungAnEineListe, um die hier vorgestellte Vorgehensweise nachzuvollziehen.

6.4.4 Bindung an XML-Daten

Bereits kennengelernt haben Sie den ObjectDataProvider. Mit dem XmlDataProvider steht eine Variante für XML-Daten zur Verfügung. Dabei können die Daten aus zwei Quellen stammen:

- Definition der Daten innerhalb des Providers

- Angabe einer externen XML-Datei

Innerhalb des Ressourcenabschnitts wird ein Element XmlDataProvider erstellt. Dieses erhält per x:Key wieder einen eindeutigen Schlüssel zugewiesen, über den darauf referenziert werden kann. Mithilfe der Eigenschaft XPath kann eine erste Vorselektion stattfinden.

Um externe Daten einzubinden, ist die Eigenschaft Source zu verwenden und dort die Pfadangabe zur Datei zu definieren. In unserem Beispiel wird inline mithilfe von x:XData ein XML definiert. Beachten Sie den leeren Namespace im Wurzelelement. Dieser muss angegeben werden, damit die späteren XPath-Angaben korrekt funktionieren. Wird er nicht angegeben, wird automatisch der Namespace System.Windows übernommen und die Daten werden nicht gefunden.

```
<Window.Resources>
    <XmlDataProvider x:Key="PersonList" XPath="/People">
        <x:XData>
            <People xmlns="">
                <Person>
                    <FirstName>Norbert</FirstName>
                    <LastName>Eder</LastName>
                </Person>
                <Person>
                    <FirstName>Karoline</FirstName>
                    <LastName>Eder</LastName>
                </Person>
            </People>
        </x:XData>
    </XmlDataProvider>
</Window.Resources>
```

Listing 6.35: XmlDataProvider deklarieren

Für die Anzeige wird ein Listen- und ein Detailbereich verwendet. Der Listenbereich wird durch eine ListBox dargestellt. Diese erhält ein Binding auf die XML-Ressource mit vordefiniertem XPath. Dadurch werden alle Person-Knoten ausgewählt und angezeigt.

Der Detailbereich wird durch ein StackPanel-Element eingeleitet. Der DataContext dieses Elements wird auf den aktuell selektierten Eintrag der ListBox gesetzt. Die Eingabefelder erhalten eine Bindung per XPath auf die Elemente FirstName und LastName des Person-Knotens. Abbildung 6.9 zeigt schließlich die daraus resultierende Oberfläche.

```
<StackPanel>
    <TextBlock Text="Personenliste" Margin="5" FontWeight="Bold" FontSize="18"/>
    <ListBox x:Name="PersonListBox"
            Height="150"
            ItemsSource="{Binding Source=
                {StaticResource PersonList}, XPath=//Person}"
            Margin="5"/>
    <StackPanel Margin="5"
            DataContext="{Binding
```

```
                    ElementName=PersonListBox,Path=SelectedItem}">
        <TextBlock Text="Vorname" Margin="5"/>
        <TextBox Text="{Binding XPath=FirstName}"/>
        <TextBlock Text="Nachname" Margin="5"/>
        <TextBox Text="{Binding XPath=LastName}"/>
    </StackPanel>
</StackPanel>
```

Listing 6.36: Verwendung von XPath in einer Bindung

> ### Hinweis
> Wenn Sie in dem XmlDataProvider XML-Daten einbetten, deren Werte Sonderzeichen oder Inhalte beinhalten, die für ein ungültiges XML sorgen, können Sie »CDATA« verwenden, um dem vorzubeugen.

Abb. 6.9: Anbindung der Daten mittels XmlDataProvider

6.4.5 Bindung an ADO-Quellen

Mit den bisher vorgestellten Möglichkeiten haben Sie alles, was Sie für die Bindung an ADO-Quellen brauchen.

Um Daten von einer ADO-Quelle zu binden, benötigen Sie ein DataSet. Der Einfachheit halber wird dieses im nachfolgenden Beispiel per Code erstellt und nicht über eine echte Datenbankverbindung aufgefüllt:

```
private void Window_Loaded(object sender, RoutedEventArgs e)
{
    DataTable dataTable = new DataTable("People");
    dataTable.Columns.Add("Id", typeof(Int32));
    dataTable.Columns.Add("FirstName", typeof(String));
```

```
dataTable.Columns.Add("LastName", typeof(string));

dataTable.Rows.Add(new object[] { 1, "Norbert", "Eder" });
dataTable.Rows.Add(new object[] { 2, "Karoline", "Eder" });

DataSet dataSet = new DataSet();
dataSet.Tables.Add(dataTable);

PersonListView.DataContext = dataSet;
}
```

Listing 6.37: DataTable als Datenkontext verwenden

Das erstellte `DataSet` wird an den `DataContext` des `ListView`-Steuerelements namens `PersonListView` weitergereicht. Damit die Daten auch angezeigt werden, fügen wir der Eigenschaft `ItemsSource` des Elements ein `Binding` hinzu. Der Pfad entspricht dem Namen der anzuzeigenden Tabelle. Zum jetzigen Zeitpunkt würden die einzelnen Datensätze zwar angezeigt werden, jedoch nicht in der gewünschten Form. Damit nicht die `ToString`-Methode der `DataRow`-Einträge zur Anwendung kommt, müssen wir Spalten vom Typ `GridViewColumn` für die `ListView` definieren. Die Eigenschaft `DisplayMemberBinding` erlaubt die Bindung an eine bestimmte Eigenschaft eines Objekts oder ein Feld einer Tabelle. Nachfolgend finden Sie das Markup für das gesamte Fenster:

```
<Window x:Class="Kap6_BindungAnADO.MainWindow"
    xmlns="http://schemas.microsoft.com/winfx/2006/xaml/presentation"
    xmlns:x="http://schemas.microsoft.com/winfx/2006/xaml"
    Title="Kapitel 6 - Bindung an ADO"
    Height="300"
    SizeToContent="Height"
    Loaded="Window_Loaded">

    <StackPanel>
        <TextBlock Text="Personenliste"
                FontWeight="Bold"
                FontSize="18"
                Margin="5"/>
        <ListView x:Name="PersonListView"
                ItemsSource="{Binding Path=People}">
            <ListView.View>
                <GridView>
                    <GridViewColumn Header="Id"
                                DisplayMemberBinding="{Binding Id}"/>
                    <GridViewColumn Header="Vorname"
                                DisplayMemberBinding="{Binding FirstName}"/>
```

```
                    <GridViewColumn Header="Nachname"
                                DisplayMemberBinding="{Binding LastName}"/>
              </GridView>
          </ListView.View>
      </ListView>
    </StackPanel>

</Window>
```

Listing 6.38: `ListView` an `DataTable` binden

Abbildung 6.10 zeigt schließlich die Darstellung. Hierbei werden die einzelnen Spalten ersichtlich wie auch die korrekte Anbindung an die ADO-Daten.

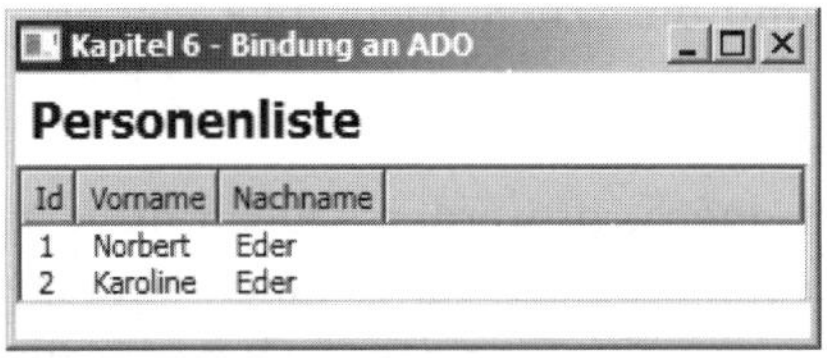

Abb. 6.10: Datenbindung an eine ADO-Quelle

6.5 Datenvorlagen

Im Abschnitt 6.4.3 wurde gezeigt, wie Listen an Listenelemente gebunden werden können. Diese Variante hatte jedoch einen Haken: Dadurch, dass die einzelnen Eigenschaften der zugrunde liegenden Objekte nicht direkt gebunden wurden, kam der Aufruf der Methode `ToString` zum Zuge. Bei einer Änderung der Eigenschaften wurde die Anzeige des Listenelements nicht aktualisiert, wohl aber das Objekt. Dieses Problem kann durch den Einsatz von Datenvorlagen (»Data Templates«) gelöst werden. Dadurch eröffnet sich neben der Bindung der einzelnen Eigenschaften ein weiterer Vorteil.

So kann durch eine Datenvorlage pro Datentyp das darzustellende Aussehen beschrieben werden. Sehen wir uns dazu ein einfaches Beispiel an.

Der `ListBox` wird eine Liste von `Person`-Objekten übergeben. Es soll definiert werden, wie jedes einzelne dieser Objekte dargestellt wird. Dazu ist im Ressourcenabschnitt ein `DataTemplate` zu erstellen. Über das Attribut `DataType` wird der Typ definiert, auf den sich die Datenvorlage bezieht. Ein eindeutiger Schlüssel ist in diesem Fall nicht zu setzen.

```
<DataTemplate DataType="{x:Type local:Person}">
   <StackPanel Orientation="Horizontal">
     <TextBlock Text="{Binding LastName}"/>
```

```
            <TextBlock Text=", "/>
            <TextBlock Text="{Binding FirstName}"/>
        </StackPanel>
    </DataTemplate>
```

Listing 6.39: Eine Datenvorlage erstellen

Pro Datentyp kann genau eine Datenvorlage erstellt werden, die keinen Schlüssel enthält. Durch das Setzen eines eindeutigen Schlüssels und das Weglassen der DataType-Information können jedoch mehrere Datenvorlagen zu einem Typ erstellt werden. Sie können allerdings immer nur eine Datenvorlage zuweisen.

Ist ein Datentyp gesetzt, wird die Vorlage automatisch für die Darstellung des angegebenen Typs im Gültigkeitsbereich verwendet, sofern kein Schlüssel angegeben wurde. Andernfalls muss unter Angabe des Schlüssels auf die Datenvorlage verwiesen werden.

Hinweis

Der Gültigkeitsbereich ist abhängig davon, wo die Ressource definiert wurde. Genauere Informationen zum Thema Ressourcen finden Sie in Kapitel 7.

Bis auf eine kleine Änderung hat sich das Beispiel aus Kapitel 6.4.3 nicht verändert. Damit die Änderung der Eigenschaften sofort sichtbar wird und nicht erst nach dem Verlassen des Eingabefeldes, wurde die Eigenschaft UpdateSourceTrigger auf PropertyChanged gesetzt:

```
<TextBox Text="{Binding
            ElementName=PersonList,
            Path=SelectedItem.FirstName,
            UpdateSourceTrigger=PropertyChanged}"/>
<TextBlock Text="Nachname"/>
<TextBox Text="{Binding
            ElementName=PersonList,
            Path=SelectedItem.LastName,
            UpdateSourceTrigger=PropertyChanged}"/>
```

Listing 6.40: Bindung an das aktuell ausgewählte Objekt einer Liste

Das Ergebnis ist in Abbildung 6.11 zu sehen.

Eine Datenvorlage kann nach Belieben definiert werden. So kann beispielsweise mit sehr wenig Aufwand pro Eintrag der Liste eine Grafik eingebunden werden:

```
<DataTemplate DataType="{x:Type local:Person}">
    <StackPanel Orientation="Horizontal">
        <Image Margin="5 0 5 0">
```

```
        <Image.Source>
          <BitmapImage
            UriSource="pack://application:,,,/Images/person_m.png"/>
        </Image.Source>
      </Image>
      <TextBlock Text="{Binding LastName}"/>
      <TextBlock Text=", "/>
      <TextBlock Text="{Binding FirstName}"/>
    </StackPanel>
</DataTemplate>
```

Listing 6.41: Datenvorlage für die Klasse `Person` mit grafischen Elementen

Abb. 6.11: Datenvorlage und automatische Aktualisierung

Dazu wird lediglich ein `Image`-Element eingebunden und auf die anzuzeigende Grafik verwiesen (siehe Abbildung 6.12).

Abb. 6.12: Datenvorlage mit Grafik

Diese Umsetzung besitzt jedoch auch einen kleinen Schönheitsfehler: In der Liste werden sowohl männliche als auch weibliche Personen dargestellt. Idealerweise würde man bei der Anzeige der Grafik Rücksicht darauf nehmen. Wie also können wir für Männer ein blaues Symbol und für Frauen eines in rosa Tönen darstellen?

6.5.1 Daten-Trigger

Die Definition setzt voraus, dass die Datenvorlage verändert werden muss. Dafür steht der Daten-Trigger zur Verfügung. Der Klasse Person wird daher eine neue Eigenschaft verpasst. Diese beschreibt das Geschlecht, nennen wir sie deshalb Sex. Dahinter verbirgt sich eine Enumeration, die zwei Werte zur Verfügung stellt: Female und Male. Je nachdem, welcher Wert gesetzt ist, soll ein blaues oder ein rosa Symbol angezeigt werden.

Damit die Werte zur Verfügung stehen, werden sie im Konstruktor der Collection gesetzt:

```
public PersonCollection()
    : base()
{
    Add(new Person {
        FirstName = "Norbert",
        LastName = "Eder",
        Sex = Sex.Male });
    Add(new Person {
        FirstName = "Hubert",
        LastName = "Tester",
        Sex = Sex.Male });
    Add(new Person {
        FirstName = "Karoline",
        LastName = "Eder",
        Sex = Sex.Female });
}
```

In Listing 6.42 wird die Datenvorlage dargestellt. Definiert wird sie im Bereich DataTemplate.Triggers durch die Benutzung von DataTrigger. Daran ist eine Bindung zu setzen. Diese bezieht sich auf das anzuzeigende Objekt. Unter Value wird der Wert gesetzt, der zutreffen muss, wenn dieser Trigger ausgelöst werden soll.

Tipp

In vielen Fällen kann es vorkommen, dass die Bindung des Triggers nicht auf eine Eigenschaft des Objekts stattfinden soll, sondern auf das umgebende Element. Dies tritt dann ein, wenn auf den Auswahlstatus eines Elements zu reagieren ist. Hierzu kann die Eigenschaft RelativeSource verwendet werden. Dadurch wird die zu bindende Quelle relativ zur aktuellen Position festgelegt.

Mittels Setter kann für den Trigger festgelegt werden, welcher Wert verändert werden soll. `Property` definiert hierbei die Eigenschaft, die zu manipulieren ist. `Value` entspricht dem zu setzenden Wert. Eine weitere Besonderheit stellt `TargetName` dar. Hierüber kann ein Element der Datenvorlage, das sich oberhalb des Triggers befindet, als Zielelement herangezogen werden.

Um nun die Anforderung zu erfüllen, wurden im Beispiel zwei Trigger definiert, die jeweils auf einen anderen Wert der Enumeration reagieren. Da innerhalb der Vorlage eine Standardgrafik angegeben ist, müsste der Trigger für den Wert `Male` nicht definiert werden. Jedoch könnte es durchaus der Fall sein, dass kein Geschlecht gesetzt und ein Standardbild anzuzeigen ist. Hierfür könnte ein Platzhalter gesetzt werden. Das Ergebnis ist in Abbildung 6.13 zu sehen.

```xml
<DataTemplate DataType="{x:Type local:Person}">
    <StackPanel Orientation="Horizontal">
        <Image x:Name="SexImage" Margin="5 0 5 0">
            <Image.Source>
                <BitmapImage
                    UriSource="pack://application:,,,/Images/person_m.png"/>
            </Image.Source>
        </Image>
        <TextBlock Text="{Binding LastName}"/>
        <TextBlock Text=", "/>
        <TextBlock Text="{Binding FirstName}"/>
    </StackPanel>
    <DataTemplate.Triggers>
        <DataTrigger Binding="{Binding Path=Sex}" Value="Male">
            <Setter Property="Source" TargetName="SexImage" >
                <Setter.Value>
                    <BitmapImage
                        UriSource="pack://application:,,,/Images/person_m.png"/>
                </Setter.Value>
            </Setter>
        </DataTrigger>
        <DataTrigger Binding="{Binding Path=Sex}" Value="Female">
            <Setter Property="Source" TargetName="SexImage" >
                <Setter.Value>
                    <BitmapImage
                        UriSource="pack://application:,,,/Images/person_f.png"/>
                </Setter.Value>
            </Setter>
        </DataTrigger>
    </DataTemplate.Triggers>
</DataTemplate>
```

Listing 6.42: Datenvorlage mit Trigger

Abb. 6.13: Datenvorlage mit Trigger

6.5.2 Auswahl von Datenvorlagen

Wie bereits vermittelt wurde, kann es zu einem Datentyp mehrere Datenvorlagen geben. Als Einschränkung ist jedoch zu sehen, dass einem Element nur eine Vorlage zugewiesen werden kann. In der Praxis kommt es häufig vor, dass innerhalb eines Elements für ein und denselben Datentyp zwischen mehreren Datenvorlagen gewechselt werden muss.

Um dies zu demonstrieren, wird das aktuelle Beispiel erweitert. Die Klasse Person erhält eine weitere Eigenschaft Info. Diese bietet zusätzliche Informationen zur Person und kann, muss aber nicht, gesetzt sein.

Wurde die Eigenschaft mit Werten beschrieben, dann soll diese im ListBox-Element dargestellt werden, als eigenständiger TextBlock unterhalb des Namens. Da dieses Steuerelement nicht bei jedem Eintrag angezeigt werden soll, definieren wir dafür eine eigene Datenvorlage und versehen sie über x:Key mit einem eindeutigen Schlüssel:

```
<DataTemplate DataType="{x:Type local:Person}" x:Key="PersonInfoTemplate">
  <StackPanel>
   <StackPanel Orientation="Horizontal">
        <Image x:Name="SexImage" Margin="5 0 5 0">
            <Image.Source>
               <BitmapImage
                   UriSource="pack://application:,,,/Images/person_m.png"/>
            </Image.Source>
        </Image>
```

```
                <TextBlock Text="{Binding LastName}"/>
                <TextBlock Text=", "/>
                <TextBlock Text="{Binding FirstName}"/>
            </StackPanel>
            <TextBlock Text="{Binding Path=Info}" Margin="26 0 0 0"/>
        </StackPanel>
        <DataTemplate.Triggers>
            <DataTrigger>

            ...

            </DataTrigger>
        </DataTemplate.Triggers>
    </DataTemplate>
```

Listing 6.43: DataTrigger für Datenvorlage definieren

Die Daten-Trigger wurden für dieses Markup außen vor gelassen, da sie identisch aufgebaut sind wie im noch vorhandenen ursprünglichen Template. Die Unterschiede sind fett dargestellt.

Im nächsten Schritt ist eine Klasse `PersonInfoTemplateSelector` zu erstellen. Diese beerbt `DataTemplateSelector` und überschreibt die Methode `SelectTemplate`. Die Methode wird für jeden anzuzeigenden Eintrag durchlaufen. Darin wird geprüft, ob die Eigenschaft `Info` des `Person`-Objekts gesetzt ist. Ist das der Fall, wird die soeben angelegte Datenvorlage `PersonInfoTemplate` gesucht und zurückgeliefert. Ist diese Eigenschaft nicht gesetzt, liefert die Klasse `null` zurück und es wird die ursprüngliche Vorlage angewendet, da diese keinen Schlüssel definiert hat und somit für alle Einträge des Typs `Person` Gültigkeit besitzt.

```
public class PersonInfoTemplateSelector : DataTemplateSelector
{
    public override DataTemplate SelectTemplate(
        object item,
        DependencyObject container)
    {
        if (item != null && item is Person)
        {
            Person pers1 = item as Person;
            if (pers1 != null)
            {
                if (!String.IsNullOrEmpty(pers1.Info))
                {
                    FrameworkElement frameworkElement = container
                        as FrameworkElement;

                    if (frameworkElement != null)
```

```
            {
                 return frameworkElement.FindResource
                     ("PersonInfoTemplate")
                 as DataTemplate;
            }
        }
    }
}

    return null;
}
}
```

Listing 6.44: Eine Datenvorlage-Auswahl implementieren

Um nun Verwendung zu finden, müssen zwei Dinge erledigt werden. Im Ressourcenabschnitt muss ein Objekt instanziiert werden:

```
<local:PersonInfoTemplateSelector x:Key="PersonInfoTemplateSelector"/>
```

Listing 6.45: Die neue Ressource muss in der Eigenschaft `ItemTemplateSelector` des `ListBox`-Steuerelements gesetzt werden:

```
<ListBox x:Name="PersonList"
        Grid.Row="0"
        ItemsSource="{Binding Source={StaticResource People}}"
        Margin="3"
        ItemTemplateSelector="{StaticResource PersonInfoTemplateSelector}"/>
```

Listing 6.46: Eine Datenvorlagen-Auswahl verwenden

Beim Füllen der `ListBox` mit Einträgen wird nun für jedes Element der Selector durchlaufen und auf die dort definierten Bedingungen hin überprüft. Das Resultat ist in Abbildung 6.14 zu sehen.

Abb. 6.14: Verwendung der Vorlagenauswahl

> **Hinweis**
>
> Das gezeigte Beispiel befindet sich auf der CD unter Kapitel06. Öffnen Sie das Projekt Kap6_DataTemplateSelector, um sich mit dieser Funktionalität vertraut zu machen.

6.5.3 Daten hierarchisch darstellen

Die Datenvorlagen bieten zudem die Möglichkeit, hierarchische Daten einfach und übersichtlich darzustellen. Zu diesem Zweck gibt es eine Erweiterung der DataTemplate-Klasse: HierarchicalDataTemplate. Damit kann für jede Hierarchieebene eine Vorlage bereitgestellt werden, die deren Aussehen definiert.

Dabei ist auch bei diesem Vorlagentyp ein Datentyp und die Quelle der Daten anzugeben. Die passende Vorlage wird automatisch auf Basis der empfangenen Daten aufgerufen und die Elemente werden entsprechend dargestellt (siehe Abbildung 6.15)

```xml
<Window x:Class="Kap6_HierarchicalDataTemplate.MainWindow"
    xmlns="http://schemas.microsoft.com/winfx/2006/xaml/presentation"
    xmlns:x="http://schemas.microsoft.com/winfx/2006/xaml"
    Title="Kapitel 6 - Hierarchische Daten" Height="300" Width="300">

    <Window.Resources>
        <XmlDataProvider x:Key="PersonList" XPath="/People">
            <x:XData>
                <People xmlns="">
                    <Person>
                        <FirstName>Norbert</FirstName>
                        <LastName>Eder</LastName>
                    </Person>
                    <Person>
                        <FirstName>Karoline</FirstName>
                        <LastName>Eder</LastName>
                    </Person>
                </People>
            </x:XData>
        </XmlDataProvider>
        <HierarchicalDataTemplate DataType="Person"
                        ItemsSource="{Binding XPath=*}">
            <StackPanel Orientation="Horizontal">
                <TextBlock Text="{Binding XPath=LastName}" FontWeight="Bold"/>
                <TextBlock Text=", "/>
                <TextBlock Text="{Binding XPath=FirstName}"/>
            </StackPanel>
```

```
            </HierarchicalDataTemplate>
        </Window.Resources>

        <DockPanel>
            <TreeView Margin="5">
                <TreeViewItem Header="Personenliste"
                    ItemsSource="{Binding Source={StaticResource PersonList},
                                        XPath=//Person}"/>
            </TreeView>

        </DockPanel>

</Window>
```

Listing 6.47: Ein `HierarchicalDataTemplate` verwenden

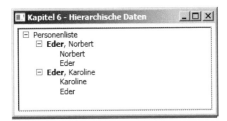

Abb. 6.15: Daten hierarchisch auf Basis einer Vorlage anzeigen

Hinweis

Das zugrunde liegende Beispiel finden Sie auf der CD unter `Kapitel06`. Öffnen Sie hier das Projekt mit dem Namen `Kap6_HierarchicalDataTemplate`.

6.6 Datenmanipulation

Wie Sie bisher gesehen haben, ist die Datenbindung unter der WPF ein sehr mächtiges Werkzeug, das auch intensiv genutzt werden will. Der letzte Abschnitt dieses Kapitels beschäftigt sich mit weiteren hilfreichen Funktionen der Datenbindung, die in der Praxis sehr häufig zum Einsatz kommen. Darunter fallen die Wertkonvertierung, die Sortierung, die Filterung und die Formatierung von Bindungswerten.

6.6.1 Wertkonvertierung

Bis jetzt wurden in den Beispielen lediglich `String`-Werte an Felder gebunden. In der Praxis müssen auch andere Typen gebunden werden. Typen, die nicht automatisch in einen `String`-Wert umgewandelt werden können.

Nehmen wir als einfaches Beispiel die Eigenschaft FontWeight. Dahinter verbirgt sich eine Enumeration. Im Markup wird jedoch ein String-Wert gesetzt:

```
FontWeight="Bold"
```

Dieser muss im Hintergrund in einen Wert der Enumeration übersetzt werden, damit dieser verwendet werden kann. Dafür werden Wertkonvertierer (»Value Converter«) eingesetzt.

Wenn wir an unsere Beispiele mit der Person-Klasse denken, dann hatten wir zu Beginn den Fall, dass die Methode ToString überschrieben wurde, um den Namen im Format »Nachname, Vorname« auszugeben. Im nachfolgenden Beispiel nutzen wir die elegantere Variante eines Wertkonvertierers.

Dazu muss eine eigene Klasse erstellt werden. Nennen wir sie PersonConverter. Zu implementieren ist das Interface IValueConverter. Es werden zwei Methoden vorgeschrieben: Convert und ConvertBack. Die erste Methode ist so gut wie immer zu implementieren. ConvertBack wird dann benötigt, wenn eine TwoWay-Bindung notwendig ist und der eingegebene Wert wieder zurückgewandelt werden muss.

```csharp
[ValueConversion(typeof(Person), typeof(String))]
public class PersonConverter : IValueConverter
{
    public object Convert(
        object value,
        Type targetType,
        object parameter,
        System.Globalization.CultureInfo culture)
    {
        Person person = value as Person;
        if (person != null)
            return String.Format("{0}, {1}", person.LastName, person.FirstName);
        return String.Empty;
    }

    public object ConvertBack(
        object value,
        Type targetType,
        object parameter,
        System.Globalization.CultureInfo culture)
    {
        return null;
    }
}
```

Listing 6.48: Implementierung eines Wertkonvertierers

Über das Attribut `ValueConversion` werden der Quell- und Zieltyp definiert. Zu beachten ist zusätzlich, dass bei beiden Methoden ein `CultureInfo`-Parameter verfügbar ist, wodurch eine Lokalisierung innerhalb des Konverters möglich ist. Ebenfalls von Interesse ist der Parameter `parameter`. Hiermit können zusätzliche Werte an die Methoden übergeben werden, die für die Verarbeitung notwendig sind.

Im nachfolgenden Markup werden die relevanten Stellen fett dargestellt. So muss zur Verwendung des Konverters eine Ressource angelegt werden. Bei der tatsächlichen Bindung wird diese über die Eigenschaft `Converter` gesetzt. Bei der Auswertung der Bindung durch das Binding-System wird unser Konverter herangezogen und gibt den Namen im definierten Format zurück (siehe Abbildung 6.16).

```xml
<Window x:Class="Kap6_ValueConverter.MainWindow"
    xmlns="http://schemas.microsoft.com/winfx/2006/xaml/presentation"
    xmlns:x="http://schemas.microsoft.com/winfx/2006/xaml"
    xmlns:local="clr-namespace:Kap6_ValueConverter"
    Title="Kapitel 6 - Value Converter" SizeToContent="WidthAndHeight">

    <Window.Resources>
        <local:Person x:Key="Person1" FirstName="Norbert" LastName="Eder"/>
        <local:PersonConverter x:Key="PersonConverter1"/>
    </Window.Resources>

    <StackPanel DataContext="{Binding Source={StaticResource Person1}}">
        <TextBlock Text="Anzeige Personen-Daten via Converter"
                Margin="5"
                FontWeight="Bold"
                FontSize="18"/>
        <TextBlock Text="Vorname" Margin="5"/>
        <TextBox Text="{Binding FirstName}"
                Margin="5"/>
        <TextBlock Text="Nachname" Margin="5"/>
        <TextBox Text="{Binding LastName}"
                Margin="5"/>
        <TextBlock Text="Voller Name" Margin="5"/>
        <TextBox Text="{Binding Mode=OneWay,
                    Converter={StaticResource PersonConverter1}}"
                Margin="5"/>
    </StackPanel>
</Window>
```

Listing 6.49: Verwenden eines einfachen Wertkonvertierers

Der Konverter in diesem Beispiel übernimmt eine sehr einfache Aufgabe. In der Praxis kann er jedoch wesentlich komplexere Arbeiten durchführen. So ist es denkbar, Umrechnungen zwischen Skalen vorzunehmen usw.

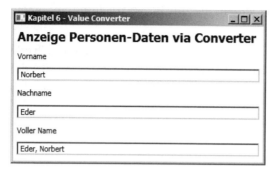

Abb. 6.16: Einsatz eines Wertkonverters

Hinweis

Das gezeigte Beispiel befindet sich auf der CD unter Kapitel06. Öffnen Sie hier das Projekt Kap6_ValueConverter, um sich mit dieser Funktionalität vertraut zu machen.

6.6.2 Multi Binding

Aufbauend auf den Wertkonverter gibt es auch die Möglichkeit des Multi Bindings. Darunter versteht man das Anbinden von mehreren Bindungen zu einem Element. Auch hier wird ein Wertkonverter benötigt. Im Unterschied zur bisher kennengelernten Variante muss dieser das Interface IMultiValueConverter implementieren:

```
public class PersonMultiConverter : IMultiValueConverter
{
    public object Convert(
        object[] values,
        Type targetType,
        object parameter,
        System.Globalization.CultureInfo culture)
    {
        string param = parameter.ToString();

        switch (param)
        {
            case "FirstLast":
```

```
            return String.Format("{0}, {1}", values[1], values[0]);
        case "LastFirst":
        default:
            return String.Format("{0}, {1}", values[0], values[1]);
    }
}


public object[] ConvertBack(
    object value,
    Type[] targetTypes,
    object parameter,
    System.Globalization.CultureInfo culture)
{
    string givenValue = value as string;
    if (!String.IsNullOrEmpty(givenValue))
    {
        string[] splitValues = givenValue.Split(new string[] { ", " },
                        StringSplitOptions.RemoveEmptyEntries);
        string param = parameter.ToString();
        switch (param)
        {
            case "FirstLast":
                splitValues = splitValues.Reverse().ToArray();
                break;
        }
        return splitValues;
    }
    return null;
}
}
```

Listing 6.50: Beispiel eines Multi Binding

Die grundsätzliche Funktionsweise ist dieselbe. Lediglich der erste Parameter der zu implementierenden Methoden stellt ein Array dar. Dies ist dadurch bedingt, dass durch das Multi Binding mehrere Werte übergeben werden.

Dadurch wird es nun möglich, mehrere Werte miteinander zu verknüpfen und somit gesammelt anzuzeigen. Beachten Sie jedoch an dieser Stelle, dass Sie diese Werte bei einer TwoWay-Bindung auch wieder trennen können müssen (siehe Methode ConvertBack).

```
<Window x:Class="Kap6_MultiBinding.MainWindow"
    xmlns="http://schemas.microsoft.com/winfx/2006/xaml/presentation"
    xmlns:x="http://schemas.microsoft.com/winfx/2006/xaml"
```

```
xmlns:local="clr-namespace:Kap6_MultiBinding"
Title="Kapitel 6 - MultiBinding" Height="300" Width="300">

<Window.Resources>
    <local:Person x:Key="Person1" FirstName="Norbert" LastName="Eder"/>
    <local:PersonMultiConverter x:Key="MultiConverter"/>
</Window.Resources>

<StackPanel DataContext="{Binding Source={StaticResource Person1}}">
    <TextBlock Text="MultiBinding Demo"
            FontWeight="Bold"
            FontSize="18"
            Margin="5"/>
    <TextBox>
        <TextBox.Text>
            <MultiBinding Converter="{StaticResource MultiConverter}"
            ConverterParameter="FirstLast">
                <Binding Path="LastName"/>
                <Binding Path="FirstName"/>
            </MultiBinding>
        </TextBox.Text>
    </TextBox>
</StackPanel>
</Window>
```

Listing 6.51: Deklarieren eines Multi Binding

Das Markup zeigt nicht viel Neues. Der fett hervorgehobene Teil stellt die Definition des Multi Bindings dar. Was passiert, ist, dass der zuvor implementierte Wertkonverter angegeben wird. Zusätzlich wird per Parameter definiert, wie der letztlich dargestellte Wert auszusehen hat. Inline werden zwei Bindungen definiert. Die daraus resultierenden Werte werden als Array an den Wertkonverter übergeben.

Hinweis

Das vollständige Beispiel finden Sie auf der CD unter Kapitel06. Öffnen Sie hier das Projekt Kap6_MultiBinding und nutzen Sie es, um eigene Versuche zu starten.

6.6.3 Sortierung

Die Bindung an Listen (siehe Abschnitt 6.4.3) ist eine sehr feine Sache. Allerdings wollen Listen auch sortiert werden können. Bis dato hatten wir eine Quelle (Liste) definiert und diese direkt an ein Ziel gebunden. Soll die Liste sortiert werden können, ist hier ein Decorator zu verwenden, der zwischen Quelle und tatsächlicher Bindung eingeschoben wird.

Hierfür wird ein Objekt vom Typ CollectionViewSource benötigt. Dieses bietet Funktionalität zur Sortierung, Filterung, Gruppierung und Navigation. Aber wie funktioniert das?

Es wird wie bisher eine Quelle erstellt und beispielsweise über den Ressourcenabschnitt zur Verfügung gestellt. Im selben Abschnitt wird nun ein Objekt vom Typ CollectionViewSource erstellt. Dessen Eigenschaft Source wird an die Quelle gebunden. Das Ziel wird schlussendlich an die CollectionViewSource gebunden. Dadurch liegt diese zwischen eigentlicher Quelle und tatsächlichem Ziel und Manipulationen an der Liste können so einfach vorgenommen werden. Dazu ein praktisches Beispiel.

Die wichtigen Stellen wurden im nachfolgenden Beispiel wieder fett hervorgehoben. Wie zu sehen ist, wird eine Personenliste als Ressource erstellt. Im selben Abschnitt erfolgt die Deklaration der CollectionViewSource, welche an die Liste gebunden wird. Das ListBox-Element wird schlussendlich an die Collection-ViewSource gebunden.

```xml
<Window x:Class="Kap6_Sortierung.MainWindow"
    xmlns="http://schemas.microsoft.com/winfx/2006/xaml/presentation"
    xmlns:x="http://schemas.microsoft.com/winfx/2006/xaml"
    xmlns:local="clr-namespace:Kap6_Sortierung"
    Title="Kapitel 6 - Sortierung" SizeToContent="WidthAndHeight">

    <Window.Resources>
        <local:PersonCollection x:Key="PersonList"/>
        <CollectionViewSource
          x:Key="PersonCollectionView"
          Source="{Binding Source={StaticResource PersonList}}" />
    </Window.Resources>

    <StackPanel>
        <TextBlock Text="Datenbindung - Sortierung"
                FontWeight="Bold"
                FontSize="18"
                Margin="5"/>

        <ListBox
          ItemsSource="{Binding Source={StaticResource PersonCollectionView}}"
          Margin="5"/>

        <StackPanel Orientation="Horizontal" Margin="5">
```

```
            <Button x:Name="SortFirstNameButton"
                    Content="Nach Vorname sortieren"
                    Click="SortFirstNameButton_Click"
                    Margin="3"/>

            <Button x:Name="SortLastNameButton"
                    Content="Nach Nachname sortieren"
                    Click="SortLastNameButton_Click"
                    Margin="3"/>
        </StackPanel>
    </StackPanel>


</Window>
```

Listing 6.52: CollectionViewSource zur Sortierung verwenden

Im Markup befinden sich zwei Schaltflächen, die zwei fix definierte Möglichkeiten der Sortierung bieten: Zum einen kann der Vorname aufsteigend sortiert werden, zum anderen der Nachname. Dazu verweisen die beiden Eventhandler auf eine Methode Sort, welcher der zu sortierende Eigenschaftsname des zugrunde liegenden Objekts übergeben wird. In dieser Methode wird mit der Eigenschaft SortDescriptions gearbeitet. Damit eventuell vorhandene Sortierungsangaben nicht beachtet werden, wird ein Clear ausgeführt. Anschließend wird SortDescriptions eine neue SortDescription hinzugefügt. Als Parameter werden der Eigenschaftsname sowie die Art der Sortierung übergeben, in diesem Fall aufsteigend.

```
private void SortFirstNameButton_Click(object sender, RoutedEventArgs e)
{
    Sort("FirstName");
}

private void SortLastNameButton_Click(object sender, RoutedEventArgs e)
{
    Sort("LastName");
}

private void Sort(string columnName)
{
    CollectionViewSource cvSource = FindResource("PersonCollectionView")
        as CollectionViewSource;
    if (cvSource != null)
    {
        cvSource.SortDescriptions.Clear();
        cvSource.SortDescriptions.Add
```

```
        (
            new SortDescription(columnName, ListSortDirection.Ascending)
        );
    }
}
```

Listing 6.53: Implementierung der Sortierung für eine `CollectionViewSource`

Beachten Sie, dass Sie so auch nach mehreren Eigenschaften sortieren können, indem Sie der `SortDescriptions`-Auflistung mehrere Eigenschaften hinzufügen. Das Ergebnis einer aufsteigenden Sortierung auf Basis des Nachnamens können Sie in Abbildung 6.17 sehen.

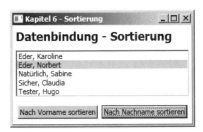

Abb. 6.17: Datenbindung und aufsteigende Sortierung

Hinweis

Das gezeigte Beispiel befindet sich auf der CD unter `Kapitel06`. Öffnen Sie hier das Projekt `Kap6_Sortierung`.

6.6.4 Filterung

Eine Filterung der Daten kann mithilfe der `CollectionViewSource` ebenfalls sehr einfach vorgenommen werden. Dazu bietet diese Klasse ein Ereignis `Filter` an, das, sofern definiert, für jeden Eintrag der zugrunde liegenden Liste aufgerufen wird. Über die Argumente des Ereignisses kann mittels Item auf den aktuell behandelten Eintrag zugegriffen werden. Die Eigenschaft `Accepted` wird benutzt, um zu definieren, ob der Eintrag sichtbar sein soll oder nicht.

Wird das Ereignis direkt bei der Deklaration der `CollectionViewSource` angegeben, wird die Filterung immer angewendet. Soll der Filter nur auf Wunsch zum Zuge kommen, muss das Ereignis manuell registriert werden. Ist die Filterung aufzuheben, muss das Abonnement des Ereignisses wieder aufgehoben werden.

Als Beispiel wird das Sortierungsbeispiel herangezogen und unwesentlich verändert. Hinzu kommt ein `CheckBox`-Element. Damit kann die Filterung aktiviert und wieder deaktiviert werden.

```
<CheckBox x:Name="FilterBox"
        IsChecked="False"
        Content="Filterung der Daten?"
        Click="FilterBox_Click"
        Margin="5"/>
```

Der wichtige Part spielt sich im Code ab:

```
private void FilterBox_Click(object sender, RoutedEventArgs e)
{
    CollectionViewSource cvSource = FindResource("PersonCollectionView")
        as CollectionViewSource;

    if (FilterBox.IsChecked == true)
    {
        cvSource.Filter += CollectionViewSource_Filter;
    }
    else
    {
        cvSource.Filter -= CollectionViewSource_Filter;
    }
}

private void CollectionViewSource_Filter(object sender, FilterEventArgs e)
{
    Person person = e.Item as Person;
    if (person != null)
    {
        e.Accepted = person.LastName.Equals("Eder",
            StringComparison.InvariantCultureIgnoreCase);
    }
}
```

Listing 6.54: Eine CollectionViewSource für Filterungen verwenden

Im Eventhandler des CheckBox-Elements wird auf Basis des Status das Filter-Ereignis abonniert oder wieder entfernt. Im Eventhandler des Filter-Ereignisses findet eine Überprüfung des Nachnamens statt. Entspricht dieser einer Vorgabe, wird die Eigenschaft Accepted der Ereignisargumente auf true gesetzt und der Eintrag ist somit sichtbar. Die Funktionsweise wird in Abbildung 6.18 dargestellt.

Hinweis

Das gezeigte Beispiel befindet sich auf der CD unter Kapitel06. Öffnen Sie hier das Projekt Kap6_Filterung.

Abb. 6.18: Filtern von Daten

6.6.5 Formatierung von Bindungswerten

Seit .NET Framework 3.5 Service Pack 1 steht für Bindungen `StringFormat` zur Verfügung. Damit können darzustellende Werte durch eine Formatzuweisung in ihrer Anzeige verändert werden.

Nachfolgend ein einfaches Beispiel. `StringFormat` wird direkt bei der Bindung angegeben und beschreibt das auszusehende Format. Verwendet werden die üblichen Formatangaben. Das Ergebnis ist in Abbildung 6.19 dargestellt.

```
<Window x:Class="Kap6_StringFormat.MainWindow"
    xmlns="http://schemas.microsoft.com/winfx/2006/xaml/presentation"
    xmlns:x="http://schemas.microsoft.com/winfx/2006/xaml"
    xmlns:local="clr-namespace:Kap6_StringFormat"
    Title="Kapitel 6 - StringFormat" SizeToContent="WidthAndHeight">

    <Window.Resources>
        <local:Person x:Key="Person1"
                    FirstName="Norbert"
                    LastName="Eder"
                    BirthDay="1.1.2000"/>
    </Window.Resources>

    <StackPanel DataContext="{Binding Source={StaticResource Person1}}">
        <TextBlock Margin="5">Vorname</TextBlock>
        <TextBox Text="{Binding Path=FirstName}" Margin="5"/>
        <TextBlock Margin="5">Nachname</TextBlock>
        <TextBox Text="{Binding Path=LastName}" Margin="5"/>
        <TextBlock Margin="5">Geburtstag - langes Format</TextBlock>
        <TextBox Text="{Binding Path=BirthDay, StringFormat=D}" Margin="5"/>
        <TextBlock Margin="5">Geburtstag - kurzes Format</TextBlock>
        <TextBox Text="{Binding Path=BirthDay, StringFormat=d}" Margin="5"/>
    </StackPanel>
```

```
</Window>
```

Listing 6.55: Datumswerte für Bindungen formatieren

Beachten Sie auch, dass bei vielen Elementen zusätzliche Möglichkeiten zur Verfügung stehen. Alle Elemente, die von `ItemsControl` erben, besitzen eine Eigenschaft `ItemStringFormat`. Dadurch kann den einzelnen Einträgen, die String-Werte anzeigen, ein Format vorgeschrieben werden. Eine Eigenschaft `Content-StringFormat` besitzen alle Elemente, die von `ContentControl` erben. Darüber kann selbiges erreicht werden.

Wichtig

Wenn Sie der Bindung einen Wertkonverter hinzufügen und zusätzlich `StringFormat` angeben, wird zuerst der Wertkonverter ausgeführt und erst danach die Formatierung angewendet.

Abb. 6.19: Anwendung von `StringFormat`

Hinweis

Das gezeigte Beispiel finden Sie auf der CD unter `Kapitel06`. Öffnen Sie hier das Projekt `Kap6_StringFormat` und nutzen Sie es, um mit den unterschiedlichen Formatierungsmöglichkeiten zu experimentieren.

In diesem Kapitel wurden grundlegende und wichtige Informationen über das Binding-System der WPF aufgearbeitet. So haben Sie erfahren, wie Datenbindungen grundsätzlich funktionieren und wie sie eingerichtet werden. Zusätzlich wurde erläutert, wie Daten einfach sortiert und gefiltert werden können. Im nächsten Kapitel erhalten Sie Informationen zu Ressourcen, wie diese definiert sind und wie sie eingebunden und verwaltet werden können.

Kapitel 7

Ressourcen

In Kapitel 6 sind wir bereits mit Ressourcen in Kontakt gekommen. In diesem Kapitel beschäftigen wir uns näher mit diesem Thema. Neben den Grundlagen behandeln wir auch die unterschiedlichen Einsatzgebiete und erarbeiten hilfreiche Beispiele.

7.1 Grundlagen

Eine Anwendung besteht nicht nur aus ein paar Steuerelementen, Daten und ein wenig Businesslogik. Auch Usability und die grafische Aufmachung dürfen nicht zu kurz kommen. Aus diesem Grund werden zahlreiche Grafiken, Videos und andere binäre Dateien eingebunden. Zusätzlich besteht durch die WPF die Möglichkeit, jedes beliebige Element mit einem eigenen Design zu versehen. Diese Informationen werden als Ressourcen innerhalb der Anwendung hinterlegt und zeichnen sich mitunter dadurch aus, dass sie austauschbar sind.

Betrachtet man die Entwicklung unter Windows Forms, dann ist die Angabe von Ressourcen nur sehr beschränkt. Je nach Anforderung wird sie in Projekte eingebettet und innerhalb der Assembly ausgeliefert oder es findet eine einfache »Verlinkung« statt. Wesentlich mehr Möglichkeiten sind nicht gegeben.

Unter der WPF verhält sich dies anders. Ressourcen können an fast jedes beliebige Objekt gehängt werden. Jedes Objekt, das von `Application`, `FrameworkElement` oder `FrameworkContentElement` erbt, bietet diese Möglichkeit an. Dazu wird eine Eigenschaft `Resources` vom Typ `ResourceDictionary` angeboten, die für diese Zwecke genutzt werden kann.

Wie Ressourcen definiert werden, bleibt dem Entwickler überlassen. Dies kann via XAML, aber auch via Code geschehen, nur dass Ressourcen in der WPF über die Definition von Grafiken etc. hinausgehen.

Nach der Erstellung eines Projekts wird standardmäßig bereits ein vordefinierter Bereich für Ressourcen angelegt, den Sie sofort verwenden können. Dieser Bereich befindet sich in der Datei `App.xaml`:

```
<Application x:Class="Kap7_Ressourcen.App"
    xmlns="http://schemas.microsoft.com/winfx/2006/xaml/presentation"
    xmlns:x="http://schemas.microsoft.com/winfx/2006/xaml"
```

```
    StartupUri="MainWindow.xaml">


    <Application.Resources>

    </Application.Resources>

</Application>
```

Listing 7.1:   Global gültiger Ressourcen-Abschnitt

Alle weiteren Ressourcenabschnitte müssen manuell erstellt werden. Für ein Fenster würde dies wie folgt aussehen:

```
<Window x:Class="Kap7_Ressourcen.MainWindow"
    xmlns="http://schemas.microsoft.com/winfx/2006/xaml/presentation"
    xmlns:x="http://schemas.microsoft.com/winfx/2006/xaml"
    Title="Kapitel 7 - Ressourcen"
    SizeToContent="WidthAndHeight">

    <Window.Resources>
    </Window.Resources>

    <Grid>
    </Grid>

</Window>
```

Listing 7.2:   Ressourcen-Abschnitt für ein Fenster deklarieren

Auf diese Weise können Sie mit allen Elementen verfahren, welche die Eigenschaft `Resources` anbieten.

7.1.1   Schlüssel

Wie Sie bereits in früheren Beispielen gesehen haben, können Ressourcen mit einem eindeutigen Schlüssel versehen werden. Dazu wird das Attribut `x:Key` herangezogen.

Der angegebene Schlüssel muss innerhalb des `ResourceDictionary`-Objekts eindeutig sein. Wird ein Schlüssel mit demselben Namen in mehreren unterschiedlichen Dictionaries definiert, löst dies keinen Fehler aus. Weitere Informationen dazu finden Sie im Abschnitt 7.2.3. Wird ein Schlüssel doppelt definiert, endet dies in einer `XamlParseException`.

Bis auf wenige Ausnahmen muss jede Ressource einen zugewiesenen Schlüssel (»expliziter Schlüssel«) haben. Ausnahmen sind durch Datenvorlagen und Styles unter der Angabe des Attributs `TargetType` gegeben (»impliziter Schlüssel«).

Sehen wir uns dazu ein Beispiel an. In Listing 7.3 werden innerhalb des Ressourcenabschnitts eines Fensters einige Ressourcen angelegt. Sie verfügen über einen eindeutigen Schlüssel, über den sie bei den einzelnen Elementen unter Verwendung von `StaticResource` angesprochen werden. Mehr dazu unter 7.1.2.

```
<Window x:Class="Kap7_Ressourcen.MainWindow"
    xmlns="http://schemas.microsoft.com/winfx/2006/xaml/presentation"
    xmlns:x="http://schemas.microsoft.com/winfx/2006/xaml"
    Title="Kapitel 7 - Ressourcen"
    Width="300"
    Height="300"
    Background="{StaticResource LinearGradientBrushBlue}">

    <Window.Resources>
        <LinearGradientBrush x:Key="OuterColorBrush">
            <GradientStop Color="Black" Offset="1.0"/>
            <GradientStop Color="Gray" Offset="0.8"/>
            <GradientStop Color="White" Offset="0.0"/>
        </LinearGradientBrush>
        <SolidColorBrush x:Key="InnerColorBrush" Color="LightGray"/>
    </Window.Resources>

    <Grid Margin="10">
        <Border Background="{StaticResource OuterColorBrush}"
            Margin="27" CornerRadius="15"/>
        <Border Background="{StaticResource InnerColorBrush}"
            Margin="30" CornerRadius="15"/>
    </Grid>

</Window>
```

Listing 7.3:   Ressourcen im Fenster

In Listing 7.3 ist ebenfalls eine Ressourcenzuweisung an das Fenster zu sehen. Die Ressource selbst befindet sich jedoch nicht im Ressourcenabschnitt dieses Fensters, sondern wurde im Ressourcenabschnitt der Datei `App.xaml` (siehe Listing 7.4) angegeben. Dies ist in diesem Fall notwendig, da die Suche nach Ressourcen den Elementbaum nach oben hin durchläuft und diese Ressource dort sonst nicht mehr erscheinen würde. Mehr dazu erfahren Sie im Abschnitt 7.2.2. Das Ergebnis dieser Ressourcen und deren Einbindung sehen Sie in Abbildung 7.1.

```
<Application x:Class="Kap7_Ressourcen.App"
    xmlns="http://schemas.microsoft.com/winfx/2006/xaml/presentation"
    xmlns:x="http://schemas.microsoft.com/winfx/2006/xaml"
    StartupUri="MainWindow.xaml">

    <Application.Resources>
        <LinearGradientBrush x:Key="LinearGradientBrushBlue">
            <GradientStop Color="DarkSlateGray" Offset="0.0"/>
            <GradientStop Color="LightGray" Offset="1.0"/>
        </LinearGradientBrush>
    </Application.Resources>

</Application>
```

Listing 7.4:   Ressourcen in der App.xaml

Abb. 7.1:   Einfache Verwendung von Ressourcen

Hinweis

Dieses einfache Grundlagenbeispiel finden Sie auf der CD unter Kapitel07 mit dem Namen Kap7_Ressourcen.

7.1.2 Typen

Bis dato wurde in allen Beispielen StaticResource verwendet. Dies ist jedoch nicht die einzige Möglichkeit, Ressourcen einzubinden. Hierzu stehen zwei Varianten zur Verfügung:

- StaticResource
- DynamicResource

Statische Ressourcen werden beim Laden der Anwendung ausgewertet. Dies bedeutet, dass sie zu diesem Zeitpunkt bekannt sein müssen. Zusätzlich ist es nicht möglich, derartige Ressourcen während der Laufzeit zu ändern. Dies bleibt dynamischen Ressourcen vorbehalten.

Im Gegensatz zu statischen Ressourcen werden dynamische erst beim ersten Zugriff ausgewertet. Sie müssen daher auch erst zu diesem Zeitpunkt bekannt sein. Ein weiterer Vorteil besteht darin, dass dynamische Ressourcen zur Laufzeit verändert werden dürfen. Diese Änderungen spiegeln sich auch in der Oberfläche wider. Aber werfen wir einen Blick darauf, was bei einer Veränderung der Ressourcen zur Laufzeit tatsächlich passiert.

Dazu erstellen wir eine Anwendung, die aus zwei Eingabefeldern und zwei Schaltflächen besteht. Eine einzige Ressource wird statisch an das eine Eingabefeld und dynamisch an das andere gehängt:

```xml
<Window x:Class="Kap7_StaticDynamic.MainWindow"
    xmlns="http://schemas.microsoft.com/winfx/2006/xaml/presentation"
    xmlns:x="http://schemas.microsoft.com/winfx/2006/xaml"
    Title="Kapitel 7 - Statische und dynamische Ressourcen"
    Height="300" Width="300">

    <Window.Resources>
        <RadialGradientBrush x:Key="BackgroundBrush"
                        GradientOrigin="0.0,0.0"
                        Center="0.4, 0.5"
                        RadiusX="0.8"
                        RadiusY="1.0">
            <GradientStop Color="White" Offset="0.2"/>
            <GradientStop Color="LightGray" Offset="0.5"/>
            <GradientStop Color="DarkGray" Offset="0.8"/>
        </RadialGradientBrush>
    </Window.Resources>

    <StackPanel>
        <TextBlock Text="Vorname" Margin="5"/>
        <TextBox Background="{StaticResource BackgroundBrush}"
                Margin="5"/>
        <TextBlock Text="Nachname" Margin="5"/>
        <TextBox Background="{DynamicResource BackgroundBrush}"
                Margin="5"/>
        <Button x:Name="ChangeResourceButton"
                Content="Eigenschaft einer Ressource ändern"
                Click="ChangeResourceButton_Click"
                Margin="5"/>
        <Button x:Name="CreateNewResourceButton"
                Content="Ressource neu erstellen"
```

```
                Click="CreateNewResourceButton_Click"
                Margin="5"/>
    </StackPanel>
</Window>
```

Listing 7.5:   Einfacher Einsatz von Ressourcen

Zudem wurden zwei Schaltflächen definiert. Im Click-Ereignis der ersten wird die bestehende Ressource verändert.

```
private void ChangeResourceButton_Click(object sender, RoutedEventArgs e)
{
    RadialGradientBrush bgBrush = FindResource("BackgroundBrush")
        as RadialGradientBrush;
    if (bgBrush != null)
    {
        bgBrush.GradientStops[2] = new GradientStop(Colors.Yellow, 0.8);
    }
}
```

Wird diese Schaltfläche betätigt, wird eines der GradientStop-Objekte neu zugewiesen. Die Ressource selbst bleibt als solche bestehen. Sehen wir uns dazu, das resultierende Formular an:

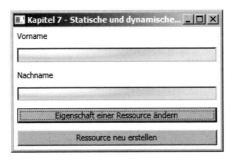

Abb. 7.2:   Änderung einer bestehenden Ressource

Abbildung 7.2 zeigt deutlich, dass die Visualisierung in beiden Fällen geändert wurde. Sehen wir uns dazu die Aufgabe der zweiten Schaltfläche an:

```
private void CreateNewResourceButton_Click(object sender, RoutedEventArgs e)
{
    this.Resources["BackgroundBrush"] = new SolidColorBrush(Colors.Blue);
}
```

Listing 7.6:   Neue Ressource erstellen und zuweisen

In diesem Fall wird ein neues Objekt vom Typ `SolidColorBrush` erstellt und die bereits definierte Ressource überschrieben. Wird es ausgeführt, spiegelt sich dies in der Oberfläche wie folgt wider:

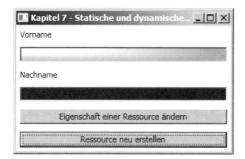

Abb. 7.3: Überschreiben einer bestehenden Ressource

Daraus kann abgeleitet werden, dass sich dynamische Ressourcen dadurch unterscheiden, dass sie zur Laufzeit gänzlich ausgetauscht werden können, während Änderungen an bestehenden Ressourcen auch bei statischen Ressourcen in der Oberfläche sichtbar werden.

Welchen Typ wann verwenden?

Eine Frage, die unweigerlich an dieser Stelle aufkommt, ist die, welcher Ressourcentyp wann verwendet werden sollte. Dies kann in speziellen Fällen durchaus schwer zu beantworten sein. Nachfolgend erhalten Sie jedoch einige Hinweise, die Ihnen bei der Entscheidung helfen werden.

Statische Ressourcen

- Da statische Ressourcen beim Laden des XAML-Markups bereits ausgewertet und als Objekte gehalten werden, müssen diese Ressourcen bei häufiger Verwendung nicht ständig neu nachgeschlagen werden. Daher kann sich bei häufiger Nutzung ein Performancevorteil ergeben.

- Wenn die zu setzende Eigenschaft nicht vom Typ `DependencyObject` oder `Freezable` ist, kann nur eine statische Ressource verwendet werden. Dynamische Ressourcen sind hier grundsätzlich nicht möglich.

- Verwenden Sie statische Ressourcen wenn Sie ein Ressourcenwörterbuch erstellen, das als Assembly kompiliert und in eine oder mehrere Anwendungen eingebunden wird.

- Werden durch die Ressource eine Vielzahl von Abhängigkeitseigenschaften gesetzt, empfiehlt sich ebenfalls die Verwendung von statischen Ressourcen. Nur dadurch kann der Caching-Mechanismus der Abhängigkeitseigenschaften genutzt werden. Dies kann mitunter zu Performancevorteilen führen.

■ Erstellen Sie ein Theme für ein eigenes Steuerelement und definieren darin Ressourcen, die vom Steuerelement verwendet werden sollen, dann ist ebenfalls die Verwendung von statischen Ressourcen zu empfehlen. Ein Problem stellt hierbei das Suchverhalten der dynamischen Ressourcen dar. Dies könnte zu unvorhergesehenen Darstellungen führen.

Dynamische Ressourcen

■ Ressourcen werden zur Laufzeit neu zugewiesen

■ Der Wert der Ressource ist von Bedingungen abhängig, die erst zur Laufzeit ausgewertet werden.

■ Ihre Ressourcenstruktur ist sehr komplex. Dabei können gegenseitige Referenzen vorkommen. Da hierzu mitunter Vorwärtsreferenzen erforderlich sind, müssen in diesem Fall dynamische Ressourcen verwendet werden, da nur diese Vorwärtsreferenzen unterstützen. Dies wird durch die Auswertung zur Laufzeit möglich.

■ Werden Ressourcen während der Laufzeit im Elementbaum verschoben, sind diese ebenfalls dynamisch zu referenzieren. Bei einer statischen Verwendung könnten die Ressourcen durch ihre neue Position eventuell nicht mehr gefunden werden.

■ Sie erstellen einen Style mit Settern, deren Werte von Benutzereinstellungen oder Themes abhängig sind.

Damit dynamische Ressourcen verwendet werden können, muss zumindest eine der nachfolgenden Bedingungen erfüllt sein:

■ Die festzulegende Eigenschaft muss vom Typ `FrameworkElement` oder `FrameworkContentElement` sein und eine Abhängigkeitseigenschaft darstellen.

■ Ein Objekt vom Typ `Freezable` wird einer Eigenschaft eines Objekts vom Typ `FrameworkElement` oder `FrameworkContentElement` zugewiesen. Dies gilt auch für das Setzen eines Wertes über ein `Setter`-Element.

■ Die Referenz wird im `Setter`-Element eines Styles verwendet.

Hinweis

Das zugrunde liegende Beispiel ist auf der CD unter `Kapitel07` zu finden. Um Tests und Erweiterungen durchzuführen, öffnen Sie das Projekt `Kap7_Static-Dynamic`.

7.2   Ablage der Ressourcen

Bereits zu Beginn des Kapitels wurde erwähnt, dass jedes Objekt vom Typ `Application`, `FrameworkElement` oder `FrameworkContentElement` über eine Eigenschaft `Resources` verfügt. Darin können nun Ressourcen definiert werden. Darauf und auf die angewendeten Suchstrategien, um die Ressourcen schlussendlich zu finden, wird in diesem Abschnitt eingegangen.

7.2.1   Gültigkeitsbereiche

Ressourcen können demnach in unterschiedlichen Bereichen definiert werden. Dadurch wird auch festgelegt, für welchen Bereich sie Gültigkeit haben. Hierbei werden folgende Ressourcentypen unterschieden:

- Anwendungsressourcen
- Fenster-/Seitenressourcen
- Elementressourcen

Anwendungsressourcen werden in der Datei `App.xaml` definiert. Diese sind für die gesamte Anwendung gültig und können somit auch in der gesamten Anwendung verwendet werden. Hier zur Erinnerung noch die Deklaration:

```
<Application x:Class="Kap7_RessourcenAbschnitte.App"
    xmlns="http://schemas.microsoft.com/winfx/2006/xaml/presentation"
    xmlns:x="http://schemas.microsoft.com/winfx/2006/xaml"
    StartupUri="MainWindow.xaml">

    <Application.Resources>
        <RadialGradientBrush x:Key="ApplicationBackgroundBrush"
                        GradientOrigin="0.0,0.0"
                        Center="0.4, 0.5"
                        RadiusX="0.8"
                        RadiusY="1.0">
            <GradientStop Color="White" Offset="0.2"/>
            <GradientStop Color="LightGray" Offset="0.5"/>
            <GradientStop Color="DarkGray" Offset="0.8"/>
        </RadialGradientBrush>
    </Application.Resources>

</Application>
```

Listing 7.7:   Anwendungs-Ressource festlegen

Im Gegensatz dazu sind Fenster- bzw. Seitenressourcen nur im jeweiligen Fenster bzw. der jeweiligen Seite verfügbar. Außerhalb dieses Bereichs werden diese Ressourcen nicht gefunden.

```xml
<Window x:Class="Kap7_RessourcenAbschnitte.MainWindow"
    xmlns="http://schemas.microsoft.com/winfx/2006/xaml/presentation"
    xmlns:x="http://schemas.microsoft.com/winfx/2006/xaml"
    Title="Kapitel 7 - Ressourcen-Abschnitte"
    SizeToContent="WidthAndHeight">

    <Window.Resources>
        <RadialGradientBrush x:Key="WindowBackgroundBrush"
                        GradientOrigin="0.0,0.0"
                        Center="0.4, 0.5"
                        RadiusX="0.8"
                        RadiusY="1.0">
            <GradientStop Color="White" Offset="0.2"/>
            <GradientStop Color="LightGray" Offset="0.5"/>
            <GradientStop Color="DarkGray" Offset="0.8"/>
        </RadialGradientBrush>
    </Window.Resources>

</Window>
```

Listing 7.8: Ressource im Gültigkeitsbereich eines Fensters definieren

Eine weitere Variante ist die Definition direkt bei einem Element innerhalb eines Fensters oder einer Seite. In diesem Beispiel wird eine Ressource für ein Stack-Panel-Element definiert:

```xml
<StackPanel>
    <StackPanel.Resources>
        <RadialGradientBrush x:Key="StackPanelBackgroundBrush"
                        GradientOrigin="0.0,0.0"
                        Center="0.4, 0.5"
                        RadiusX="0.8"
                        RadiusY="1.0">
            <GradientStop Color="White" Offset="0.2"/>
            <GradientStop Color="LightGray" Offset="0.5"/>
            <GradientStop Color="DarkGray" Offset="0.8"/>
        </RadialGradientBrush>
    </StackPanel.Resources>
</StackPanel>
```

Listing 7.9: Ressource mit Gültigkeit innerhalb eines StackPanel-Elementes

Nachfolgend wird die Verwendung anhand dreier Schaltflächen gezeigt, welche die drei definierten Ressourcen verwenden. Das Ergebnis ist in Abbildung 7.4 zu sehen.

```
<Button Background="{StaticResource ApplicationBackgroundBrush}"
    Content="Application"
    Margin="5"/>
<Button Background="{StaticResource WindowBackgroundBrush}"
    Content="Window"
    Margin="5"/>
<Button Background="{StaticResource StackPanelBackgroundBrush}"
    Content="StackPanel"
    Margin="5"/>
```

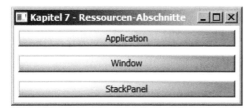

Abb. 7.4: Ressourcen aus unterschiedlichen Bereichen

Unerwähnt blieben bis jetzt die Systemressourcen. Diese werden – wie der Name bereits andeutet – vom System zur Verfügung gestellt. Unter anderem werden dadurch die Klassen `SystemParameters`, `SystemColors` und `SystemFonts` zur Verfügung gestellt. Sie können ebenfalls für die eigene Anwendung genutzt werden:

```
<Button Background="{x:Static SystemColors.ControlLightLightBrush}"
    Content="System"
    Margin="5"/>
```

Listing 7.10: Verwendung von Systemressourcen

Wichtig

Überlegen Sie sich bereits im Vorfeld, welche Ressourcen benötigt werden. Dies erfordert eine gute Planung, erleichtert aber die Erstellung und Verwendung von Ressourcen ungemein. Zudem werden auf diese Weise Fehlpositionierungen und somit auch die fehlerhafte Verwendung von Ressourcen vermieden.

Das Ergebnis ist in Abbildung 7.5 zu sehen. Zu beachten ist hierbei, dass die Farbgebung vom aktuell unter Windows benutzten Theme abhängig ist. Wird das Theme geändert, passt sich die Farbe entsprechend an.

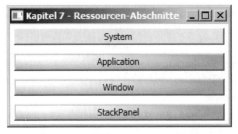

Abb. 7.5: Verwendung von Systemressourcen

> **Hinweis**
>
> Das gezeigte Beispiel ist auf der CD unter `Kapitel07` zu finden. Öffnen Sie das Projekt `Kap7_RessourcenAbschnitte`, um sich mit dem Gezeigten vertraut zu machen.

7.2.2 Suchstrategie

Um auf Ressourcen zuzugreifen, werden Schlüssel verwendet. Es erfolgt jedoch keine Angabe, wo genau sich die gesuchte Ressource befindet. Dies lässt darauf schließen, dass es einen speziellen Suchmechanismus geben muss. Sehen wir uns das einmal genauer an.

Suche via XAML

Abbildung 7.6 zeigt bereits den grundsätzlichen Ablauf. Wird an einem Element ein Verweis auf eine Ressource definiert, startet die Suche in den Ressourcen dieses Elements. Wird keine gefunden, wird die Suche am im Elementbaum darüber liegenden Element fortgeführt. Dies wird so lange fortgesetzt, bis die Wurzel des Baumes erreicht wird und der Schlüssel in den Ressourcen des Fensters oder der Seite nachgeschlagen wird. Kann auch hier kein Erfolg verbucht werden, findet die Suche in den Anwendungsressourcen (`App.xaml`) ihre Fortführung. Liefert auch dies kein Ergebnis, werden schlussendlich die Systemressourcen durchsucht. Im schlimmsten Fall wird keine Ressource gefunden und eine `XamlParseException` ausgelöst.

Konnte der Schlüssel gefunden werden, wird die Ressource zurückgeliefert und kann vom anfordernden Element verwendet werden. Entsprechend des zugrunde liegenden Ablaufs wird die erste zum Schlüssel passende Ressource retourniert. Es wurde bereits erwähnt, dass eine Ressource mit demselben Schlüssel innerhalb eines Ressourcenabschnitts nur einmal definiert werden kann. Dies schließt jedoch nicht aus, dass in unterschiedlichen Abschnitten derselbe Schlüssel mehrfach vorkommen kann. In diesem Fall würde das erste Vorkommen verwendet werden und somit alle weiteren Ressourcen mit identischem Schlüssel »überschreiben«.

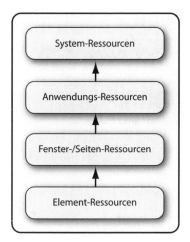

Abb. 7.6: Suchstrategie von Ressourcen

Um die Suche nach Ressourcen in XAML zu verdeutlichen, wird nachfolgend ein einfaches Beispiel gezeigt. So werden zwei Ressourcen mit demselben Schlüssel definiert. Die erste Ressource wird in den Fensterressourcen platziert, die zweite Ressource findet ihren Platz im Ressourcenabschnitt eines `StackPanel`-Elements.

```
<Window x:Class="Kap7_RessourcenSuche.MainWindow"
    xmlns="http://schemas.microsoft.com/winfx/2006/xaml/presentation"
    xmlns:x="http://schemas.microsoft.com/winfx/2006/xaml"
    Title="Kapitel 7 - Ressourcen-Suche"
    SizeToContent="WidthAndHeight">

    <Window.Resources>
        <LinearGradientBrush x:Key="ButtonGradientBrush">
            <GradientStop Color="White" Offset="0.0"/>
            <GradientStop Color="DarkGray" Offset="1.0"/>
        </LinearGradientBrush>
    </Window.Resources>

    <StackPanel>
        <StackPanel.Resources>
```

```
        <LinearGradientBrush x:Key="ButtonGradientBrush">
            <GradientStop Color="White" Offset="1.0"/>
            <GradientStop Color="DarkGray" Offset="0.0"/>
        </LinearGradientBrush>
    </StackPanel.Resources>
    <Button Content="Schaltfläche zur Ressourcen-Suche"
            Background="{StaticResource ButtonGradientBrush}"
            Margin="5"/>
    </StackPanel>
</Window>
```

Listing 7.11: Ressourcen mit demselben Schlüssel und Suchreihenfolge

Die Ressource im Ressourcenabschnitt des Fensters definiert einen Farbverlauf. Dieser startet auf der linken Seite mit Weiß und endet rechts in einem dunklen Grau. Die Angabe beim `StackPanel`-Element dreht den Farbverlauf um 180°. In Abbildung 7.7 ist das Ergebnis dargestellt: Die erste gefundene Ressource mit dem angegebenen Schlüssel wird im Ressourcenabschnitt des `StackPanel`-Elements gefunden und auch tatsächlich angewendet. Die Ressource des Fensters wird nicht mehr erreicht.

Abb. 7.7:   Suche nach Ressourcen im Markup

Suche via Code

Mit Ressourcen wird nicht nur via XAML-Markup gearbeitet. So kann ein Zugriff auch aus dem Sourcecode heraus erfolgen. Dafür stehen zwei Methoden zur Verfügung:

- FindResource
- TryFindResource

Jedes Element, das die Eigenschaft `Resources` anbietet, bietet auch beide Methoden an. Mittels `FindResource` kann nach Ressourcen gesucht werden. Dabei wird der gleiche Ablauf verfolgt, d.h., der Elementbaum wird aufsteigend durchsucht. Die Suche startet bei dem Element, dessen `FindResource`-Methode aufgerufen wurde. Darauf ist besonders Rücksicht zu nehmen. In Listing 7.12 wird das Verhalten gezeigt. Ausgehend von unserem bestehenden Projekt wurden zwei weitere Schaltflächen hinzugefügt. Beiden wird die Ressource `ButtonGradientBrush` hinzugefügt. Unterschiedlich ist das Element, an dem die Methode `FindResource` aufgerufen wird. Im ersten Fall wird die Suche ausgehend von der Schaltfläche gestartet. Im zweiten wird die Methode des Fensters aufgerufen, wodurch die Ressource des Fensters gefunden wird. Dies resultiert in einer unterschiedlichen Darstellung (siehe Abbildung 7.8).

```
LinearGradientBrush brush1 = CodeResourceButton1.FindResource("ButtonGradientBrush")
    as LinearGradientBrush;
CodeResourceButton1.Background = brush1;

LinearGradientBrush brush2 = this.FindResource("ButtonGradientBrush")
    as LinearGradientBrush;
CodeResourceButton2.Background = brush2;
```

Listing 7.12: Unterschiedlicher Aufruf von FindResource

Wichtig

Achten Sie immer darauf, an welchem Element Sie die Methode FindResource aufrufen. Gerade wenn mehrere Ressourcen mit demselben Schlüssel vorhanden sind, kann es zu ungewollten Darstellungen kommen. Eine Fehlersuche kann sich als aufwendig erweisen.

Abb. 7.8: Anwendung von FindResource

Wird eine mittels FindResource gesuchte Ressource nicht gefunden, wird eine Ausnahme ausgelöst: ResourceReferenceKeyNotFoundException. Soll diese Ausnahme unterdrückt werden, empfiehlt sich die Verwendung der Methode TryFindResource. Diese übernimmt die Prüfung auf eine Ausnahme und liefert im Falle eines Nichtauffindens null zurück.

7.2.3 Ressourcenwörterbücher

Je größer eine Anwendung wird, desto mehr Ressourcen sammeln sich an. Irgendwann kommt es schließlich zu einem unvermeidlichen Punkt: Das Ablegen der Ressourcen an unterschiedlichen Stellen ist zwar nett, macht das Ganze aber ziemlich unübersichtlich und schwer zu warten. Es muss eine andere Lösung her: Ressourcenwörterbücher.

Ressourcenwörterbücher können in eigenen Dateien abgelegt und eingebunden werden (siehe Abbildung 7.9). Der Aufbau einer derartigen Datei ist einfach:

```
<ResourceDictionary
    xmlns="http://schemas.microsoft.com/winfx/2006/xaml/presentation"
    xmlns:x="http://schemas.microsoft.com/winfx/2006/xaml">

    <SolidColorBrush x:Key="LightButton" Color="LightGray"/>

</ResourceDictionary>
```

Listing 7.13: Einfacher Aufbau eines Ressourcenwörterbuches

Ressourcenwörterbücher besitzen ein `ResourceDictionary`-Element als Wurzel. Die wichtigsten Namensräume werden beim Anlegen über die Vorlage bereits hinzugefügt. Innerhalb des `ResourceDictionary`-Elements kann nun – wie bereits gewohnt – begonnen werden, Ressourcen zu definieren und via `x:Key` mit einem Schlüssel zu versehen.

Abb. 7.9: Ressourcenwörterbuch erstellen

Mehrere Ressourcendateien verwenden

Da das Motto »Alle Ressourcen in eine Datei« ebenfalls keine perfekte Lösung darstellt, können zahlreiche Ressourcendateien erstellt und eingebunden werden. Die Einbindung kann über die Eigenschaft `MergedDictionaries` des Objekts `ResourceDictionary` vorgenommen werden:

```
<Application x:Class="Kap7_Ressourcedateien.App"
    xmlns="http://schemas.microsoft.com/winfx/2006/xaml/presentation"
    xmlns:x="http://schemas.microsoft.com/winfx/2006/xaml"
    StartupUri="MainWindow.xaml">

    <Application.Resources>

        <ResourceDictionary>
            <ResourceDictionary.MergedDictionaries>
                <ResourceDictionary Source="Resources/Shared.xaml"/>
                <ResourceDictionary Source="Resources/Button.xaml"/>
            </ResourceDictionary.MergedDictionaries>
        </ResourceDictionary>

    </Application.Resources>

</Application>
```

Listing 7.14: Verwendung von `MergedDictionaries`

Der Eigenschaft `MergedDictionaries` können weitere Elemente vom Typ `ResourceDictionary` hinzugefügt werden. Deren `Source`-Eigenschaft verweist auf einen URI, unter dem die angegebene Datei zu finden sein muss.

Zusätzlich ist in diesem Beispiel zu sehen, dass der Verweis auf Ressourcendateien in jedem beliebigen Ressourcenabschnitt vorgenommen werden kann.

Der Zugriff auf eine Ressource aus einer Ressourcendatei erfolgt auf dieselbe Art, die wir bereits kennengelernt haben:

```
<StackPanel>
    <Button Content="Button mit Brush"
            Background="{StaticResource LightButton}"
            Margin="10"/>
</StackPanel>
```

Der Vollständigkeit halber ist das Ergebnis in Abbildung 7.10 zu sehen.

Abb. 7.10: Ressource aus `MergedDictionary`

Hinweis

Das hier gezeigte Beispiel finden Sie auf der CD unter `Kapitel07`. Öffnen Sie das Projekt `Kap7_Ressourcedateien`, um sich mit den gezeigten Funktionalitäten vertraut zu machen.

Verwaltung von Ressourcendateien

Durch die Verwendung mehrerer Ressourcendateien können extrem lange Ressourcendateien vermieden werden. Dennoch stellen sich einige Fragen:

- Wie viele Ressourcendateien sollen verwendet werden?
- Wie lang darf eine Ressourcendatei werden?
- Was gehört in welche Datei?
- Wie kann Unordnung vermieden werden?

Eine allgemeingültige Antwort kann auf diese Fragen nicht gegeben werden. Jedoch können nachfolgende Empfehlungen ausgesprochen werden:

- Versuchen Sie Ressourcendateien so klein wie möglich zu halten. Bedenken Sie aber, dass eine Ressource pro Datei auch nicht zum Ziel führt. Wählen Sie ein gesundes Mittelmaß.

- Setzen Sie bereits große Ressourcendateien ein, erwägen Sie die Verwendung von zusammengeführten Ressourcenwörterbüchern (»Merged Dictionaries«).

- Werden zusammengeführte Ressourcenwörterbücher verwendet, dann ordnen Sie diese entsprechend der besten Wiederverwendbarkeit an. Dies bedeutet, dass Ressourcenwörterbücher mit Ressourcen, die in anderen Dateien verwendet werden, an oberster Stelle deklariert werden sollten.

- Werden dieselben Ressourcenwörterbücher von mehreren Fenstern oder Seiten verwendet, sollten diese in den Anwendungsressourcen zusammengeführt werden, da andernfalls pro Fenster (Seite) eine eigene Kopie der Ressourcen in den Speicher geladen wird. Ist keine `App.xaml` verfügbar, weil beispielsweise eine Steuerelement-Bibliothek entwickelt wird, können die Wörterbücher per Code zusammengeführt werden.

- Es empfiehlt sich, für die Ressourcenwörterbücher logische Unterteilungen zu finden. Dies bedeutet, dass es für Zusammengehöriges (beispielsweise eine Steuerelement-Sammlung) ein Wörterbuch gibt. Eine Aufteilung nach Typen (alle Brushes für Schaltflächen in ein Wörterbuch etc.) empfiehlt sich nicht, da dies schnell zu Redundanzen führt.

Wenn diese Empfehlungen beherzigt werden, sollten Sie in der Lage sein, gut gepflegte und übersichtliche Wörterbücher zu führen.

Einbinden oder nicht?

Wenn Sie Ressourcenwörterbücher erstellen, müssen Sie sich überlegen, wie diese zusammen mit der Anwendung ausgeliefert werden sollen.

So ist es möglich, die Wörterbücher als Dateien zu verteilen. Es muss dafür gesorgt werden, dass die Wörterbücher beim Erstellen der Anwendung auch tatsächlich in den Ausgabepfad kopiert und somit für das Schnüren eines Pakets berücksichtigt werden. Dazu muss der Buildvorgang für die entsprechenden Dateien auf INHALT (»Content«) gestellt werden.

Eine weitere Möglichkeit stellt die Auslieferung der Wörterbücher als Teil der Anwendung dar. Dies ist standardmäßig der Fall, wenn Ressourcenwörterbücher über die Visual-Studio-Vorlage erstellt werden. In diesem Fall kann eine relative Pfadangabe auf die Wörterbücher erfolgen. Als Buildvorgang ist PAGE eingestellt. Die Ressourcen werden beim Kompilieren in eine binäre *.baml*-Datei übersetzt.

Ressourcenwörterbücher als eingebettete Ressourcen (»Embedded Resource«) auszuliefern, ist nicht zulässig. Dies wird nur für Objekte angeboten, die mit der Klasse `ResourceManager` ausgelesen werden. Da die Eigenschaft `Source` des `ResourceDictionary`-Objekts diese Klasse nicht nutzt, können die Ressourcen nicht ausgelesen werden. Das Resultat wäre ein Fehler beim Laden der Anwendung.

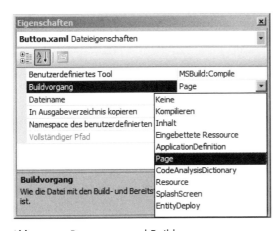

Abb. 7.11: Ressourcen und Buildvorgang

7.3 Hilfreiches zu Ressourcen

Im letzten Abschnitt dieses Kapitels werden einige hilfreiche Informationen zum Thema Ressourcen vermittelt.

7.3.1 Konstanten in Ressourcen

Ressourcen können nicht nur binäre Daten, Styles, Templates, Farbangaben etc. sein. Vielmehr können auch Konstanten definiert werden. Dies ist in manchen Fällen einfacher, als selbiges Verhalten beispielsweise via Styles herbeizuführen.

Bereits in vorherigen Beispielen wurden an einigen Stellen Konstanten verwendet. Hierzu nachfolgend noch ein explizites Beispiel.

Ziel soll es sein, zwei Schaltflächen mit gleicher Breite darzustellen. Neben der Breite sollen die Beschriftungen via Konstanten gesetzt werden.

```
<Window x:Class="Kap7_Konstanten.MainWindow"
    xmlns="http://schemas.microsoft.com/winfx/2006/xaml/presentation"
    xmlns:x="http://schemas.microsoft.com/winfx/2006/xaml"
    xmlns:clr="clr-namespace:System;assembly=mscorlib"
    Title="Kapitel 7 - Konstanten"
    SizeToContent="WidthAndHeight">

    <Window.Resources>
        <clr:String x:Key="OkText">OK</clr:String>
        <clr:String x:Key="CancelText">Cancel</clr:String>
        <clr:Double x:Key="ButtonWidth">150.0</clr:Double>
        <Thickness x:Key="ButtonMargin"
                Left="5" Top="5" Right="5" Bottom="5"/>
    </Window.Resources>

    <StackPanel Orientation="Horizontal">

        <Button Content="{StaticResource OkText}"
                Width="{StaticResource ButtonWidth}"
                Margin="{StaticResource ButtonMargin}"/>

        <Button Width="{StaticResource ButtonWidth}"
                Margin="{StaticResource ButtonMargin}">
            <StaticResourceExtension ResourceKey="CancelText"/>
        </Button>

    </StackPanel>

</Window>
```

Listing 7.15: Konstanten in Ressourcen verwenden

Im Ressourcenabschnitt des Fensters sind die Deklarationen der Konstanten zu finden. Um die Typen String und Double verwenden zu können, muss die Assembly MSCORLIB.DLL als Namensraum zur Verfügung gestellt werden:

```
xmlns:clr="clr-namespace:System;assembly=mscorlib"
```

Danach kann auf alle enthaltenen Typen zugegriffen werden und das Erstellen der String-Konstanten für die Darstellung der Schaltflächenbeschriftungen ist möglich. Zusätzlich wird noch eine Konstante vom Typ Double definiert, die für die Breitenangabe der Schaltflächen verwendet werden wird. Schlussendlich die Deklaration eines Objekts vom Typ Thickness. Dadurch kann auch der Abstand der Elemente gesetzt werden. Das Ergebnis ist in Abbildung 7.12 zu sehen.

Abb. 7.12: Schaltflächen durch Konstanten konfiguriert

Hinweis

Dieses Beispiel finden Sie auf der CD unter Kapitel07. Öffnen Sie das Projekt Kap7_Konstanten, um sich mit dieser Funktionalität vertraut zu machen.

7.3.2 Ressourcen nachladen

Im Kontext der dynamischen Ressourcen wurde erwähnt, dass Ressourcen nicht zwangsweise beim Einlesen des XAML-Markups vorhanden sein müssen. Sie können auch erst zu einem späteren Zeitpunkt nachgeladen werden. Hier soll ein einfaches Beispiel gezeigt werden, wie sich dies bewerkstelligen lässt.

Eine Anwendung besitzt eine Schaltfläche, der bereits ein Hintergrund durch eine Ressource zugewiesen wurde. Bei Betätigung der Schaltfläche wird ein externes Ressourcenwörterbuch eingelesen und die Ressource neu gesetzt.

Das Ressourcenwörterbuch ist dabei nicht aufwendig, zu beachten ist lediglich, dass die Build-Aktion auf INHALT gestellt werden muss. Zusätzlich muss dafür Sorge getragen werden, dass die Datei ins Ausgabeverzeichnis kopiert wird:

```
<ResourceDictionary
    xmlns="http://schemas.microsoft.com/winfx/2006/xaml/presentation"
    xmlns:x="http://schemas.microsoft.com/winfx/2006/xaml">

    <LinearGradientBrush x:Key="LinearButtonBrush">
        <GradientStop Color="White" Offset="0.0"/>
        <GradientStop Color="DarkGray" Offset="1.0"/>
    </LinearGradientBrush>

</ResourceDictionary>
```

Das Markup des Fensters ist nicht komplizierter:

```
<Window x:Class="Kap7_RessourcenNachladen.MainWindow"
    xmlns="http://schemas.microsoft.com/winfx/2006/xaml/presentation"
    xmlns:x="http://schemas.microsoft.com/winfx/2006/xaml"
    Title="Kapitel 7 - Ressourcen nachladen"
    SizeToContent="WidthAndHeight">

    <Window.Resources>
        <SolidColorBrush x:Key="LinearButtonBrush"
                        Color="LightGray"/>
    </Window.Resources>

    <Grid>
        <Button Content="Ressource nachladen"
            Background="{DynamicResource LinearButtonBrush}"
            Margin="10"
            Click="Button_Click"/>
    </Grid>

</Window>
```

Listing 7.16: Verwendung von dynamischen Ressourcen

Beachten Sie, dass die Ressource dynamisch zugewiesen wird. Dies ist notwendig, damit der in den Fensterressourcen definierte Brush ausgetauscht werden kann. Klickt der Benutzer nun auf die Schaltfläche, wird folgender Code ausgeführt:

```
FileStream fileStream = new FileStream("ResourceToLoad.xaml",
                            FileMode.Open,
                            FileAccess.Read);
object loadedXaml = XamlReader.Load(fileStream);
if (loadedXaml != null && loadedXaml is ResourceDictionary)
{
    this.Resources = (ResourceDictionary)loadedXaml;
}
```

Listing 7.17: Ressourcen per XamlReader nachladen und austauschen

Das externe Ressourcenwörterbuch wird durch einen Stream geöffnet und schlussendlich durch die Methode Load des XamlReader-Objekts eingelesen. Nachdem eine Prüfung stattfand, ob es sich auch tatsächlich um ein Ressourcenwörterbuch handelt, werden die aktuellen Ressourcen des Fensters mit den neuen überschrieben. Das Ergebnis ist in Abbildung 7.13 zu sehen.

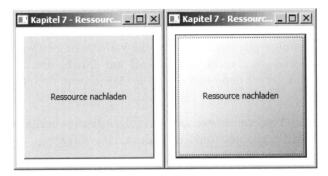

Abb. 7.13: Nachladen von Ressourcen

7.3.3 Paket-URIs

Uniform Resource Identifiers (URIs) werden in der WPF verwendet, um Dateien zu identifizieren und zu laden. Das Paket-URI-Schema ist Teil der »Office Open XML Document Interchange Specification«. Gerade beim Einsatz von Ressourcen sind immer wieder externe Dateien zu referenzieren und Inhalte daraus zu verwenden. Im einfachsten Falle sind Grafiken zu laden oder aber auch bereits vorhandene Ressourcen aus bestehenden Assemblies.

Das Paket-URI-Schema besteht im Grunde aus zwei Teilen:

- Package
- Part

Das »Package« (Paket) stellt einen logischen Container dar, der einzelne »Parts« (Teile) beinhalten kann. Dieser Container muss mindestens einen Part enthalten. Eine plakative Darstellung sehen Sie in Abbildung 7.14. Die Identifizierung der einzelnen Parts erfolgt über »Uniform Resource Identifier mit Generic Syntax« (siehe auch RFC 2396).

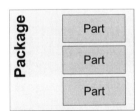

Abb. 7.14: Paket-URI-Schema

Ein URI startet mit einem Präfix (beispielsweise `http`, FTP etc.). Das Paket-URI-Schema verwendet statt dieses Präfixes `pack://`. Die weiteren Teile des Schemas bestehen aus der »Authority« und dem »Path«. Die »Authority« beschreibt den zu verwendenden Pakettyp. Die WPF unterstützt zwei Authorities: `application:///` und `siteoforigin:///`. Die erste Variante beschreibt die Ressourcen- und Inhaltsdateien, die der Anwendung bekannt sind. Die zweite Variante ist geht vom Anwendungsverzeichnis aus und ermöglicht den Zugriff auf Daten, die der Anwendung nicht bekannt sind. Durch den »Path« wird der Speicherort des einzelnen Parts beschrieben.

Um die Funktionsweise näher zu beschreiben, werden nachfolgend einige Beispiel-URIs für unterschiedliche Zugriffsvarianten und Anwendungsfälle aufgezeigt.

- Ressourcendatei aus lokaler Assembly:
  `pack://application:,,,/MeineRessourcenDatei.xaml`

- Ressourcendatei aus lokaler Assembly mit Unterverzeichnis:
  `pack://application:,,,/Verzeichnis/MeineRessourcenDatei.xaml`

- Ressourcendatei aus referenzierter Assembly:
  `pack://application:,,,/Assembly;component/MeineRessourcenDatei.xaml`
  `pack://application:,,,/Assembly;component/Verzeichnis/`
  `MeineRessourcenDatei.xaml`

- `pack://application:,,,/Assembly;v1.0.0.0;component/`
  `MeineRessourcenDatei.xaml`

- Datei aus Anwendungsverzeichnis (nicht referenziert):
  `pack://siteoforigin:,,,/EineDatei.xaml`

- Datei aus Unterverzeichnis des Anwendungsverzeichnisses (nicht referenziert): `pack://siteoforigin:,,,/Verzeichnis/EineDatei.xaml`

Durch diesen Mechanismus bekommen Sie die Möglichkeit, Ressourcen komplett auszulagern (unabhängig davon, ob in eigene Assemblies oder ins Dateisystem) und können diese einfach in mehreren Anwendungen wiederverwenden. Nachfolgend sehen Sie, wie Sie eine Ressource aus einer Assembly global für Ihre Anwendung zur Verfügung stellen können.

```
<Application.Resources>
   <ResourceDictionary
    Source="pack://application:,,,/CorporateDesignLib;
      component/MyDictionary.xaml"/>
</Application.Resources>
```

Listing 7.18: Ressourcen aus fremder Assembly einbinden

Dieses Kapitel hat sich mit dem Thema Ressourcen beschäftigt. Es wurde definiert, was Ressourcen sind und erläutert, wie diese eingebunden und verwaltet werden können. Dadurch wurde die Grundlage für das nachfolgende Kapitel geschaffen, das sich mit Styles und Templates beschäftigt, die vorwiegend als Ressourcen verwaltet werden.

Kapitel 8

Styles und Templates

Grafische Frameworks haben eines gemeinsam: Sie bieten zahlreiche Steuerelemente an, die für die Erstellung von Oberflächen verwendet werden können. In den Möglichkeiten, auf das Aussehen Einfluss zu nehmen, unterscheiden sie sich hingegen kaum. In der Regel ist es möglich, einfachste Einstellungen vorzunehmen. So können Schriftart, Schriftgrad, Hintergrund- und Vordergrundfarbe verändert werden. Größere Abweichungen der Standardvorgaben erfordern meist eine Ableitung des ursprünglichen Steuerelements. Dadurch ergibt sich natürlich eine gewisse Inflexibilität, die durch das Schreiben von Sourcecode ausgeglichen werden muss.

Die WPF geht hier einen gänzlich anderen und flexibleren Weg. Natürlich kommt auch hier ein Standardaussehen ins Spiel (mehr dazu in Abschnitt 8.4.1), aber die Darstellung ist von der Implementierung getrennt und kann beliebig verändert bzw. ausgetauscht werden. Dies birgt einen großen Vorteil: Die Umsetzung der Gestaltung muss nicht mehr zwangsläufig durch den Entwickler erfolgen. Auch ein Grafiker kann Hand anlegen und den Entwickler somit entlasten. Letzterer muss nur mehr in Ausnahmefällen Komponenten entwickeln.

8.1 Einführung

Die einfachste Form der grafischen Anpassung unterscheidet sich nicht von dem bisher Bekannten: Durch das Setzen von Eigenschaftswerten wird das Standardaussehen eines Steuerelements verändert.

Um dies zu verdeutlichen, ist in Listing 8.1 eine Windows-Forms-Schaltfläche zu finden, die einen Farbverlauf als Hintergrund darstellt (siehe Abbildung 8.1). Es wird deutlich, dass dies über eine Ableitung der Klasse `Button` gelöst werden muss. Das bedeutet relativ viel Aufwand, zumal einige notwendige Funktionalitäten noch gar nicht unterstützt werden (Ränder, Richtung des Verlaufs etc.).

```
public class GradientButton : Button
{
    private Color gradientFrom = Color.White;
    private Color gradientTo = Color.DarkGray;
    private bool isMouseDown = false;
```

```csharp
public GradientButton()
    : base()
{
    this.MouseDown += new MouseEventHandler(GradientButton_MouseDown);
    this.MouseUp += new MouseEventHandler(GradientButton_MouseUp);
}

void GradientButton_MouseUp(object sender, MouseEventArgs e)
{
    isMouseDown = false;
    Invalidate();
}

void GradientButton_MouseDown(object sender, MouseEventArgs e)
{
    isMouseDown = true;
    Invalidate();
}

public Color GradientFrom
{
    get { return this.gradientFrom; }
    set { this.gradientFrom = value; }
}

public Color GradientTo
{
    get { return this.gradientTo; }
    set { this.gradientTo = value; }
}

private Rectangle ButtonRectangle
{
    get
    {
        return new Rectangle(
            new Point(1, 1),
            new Size(this.Width - 3, this.Height - 3));
    }
}

protected override void OnPaint(PaintEventArgs pevent)
{
    base.OnPaint(pevent);
```

```
      LinearGradientBrush linearGradientBrush = null;

      if (this.isMouseDown)
      {
          linearGradientBrush = new LinearGradientBrush(
              ButtonRectangle,
              GradientTo,
              GradientFrom,
              90);
      }
      else
      {
          linearGradientBrush = new LinearGradientBrush(
              ButtonRectangle,
              GradientFrom,
              GradientTo,
              90);
      }

      pevent.Graphics.FillRectangle(linearGradientBrush, ButtonRectangle);

      SizeF paintedStringSize =
          pevent.Graphics.MeasureString(this.Text, this.Font);

      pevent.Graphics.DrawString(
          this.Text,
          this.Font,
          new SolidBrush(this.ForeColor),
          new PointF((this.Width - paintedStringSize.Width) / 2,
                     (this.Height - paintedStringSize.Height) / 2));

    }
}
```

Listing 8.1:   Schaltfläche mit Farbverlauf unter Windows Forms

Abb. 8.1:   Windows-Forms-Schaltfläche mit Farbverlauf

Dieses Beispiel zeigt sehr gut, welche Anstrengungen erforderlich sind, um das Standardaussehen der Steuerelemente unter Windows Forms zu verändern. Vielfach wurden auch Grafiken – die das gewünschte Aussehen repräsentieren – als Hintergründe bei Schaltflächen und anderen Steuerelementen gesetzt. Der Nachteil dabei ist, dass die Oberfläche pixelgenau ausgelegt ist und es bei unterschiedlichen Auflösungen zwangsweise zu Fehldarstellungen kommt.

Idealerweise stellt ein grafisches Framework einfachere und mächtigere Möglichkeiten zur Verfügung. Die WPF tut das. Styles, Templates und Trigger helfen uns, Oberflächen einfacher, flexibler und vor allem wartbarer zu entwickeln – und das in Co-Produktion mit Grafikern (sofern welche zur Verfügung stehen).

8.1.1 Klasse Style

Mit den bisher vermittelten Informationen kann ein Farbverlauf als Hintergrund bereits jetzt nachgebildet werden:

```xml
<Window.Resources>
    <LinearGradientBrush x:Key="LinearGradientBackground"
        StartPoint="0,0"
        EndPoint="0,1">
        <GradientStop Color="White" Offset="0.0"/>
        <GradientStop Color="DarkGray" Offset="1.0"/>
    </LinearGradientBrush>
</Window.Resources>

<DockPanel>
    <Button
        Content="WPF Schaltfläche mit Farbverlauf"
        Margin="5"
        Background="{StaticResource LinearGradientBackground}"
        FontSize="18"
        FontWeight="Bold"/>
</DockPanel>
```

Listing 8.2: Farbverlauf als Ressource

Wie bereits in vorhergehenden Beispielen wurde ein LinearGradientBrush als Ressource definiert. In der Eigenschaft Background wird anschließend darauf verwiesen. Das Ergebnis ist in Abbildung 8.2 zu sehen.

Mit dieser Lösung wird zwar die Anforderung erfüllt – ein Farbverlauf im Hintergrund der Schaltfläche –, und das, ohne Sourcecode zu schreiben. Ein Nachteil dabei ist aber, dass nur der Hintergrund über die Ressource definiert wird. Alle weiteren Einstellungen werden nach wie vor direkt an der Schaltfläche vorgenommen. Dies lässt sich allerdings wesentlich eleganter lösen.

Abb. 8.2:   Farbverlauf mit der WPF

Hier kommen die Styles ins Spiel. Diese bieten die Möglichkeit, an zentraler Stelle Einstellungen vorzunehmen. Alle Elemente, die diese Einstellungen verwenden, können durch eine Änderung des entsprechenden Styles verändert werden.

Styles werden in Ressourcenabschnitten definiert (siehe Kapitel 7) oder direkt beim jeweiligen Element. Die Platzierung des Styles definiert auch hier den Gültigkeitsbereich. Über das Attribut x:Key kann dem Style ein eindeutiger Schlüssel zugewiesen werden. Hierüber kann via StaticResource oder DynamicResource auf den Style referenziert werden. Nicht jeder Style muss über einen eindeutigen Schlüssel verfügen. Ist er nicht gesetzt, bezieht sich der Style auf alle Elemente, deren Typ im Attribut TargetType definiert ist und die sich im selben Gültigkeitsbereich befinden.

Jedes Element vom Typ FrameworkElement und FrameworkContentElement verfügt über eine Eigenschaft Style. Darüber kann ein solcher explizit zugewiesen werden, sofern der Style nicht für alle Elemente eines bestimmten Typs Gültigkeit besitzt.

Das ursprüngliche – über normale Ressourcen gelöste Beispiel – kann wie folgt abgeändert werden:

```
<Window.Resources>
    <Style x:Key="ButtonBackgroundStyle" TargetType="{x:Type Button}">
        <Setter Property="Background">
            <Setter.Value>
                <LinearGradientBrush StartPoint="0,0" EndPoint="0,1">
                    <GradientStop Color="White" Offset="0.0"/>
                    <GradientStop Color="DarkGray" Offset="1.0"/>
                </LinearGradientBrush>
            </Setter.Value>
        </Setter>
        <Setter Property="Margin" Value="5"/>
        <Setter Property="FontSize" Value="18"/>
        <Setter Property="FontWeight" Value="Bold"/>
    </Style>
</Window.Resources>

<DockPanel>
```

```
    <Button
        Content="WPF Schaltfläche mit Farbverlauf"
        Style="{StaticResource ButtonBackgroundStyle}"/>
</DockPanel>
```

Listing 8.3: Farbverlauf als Style abbilden

Neu ins Spiel kommt das Element Style. Dieses wird durch das Attribut x:Key mit einem eindeutigen Schlüssel identifiziert. Durch die Angabe des Attributs TargetType wird ein Zieltyp definiert, der beschreibt, auf welchen Typ sich dieser Style genau bezieht. Über diese Angabe ist es dem Style-Objekt möglich, die Korrektheit der Angaben durch den Setter zu ermitteln, also sowohl das Vorhandensein der angegebenen Eigenschaften als auch die möglichen Werte.

Das Attribut TargetType ist optional. Sie müssen es nicht zwingend angeben. Wird es nicht definiert, besitzt das System keine Chance, die gemachten Angaben des Property-Attributs zu verifizieren. Dies ist aber von essenzieller Bedeutung, um frühzeitig Fehler zu erkennen. Daher muss im Falle des Weglassens der TargetType-Eigenschaft im Attribut Property der Klassenname angegeben werden. Nur so kann es aufgelöst und korrekt behandelt werden. Nehmen wir den zuvor deklarierten Style-Block als Anlass, ihn ohne TargetType-Attribut zu deklarieren:

```
<Style x:Key="ButtonBackgroundStyle">
    <Setter Property="Button.Background">
        <Setter.Value>
            <LinearGradientBrush StartPoint="0,0" EndPoint="0,1">
                <GradientStop Color="White" Offset="0.0"/>
                <GradientStop Color="DarkGray" Offset="1.0"/>
            </LinearGradientBrush>
        </Setter.Value>
    </Setter>
    <Setter Property="Button.Margin" Value="5"/>
    <Setter Property="Button.FontSize" Value="18"/>
    <Setter Property="Button.FontWeight" Value="Bold"/>
</Style>
```

Listing 8.4: Style ohne TargetType definieren

Tipp

Verwenden Sie – wenn möglich – die Angabe des TargetType-Attributs. Dies erspart viel Schreibarbeit, da der Zieltyp somit für den gesamten Style bekannt ist und nicht für jede Eigenschaft ausgewertet werden muss.

Mithilfe des `Setter`-Elements können nun einzelnen Eigenschaften Werte zugewiesen werden. Die Vorgehensweise lässt sich mit CSS (Cascading Style Sheets) vergleichen. Diese werden einem HTML-Element (oder einem Typ von Elementen) zugewiesen und setzen entsprechende Werte wie die verwendete Schriftfarbe, den Abstand etc. Das Ziel ist auch unter der WPF dasselbe: Auf der einen Seite sollen Elemente den Aufbau eines Fensters oder einer Seite definieren. Dabei sollen sie andererseits aber frei von grafischen Beschreibungen bleiben, damit diese an zentralen Stellen vorgenommen werden können.

Der Vorteil liegt klar auf der Hand: Soll beispielsweise jede Schaltfläche einer Anwendung auf allen Seiten fünf Pixel Abstand besitzen, muss dies – im Idealfall – nur an einer einzigen Stelle definiert werden. Wäre es an jeder einzelnen Schaltfläche definiert, müsste nun jedes dieser Elemente angepasst werden. Ein ziemlich großer Aufwand.

Daher werden Styles definiert und per `Setter`-Element wird deklariert, welche Eigenschaft welchen Wert besitzen soll. Hierzu stehen zwei Attribute zur Verfügung:

- `Property`
- `Value`

Das Attribut `Property` beinhaltet den Namen der Eigenschaft, die beschrieben werden soll. `Value` enthält den tatsächlichen Wert, der durch den Style schlussendlich auf die angegebene Eigenschaft des Elements (für das dieser Style Gültigkeit besitzt) übertragen wird.

Zusätzlich besitzt das `Setter`-Element ein Attribut `TargetName`. Dieses werden wir etwas später noch kennenlernen. Vorerst sei nur erwähnt, dass darüber auf Elemente, die innerhalb des Styles definiert werden, zugegriffen werden kann, um deren Eigenschaften zu ändern.

Im gezeigten Beispiel wird die Eigenschaft `Style` verwendet, um einen in den Ressourcen definierten Style einzubinden. In anderen Fällen ist es jedoch erwünscht, dass dieser Schritt ausbleibt und ein Style auf alle Elemente eines Typs angewendet wird.

Damit ein Style für alle Elemente eines bestimmten Typs angewendet wird, ist das Attribut `x:Key` nicht zu definieren. Dies bedeutet, dass lediglich der `TargetType` anzugeben ist. Nachfolgendes Beispiel erweitert das bisher gezeigte Beispiel um einige `TextBlock`- und `TextBox`-Elemente. Über Styles wird der Abstand für alle Elemente des jeweiligen Typs festgelegt:

```
<Window.Resources>
    <Style TargetType="{x:Type TextBlock}">
        <Setter Property="Margin" Value="5"/>
```

```
    </Style>
    <Style TargetType="{x:Type TextBox}">
        <Setter Property="Margin" Value="5"/>
    </Style>
    <Style x:Key="ButtonBackgroundStyle" TargetType="{x:Type Button}">
        <Setter Property="Background">
            <Setter.Value>
                <LinearGradientBrush StartPoint="0,0" EndPoint="0,1">
                    <GradientStop Color="White" Offset="0.0"/>
                    <GradientStop Color="DarkGray" Offset="1.0"/>
                </LinearGradientBrush>
            </Setter.Value>
        </Setter>
        <Setter Property="Margin" Value="5"/>
        <Setter Property="FontSize" Value="18"/>
        <Setter Property="FontWeight" Value="Bold"/>
    </Style>
</Window.Resources>

<DockPanel>
    <Button
        Content="WPF Schaltfläche mit Farbverlauf"
        Style="{StaticResource ButtonBackgroundStyle}"
        DockPanel.Dock="Top"/>
    <Separator DockPanel.Dock="Top" />
    <StackPanel>
        <TextBlock Text="Vorname"/>
        <TextBox/>
        <TextBlock Text="Nachname"/>
        <TextBox/>
    </StackPanel>
</DockPanel>
```

Listing 8.5: Style für einen bestimmten Typen definieren

Wichtig sind die fett dargestellten Styles. Jeder der beiden Styles bezieht sich auf einen bestimmten Zieltyp und setzt einen entsprechenden Abstand. Die Elemente der deklarierten Typen besitzen keine weiteren Angaben. Es wird also kein Style zugewiesen, da dieser implizit zum Einsatz kommt. Der Beweis, dass die definierten Styles auch angewendet werden, liefert Abbildung 8.3.

Zum Vergleich sei auf Abbildung 8.4 verwiesen. Hier wurden die Styles entfernt und kommen daher auch nicht zum Einsatz. Die einzelnen Elemente werden deshalb mit dem Standardaussehen dargestellt, da an ihnen selbst keine weiteren Eigenschaften definiert wurden.

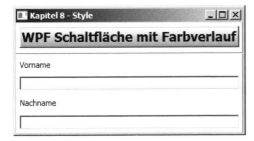

Abb. 8.3:   Angewandter Style auf Basis von Zieltypen

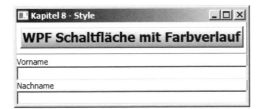

Abb. 8.4:   Aussehen ohne Style

Nicht jeder definierte Style ist an allen Stellen verfügbar. Im nächsten Abschnitt werden wir näher auf dieses Thema eingehen.

> **Hinweis**
>
> Das gezeigte Beispiel ist auf der CD unter Kapitel08 zu finden. Öffnen Sie das Projekt Kap8_EinfacherStyle, um dieses Beispiel nachzuvollziehen und eigene Tests durchzuführen.

8.1.2   Gültigkeitsbereiche

Styles werden als Ressourcen definiert und besitzen daher grundsätzlich die gleichen Gültigkeitsmerkmale. Der Ressourcenabschnitt, in dem sich der Style befindet, beschreibt, in welchen Bereichen dieser Style verwendet werden kann.

Gehen wir als Beispiel davon aus, dass ein Style im Ressourcenabschnitt eines Fensters definiert wurde, dann ist er für genau dieses Fenster verfügbar. Das bedeutet, dass jedes Element diesen Style – so passend – benutzen kann. Davon unabhängig ist, ob der Style einen eindeutigen Schlüssel besitzt oder lediglich die Angabe des TargetType-Attributs.

Styles können natürlich auch in Ressourcenwörterbüchern definiert werden. Auch hier definiert der Ressourcenabschnitt die Gültigkeit, in dem die Wörterbücher eingebunden werden.

> **Wichtig**
>
> Da Styles üblicherweise per Ressourcen eingebunden werden, gilt das gleiche Prinzip: Überlegen Sie sich bereits im Vorfeld, wie Sie mit Styles umgehen möchten, an welchen Stellen welche Styles verwendet werden sollen und wie sie diese richtig »kategorisieren«. Dadurch vermeiden Sie späteren Mehraufwand bei durchzuführenden Änderungen.

Styles können auch direkt beim jeweiligen Element als Inhalt des `Style`-Attributs definiert werden. In diesem Fall ist der betreffende Style nur für dieses Element gültig. Eine Verwendung in anderen Elementen ist daher nicht möglich.

8.1.3 Vererbung

Vererbung ist nicht nur ein wichtiger Bestandteil der objektorientierten Programmierung. Auch im Design von Oberflächen wird damit gearbeitet. Bestes Beispiel ist wiederum CSS. So kann damit ein allgemeiner Style für Elemente erstellt werden, der an bestimmten Stellen – aufgrund spezieller Anforderungen – geändert bzw. erweitert wird. Der Vorteil liegt auch hier auf der Hand: Die Basiseinstellungen haben Gültigkeit für alle angesprochenen Elemente, während für spezielle Elemente darauf basierende Einstellungen vorgenommen werden. Änderungen am Basis-Style haben somit auch Auswirkung auf den überschreibenden Style, sofern die vorgenommenen Änderungen im spezielleren Style nicht überschrieben werden.

Styles in der WPF bieten ebenfalls die Möglichkeit der Vererbung. So kann auch hier ein Basis-Style definiert werden, der beispielsweise für alle Schaltflächen gilt. Für spezielle Bereiche kann er jedoch erweitert werden. So ist es möglich, bereits definierte Einstellungen zu ändern und auch gänzlich neue Einstellungen vorzunehmen.

Zu diesem Zweck stellt die Klasse `Style` die Eigenschaft `BasedOn` zur Verfügung. Hierüber wird definiert, auf welchem Style der aktuelle basiert. Somit kann oben beschriebenes Verhalten genutzt werden.

Die WPF bietet mehrere Möglichkeiten der Vererbung an:

- Vererbung auf Basis eines eindeutigen Schlüssels
- Vererbung auf Basis eines Styles für einen bestimmten Typ
- Vererbung auf Basis eines Standardstils

Der einfachste Fall ist sicherlich die Vererbung auf Basis eines eindeutigen Schlüssels. Dabei wird ein einfacher Style definiert und per `x:Key` mit einem eindeutigen Namen versehen. Via `Setter` werden die gewünschten Eigenschaften gesetzt.

Ein zweiter Style kann nun `BasedOn` verwenden, um auf den ersten Style zuzugreifen. Dies passiert über die Markup-Erweiterungen `StaticResource` oder

DynamicResource, die bereits in Kapitel 7 beschrieben wurden. Nachfolgend ein einfaches Beispiel:

```
<Style x:Key="SimpleControlStyle1">
    <Setter Property="Control.Background" Value="Blue"/>
</Style>

<Style x:Key="SimpleControlStyle2"
       BasedOn="{StaticResource SimpleControlStyle1}">
    <Setter Property="Control.Background" Value="Yellow"/>
</Style>
```

Listing 8.6:   Style mit Vererbung

Wichtig

Das Attribut BasedOn kann pro Style nur einmal gesetzt werden. Mehrfachzuweisungen werden nicht unterstützt.

Ein Zieltyp wurde hier nicht definiert. In den Property-Eigenschaften muss daher die Klasse angegeben werden, auf die sich der Style bezieht. In unserem Fall Control.

Vorsicht

Basis-Styles und erbende Styles müssen sich nicht im gleichen Ressourcenabschnitt befinden. Wurden beide im selben Abschnitt definiert und basieren sie auf einem eindeutigen Namen, dürfen sie nicht denselben Schlüssel besitzen, da diese Regel (siehe Kapitel 7) auch hier Gültigkeit besitzt. Befinden sich die Styles in unterschiedlichen Ressourcenabschnitten, können sie denselben Schlüssel verwenden. Wichtig hierbei ist jedoch, dass eine Vererbung nur durch Verwendung des Attributs BasedOn eingeleitet wird. Fehlt dieses Attribut, wird der erste Style in der Suchreihenfolge herangezogen und verwendet – ungeachtet eines weiteren Styles mit demselben Namen.

Eine weitere Form der Vererbung wird durch die Vererbung auf Basis eines Typs dargestellt. In diesem Fall wird ein Style definiert, der sich via TargetType auf einen bestimmten Typ bezieht. Ebenfalls wird über x:Key ein Schlüssel definiert. Der zweite Style bezieht sich auf diesen Schlüssel und wird für den gleichen Typ definiert wie der Basis-Style.

```
<Style x:Key="SimpleButtonStyle" TargetType="{x:Type Button}">
    <Setter Property="Margin" Value="5"/>
    <Setter Property="FontSize" Value="18"/>
```

```
    <Setter Property="FontWeight" Value="Bold"/>
</Style>

<Style BasedOn="{StaticResource SimpleButtonStyle}"
    TargetType="{x:Type Button}">
    <Setter Property="Foreground" Value="Red"/>
</Style>
```

Listing 8.7: Style-Vererbung und eindeutige Schlüssel

Die dritte und letzte Variante ist das Erben vom Standard-Style eines Elements.

```
<Style x:Key="ElementStyle"
    TargetType="{x:Type Button}"
    BasedOn="{StaticResource {x:Type Button}}">

    <Setter Property="FontFamily" Value="Courier New"/>
    <Setter Property="FontSize" Value="18"/>
    <Setter Property="Margin" Value="5"/>
</Style>
```

Listing 8.8: Vom Standard-Style erben

Der Unterschied zu den bisherigen Varianten besteht darin, dass innerhalb des Attributs `BasedOn` als Ressource der Typ `Button` deklariert wird. Dadurch wird der standardmäßig definierte Style dieses Elements als Basis herangezogen.

8.1.4 Styles und Ereignisse

In den meisten Fällen werden Ereignisse direkt über das Element oder via Sourcecode abonniert. Aber auch über Styles können Elementen Ereignisse umgehängt werden. Dies wird per `EventSetter` erledigt.

`EventSetter` bietet hierzu zwei Eigenschaften an: `Event` und `Handler`. Über die Eigenschaft `Event` wird der Name des Ereignisses angegeben, für das ein Handler definiert werden soll. Die Eigenschaft `Handler` definiert schlussendlich, welcher Handler bei Eintreten dieses Ereignisses aufgerufen werden soll.

```
<Style TargetType="{x:Type Button}">
    <EventSetter Event="Click" Handler="Button_Click"/>
</Style>
```

Listing 8.9:   Ereignisse für einen Style definieren

`EventSetter` kann auf alle Routing-Ereignisse angewendet werden. Zu beachten ist jedoch, dass über `EventSetter` gesetzte Handler erst nach eventuell gesetzten Klassen- bzw. Instanzhandlern aufgerufen werden. Wird daher bei einem zuvor aufgerufenen Handler das Ereignis als behandelt markiert (siehe Eigenschaft `Handled` der Ereignisargumente), wird der über `EventSetter` angefügte Handler nicht mehr aufgerufen. Der Aufruf kann jedoch erzwungen werden, indem das Attribut `HandledEventsToo` auf `true` gestellt wird.

Sehen wir uns dies anhand eines kleinen Beispiels an. Nachfolgend wird ein Eingabefeld deklariert. Dieses Steuerelement abonniert das Ereignis `KeyDown`. Zusätzlich wird per Style via `EventSetter` dasselbe Ereignis abonniert.

```
<Window x:Class="Kap8_EventSetter.MainWindow"
    xmlns="http://schemas.microsoft.com/winfx/2006/xaml/presentation"
    xmlns:x="http://schemas.microsoft.com/winfx/2006/xaml"
    Title="Kapitel 8 - EventSetter" Height="300" Width="300">

    <Window.Resources>
        <Style TargetType="{x:Type TextBlock}">
            <Setter Property="Margin" Value="5"/>
        </Style>
        <Style TargetType="{x:Type TextBox}">
            <Setter Property="Margin" Value="5"/>
            <Setter Property="FontFamily" Value="Courier New"/>
            <Setter Property="FontSize" Value="12"/>
        </Style>
    </Window.Resources>

    <DockPanel>
        <TextBlock DockPanel.Dock="Top" Text="Texteingabe"/>
        <TextBox DockPanel.Dock="Top"
                x:Name="InputTextBox"
                KeyDown="InputTextBox_KeyDown">
            <TextBox.Style>
                <Style TargetType="TextBox"
                        BasedOn="{StaticResource {x:Type TextBox}}">
                    <EventSetter
```

```
                        Event="KeyDown"
                        Handler="InputTextBoxEventSetter_KeyDown"/>
            </Style>
        </TextBox.Style>
    </TextBox>
    <TextBlock DockPanel.Dock="Top" Text="Eingabe-Historie"/>
    <TextBox x:Name="HistoryTextBox"
            ScrollViewer.VerticalScrollBarVisibility="Auto"/>
    </DockPanel>

</Window>
```

Listing 8.10: Vergleich der Ereignis-Abonnements

In beiden Ereignishandlern wird der jeweilige Tastendruck in ein anderes Textfeld, unter Angabe des verwendeten Ereignishandlers, ausgegeben. Wird diese Anwendung nun gestartet und im ersten Textfeld ein Testeintrag vorgenommen, wird das Ergebnis im zweiten Textfeld sichtbar (siehe Abbildung 8.5).

> **Hinweis**
>
> Ausführliche Informationen zu Ereignissen finden Sie in Kapitel 5. Darin werden die unterschiedlichen Typen und Strategien behandelt sowie zahlreiche Beispiele besprochen.

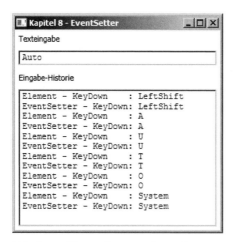

Abb. 8.5: Verwendung von EventSetter

In den definierten Styles der Anwendung versteckt sich noch eine kleine Besonderheit: Der unter `TextBox.Style` deklarierte Style basiert auf der für `TextBox`-Elemente definierten `Style`-Vorlage. Dies ist in diesem Fall erforderlich.

Wie bereits zuvor erwähnt, kann pro Steuerelement nur ein Style definiert werden. Durch das Setzen eines Styles direkt beim Element ist dies der Fall. Alle weiteren Styles, die sich auf denselben Typen beziehen, finden daher keine Anwendung. Somit ist das Erben des definierten Styles für `TextBox`-Elemente notwendig, damit in unserem Fall die Einstellung für `Margin` übernommen wird.

Beachten Sie, dass der `EventSetter` eine Code-Behind-Datei für den Ereignishandler benötigt. Aus diesem Grund kann eine derartige Definition nicht in einem Ressourcenwörterbuch vorgenommen werden.

> **Hinweis**
>
> Das hier gezeigte Beispiel ist auf der CD unter `Kapitel08` zu finden. Öffnen Sie hier das Projekt `Kap8_EventSetter`.

8.2 Trigger

Mithilfe von Styles ist es einfach möglich, einer Anwendung ein gutes Aussehen zu verpassen. Der Benutzer selbst erwartet jedoch auch ein Mehr an Rückmeldung durch die Software. Dies können Benachrichtigungen beim Eintreffen bestimmter Daten sein oder aber auch eine visuelle Hervorhebung zur Signalisierung, welches Element gerade den Fokus besitzt. Um diesen – und weiteren – Anforderungen gerecht zu werden, sind Trigger vonnöten.

Um Trigger einem Style zuweisen zu können, bietet die Klasse `Style` die Eigenschaft `Triggers` an, die eine Auflistung vom Typ `TriggerBase` zur Verfügung stellt. Dieser kann ein neuer Trigger hinzugefügt werden, der dadurch zur Anwendung kommt:

```
<Style …>
   <Style.Triggers>
      …
   </Style.Triggers>
</Style>
```

Listing 8.11: Styles und Trigger

Innerhalb dieser Auflistung können Sie nun beliebige Trigger definieren. Beachten Sie auch, dass nicht nur ein Style mit Triggern umgehen kann. Auch die Klassen `DataTemplate` und `ControlTemplate` besitzen eine entsprechende Eigenschaft. Nachfolgend finden Sie Beschreibungen und Beispiele zu den einzelnen Trigger-Typen.

> **Hinweis**
>
> Datenvorlagen wurden bereits in Kapitel 6 beschrieben. Darin finden Sie auch entsprechende Beispiele. Die Klasse `ControlTemplate` wird in diesem Kapitel im Abschnitt 8.4 besprochen.

8.2.1 Eigenschafts-Trigger

Die einfachste Anwendungsvariante von Triggern ist sicherlich das Reagieren auf Veränderungen von Eigenschaften. Dazu werden sogenannte Eigenschafts-Trigger (»Property Trigger«) verwendet.

Die Aufgabe eines Eigenschafts-Triggers besteht darin, auf Abhängigkeitseigenschaften zu »hören« und auf Veränderungen der Eigenschaftswerte zu reagieren. Vorteilhaft ist, dass WPF-Elemente unter anderem Eigenschaften zur Verfügung stellen, die anzeigen, ob bestimmte Ereignisse gerade eintreffen. Beispielsweise wird das Ereignis MouseMove ausgelöst, wenn sich die Maus über ein Element bewegt. Passiert dies, ist die Eigenschaft IsMouseOver auf true gesetzt. Eine einfache Möglichkeit, darauf zu reagieren und dem Benutzer dieses Ereignis visuell darzustellen.

Nachfolgend wird ein einfacher Style gezeigt, der einige Basiseinstellungen für Elemente des Typs Button vornimmt. Zusätzlich wird mithilfe der Klasse Trigger ein Eigenschafts-Trigger gesetzt, der dann ausgeführt wird, wenn IsMouseOver true ist.

```
<Style TargetType="{x:Type Button}">
    <Setter Property="Margin" Value="5"/>
    <Setter Property="FontSize" Value="14"/>
    <Style.Triggers>
        <Trigger Property="Button.IsMouseOver" Value="True">
            <Setter Property="Button.FontWeight" Value="Bold"/>
        </Trigger>
    </Style.Triggers>
</Style>
```

Listing 8.12: Eigenschaftstrigger in einem Style definieren

Damit auf Veränderungen der Eigenschaftswerte reagiert werden kann, sind zwei Eigenschaften des Triggers zu setzen: Property und Value. Dabei beschreibt Property die Eigenschaft, auf die der Trigger gesetzt wird. Unter Value wird der Wert angegeben, den der Trigger zum Anlass nimmt, die innerhalb des Elements definierten Befehle auszuführen.

Um den definierten Style zu testen, legen wir einige Schaltflächen an:

```
<StackPanel>
    <Button Content="Schaltfläche 1"/>
    <Button Content="Schaltfläche 2"/>
    <Button Content="Schaltfläche 3"/>
    <Button Content="Schaltfläche 4"/>
    <Button Content="Schaltfläche 5"/>
    <Button Content="Schaltfläche 6"/>
</StackPanel>
```

Da sich der Style auf alle Elemente des Typs `Button` bezieht, ist das Ergebnis nach dem Start der Anwendung zu sehen. Wie deklariert, wird die Beschriftung der Schaltfläche, über der sich aktuell der Mauszeiger befindet, fett dargestellt. Zu beachten ist, dass beim Verlassen eines Elements, das ursprüngliche Aussehen wiederhergestellt wird. Das Ergebnis ist in Abbildung 8.6 zu sehen.

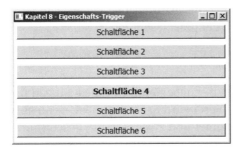

Abb. 8.6:   Setzen von Eigenschaften durch Eigenschafts-Trigger

Hinweis

Das zugrunde liegende Beispiel ist auf der CD unter `Kapitel08` zu finden. Öffnen Sie das Projekt `Kap8_PropertyTrigger`, um sich mit dieser Thematik vertraut zu machen.

8.2.2   Multi-Trigger

Einfache Eigenschafts-Trigger sind in vielen Situationen hilfreich, bergen allerdings einen kleinen Nachteil: Es kann nur auf eine einzige Eigenschaft reagiert werden. In der Praxis kommt es jedoch vor, dass ein Trigger nur ausgeführt werden soll, wenn die Werte mehrerer Eigenschaften bestimmte Inhalte aufweisen. Dies kann von einem einfachen Eigenschafts-Trigger nicht bewerkstelligt werden.

Aus diesem Grund stellt die WPF Multi-Trigger zur Verfügung. Diese bieten die Möglichkeit, mehrere Eigenschaften im Auge zu behalten. Nur wenn alle Eigenschaften definierte Werte aufweisen, wird der Trigger ausgelöst.

Um einen Multi-Trigger zu definieren, verwenden Sie die Klasse `MultiTrigger`. Diese bietet eine Auflistung `Conditions`, der die gewünschten Anforderungen übergeben werden können. Der grundsätzliche Aufbau sieht wie folgt aus:

```
<Style.Triggers>
   <MultiTrigger>
      <MultiTrigger.Conditions>

      </MultiTrigger.Conditions>
```

```
    </MultiTrigger>
  </Style.Triggers>
```

Listing 8.13: Deklaration eines Multi-Triggers

Bedingungen, die eintreffen müssen, damit der Trigger ausgelöst wird, können mit Objekten vom Typ Condition dargestellt werden. Diese besitzen die beiden Eigenschaften Property und Value, worüber die abzufragende Eigenschaft definiert werden kann ebenso wie der der Wert, der gesetzt sein muss.

```
<Condition Property="IsMouseOver" Value="True"/>
```

Im nächsten Beispiel wird ein Style erstellt, der neben einigen Einstellungen für Schaltflächen einen Multi-Trigger enthält. Dieser wird dann ausgelöst, wenn sich die Maus über dem jeweiligen Element befindet und zusätzlich die Beschriftung »OK« gesetzt ist.

```
<Style TargetType="Button">
    <Setter Property="Margin" Value="3"/>
    <Setter Property="Width" Value="200"/>
    <Setter Property="Height" Value="55"/>
    <Setter Property="FontSize" Value="18"/>
    <Style.Triggers>
        <MultiTrigger>
            <MultiTrigger.Conditions>
                <Condition Property="IsMouseOver" Value="True"/>
                <Condition Property="Content" Value="OK"/>
            </MultiTrigger.Conditions>
            <Setter Property="FontWeight" Value="Bold"/>
        </MultiTrigger>
    </Style.Triggers>
</Style>
```

Listing 8.14: MultiTrigger auf Basis von mehreren Anforderungen

Wird die Anwendung gestartet, ist zu erkennen, dass nur die Schaltfläche mit der Beschriftung »OK« fett dargestellt wird, sobald sich der Mauszeiger darüber befindet. Die zweite Schaltfläche bleibt davon unberührt, stellt jedoch die für diesen Typ gesetzten Einstellungen dar. Das Ergebnis ist in Abbildung 8.7 abgebildet.

Hinweis

Das gezeigte Beispiel ist auf der CD unter Kapitel08 zu finden. Öffnen Sie das Projekt Kap8_MultiTrigger, um sich mit dieser Funktionalität vertraut zu machen.

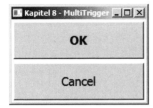

Abb. 8.7:   Einsatz eines Multi-Triggers

8.2.3   Ereignis-Trigger

Die beiden bis jetzt vorgestellten Trigger reagieren beide auf Veränderungen von Eigenschaftswerten. Möchte man auf Ereignisse reagieren, kommen Ereignis-Trigger (»Event Trigger«) zum Einsatz.

Mithilfe eines Ereignis-Triggers können Ereignisse über Styles abonniert und darauf reagiert werden. Hierzu ist ebenfalls die Auflistung `Triggers` des Styles zu verwenden. Zum Zuge kommt ein Objekt vom Typ `EventTrigger`.

Das Attribut `RoutedEvent` definiert das weitergeleitete Ereignis, das abonniert werden soll. Tritt dieses ein, wird das deklarierte Markup ausgeführt. Im Folgenden finden Sie ein Beispiel, das eine Animation verwendet.

Hinweis

Ausführliche Informationen und Beispiele zum Thema Animationen finden Sie in Kapitel 10.

```
<Style TargetType="Button">
    <Setter Property="Margin" Value="2"/>
    <Setter Property="FontSize" Value="14"/>
    <Setter Property="Height" Value="35"/>
    <Setter Property="Width" Value="150"/>
    <Style.Triggers>
        <EventTrigger RoutedEvent="MouseEnter">
            <BeginStoryboard>
                <Storyboard>
                    <DoubleAnimation To="20"
                            Duration="0:0:0.2"
                            AccelerationRatio="0.10"
                            DecelerationRatio="0.10"
                            Storyboard.TargetProperty="FontSize"/>
                </Storyboard>
            </BeginStoryboard>
        </EventTrigger>
```

```
            <EventTrigger RoutedEvent="MouseLeave">
                <BeginStoryboard>
                    <Storyboard>
                        <DoubleAnimation To="14"
                                         Duration="0:0:0.2"
                                         AccelerationRatio="0.10"
                                         DecelerationRatio="0.10"
                                         Storyboard.TargetProperty="FontSize"/>
                    </Storyboard>
                </BeginStoryboard>
            </EventTrigger>
        </Style.Triggers>
    </Style>
```

Listing 8.15: Animationen auf Basis von Ereignis-Trigger

Durch die Animation wird, sobald die Maus in den Bereich der Schaltfläche bewegt wird, die Schriftgröße von 14 auf 20 erhöht. Zu beachten ist an dieser Stelle, dass nach Ausführung des Markups der ursprüngliche Zustand nicht wiederhergestellt wird. Dafür müssen Sie selbst sorgen, indem beispielsweise ein Ereignis-Trigger für das Ereignis MouseLeave definiert wird. Dieser sorgt für die Wiederherstellung des ursprünglichen Aussehens. Das Ergebnis ist in Abbildung 8.8 zu sehen.

Abb. 8.8: Verwendung eines Event-Triggers

Hinweis

Das zugrunde liegende Beispiel ist auf der CD unter Kapitel08 zu finden. Öffnen Sie das Projekt Kap8_EventTrigger, um sich mit dieser Materie vertraut zu machen.

8.2.4 Daten-Trigger

Zu guter Letzt steht noch ein Daten-Trigger zur Verfügung. Dieser reagiert nicht auf Eigenschaftswerte der Elemente oder auf Ereignisse, sondern auf Daten – wie der Name bereits vermuten lässt. Dabei beziehen sich die Einstellungen für den Trigger auf den aktuell gesetzten Datenkontext. Die zu verwendende Klasse wird durch `DataTrigger` repräsentiert.

Nachfolgend finden Sie ein Beispiel für einen Daten-Trigger, in dem der Eintrag fett dargestellt wird, dessen Eigenschaft `LastName` den Wert `LastName8` besitzt. Alle Einträge, die diesem Kriterium nicht entsprechen, bleiben von diesem Trigger unberührt.

> **Tipp**
>
> Dieser Trigger-Typ eignet sich sehr gut, um bestimmte Datensätze hervorzuheben und dem Benutzer deren Unterschiede zu den restlichen Daten zu signalisieren. In einer Personenliste könnte durch einen Daten-Trigger beispielsweise je nach Geschlecht eine andere Grafik dargestellt werden.

```
<DataTemplate DataType="{x:Type local:Person}">
    <StackPanel Orientation="Horizontal">
        <TextBlock Text="{Binding LastName}"/>
        <TextBlock Text=", "/>
        <TextBlock Text="{Binding FirstName}"/>
    </StackPanel>
</DataTemplate>

<Style TargetType="ListBoxItem">
    <Style.Triggers>
        <DataTrigger Binding="{Binding LastName}" Value="LastName8">
            <Setter Property="FontWeight" Value="Bold"/>
        </DataTrigger>
    </Style.Triggers>
</Style>

<StackPanel DataContext="{StaticResource PeopleProvider}">
    <TextBlock Text="Personenliste"/>
    <ListBox x:Name="PersonListBox"
            ItemsSource="{Binding Path=.}" />
</StackPanel>

<ObjectDataProvider x:Key="PeopleProvider"
```

```
                      ObjectType="{x:Type local:PersonMock}"
                      MethodName="GetTestData"/>
```

Listing 8.16: Praxisbeispiel Daten-Trigger

Abb. 8.9: Verwendung eines Daten-Triggers

> **Hinweis**
>
> Das zugrunde liegende Beispiel finden Sie auf der CD unter `Kapitel08`. Öffnen Sie das Projekt `Kap8_DatenTrigger`, um sich mit diesem Thema vertraut zu machen.

8.3 Datenvorlagen

> **Hinweis**
>
> Datenvorlagen wurden bereits in Kapitel 6 ausführlich beschrieben und werden daher in diesem Kapitel nicht näher behandelt.

8.4 Steuerelement-Vorlagen

Durch Datenvorlagen ist es möglich, eine Vorlage für das Aussehen eines Datentyps zu beschreiben. Durch eine Steuerelement-Vorlage (`ControlTemplate`) wird das Aussehen eines Steuerelements (»Controls«) definiert.

Steuerelemente unter Windows Forms definieren Logik und Aussehen vielfach in einer oder mehreren Klassen. Das Aussehen wird hierbei per Sourcecode bestimmt. Soll ein Steuerelement ein besonderes Aussehen erhalten, das über die durch Eigenschaften gebotenen Möglichkeiten hinausgehen soll, ist zumindest eine Ableitung, wenn nicht gar eine gänzlich eigene Implementierung erforderlich.

In der WPF verhält sich dies anders. Logik und Darstellung sind voneinander getrennt. Zudem besteht ein Steuerelement aus vielen anderen Elementen, die mit einem Standardaussehen versehen wurden. Dabei wird die grafische Darstellung durch Vorlagen festgelegt, die vom Entwickler oder Designer angepasst werden können.

Hier kommen nun Steuerelement-Vorlagen ins Spiel. Sie werden durch die Klasse `ControlTemplate` repräsentiert, die zwei Eigenschaften aufweist: `TargetType` und `Triggers`.

- `TargetType`: Definiert den Typ, für den das `ControlTemplate` erstellt wurde. Die Vorlage kann nur für den definierten Typ (oder einen Subtypen) angewendet werden.

- `Triggers`: Dies ist eine Auflistung von `TriggerBase`-Objektes, die in Abhängigkeit zu festgelegten Bedingungen/Eigenschaftswerten Aktionen ausführen. Es können beliebig viele definiert werden.

Listing 8.17 zeigt ein einfaches Beispiel einer Steuerelement-Vorlage für Schaltflächen. Dabei wird innerhalb der Ressourcen ein Element `ControlTemplate` erzeugt und als `TargetType` der gewünschte Typ angegeben (in diesem Fall `Button`). Innerhalb der Vorlage wird ein Rahmen definiert, der wiederum ein Element vom Typ `ContentPresenter` enthält. Dieses Element dient der Darstellung der Eigenschaft `Content` der Schaltfläche.

```xml
<ControlTemplate TargetType="{x:Type Button}"
            x:Key="ButtonControlTemplate">
    <Border CornerRadius="5"
          BorderBrush="Black"
          x:Name="ButtonBorder">
        <Border.Background>
            <LinearGradientBrush StartPoint="0,0"
                              EndPoint="0,1">
                <GradientStop Color="Red" Offset="0.4"/>
                <GradientStop Color="Black" Offset="1.0"/>
            </LinearGradientBrush>
        </Border.Background>
    </Border>
    <ControlTemplate.Triggers>
        <Trigger Property="IsMouseOver"
               Value="true">
            <Setter Property="Background"
                  TargetName="ButtonBorder">
                <Setter.Value>
                    <LinearGradientBrush StartPoint="0,0"
                                      EndPoint="0,1">
                        <GradientStop Color="Black" Offset="0.4"/>
```

```
                    <GradientStop Color="Red" Offset="1.0"/>
                </LinearGradientBrush>
            </Setter.Value>
        </Setter>
    </Trigger>
  </ControlTemplate.Triggers>
</ControlTemplate>
```

Listing 8.17: Einfache Vorlage für eine Schaltfläche

Damit die Schaltfläche auf eine Maus reagiert, wurde ein Trigger gesetzt. Dieser fragt die Eigenschaft IsMouseOver ab und ändert den Hintergrund der Vorlage, sobald der entsprechende Wert auf true steht. Zu beachten ist die Angabe TargetName beim Setter des Triggers. Darüber wird definiert, auf welches Element die Änderung der Eigenschaft angewendet wird.

Die Einbindung der Vorlage erfolgt durch die Zuweisung zur Eigenschaft Template der Schaltfläche:

```
<Button x:Name="ExitButton"
        Click="ExitButton_Click"
        Height="25"
        Content="Beenden"
        Template="{StaticResource ButtonControlTemplate}"/>
```

Listing 8.18: Zuweisung einer Steuerelementvorlage

Alternativ kann die Vorlage auch direkt innerhalb der Template-Eigenschaft der Schaltfläche gesetzt werden:

```
<Button x:Name="ExitButton"
        Click="ExitButton_Click"
        Height="25"
        Content="Beenden"
        >
    <Button.Template>
        <ControlTemplate>
            ...
        </ControlTemplate>
    </Button.Template>
</Button>
```

Diese Variante wird in der Regel jedoch kaum gewählt, da die so erstellte Vorlage nur für diese Schaltfläche gültig ist und nicht wiederverwendet werden kann. Ebenso verhält es sich, wenn eine Steuerelement-Vorlage direkt im Ressourcenabschnitt deklariert wird. In diesem Fall muss der Vorlage ein eindeutiger Schlüssel mittels x:Key zugewiesen werden (wie es in Listing 8.17 zu sehen ist). So muss diese Vorlage mittels StaticResource oder DynamicResource zugeordnet werden.

Eine wesentlich bessere Variante stellt die Definition eines Styles dar, innerhalb dessen die Vorlage definiert wird. Ein Style kann implizit auf Typen angewendet werden, ein expliziter Verweis entfällt daher. Die überarbeitete Variante ist in Listing 8.19 zu sehen.

```
<Style TargetType="{x:Type Button}">
    <Setter Property="Margin" Value="5"/>
    <Setter Property="Foreground" Value="White"/>
    <Setter Property="FontSize" Value="12"/>
    <Setter Property="Template">
        <Setter.Value>
            <ControlTemplate TargetType="{x:Type Button}">
                <Border CornerRadius="5"
        BorderBrush="Black"
        x:Name="ButtonBorder">
                    <Border.Background>
                        <LinearGradientBrush StartPoint="0,0"
                                EndPoint="0,1">
                            <GradientStop Color="Red" Offset="0.4"/>
                            <GradientStop Color="Black" Offset="1.0"/>
                        </LinearGradientBrush>
                    </Border.Background>
                </Border>
                <ControlTemplate.Triggers>
                    <Trigger Property="IsMouseOver"
        Value="true">
                        <Setter Property="Background"
        TargetName="ButtonBorder">
                            <Setter.Value>
                                <LinearGradientBrush StartPoint="0,0"
                                        EndPoint="0,1">
                                    <GradientStop Color="Black" Offset="0.4"/>
                                    <GradientStop Color="Red" Offset="1.0"/>
                                </LinearGradientBrush>
                            </Setter.Value>
                        </Setter>
                    </Trigger>
                </ControlTemplate.Triggers>
            </ControlTemplate>
        </Setter.Value>
    </Setter>
</Style>
```

Listing 8.19: Steuerelement-Vorlage über Style anwenden

Der Style wird nun auf alle Schaltflächen angewendet, wodurch auch alle die definierte Steuerelement-Vorlage erhalten. Die Deklaration einer Schaltfläche vereinfacht sich dadurch weiter:

```
<Button x:Name="ExitButton"
        Click="ExitButton_Click"
        Height="25"
        Content="Beenden"/>
```

Das vorläufige Ergebnis wird in Abbildung 8.10 (Standardaussehen) und in Abbildung 8.11 (Aussehen bei einem Mouseover) gezeigt. Dabei fällt auf, dass der direkt bei der Schaltfläche gesetzte Content nicht zur Anzeige kommt.

Abb. 8.10:   Einfache Steuerelement-Vorlage einer Schaltfläche

Abb. 8.11:   Einfache Steuerelement-Vorlage einer Schaltfläche mit Mouseover

Das in Listing 8.19 gezeigte Beispiel versieht Schaltflächen mit einem eigenen Stil. Das Problem an dieser Stelle war noch, dass kein Inhalt für die Schaltfläche angezeigt wurde. Hier kommt nun der ContentPresenter ins Spiel. Die entsprechende Zeile ist im nachstehenden Listing fett hervorgehoben.

```
<Style TargetType="{x:Type Button}">
    <Setter Property="Margin" Value="5"/>
    <Setter Property="Foreground" Value="White"/>
    <Setter Property="FontSize" Value="12"/>
    <Setter Property="Template">
        <Setter.Value>
            <ControlTemplate TargetType="{x:Type Button}">
                <Border CornerRadius="5"
        BorderBrush="Black"
        x:Name="ButtonBorder">
                    <Border.Background>
                        <LinearGradientBrush StartPoint="0,0"
                            EndPoint="0,1">
                            <GradientStop Color="Red" Offset="0.4"/>
                            <GradientStop Color="Black" Offset="1.0"/>
                        </LinearGradientBrush>
                    </Border.Background>
                    <ContentPresenter VerticalAlignment="Center"
```

```
                   HorizontalAlignment="Center"/>
         </Border>
         <ControlTemplate.Triggers>
            <Trigger Property="IsMouseOver"
         Value="true">
               <Setter Property="Background"
         TargetName="ButtonBorder">
                  <Setter.Value>
                     <LinearGradientBrush StartPoint="0,0"
                         EndPoint="0,1">
                        <GradientStop Color="Black" Offset="0.4"/>
                        <GradientStop Color="Red" Offset="1.0"/>
                     </LinearGradientBrush>
                  </Setter.Value>
               </Setter>
            </Trigger>
         </ControlTemplate.Triggers>
      </ControlTemplate>
   </Setter.Value>
 </Setter>
</Style>
```

Listing 8.20: Verwendung von ContentPresenter

Das Ergebnis ist nun in Abbildung 8.12 (normales Verhalten) und in Abbildung 8.13 (gedrücktes Verhalten) zu sehen.

Abb. 8.12: Einfache Steuerelement-Vorlage einer Schaltfläche mit ContentPresenter

Abb. 8.13: Einfache Steuerelement-Vorlage einer Schaltfläche mit Mouseover und ContentPresenter

Tipp

Über Steuerelement-Vorlagen können Steuerelemente fast nach Belieben angepasst werden. Daher empfiehlt es sich, vor der Entwicklung eines neuen Steuerelements zu prüfen, ob nicht bereits eines mit dem notwendigen Funktionsumfang zur Verfügung steht. Dies erspart unnötige Entwicklungszeit und führt durch Änderung der Vorlage schnell zum gewünschten Erfolg.

8.4.1 Standardvorlagen

Jedes WPF-Steuerelement besitzt standardmäßig ein `ControlTemplate`, welches das Element visuell repräsentiert. Ohne eine derartige Vorlage wäre ein Steuerelement nicht sichtbar (»Lookless Control Model«). Dies bedeutet, dass das `Control-Template` den Visual Tree eines Steuerelements definiert (im Gegensatz dazu ändert ein Style lediglich die Werte von Abhängigkeitseigenschaften). Auf dieser Basis wird uns die vollständige Kontrolle über das Aussehen eines Steuerelements überlassen.

Die Frage, die sich nun stellt, ist die, woher die Standardvorlagen bezogen werden. In Kapitel 7 wurden bereits die Systemressourcen angesprochen. Diese befinden sich in den logischen Ressourcen oberhalb der Anwendungsressourcen und stellen die notwendigen Styles zur Verfügung. In diesen Styles wird die `Template`-Eigenschaft der Steuerelemente gesetzt. Welche Styles gesetzt werden, ist abhängig vom aktuell für das System ausgewählte Theme.

Insgesamt stehen hier vier Assemblies zur Verfügung, die WPF Theme Styles in Ressourcenwörterbüchern anbieten:

- PRESENTATIONFRAMEWORK.AERO.DLL

- PRESENTATIONFRAMEWORK.CLASSIC.DLL

- PRESENTATIONFRAMEWORK.LUNA.DLL

- PRESENTATIONFRAMEWORK.ROYALE.DLL

Abbildung 8.1 zeigt die genannten Ressourcen aus der Assembly PRESENTATIONFRAMEWORK.AERO.DLL. Hier ist zusätzlich ersichtlich, dass sich die Ressourcen im Verzeichnis THEMES der kompilierten Ressourcen befindet. Das Format der Ressource selbst wird durch THEMENAME.FARBE.XAML (in der Abbildung ist der binären Variante, also BAML, zu sehen) definiert (eine Ausnahme macht das Classic Theme). Wie bereits erwähnt, werden diese Ressourcen standardmäßig auf alle Steuerelemente angewendet, doch kann dies – ausgerüstet mit obigen Erkenntnissen – geändert werden. Es ist möglich, bewusst auf Ressourcen eines bestimmten Themes zuzugreifen.

> **Hinweis**
>
> Der *.NET Reflector* ist ein kostenloses Tool, zum Analysieren von .NET Assemblies. Dieses Tool kann unter `http://www.red-gate.com/products/reflector/` heruntergeladen werden. Zusätzlich bietet es die Möglichkeit, zahlreiche Add-Ins einzubinden. Unter `http://www.codeplex.com/reflectoraddins` finden Sie eine große Auswahl an freien Add-Ins. Darunter befindet sich auch ein »BAML Viewer«, der es ermöglicht, binäres XAML zu visualisieren.

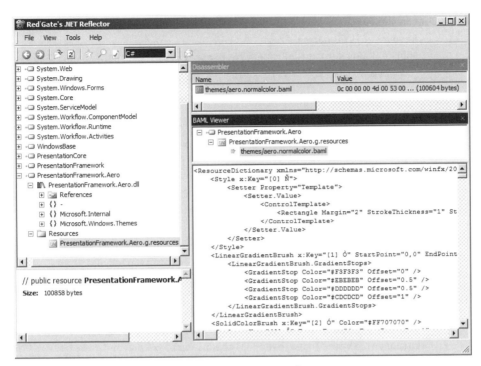

Abb. 8.14: Standard-Styles aus PRESENTATIONFRAMEWORK.AERO.DLL

Um die Standardressourcen des Systems zu verwenden, muss das gewünschte ResourceDictionary geladen und der Resources-Auflistung hinzugefügt werden. Dies passiert unter der Angabe der zu verwendenden Bibliothek, der Version und des Tokens des öffentlichen Schlüssels. Alle dafür notwendigen Informationen können beispielsweise ebenfalls über den .NET Reflector bezogen werden. Listing 8.21 zeigt anhand einiger Schaltflächen die Verwendung aller vier vorgestellten Standardressourcen. Beachten Sie hierbei, dass einige der erwähnten Assemblies weitere Ressourcenwörterbücher zur Verfügung stellen, die verwendet werden können.

```xml
<Button Content="Verwendete Ressource: Aero (NormalColor)"
        Margin="2">
  <Button.Resources>
    <ResourceDictionary
     Source="/PresentationFramework.Aero;v3.0.0.0;31bf3856ad364e35;
     component/themes/aero.normalcolor.xaml"/>
  </Button.Resources>
</Button>
<Button Content="Verwendete Ressource: Classic"
        Margin="2">
```

```
    <Button.Resources>
       <ResourceDictionary
       Source="/PresentationFramework.Classic;v3.0.0.0;31bf3856ad364e35;
         component/themes/classic.xaml"/>
    </Button.Resources>
</Button>
<Button Content="Verwendete Ressource: Luna (NormalColor)"
       Margin="2">
    <Button.Resources>
       <ResourceDictionary
        Source="/PresentationFramework.Luna;v3.0.0.0;31bf3856ad364e35;
         component/themes/luna.normalcolor.xaml"/>
    </Button.Resources>
</Button>
<Button Content="Verwendete Ressource: Royale (NormalColor)"
       Margin="2">
    <Button.Resources>
       <ResourceDictionary
        Source="/PresentationFramework.Royale;v3.0.0.0;31bf3856ad364e35;
         component/themes/royale.normalcolor.xaml"/>
    </Button.Resources>
</Button>
```

Listing 8.21: Einbinden der System-Standardressourcen

Abbildung 8.15 zeigt das Ergebnis. Jede Schaltfläche wird mit dem zugewiesenen Style repräsentiert.

Abb. 8.15: Verwenden der Default-Ressourcen

Wenn Sie Steuerelemente stylen möchten, ist es notwendig, zu wissen, wie diese zusammengesetzt sind. Einfache Tools, wie beispielsweise *XamlPad* (siehe http://msdn.microsoft.com/de-de/library/ms742398(v=VS.90).aspx) können dabei eine große Hilfe sein. In den Abbildungen 8.16 und 8.17 sehen Sie die Deklaration eines Button-Elements bzw. die einer ComboBox. Über den Visual Tree Explorer bekommen Sie alle visuellen Elemente aufgelistet und können beim Styling darauf Rücksicht nehmen.

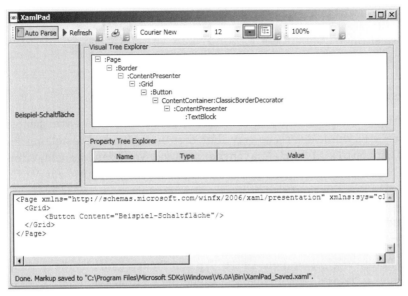

Abb. 8.16: Bestandteile einer Schaltfläche

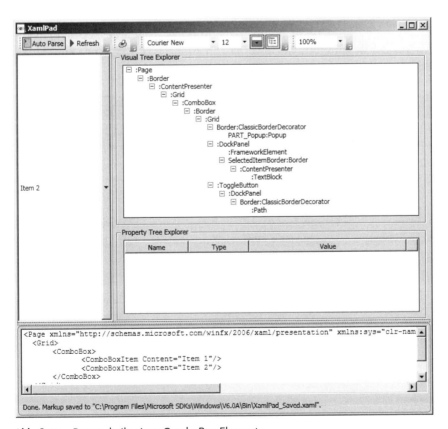

Abb. 8.17: Bestandteile eines ComboBox-Elements

8.4.2 Presenter

In den vorherigen Beispielen wird Ihnen vor allem der `ContentPresenter` bereits aufgefallen sein. Es wurde auch schon erwähnt, dass dieser für die Darstellung der Eigenschaft `Content` (wird durch `ContentControl` zur Verfügung gestellt) erforderlich ist. Natürlich stehen auch noch weitere Steuerelementtypen zur Verfügung, die eigene Presenter mit sich bringen.

ItemsPresenter

Zusätzlich zum `ContentControl` sind wir bereits mit Elementen des Typs `ItemsControl` in Berührung gekommen. Dieser Typ von Steuerelementen kann mehrere Elemente (»Items«) innerhalb des Containers darstellen. Der `ItemsPresenter` beschreibt innerhalb einer Vorlage, wo das `ItemsPanel` innerhalb des Visual Trees positioniert wird. Das `ItemsPanel` selbst ist wiederum ein Panel, das die einzelnen Elemente darstellt. Listing 8.22 zeigt, wie Sie einer `ListBox` durch die Verwendung einer Steuerelementvorlage und das Setzen des `ItemsPresenter`-Elements ein Beschreibungsfeld verpassen können. Das Ergebnis können Sie in Abbildung 8.18 begutachten.

Tipp

Die Klasse `ItemsPresenter` erbt von `FrameworkElement` und bietet daher dieselben Eigenschaften und Methoden an, die von Ihnen verwendet werden können. Sie werden in der Praxis leider häufig nicht wahrgenommen, weshalb explizit darauf hingewiesen werden muss.

```
<Style TargetType="{x:Type TextBlock}" x:Key="ListBoxDescription">
   <Setter Property="Background" Value="#cccccc"/>
   <Setter Property="Width" Value="100"/>
</Style>
<Style TargetType="{x:Type ListBox}">
   <Setter Property="Margin" Value="5"/>
   <Setter Property="Template">
      <Setter.Value>
         <ControlTemplate TargetType="{x:Type ListBox}">
            <DockPanel LastChildFill="True">
               <TextBlock
                  Text="Bitte wählen Sie die entsprechenden Einträge aus"
```

```
                    TextWrapping="Wrap"
                    DockPanel.Dock="Left"
                    Style="{StaticResource ListBoxDescription}"/>
                <Border BorderBrush="#cccccc" BorderThickness="0 1 1 1">
                    <ItemsPresenter/>
                </Border>
            </DockPanel>
        </ControlTemplate>
    </Setter.Value>
  </Setter>
</Style>
```

Listing 8.22: Anwendung eines `ItemsPresenter`s

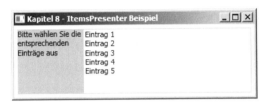

Abb. 8.18: Steuerelementvorlage mit `ItemsPresenter` und `ListBox`-Beschreibungsfeld

Hinweis

Dieses Beispiel finden Sie auf der beiliegenden CD unter `Kapitel08\` `Kap8_ItemPresenter`. Öffnen Sie das Projekt und spielen Sie ein wenig herum, um ein Gefühl für die Verwendung von Presentern zu bekommen.

ContentPresenter und ItemsPresenter in Kombination

Setzen Sie ein `HeaderedItemsControl` ein und möchten Sie dafür ein `Control-Template` erstellen, müssen Sie die beiden vorgestellten Presenter verwenden. Ein `HeaderedItemsControl` zeichnet sich dadurch aus, dass es zum einen mehrere Elemente darstellen kann und zum anderen zusätzlich eine Kopfzeile anbietet. Die Überschrift wird über die Eigenschaft `Header` gesetzt.

Nachstehend finden Sie ein `ControlTemplate` für ein `HeaderedItemsControl`. Dieses beschreibt, wie das Steuerelement aufgebaut ist. Gehostet werden die einzelnen Elemente in einem `StackPanel`, das die Kindelemente horizontal ausrichtet. Beide Presenter werden von einem Rahmen umgeben, um sie in der Visualisierung voneinander zu trennen. Der `ContentPresenter` selbst beschreibt durch das Setzen der Eigenschaft `ContentSource`, woher die darzustellende Information bezogen werden soll. Der `ItemsPresenter` selbst verwendet alle Kindelemente des zugrunde liegenden `HeaderedItemsControl`-Elements.

```
<Style TargetType="{x:Type HeaderedItemsControl}">
    <Setter Property="Template">
        <Setter.Value>
            <ControlTemplate TargetType="{x:Type HeaderedItemsControl}">
                <StackPanel Orientation="Horizontal" Margin="5">
                    <Border Background="#ccc" Padding="4">
                        <ContentPresenter ContentSource="Header"/>
                    </Border>
                    <Border BorderBrush="#ccc" BorderThickness="0 1 1">
                        <ItemsPresenter Margin="2 2 2"/>
                    </Border>
                </StackPanel>
            </ControlTemplate>
        </Setter.Value>
    </Setter>
</Style>
```

Listing 8.23: ControlTemplate für ein HeaderedItemsControl

Die Darstellung erfolgt durch diese Deklaration:

```
<HeaderedItemsControl>
    <HeaderedItemsControl.Header>
        <TextBlock Style="{StaticResource HeaderStyle}">Karteikarte</TextBlock>
    </HeaderedItemsControl.Header>
    <TextBlock>Norbert Eder</TextBlock>
    <TextBlock>Solution Architect</TextBlock>
    <TextBlock>Wohnhaft in Graz</TextBlock>
    <TextBlock>Österreich</TextBlock>
</HeaderedItemsControl>
```

Listing 8.24: Deklaration HeaderedItemsControl

Abbildung 8.19 zeigt Ihnen schließlich das Ergebnis, das mit einigen Styles untermalt wurde. Wie Sie sehen, unterscheidet es sich in der Darstellung kaum von der zuvor vorgestellten Variante.

Hinweis

Das gezeigte Beispiel finden Sie auf der beigelegten CD unter Kapitel08\
Kap8_HeaderedItemsControl. Verwenden Sie dieses Beispiel für eigene Experimente.

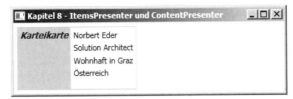

Abb. 8.19: ContentPresenter und ItemPresenter in Aktion

> **Tipp**
>
> Durch die Verwendung von Steuerelement-Vorlagen und der verschiedenen Presenter wird Ihnen ein ungemein wertvolles Gut in die Hände gelegt. Damit können Sie selbst eingreifen und das zugrunde liegende Steuerelement so umgestalten, wie Sie es möchten. Bereits eine einfache Vorlage kann ein Steuerelement wesentlich verändern und so für eine verbesserte Usability sorgen.

8.4.3 Bindungen innerhalb von Vorlagen

In Kapitel 6 wurde das Thema Datenbindung erläutert. Dort haben Sie viele Möglichkeiten kennengelernt, wie Sie Daten uni- bzw. bidirektional an eine Oberfläche binden können, ohne viel Code zu schreiben.

Bisher haben Sie in diesem Kapitel davon jedoch wenig gesehen. Doch gerade für Vorlagen ist das Thema Datenbindung von großer Bedeutung. Vorlagen beschreiben, wie Daten dargestellt werden oder wie sich ein Steuerelement selbst zu verändern hat. Eine Aufgabe bleibt jedoch weiterhin bestehen: Die Daten müssen auch wirklich angezeigt werden.

Ziel der Datenbindung ist auch bei der Verwendung von Vorlagen das Steuerelement, das durch eine Vorlage verändert wird. Es muss also Möglichkeiten geben, auf die Daten zuzugreifen bzw. festzulegen, wo diese zu finden sind. Dabei ist es wichtig, dass die Vorlagen selbst keine Workarounds benötigen, um diesen Weg zu gehen.

TemplateBinding

TemplateBinding ist eine Markup-Erweiterung und stellt eine optimierte Form von Binding dar. Die Erweiterung wurde hinsichtlich der Verwendung in Vorlagen (wie der Name schon sagt) eingeführt. Statt dieser Erweiterung können Sie auch die äquivalente Binding-Variante benutzen:

```
{Binding RelativeSource={RelativeSource TemplatedParent} Mode=OneWay}
```

TemplateBinding transportiert die an eine Eigenschaft des Steuerelements gebundenen Daten weiter an die Vorlage.

Nachfolgend finden Sie ein erstes einfaches Beispiel, in dem die Verwendung der TemplateBinding-Erweiterung demonstriert wird. Dazu wird eine Steuerelement-Vorlage für ein TextBox-Element erzeugt. Der darin gezeigte Scroll-Viewer wird zu einem späteren Zeitpunkt genauer behandelt. Beachten Sie, dass in diesem Template beim Rahmen die Eigenschaften Background, BorderThickness und BorderBrush vom Parent-Element übernommen werden. Das Parent-Element wird durch die eigentliche Deklaration eines TextBox-Elements dargestellt, das gleich im Anschluss zu sehen ist.

```xml
<Style TargetType="{x:Type TextBox}">
    <Setter Property="FontSize" Value="18"/>
    <Setter Property="Template">
        <Setter.Value>
            <ControlTemplate TargetType="{x:Type TextBox}">
                <Border CornerRadius="2"
                        Background="{TemplateBinding Background}"
                        BorderThickness="{TemplateBinding BorderThickness}"
                        BorderBrush="{TemplateBinding BorderBrush}"
                        x:Name="TextBoxBorder">
                    <ScrollViewer x:Name="PART_ContentHost" Focusable="false" />
                </Border>
            </ControlTemplate>
        </Setter.Value>
    </Setter>
</Style>
```

Listing 8.25: Style und TemplateBinding

Hier nun die bereits angesprochene Deklaration des TextBox-Steuerelements. An diesem Element werden zwei der drei gebundenen Eigenschaften gesetzt, die durch die Anwendung der TemplateBinding-Erweiterung automatisch von der Vorlage übernommen werden. Das Ergebnis ist in Abbildung 8.20 zu sehen.

```xml
<TextBox Text="Dies ist ein Beispieltext"
         BorderThickness="5"
         BorderBrush="Black"/>
```

Abb. 8.20: Verwendung der TemplateBinding-Erweiterung

Hinweis

Das gezeigte Beispiel ist auf der beiliegenden CD unter Kapitel08/Kap8_TemplateBinding zu finden.

> **Tipp**
>
> Genügt die Verwendung einer unidirektionalen Datenbindung nicht, verwenden Sie ein Binding mit gesetzter `RelativeSource` auf `TemplatedParent` und einen `TwoWay`-Modus (oder einen anderen gewünschten).

8.5   Auswahl von Vorlagen

In Kapitel 6 wurde vermittelt, für welche Zwecke Datenvorlagen verwendet werden können. In der Praxis sammeln sich jedoch in kürzester Zeit zahlreiche Vorlagen an – teilweise auch mehrere für denselben Datentyp. Daher muss es eine Möglichkeit geben, eine Auswahl zu treffen, wann welche Vorlage anzuzeigen ist. Dieser Abschnitt erläutert das dafür notwendige Vorgehen.

> **Hinweis**
>
> Neben einer allgemeinen Einführung zu Datenvorlagen wurde die Auswahl von Datenvorlagen anhand eines einfachen Beispiels bereits in Kapitel 6 beschrieben. An dieser Stelle wird auf ein komplexeres Szenario eingegangen, das in der Praxis häufig vorkommt. Datenvorlagen sind speziell unter Verwendung des MVVM-Patterns von großer Bedeutung. Mehr zum Thema MVVM erfahren Sie in Kapitel 11.

8.5.1   Datenvorlagen auswählen

Der Bedarf, zwischen mehreren Datenvorlagen auszuwählen, entsteht, wenn zum gleichen Datentyp mehrere Vorlagen (für unterschiedliche Zwecke) angelegt wurden. In einem kleinen Beispiel existiert der Datentyp `Company`. Dieser soll sowohl zur Anlage eines neuen Unternehmens als auch zur Bearbeitung verwendet werden. Über Datenvorlagen wird die Darstellung gesteuert. Da in beiden Fällen derselbe Datentyp die Grundlage bildet, ist eine Möglichkeit zu finden, eine Auswahl zu treffen.

Dazu ist eine Klasse zu implementieren, die von der Basisklasse `DataTemplate-Selector` ableitet. Diese bietet eine Klasse `SelectTemplate` an. Durch ein Überschreiben (siehe Listing 8.26) derselben kann Logik implementiert werden, anhand derer entschieden wird, wann welche Vorlage zurückgeliefert wird. Rückgabewert ist eine Instanz vom Typ `DataTemplate`. Im gezeigten Beispiel wird anhand der Eigenschaft `Id` geprüft, ob das Objekt bereits persistiert wurde oder nicht. Bei einem Wert größer Null wurde das Unternehmen angelegt und kann bearbeitet werden, andernfalls handelt es sich um eine Neuanlage.

```
public class CompanyModeSelector : DataTemplateSelector
{
    public override DataTemplate SelectTemplate(
```

```
        object item,
        DependencyObject container)
  {
      Company company = item as Company;
      if (company != null)
      {
          if (company.Id == 0)
              return
                  Application.Current.TryFindResource("NewCompanyTemplate")
                  as DataTemplate;
          else
              return
                  Application.Current.TryFindResource("EditCompanyTemplate")
                  as DataTemplate;
      }
      return base.SelectTemplate(item, container);
  }
}
```

Listing 8.26: Implementierung einer Datenvorlagenauswahl

Für die Neuanlage wird ein Daten-Template mit dem Schlüssel NewCompanyTemplate gesucht und zurückgegeben. Ist das Objekt zu bearbeiten, liefert SelectTemplate die Datenvorlage EditCompanyTemplate zurück. In den Abbildungen 8.21 und 8.22 sehen Sie die unterschiedliche Darstellung.

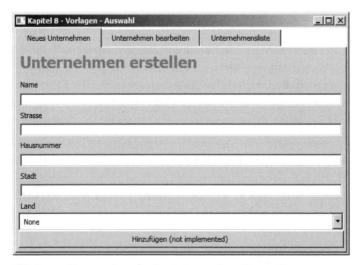

Abb. 8.21: Datenvorlage für das Anlegen eines Unternehmens

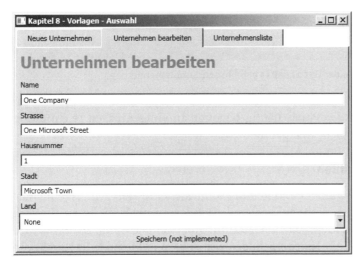

Abb. 8.22: Datenvorlage für das Bearbeiten eines Unternehmens

Damit die Auswahlmöglichkeit verwendet werden kann, ist sie als Ressource zur Verfügung zu stellen:

```
<local:CompanyModeSelector x:Key="CompanySelector"/>
```

Bei allen Elementen vom Typ ContentElement findet sich nun eine Eigenschaft ContentTemplateSelector. Durch sie kann ein benutzerdefinierter Selector angegeben werden. Diese Eigenschaft erwartet eine Datenvorlage. Listing 8.27 zeigt nun den Aufbau des verwendeten TabControl-Elements. Es enthält eine Auflistung von TabItem-Elementen. Der Inhalt derselben wird durch ein ContentControl dargestellt. Die Datenbindung erfolgt auf ein Mock-Objekt, das Company-Objekte der unterschiedlichen Modi zurückliefert. In beiden Fällen wird derselbe Selector verwendet. Dieser liefert nun je nach Modus die in der Implementierung definierte Datenvorlage zurück.

```
<TabControl>
  <TabControl.Items>
    <TabItem Header="Neues Unternehmen">
      <ContentControl
        Content="{Binding NewCompany}"
        ContentTemplateSelector="{StaticResource CompanySelector}"/>
    </TabItem>
    <TabItem Header="Unternehmen bearbeiten">
      <ContentControl
        Content="{Binding ExistingCompany}"
        ContentTemplateSelector="{StaticResource CompanySelector}"/>
```

```
    </TabItem>
  </TabControl.Items>
</TabControl>
```

Listing 8.27: Zuweisung einer `DataTemplateSelector`-Implementierung

Diese Möglichkeit, in die Zuweisung von Datenvorlagen einzugreifen, ist sehr hilfreich und wird in der Praxis häufig benötigt. In einigen Fällen reicht dieser Mechanismus jedoch nicht weit genug.

8.5.2 Styles auswählen

Wenn es beispielsweise um die Darstellung von Listeneinträgen geht, ist eine Auswahl von Datenvorlagen nicht ausreichend. Stattdessen muss in diesem Bereich mit Stilen gearbeitet werden. Aber auch hierfür gibt es eine Lösung. Die Basis wird durch die Klasse `StyleSelector` gebildet. Sie stellt eine Methode `SelectStyle` zur Verfügung, die durch Überschreiben an die eigenen Wünsche angepasst werden kann.

Eine Erweiterung des obigen Beispiels stellt die Möglichkeit einer Auswahl von Unternehmen per `ComboBox`-Element dar. Dabei handelt es sich um ein `Items-Control`, das eine Liste von Objekten als einzelne Items in einem zugehörigen Container anzeigt. Die einzelnen Einträge in der `ComboBox` sollen nun so aussehen, dass der Name des jeweiligen Unternehmens und dahinter die Flagge des Ursprungslandes angezeigt wird. Wurde kein Land definiert, ist der gesamte Eintrag grau zu hinterlegen. Abbildung 8.23 zeigt, wie das auszusehen hat.

Abb. 8.23: Beispiel für `StyleSelector`

Damit dies erreicht werden kann, muss ein benutzerdefinierter Selector implementiert werden. Dieser wird in Listing 8.28 dargestellt. In der überschriebenen Methode `SelectStyle` wird eine Überprüfung hinsichtlich des Landes unternommen und je nach gesetztem Wert eine namentlich definierte `Style`-Ressource zurückgeliefert.

```
public class CompanyListStyleSelector : StyleSelector
{
    public override Style SelectStyle(
        object item,
        DependencyObject container)
```

```
    {
        Company company = item as Company;
        if (company != null)
        {
            if (company.Country == Countries.None)
                return
                    Application.Current.TryFindResource
                        ("CompanyListNoCountryEntry")
                    as Style;
            else
                return
                    Application.Current.TryFindResource
                        ("CompanyListCountryEntry")
                    as Style;
        }
        return base.SelectStyle(item, container);
    }
}
```

Listing 8.28: Programmatische Auswahl von Stilen

Auch dieser Selector muss nun wieder als Ressource zur Verfügung stehen:

```
<local:CompanyListStyleSelector x:Key="CompanyListStyleSelector"/>
```

Das ComboBox-Element benötigt jetzt eine Bindung an die anzuzeigenden Daten. Für die Eigenschaft ItemContainerStyleSelector kann nun der implementierte Selector als Ressource gesetzt werden. Dadurch wird dieser auf jeden Eintrag der aufklappbaren Liste angewendet. Damit eine entsprechende Darstellung auch für ein gewähltes Item verwendet wird, muss ein DataTemplateSelector mit selbigem Verhalten implementiert und eine Instanz der Eigenschaft ItemTemplateSelector zugewiesen werden.

```
<ComboBox ItemsSource="{Binding Companies}"
        ItemContainerStyleSelector="{StaticResource CompanyListStyleSelector}"
        ItemTemplateSelector="{StaticResource CompanyListSelector}"/>
```

Listing 8.29: StyleSelector und TemplateSelector setzen

In vielen Szenarien können diese Möglichkeiten verwendet werden, um eine Steuerung der Darstellung vorzunehmen. Der Vorteil hierbei besteht darin, dass die Verwendung sehr einfach ist und das Entwickeln von mehreren Eingabemasken entfällt, da für denselben Datentyp unterschiedliche Visualisierungen erstellt werden können, ohne implementierungstechnische Untergriffe durchführen zu müssen.

Hinweis

Das zugrunde liegende Beispiel finden Sie auf der CD unter Kapitel08. Öffnen Sie Kap8_TemplateSelector, um sich die Lösung anzusehen und zu testen.

Wie Sie bereits an diesen einfachen Beispielen sehen konnten, sind Stile, Trigger und Vorlagen ein sehr mächtiges Werkzeug, um Anwendungen dynamisch und intuitiv gestalten zu können. Im Vergleich zu bisherigen Möglichkeiten unter .NET kommen dadurch zahlreiche Neuerungen hinzu, die jedoch äußerst sinnvoll eingesetzt werden wollen. Machen Sie sich daher bereits im Vorfeld Gedanken, wie Ihre Anwendung funktionieren und welche Oberflächen sie bieten soll.

Kapitel 9

Commands

Eines der wohl wichtigsten Thematiken der WPF ist die Trennung zwischen Visualisierung und Logik. Wie wir in Kapitel 11 sehen werden, gibt es dafür entsprechende Design Patterns, die darauf Rücksicht nehmen und uns Entwicklern zur Seite stehen. Die WPF bietet jedoch von Haus aus eine Möglichkeit an, Logik von der Visualisierung zu trennen und in kleine Bestandteile zu kapseln: die »Commands«.

9.1 Einführung

Die in der WPF implementierten Commands entsprechen einer Integration des bekannten Command Patterns. Dabei handelt es sich um ein Verhaltensmuster. Das heißt, dass jeder Command ein bestimmtes Verhalten implementiert, das an den dafür notwendigen Stellen aufgerufen werden kann.

Jeder Command besitzt eine Methode `Execute`, über die das implementierte Verhalten ausgeführt werden kann.

Abb. 9.1: Command Pattern

Abbildung 9.1 zeigt das Pattern in der Übersicht. Wie Sie sehen ist es sehr einfach aufgebaut. Jeder Command besitzt eine spezielle Aufgabe. Dadurch ergibt sich eine Reihe von Vorteilen:

■ *Kapselung von in sich abgeschlossenen Aufgaben.* Es entstehen kleine wiederverwendbare Teile, die für sich abgeschlossen sind und zusätzlich in zahlreichen Projekten eingesetzt werden können. Zudem vermindert sich aus der Kapselung in kleine ausführbare Commands die Komplexität, was wiederum die Wartbarkeit erhöht.

- *Testbarkeit*. Commands erfüllen kleine Aufgaben und ziehen selten große Implementierungen nach sich. Diese Teile können gut durch Tests abgedeckt werden kann.

- *Undo/Redo*. Durch kleine Erweiterungen des Patterns können die Funktionalitäten Undo und Redo einfach abgebildet werden. Dazu muss sich das System nur die ausgeführten Commands merken und kann diese rückgängig machen oder erneut ausführen.

- *Austauschbarkeit*. In Kombination mit einer Konfiguration können Commands einfach ausgetauscht werden. Dadurch lässt sich eine vorhandene Businesslogik mit einer neuen Implementierung ersetzen. Dies kann in vielen Fällen ohne Neuinstallation der gesamten Anwendung geschehen.

Dieses Pattern wird nicht nur für Services eingesetzt, sondern eignet sich auch hervorragend für grafische Oberflächen. In vielen Fällen wird nach wie vor Code in Code-Behind-Dateien geschrieben. Oftmals gehört dieser Code zur Businesslogik und wurde somit an einer falschen Stelle platziert, da er weder testbar ist, noch einfach ausgetauscht werden kann. Dies entspricht in keinster Weise den Anforderungen moderner Softwareentwicklung.

Da die Vorteile des Command Patterns auf der Hand liegen, wurde eine Variante dieser »Anleitung« in der WPF integriert. Die genaue Implementierung des Command-Systems wird im nächsten Abschnitt erläutert.

9.2 WPF Command Integration

Die WPF enthält ein mächtiges Command-System, das es ermöglicht, wiederkehrende Aufgaben in Commands zu verpacken und somit wiederverwendbar abzulegen. In seiner Grundlage ist das System als erweitertes Event-System zu sehen. Die Basis bildet die Schnittstelle ICommand. Diese schreibt die Implementierung zweier Methoden vor und bietet Zugang zu einem Ereignis. Eine Beschreibung finden Sie in Tabelle 9.1.

Member	Beschreibung
CanExecute	Definiert eine Methode, die zurückliefert, ob der Command im aktuellen Status ausgeführt werden kann oder nicht. Dieser Status wird von vielen Steuerelementen gelesen und zur Steuerung der Eigenschaft IsEnabled verwendet.
Execute	Diese Methode wird ausgeführt, wenn der Command aufgerufen wird. Sie implementiert die Logik des Commands und ihr können für die Ausführung notwendige Parameter übergeben werden.

Tabelle 9.1: Members der Schnittstelle ICommand

Member	Beschreibung
CanExecuteChanged	Dieses Ereignis trifft ein, wenn sich der Ausführungsstatus des Commands ändert.

Tabelle 9.1: Members der Schnittstelle ICommand (Forts.)

Auf Basis dieser Schnittstelle können Commands implementiert und verwendet werden. Zur Erleichterung stellt die WPF bereits eine Vielzahl immer wiederkehrender Commands zur Verfügung, die im nächsten Abschnitt beschrieben und anhand eines Beispiels gezeigt werden.

9.2.1 Systemeigene Commands

Die WPF bietet eine große Anzahl von »Built-in« Commands an, die in die eigene Anwendung eingebunden werden können. Diese werden über statische Klassen mit statischen Eigenschaften eingebunden.

Klasse	Beschreibung
AnnotationService	Statische Commands für das Hinzufügen von Anmerkungen zu Texten. Namespace: System.Windows.Annotations
ApplicationCommands	Diese Klasse enthält alle für Anwendungen typischen Commands wie Close, Copy, Cut, Delete, Find, Help, New, Open, Save, SaveAs usw. Zudem sind sie mit den Standardgesten versehen. Namespace: System.Windows.Input
ComponentCommands	Darin finden sich zahlreiche Commands für Komponenten wie MoveDown, MoveToPageUp, MoveToHome, SelectToEnd, SelectToPageUp usw. Namespace: System.Windows.Input
EditingCommands	Hier sind viele Commands für das Bearbeiten von Dokumenten enthalten, wie AlignCenter, AlignLeft, CorrectSpellingError, DecreaseFontSize, Delete, DeleteNextWord, IncreaseFontSize, MoveDownByLine, SelectUpByLine und viele mehr. Namespace: System.Windows.Documents
MediaCommands	In dieser Klasse befinden sich Commands zur Steuerung von Medien. Unter anderem: ChannelDown, ChannelUp, DecreaseBass, DecreaseVolume, FastForward, MuteVolumn, NextTrack, Pause, Play. Namespace: System.Windows.Input

Tabelle 9.2: »Built-in« Commands

Klasse	Beschreibung
NavigationCommands	Die in dieser Klasse enthaltenen Commands dienen der Steuerung von Navigationsanwendungen. Zu finden sind darin: BrowseBack, BrowseForward, BrowseHome, DecreaseZoom, Favorites, FirstPage, GoToHome, Refresh, Search, Zoom und weitere. Namespace: System.Windows.Input

Tabelle 9.2: »Built-in« Commands (Forts.)

Wichtig

Beachten Sie, dass viele der »Built-in« Commands keine Funktionalität implementieren, sondern lediglich eine ausgelöste Aktion anzeigen, auf die Sie reagieren können. Hintergrund dabei ist, dass nur Sie bestimmte Funktionalitäten bestimmen können und eine allgemeine Implementierung daher nicht möglich ist. Dafür halten Sie die Möglichkeit in Händen, diese Commands Ihren Bedürfnissen entsprechend mit Leben zu füllen.

»Built-in« Commands einbinden

Um die Anwendung der »Built-in« Commands zu zeigen, werden wir in diesem Abschnitt eine Editor-Anwendung entwickeln, die mit den Standardfunktionen Open, Save, Save As und Close auskommen soll. Alle diese Funktionen können über die angebotenen Commands abgebildet werden. Zusätzlich soll es möglich sein, den Text innerhalb des Editors fett, kursiv und unterstrichen darzustellen. Auch hier werden wir auf die gebotenen Möglichkeiten zurückgreifen.

Im ersten Schritt wird eine einfache Oberfläche erstellt, die ein Menü und ein TabControl-Element enthält und in weiterer Folge die einzelnen Dokumente anzeigen wird. Das Menü besteht aus den bereits beschriebenen Einträgen sowie der Möglichkeit, die Anwendung zu beenden. Dies ist in Listing 9.1 zu sehen.

```
<Window x:Class="Kap09_BuiltInCommands.MainWindow"
    xmlns="http://schemas.microsoft.com/winfx/2006/xaml/presentation"
    xmlns:x="http://schemas.microsoft.com/winfx/2006/xaml"
    Title="Kapitel 9 - Built-in Commands" Height="350" Width="525">
  <DockPanel>
    <Menu DockPanel.Dock="Top">
      <MenuItem Header="File">
        <MenuItem Header="New"/>
        <MenuItem Header="Open"/>
        <MenuItem Header="Save"/>
        <MenuItem Header="Save As"/>
        <MenuItem Header="Close"/>
```

```
            <Separator/>
            <MenuItem Header="Exit"/>
        </MenuItem>
    </Menu>
    <TabControl x:Name="Documents"/>
  </DockPanel>
</Window>
```

Listing 9.1:   Einfache Editor-Oberfläche

Die herkömmliche Entwicklung würde uns nun dazu verleiten, auf den einzelnen Menüeinträgen einen Handler für das `Click`-Ereignis zu setzen. Dadurch könnten wir jedoch das Command-System nicht nutzen und zusätzliche Vorteile würden zudem verloren gehen. So müssten wir uns selbst um das Setzen der Eigenschaft `IsEnabled` kümmern. Ebenfalls müsste ein Weg gefunden werden, die Implementierung zentral und wiederverwendbar abzulegen.

Aus diesem Grund bieten die meisten Steuerelemente entsprechende Eigenschaften für die Arbeit mit Commands an. Diese werden von der Schnittstelle `ICommandSource` übernommen.

ICommandSource-Schnittstelle

Durch die Implementierung der Schnittstelle `ICommandSource` kann der daraus resultierende Typ mit Commands umgehen und weiß daher Bescheid, wie ein Command ausgelöst werden kann. Tabelle 9.3 beschreibt die Members der Schnittstelle.

Member	Beschreibung
Command	Liefert den gesetzten Command zurück. Es kann auf alle Members der Schnittstelle `ICommand` zugegriffen werden. Im Normalfall wird das Ereignis `CanExecuteChanged` abonniert, um auf eine Veränderung des Status reagieren zu können.
CommandParameter	Repräsentiert benutzerspezifische Daten, die dem Command zur Ausführung übergeben werden können.
CommandTarget	Definiert das Objekt, auf das der Command angewendet wird.

Tabelle 9.3:   Members der Schnittstelle `ICommandSource`

Auch das Steuerelement `MenuItem` hat diese Schnittstelle implementiert und kann daher Commands ausführen. Listing 9.2 zeigt nun das vorherige Beispiel um Command-Angaben erweitert. Dabei wird der Eigenschaft `Command` der gewünschte Command der Klasse `ApplicationCommands` zugewiesen. Verwendet werden für die Beispielanwendung die klassischen Menüeinträge:

- NEW: Erstellt ein neues Dokument.

- OPEN: Öffnet ein bestehendes Dokument.

- SAVE: Speichert ein bestehendes Dokument.

- SAVE AS: Speichert ein neues Dokument.

- CLOSE: Schließt ein Dokument.

Für EXIT steht kein vordefinierter Command zur Verfügung, so dass in diesem Beispiel das Click-Ereignis verwendet wird. Wir werden später sehen, dass auch hierfür ein eigener Command verwendet werden kann.

```
<MenuItem Header="File">
    <MenuItem Header="New" Command="ApplicationCommands.New"/>
    <MenuItem Header="Open" Command="ApplicationCommands.Open"/>
    <MenuItem Header="Save" Command="ApplicationCommands.Save"/>
    <MenuItem Header="Save As" Command="ApplicationCommands.SaveAs"/>
    <MenuItem Header="Close" Command="ApplicationCommands.Close"/>
    <Separator/>
    <MenuItem Header="Exit" Click="Exit"/>
</MenuItem>
```

Listing 9.2:   Einfaches Menü mit gebundenen Commands

Der nächste Schritt besteht darin, ein eigenes Steuerelement für die Behandlung von Dokumenten zu erstellen. Wird ein neues Dokument erstellt oder ein bestehendes geöffnet, wird eine Instanz dieses Steuerelements in einem eigenen Reiter dargestellt. Damit können Texte erfasst und einfach formatiert werden. Der Grundaufbau ist in Listing 9.3 zu sehen.

```
<DockPanel>
    <StackPanel DockPanel.Dock="Top" Orientation="Horizontal">
        <Button Content="F"
                Command="EditingCommands.ToggleBold"
                CommandTarget="{Binding ElementName=DemoRichTextBox}"
                Style="{StaticResource BoldButtonStyle}"/>
        <Button Content="K"
                Command="EditingCommands.ToggleItalic"
                CommandTarget="{Binding ElementName=DemoRichTextBox}"
                Style="{StaticResource ItalicButtonStyle}"/>
        <Button Command="EditingCommands.ToggleUnderline"
                CommandTarget="{Binding ElementName=DemoRichTextBox}"
                Style="{StaticResource CommandButtonStyle}">
            <AccessText
                Text="U"
```

```
            Style="{StaticResource UnderlinedStyle}"/>
        </Button>
    </StackPanel>
    <RichTextBox Name="DemoRichTextBox" TextChanged="TextChanged"/>
</DockPanel>
```

Listing 9.3: Steuerelement zur Behandlung von Dokumenten

Das Steuerelement besteht aus einem DockPanel, das alle anzuzeigenden Elemente enthält. Das RichTextBox-Element dient zum Erfassen der Texte und wird über die volle verfügbare Fläche angezeigt. Zusätzlich gibt es ein StackPanel-Element, das an den oberen Rand angedockt wird und Button-Elemente enthält, die zur Formatierung des Textes dienen.

Allen Schaltflächen sind Commands aus der Klasse EditingCommands zugewiesen. Zu beachten ist, dass die Eigenschaft CommandTarget einer jeden Schaltfläche an die RichTextBox gebunden wird. Die EditingCommands besitzen eine konkrete Implementierung, die durch die Bindung an ein Eingabeelement die Information bekommt, worauf sie angewendet werden soll. Wird daher ein eingegebener Text markiert und eine der Schaltflächen gedrückt, wird der dahinter liegende Command auf die Auswahl ausgeführt und der Text entsprechend formatiert. In diesem Beispiel stehen die Möglichkeiten »fett«, »kursiv« und »unterstrichen« zur Verfügung.

> **Tipp**
>
> Für die Schaltfläche mit dem ToggleUnderline-Command wird ein AccessText-Element zur Anzeige der Schaltflächenbeschriftung verwendet. Hintergrund dabei ist, dass die Eigenschaft TextDecoration der Schaltfläche nicht über einen Style gesetzt werden kann. Dafür ist ein Style für das AccessText-Element zu definieren, der dessen TextDecoration-Eigenschaft entsprechend setzt.

Command Bindings

Kehren wir zurück zu den Commands des Hauptfensters. Die Commands der Klasse ApplicationCommands besitzen – wie bereits erwähnt – keine konkrete Implementierung. Diese muss von uns hinzugefügt werden. In der bisher gezeigten Variante wurden die Commands lediglich auf die MenuItem-Elemente gelegt, es wurde jedoch noch nicht definiert, welcher Code schlussendlich ausgeführt werden soll. Dazu bedarf es sogenannter »Command Bindings«.

In einfachen Worten erklärt, verbindet ein Command Binding einen Command mit der auszuführenden Logik, es dient also der Verbindung zwischen Command und Code.

Dazu bietet ein Command Binding eine Eigenschaft Command an. Hierüber kann definiert werden, für welchen Command das Binding Gültigkeit besitzt. Zusätzlich finden sich zwei Ereignisse, CanExecute und Executed, die schlussendlich auf die Ereignishandler verweisen, welche die Logik beinhalten.

> **Hinweis**
>
> Alle Subklassen von UIElement bieten eine Auflistung CommandBindings an, der Objekte vom Typ CommandBinding hinzugefügt werden können. Hierüber können unterschiedliche Gültigkeitsbereiche verwaltet werden.

Listing 9.4 zeigt die notwendigen Command Bindings für das Hauptmenü der Beispielanwendung.

```
<Menu.CommandBindings>
    <CommandBinding Command="ApplicationCommands.New"
            CanExecute="New_CanExecute"
            Executed="New_Executed"/>
    <CommandBinding Command="ApplicationCommands.Open"
            CanExecute="Open_CanExecute"
            Executed="Open_Executed"/>
    <CommandBinding Command="ApplicationCommands.Save"
            CanExecute="Save_CanExecute"
            Executed="Save_Executed"/>
    <CommandBinding Command="ApplicationCommands.SaveAs"
            CanExecute="SaveAs_CanExecute"
            Executed="SaveAs_Executed"/>
    <CommandBinding Command="ApplicationCommands.Close"
            CanExecute="Close_CanExecute"
            Executed="Close_Executed"/>
</Menu.CommandBindings>
```

Listing 9.4:   Command Bindings für das Hauptmenü

Da sich durch die Command Bindings entsprechende Ereignishandler definieren lassen, kann der notwendige Code darin implementiert bzw. aufgerufen werden. Die Darstellung der Anwendung sehen Sie in Abbildung 9.2.

> **Hinweis**
>
> Die gesamte Anwendung inklusive der Handler-Implementierungen finden Sie auf der beigelegten CD unter Kapitel09\Kap_BuiltInCommands.

Beachten Sie, dass Command Bindings auch per Code hinzugefügt werden können:

```
private void AddCommandBindings()
{
    CommandBinding newBinding = new CommandBinding
                        {
                            Command = ApplicationCommands.New
                        };
    newBinding.CanExecute = New_CanExecute;
    newBinding.Executed = New_Executed;
    this.CommandBindings.Add(newBinding);
}
```

Listing 9.5: CommandBinding per Code hinzufügen

In diesem Fall wird ein Command Binding für ApplicationCommands.New erstellt und die Ereignishandler werden gesetzt. Schlussendlich wird die erstellte Bindung der CommandBindings-Auflistung der aktuellen Instanz zugewiesen.

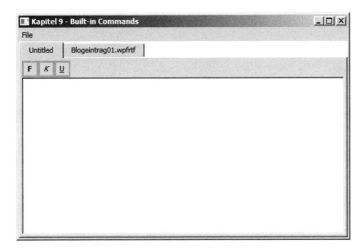

Abb. 9.2: Einfacher Editor mit »Built-in« Commands

9.2.2 Tastenkombinationen

Fortgeschrittene Benutzer möchten eine Anwendung vielfach über Tastenkürzel (»Shortcuts«) oder Mausgesten bedienen. Dazu können sogenannte »Input Bindings« verwendet werden. Jede Subklasse von UIElement bietet eine Auflistung InputBindings an, der Objekte der Typen

- KeyBinding
- MouseBinding

- hinzugefügt werden können. Wie die Namen schon andeuten, bezieht sich ein KeyBinding auf eine Tastenkombination, die an einen Command gebunden wird, während ein MouseBinding dasselbe hinsichtlich Mauseingaben bedeutet.

- Viele vordefinierte Commands besitzen bereits zugewiesene Tastenkürzel, die über ein Input Binding an den jeweiligen Command gebunden sind. Eine Tastenkombination selbst wird über ein KeyGesture-Objekt definiert. Die Klasse besitzt drei wichtige Eigenschaften:

- Key: Definiert die Taste, die für das zugehörige KeyGestures-Objekt zuständig ist. Die Zuweisung erfolgt über die Verwendung der Key-Enumeration.

- Modifiers: Unter Verwendung der Enumeration ModifierKeys können etwaige Modifizierertasten definiert werden (Ctrl , ⇧ , Alt , ⊞).

- DisplayString: Der String, der angezeigt werden soll, wenn die Tastenkombination angezeigt wird (beispielsweise bei Menüs).

> **Wichtig**
>
> Die Klasse InputGesture stellt die Basisklasse für KeyGesture und Mouse-Gesture dar und bietet dementsprechend grundlegende Eigenschaften an, die durch die Ableitungen weiter spezialisiert werden.

- ApplicationCommands.New besitzt nun eine Auflistung InputBindings, die eine Tastenkombination enthält: Ctrl + N . Diese ist standardmäßig gesetzt und wird als »Ctrl+N« angezeigt (siehe Abbildung 9.3).

Sehen wir uns dazu das letzte Beispiel an, erkennen wir, dass die Command Bindings für das Menu-Element definiert wurden. Da die dafür definierten Tastenkombinationen direkt am Command hängen, ist es an der Stelle verfügbar, an der das Command Binding platziert wurde. Etwaige Input Bindings sind also nur dann verfügbar, wenn das Menu-Element den Fokus besitzt. Da die Shortcuts jedoch fensterweit verfügbar sein sollten, empfiehlt es sich, die Command Bindings auf Fensterebene zu definieren (siehe Listing 9.6).

```
<Window.CommandBindings>
    <CommandBinding Command="ApplicationCommands.New"
                    CanExecute="New_CanExecute"
                    Executed="New_Executed"/>
    <CommandBinding Command="ApplicationCommands.Open"
                    CanExecute="Open_CanExecute"
                    Executed="Open_Executed"/>
    <CommandBinding Command="ApplicationCommands.Save"
                    CanExecute="Save_CanExecute"
                    Executed="Save_Executed"/>
```

```
    <CommandBinding Command="ApplicationCommands.SaveAs"
                       CanExecute="SaveAs_CanExecute"
                       Executed="SaveAs_Executed"/>
    <CommandBinding Command="ApplicationCommands.Close"
                       CanExecute="Close_CanExecute"
                       Executed="Close_Executed"/>
</Window.CommandBindings>
```

Listing 9.6: Fensterweite Tastenkürzel

Mit dieser kleinen Änderung können nun innerhalb des gesamten Fensters die vordefinierten Tastenkürzel verwendet werden.

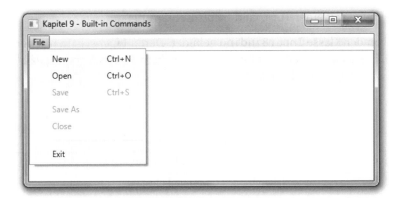

Abb. 9.3: Vordefinierte Input Bindings

Vordefinierte Tastenkombination ersetzen

In manchen Fällen ist es vielleicht erwünscht, eine vordefinierte Tastenkombination zu ersetzen. Dies ist für Standard-Shortcuts nicht anzuraten, da der Benutzer dadurch sehr schnell in die Irre geführt werden kann. Das nachfolgende Beispiel zeigt dennoch anhand des Commands ApplicationCommands.New, wie es geht:

```
private void RemoveInputBindings()
{
    ApplicationCommands.New.InputGestures.Clear();

    KeyGesture newGesture = new KeyGesture(Key.B,
                                    ModifierKeys.Control,
                                    "Ctrl+B");

    ApplicationCommands.New.InputGestures.Add(newGesture);
}
```

Listing 9.7: Ersetzen von Standard-Shortcuts

In diesem Fall wird die Standard-Tastenkombination »Ctrl+N« mit der neu definierten Tastenkombination »Ctrl+B« ersetzt.

> **Tipp**
>
> Beachten Sie dabei jedoch, dass das Ersetzen der Input Gestures vor dem Aufruf der Methode InitializeComponents erfolgen muss, da die gemachten Änderungen sonst bei der Initialisierung verloren gehen.

Tastenkombination an einen Command binden

Damit nun in einer Anwendung Tastenkombinationen auf Commands gebunden werden können, wird die Klasse KeyBinding benötigt. Diese verbindet ein Objekt vom Typ KeyGesture mit einer ICommand-Implementierung.

Die Basis wird von der Klasse InputBinding gebildet. Deren Eigenschaften sehen Sie in Tabelle 9.4. Zusätzlich definiert KeyBinding weitere Eigenschaften speziell für die Eingabe via Tastatur (siehe Tabelle 9.5).

Eigenschaft	Beschreibung
Command	Ruft den zugeordneten ICommand ab oder legt diesen fest.
CommandParameter	Definiert die benutzerdefinierten Parameter
CommandTarget	Legt das Zielelement des Commands fest oder ruft es ab.
Gesture	Ruft das zugeordnete InputGesture-Objekt ab oder legt es fest.

Tabelle 9.4: Eigenschaften der Klasse InputBinding

Eigenschaft	Beschreibung
Key	Definiert den Key des damit verbundenen KeyGesture-Objekts oder ruft diesen ab.
Modifiers	Definiert die Modifizierertasten des damit verbundenen KeyGesture-Objekts oder ruft diese ab.

Tabelle 9.5: Eigenschaften der Klasse KeyBinding

> **Tipp**
>
> Möchten Sie mehrere Modifizierertasten kombinieren, werden diese in XAML mit »+« verbunden. Beispiel: Modifiers="Control+Shift".

Ein KeyBinding kann auf zwei unterschiedliche Arten definiert werden. Bei der ersten Variante werden die einzelnen Eigenschaften direkt gesetzt:

```
<KeyBinding Command="ApplicationCommands.Undo"
        Key="U"
        Modifiers="Control"/>
```

Listing 9.8: KeyBinding via Modifiers-Eigenschaft

Bei der zweiten Variante wird das dahinter liegende KeyGesture-Objekt mit den gewünschten Angaben versehen:

```
<KeyBinding Command="ApplicationCommands.Undo"
        Gesture="CTRL+U"/>
```

Listing 9.9: KeyBinding per Gesture-Eigenschaft

Beide Varianten weisen grundsätzlich keine Unterschiede auf. Es ist jedoch zu beachten, dass bei gleichzeitiger Angabe beider Varianten ein Konflikt auftritt. Dabei werden die zuletzt gemachten Einstellungen verwendet. Sehen wir uns dazu ein Beispiel an. Gegeben sei folgende Definition:

```
<KeyBinding Command="ApplicationCommands.Undo"
        Modifiers="Control"
        Gesture="Ctrl+U"
        Key="K"/>
```

Unter Verwendung beider angesprochenen Möglichkeiten werden zwei unterschiedliche Tastenkombinationen definiert. Ausgewertet wird in diesem Beispiel die zuletzt vorgenommene Einstellung, also »Ctrl+K«. Die dem Attribut Gesture übergebene Tastenkombination wird nicht gesetzt und steht daher auch nicht zur Verfügung.

> **Hinweis**
>
> In den meisten Fällen muss einer KeyGesture ein Modifier zugewiesen werden. Ausnahmen werden durch die Funktionstasten und den Nummernblock gebildet. Alle anderen Tasten müssen verpflichtend über eine gesetzte Modifiziertertaste verfügen, um ein gültiges KeyGesture-Objekt zu repräsentieren.

Deklarierte Tastenkombinationen können jedem UIElement durch die Verwendung der Auflistung InputBindings zugewiesen werden. Dadurch stehen diese in dem betreffenden Gültigkeitsbereich zur Verfügung. Soll eine Tastenkombination für das gesamte Fenster Gültigkeit besitzen, würde die Deklaration dementsprechend so aussehen:

```
<Window.InputBindings>
    <KeyBinding Command="ApplicationCommands.Undo"
            Modifiers="Control"
```

```
                    Key="K"/>
    </Window.InputBindings>
```

Listing 9.10: KeyBinding im Gültigkeitsbereich eines Fensters

Mausgesten verwenden

Neben Tastenkombinationen können auch Mausgesten in Ihren Anwendungen angeboten werden. Dazu ist ein Objekt vom Typ MouseGesture zu definieren und der Auflistung InputBindings, die allen von UIElement abgeleiteten Elementen zur Verfügung steht, hinzuzufügen.

Die Klasse MouseGesture leitet ebenfalls von InputGesture ab und bietet daher dessen Eigenschaften an. Zusätzlich steht die Eigenschaft MouseAction zur Verfügung. Dahinter liegt eine Enumeration mit den in Tabelle 9.6 beschriebenen Werten.

Wert	Beschreibung
None	Keine Mausgeste. Dies ist der Standardwert.
LeftClick	Klick mit der linken Maustaste
RightClick	Klick der rechten Maustaste
MiddleClick	Klick der mittleren Maustaste
WheelClick	Klick mit dem Mausrad
LeftDoubleClick	Doppelklick mit der linken Maustaste
RightDoubleClick	Doppelklick mit der rechten Maustaste
MiddleDoubleClick	Doppelklick mit der mittleren Maustaste

Tabelle 9.6: Werte der MouseAction-Enumeration

Eine Mausgeste muss nicht zwangsweise mit einer Modifizierertaste verbunden werden. Um ohne eine dieser Tasten auszukommen, ist die Eigenschaft MouseAction zu verwenden, wie nachfolgend gezeigt:

```
<MouseBinding Command="ApplicationCommands.New"
              MouseAction="LeftDoubleClick"/>
```

Listing 9.11: MouseBinding ohne Modifizierertaste

Soll eine Modifizierertaste zum Einsatz kommen, bietet sich die Verwendung der Eigenschaft Gesture an:

```
<MouseBinding Command="ApplicationCommands.New"
              Gesture="Control+LeftDoubleClick"/>
```

Listing 9.12: MouseBinding mit Modifzierertaste

Zu beachten ist, dass die zweite Variante wegen der Lesbarkeit, Wartbarkeit und im Hinblick auf die Serialisierung wann immer möglich eingesetzt werden sollte.

> **Hinweis**
>
> Tastenkombinationen und Mausgesten erlauben es erfahrenen Benutzern, sehr schnell durch die Anwendung zu navigieren und häufig genutzte Funktionen schnell aufzurufen. Bieten Sie Ihren Anwendern diese Hilfsmittel an, beachten Sie dabei jedoch, dass Sie nicht jede Funktionalität mit einer Geste hinterlegen, da dies in der Regel dazu führt, dass die Anwendung schwieriger zu bedienen ist.

9.2.3 RoutedCommand und RoutedUICommand

Wie bereits weiter oben besprochen, bildet die Schnittstelle `ICommand` die Basis für das in der WPF implementierte Command Pattern. Damit vordefinierte Commands funktionieren können, muss es dafür bereits eine bestehende Implementierung geben. Diese wird durch `RoutedCommand` dargestellt.

Diese Klasse implementiert die besagte Schnittstelle, stellt aber keine weiteren Funktionalitäten zur Verfügung. Vielmehr wird durch den Elementbaum traversiert und ein Objekt mit einem entsprechenden `CommandBinding` gesucht. Die an der Command-Bindung definierten Ereignishandler beschreiben die Logik des Commands.

Beim Aufruf der Methode `Execute` werden die Ereignisse `PreviewExecuted` und `Executed` ausgelöst. Im Gegensatz dazu löst die Methode `CanExecute` die Ereignisse `PreviewCanExecute` und `CanExecute` aus.

Von `RoutedCommand` leitet eine Klasse `RoutedUICommand` ab. Diese enthält zusätzlich eine Texteigenschaft, welche eine Bezeichnung für den Command übernimmt, die in der grafischen Oberfläche angezeigt werden kann. Ein weiterer Unterschied besteht nicht.

Der nächste Abschnitt beschreibt, wie Sie diese Klassen für eigene Anwendungen verwenden können.

9.2.4 Eigenen RoutedCommand erstellen

Die einfachste Möglichkeit, eigene Commands anzubieten, besteht darin, einen `RoutedCommand` zu definieren, der an der Stelle der Verwendung implementiert wird. Um dies zu zeigen, wird das letzte Beispiel entsprechend erweitert.

Dazu wird eine statische Klasse `EditorCommands` erstellt, die in Listing 9.13 abgebildet ist. Diese definiert eine Eigenschaft `InsertDate` vom Typ `RoutedCommand`. Der eigentliche Command wird im Konstruktor deklariert. Damit er auch über eine Tastenkombination aufgerufen werden kann, wird im ersten Schritt ein Key-Gesture-Objekt erstellt und einer Auflistung vom Typ InputGestureCollection hinzugefügt. Bei der Instanziierung des eigentlichen Commands können nun mehrere Parameter übergeben werden. In diesem Fall werden alle möglichen Parameter ausgeschöpft und ein Name, der zugehörige Typ und die Auflistung der mit dem Command verbundenen Gesten übergeben.

```
public static class EditorCommands
{
    private static RoutedCommand insertDateCommand;

    public static RoutedCommand InsertDate
    {
        get { return insertDateCommand; }
    }

    static EditorCommands()
    {
        InputGestureCollection insertDateGestures =
            new InputGestureCollection();
        KeyGesture insertDateGesture =
            new KeyGesture(
                    Key.D,
                    ModifierKeys.Control | ModifierKeys.Shift,
                    "Ctrl+Shift+D");
        insertDateGestures.Add(insertDateGesture);
        insertDateCommand =
            new RoutedCommand(
                    "InsertDate",
                    typeof(EditorCommands),
                    insertDateGestures);
    }
}
```

Listing 9.13: Benutzerdefinierte RoutedCommands

Damit dieser Command nun verwendet werden kann, muss ein CommandBinding gesetzt werden. Dies geschieht im EditorControl, damit es im Gültigkeitsbereich unseres Editors verfügbar ist:

```
<UserControl.CommandBindings>
    <CommandBinding Command="local:EditorCommands.InsertDate"
                CanExecute="InsertDate_CanExecute"
                Executed="InsertDate_Executed"/>
</UserControl.CommandBindings>
```

Listing 9.14: CommandBinding für ein Steuerelement setzen

> **Hinweis**
>
> Beachten Sie, dass an dieser Stelle ein XML-Namespace gesetzt werden muss, damit die Klasse EditorCommands gefunden werden kann. Über diesen XML-Namespace kann auf den gewünschten Typ und somit auf unseren Command zugegriffen werden.

Durch das CommandBinding werden die Ereignishandler definiert, welche die eigentliche Logik beinhalten. Die Implementierung ist in Listing 9.15 ersichtlich. Im Handler für CanExecute wird die Verfügbarkeit des Commands auf true gesetzt, da dieser Command Teil des Editors ist und somit immer zur Stelle sein kann.

Wird InsertDate ausgeführt, wird die im Editor selektierte Stelle mit dem aktuellen Datum gefüllt.

```
private void InsertDate_CanExecute(
    object sender,
    CanExecuteRoutedEventArgs e)
{
    e.CanExecute = true;
}

private void InsertDate_Executed(
    object sender,
    ExecutedRoutedEventArgs e)
{
    DemoRichTextBox.Selection.Text += DateTime.Now;
}
```

Listing 9.15: Ereignishandler für InsertDate-Command

Rufen wir uns die bisher definierten Menüeinträge der Anwendung in Erinnerung, dann bemerken wir, dass ApplicationCommands keinen Command für das Beenden der Anwendung zur Verfügung stellt. Daher wurde das Click-Ereignis des MenuItem-Elements abonniert und das Beenden darin abgehandelt:

```
<MenuItem Header="Exit" Click="Exit"/>
```

Da dies nicht die bevorzugte Variante ist, werden wir hierfür einen eigenen Command definieren und die Klasse RoutedUICommand verwenden, um den Unterschied zur Klasse RoutedCommand aufzuzeigen. Die Vorgehensweise unterscheidet sich jedoch nicht von der bereits gezeigten. Der Unterschied besteht lediglich in der verwendeten Klasse. Listing 9.16 zeigt hierbei die implementierte statische Klasse, die den Command zur Verfügung stellt. Zu beachten ist der zusätzliche Parameter der Klasse `RoutedUICommand`. Es kann ein Text definiert werden, der von eigenen Steuerelementen automatisch angezeigt wird, sofern kein anderer Text definiert wurde.

```
public static class CustomApplicationCommands
{
    private static RoutedUICommand exitCommand;

    public static RoutedUICommand Exit
    {
        get { return exitCommand; }
    }

    static CustomApplicationCommands()
    {
        InputGestureCollection inputGestures =
            new InputGestureCollection();

        KeyGesture exitGesture = new KeyGesture(
                            Key.E,
                            ModifierKeys.Control,
                            "Ctrl+E");

        inputGestures.Add(exitGesture);

        exitCommand = new RoutedUICommand(
                "Exit", "ExitCommand",
                typeof(CustomApplicationCommands),
                inputGestures);
    }
}
```

Listing 9.16: Statische Klasse für den `Exit`-Command

Im Hauptfenster der Anwendung wird ein weiteres `CommandBinding` hinzugefügt ebenso wie der notwendige XML-Namespace:

```
<CommandBinding Command="local:CustomApplicationCommands.Exit"
                CanExecute="Exit_CanExecute"
                Executed="Exit_Executed"/>
```

Der Menüeintrag sieht folgendermaßen aus:

```
<MenuItem Command="local:CustomApplicationCommands.Exit"/>
```

Listing 9.17: Command eines `MenuItem`-Elementes setzen

Sie werden nun feststellen, dass die Eigenschaft `Header` nicht gesetzt ist. Durch die Verwendung eines `RoutedUICommand` wurde der anzuzeigende Text bereits definiert. Dies kann dementsprechend hier entfallen. Abbildung 9.4 zeigt, dass die Menübeschriftung tatsächlich angezeigt wird.

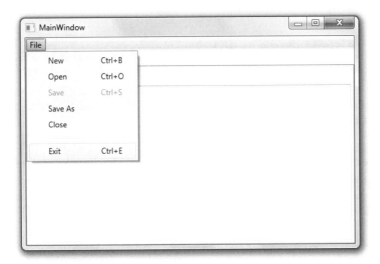

Abb. 9.4:   Menübeschriftung durch `RoutedUICommand`

Hinweis

Das gezeigte Beispiel finden Sie auf der beigelegten CD unter `Kapitel09/` `Kap09_UserDefinedCommands`.

9.2.5 ICommand implementieren

Sehr wahrscheinlich wird die Verwendung der Klassen `RoutedCommand` und `RoutedUICommand` bei der Erstellung einer größeren Anwendung nicht ausreichend sein. Gerade wenn gleiche Funktionalität immer wieder von unterschiedlichsten Stellen aus ausgeführt werden soll, bietet sich die Verwendung von Commands an. Natürlich soll die Implementierung ebenfalls an einer zentralen Stelle abgelegt werden. Zwar könnten Sie nun dennoch mit den angesprochenen Klassen arbeiten und in den jeweiligen Ereignishandlern diese zentrale Stelle aufrufen, doch bleibt die mehrfache Definition der Command-Bindungen. Zusätzlich werden Sie vielleicht wollen, dass ein und derselbe Command tatsächlich immer dieselbe Funktionalität bietet. Hierzu müssen Sie selbst die Schnittstelle `ICommand` implementieren. Dieser Abschnitt zeigt, wie Sie dabei vorgehen.

Als einfaches Beispiel wird das bisherige Beispiel um die Möglichkeit erweitert, das aktuelle Dokument im XPS-Format zu exportieren.

Listing 9.18 zeigt die Klasse ExportXpsCommand, die ICommand implementiert. Dazu müssen die vorgeschriebenen Methoden CanExecute und Execute mit Logik gefüllt werden. CanExecute gibt der Einfachheit halber immer true zurück. Dadurch steht dieser Command immer zur Verfügung. Die Execute-Methode erwartet einen gesetzten Parameter vom Typ FlowDocument. Wo er gesetzt wird, sehen wir uns ein wenig später an.

Wichtig

Um aus einem FlowDocument, das aktuell bearbeitet wird, ein XPS generieren zu können, muss eine Kopie erstellt werden. Diese Kopie kann nun exportiert werden. Würde dieser Schritt ausgelassen werden, könnte eine weitere Bearbeitung des Dokuments nicht stattfinden.

Per LocalPrintServer kann die Drucker-Queue für den XPS-Druckertreiber bezogen werden. Über diesen kann das Dokument in ein XPS gedruckt werden.

```csharp
public class ExportXpsCommand : ICommand
{
    public bool CanExecute(object parameter)
    {
        return true;
    }

    public event EventHandler CanExecuteChanged;

    public void Execute(object parameter)
    {
        if (parameter == null)
            throw new ArgumentNullException("parameter");
        if (!(parameter is FlowDocument))
            throw new ArgumentException("FlowDocument expected");

        FlowDocument originalDocument = parameter as FlowDocument;
        if (originalDocument != null)
        {
            TextRange sourceDocument =
                new TextRange(
                    originalDocument.ContentStart,
                    originalDocument.ContentEnd);
            MemoryStream stream = new MemoryStream();
            sourceDocument.Save(stream, DataFormats.XamlPackage);
```

```
            FlowDocument documentCopy = new FlowDocument();
            TextRange rangeCopy =
                new TextRange(
                    documentCopy.ContentStart,
                    documentCopy.ContentEnd);
            rangeCopy.Load(stream, DataFormats.XamlPackage);

            DocumentPaginator paginator =
                ((IDocumentPaginatorSource)documentCopy).DocumentPaginator;

            LocalPrintServer localPrintServer = new LocalPrintServer();
            PrintQueue xpsQueue =
                localPrintServer.GetPrintQueue("Microsoft XPS Document Writer");
            if (xpsQueue != null)
            {
                XpsDocumentWriter docWriter =
                    PrintQueue.CreateXpsDocumentWriter(xpsQueue);
                docWriter.Write(paginator);
            }
        }
    }
}
```

Listing 9.18: Implementierung eines Druck-Commands

Doch wie wird dieser Command nun in unserer Anwendung verwendet? Hierzu wird der neu erstellte Command als Ressource eingebunden:

```
<Window.Resources>
    <local:ExportXpsCommand x:Key="PrintCommand"/>
</Window.Resources>
```

Listing 9.19: Command als Ressource ablegen

Im nächsten Schritt wird ein neuer Menüeintrag benötigt. Die Command-Eigenschaft wird hierbei per statischer Ressource auf den neuen Command gesetzt. Damit der Command jedoch auch das benötigte FlowDocument-Objekt als Parameter erhält, muss die Eigenschaft CommandParameter gesetzt werden. Hierzu wird auf das Element Documents ein Binding gesetzt. Dieses Element stellt das TabControl dar. Der Pfad wird auf SelectedItem.Content.Document gesetzt. Als SelectedItem wird ein Objekt vom Typ TabItem zurückgeliefert. Das enthält unter Content eine Instanz des EditorControl-Steuerelements. Letzteres bietet wiederum eine Eigenschaft Document an und liefert darüber das aktuelle FlowDocument zurück. Da auf das aktuell ausgewählte Element zugegriffen wird, wird ein

Wechsel der Tabreiter berücksichtigt und immer das aktuell angezeigte Dokument zurückgeliefert. Der Menüeintrag wird in Listing 9.20 dargestellt.

```
<MenuItem Header="Print"
        Command="{StaticResource PrintCommand}">
    <MenuItem.CommandParameter>
        <Binding ElementName="Documents"
                Path="SelectedItem.Content.Document"/>
    </MenuItem.CommandParameter>
</MenuItem>
```

Listing 9.20: Menüeintrag auf benutzerdefinierten Command

Hinweis

Das gezeigte Beispiel finden Sie auf der beigelegten CD unter `Kapitel09/Kap09_UserDefinedCommands`.

9.2.6 Code-Unterstützung

Zu guter Letzt soll noch die Klasse `CommandManager` erwähnt werden. Diese kann aus dem Programmcode aufgerufen werden, um eine Verbindung zwischen Steuerelementen und Kommandos herzustellen, wie es auch die WPF selbst zu tun pflegt. Die verfügbaren Methoden sind in Tabelle 9.7 aufgelistet.

Methode	Beschreibung
AddCanExecuteHandler	Fügt einen CanExecuteRoutedEventHandler an das angegebene Element an.
AddExecutedHandler	Fügt einen ExecutedRoutedEventHandler an das angegebene Element an.
AddPreviewCanExecuteHandler	Fügt einen CanExecuteRoutedEventHandler an das angegebene Element an.
AddPreviewExecutedHandler	Fügt einen ExecutedRoutedEventHandler an das angegebene Element an.
InvalidateRequerySuggested	Der CommandManager überprüft beim Ermitteln geänderter Command-Bedingungen nur bestimmte Voraussetzungen (Verlieren des Fokus etc.). Durch diese Methode kann das Ereignis RequerySuggested manuell gestartet werden, um eine Überprüfung erneut durchzuführen. Dies ist dann vorteilhaft, wenn sich Bedingungen, beispielsweise durch einen Hintergrund-Thread, verändert haben.

Tabelle 9.7: Methoden der CommandManager-Klasse

Methode	Beschreibung
RegisterClassCommandBinding	Registriert ein CommandBinding für die angegebene Klasse (nicht Instanz).
RegisterClassInputBinding	Registriert ein InputBinding für die angegebene Klasse (nicht Instanz).
RemoveCanExecuteHandler	Entfernt einen CanExecuteRoutedEventHandler vom angegebenen Element.
RemoveExecutedHandler	Entfernt einen ExecutedRoutedEventHandler vom angegebenen Element.
RemovePreviewCanExecuteHandler	Entfernt einen CanExecuteRoutedEventHandler vom angegebenen Element.
RemovePreviewExecutedHandler	Entfernt einen ExecutedRoutedEventHandler vom angegebenen Element.

Tabelle 9.7: Methoden der CommandManager-Klasse (Forts.)

Damit erhalten Sie die Möglichkeit, sämtliche Steuerungen direkt aus dem Sourcecode heraus vorzunehmen.

Dieses Kapitel hat Ihnen einen guten Überblick über das Thema Commands geliefert. Es gibt aber natürlich noch komplexere Szenarien der Anwendung dieses Mechanismus. Weitere Informationen hierzu finden Sie in Kapitel 11.

Kapitel 10

Grafik und Multimedia

Eine der wirklich großen Stärken der WPF liegt eindeutig im grafischen und multimedialen Bereich. Wie bereits in den letzten Kapiteln erwähnt, finden sich gerade in Windows Forms zahlreiche Einschränkungen, die es so in der WPF nicht gibt. Durch die bewusste Berücksichtigung zahlreicher Möglichkeiten ist es in der WPF relativ einfach und vor allem schnell möglich, gute Ergebnisse zu erzielen. Dabei ist es nicht zwangsweise notwendig, auf einen Entwickler zurückzugreifen. Gerade in diesem Bereich kann auch ein begnadeter Designer Hand anlegen und somit einer Anwendung zu einem bemerkenswerten Aussehen verhelfen.

Dieses Kapitel führt Sie in die einzelnen Möglichkeiten ein, vergleicht diese mit Windows Forms und bietet zahlreiche Tipps und Tricks, wie Sie Ihre Anwendung kostenschonend mit einem ansprechenden Design und multimedialen Inhalten versehen können.

10.1 Einführung

Die Zeiten, in denen Anwendungen rein durch Zeichen repräsentiert wurden, sind längst vorbei. Mithilfe von grafischen Elementen können aufwendige und ansprechende Oberflächen erstellt werden. Wer bereits mit Windows Forms und Vorgängern entwickelt hat, wird bereits mit dem »Microsoft Windows Graphics Device Interface« (GDI) bzw. mit »GDI+« in Berührung gekommen sein. Diese Bibliotheken bieten die Möglichkeit zur Erstellung von grafischen Bedienoberflächen an, jedoch im Vergleich zu der WPF mit vielen Einschränkungen. In Tabelle 10.1 finden Sie einige der wichtigsten Unterschiede dieser Technologien.

Funktionalität	GDI/GDI+	WPF
Positionierung	Es wird eine absolute Positionierung verwendet. Wird das Parent-Element vergrößert, passen sich Kindelemente nicht an die neue verfügbare Größe an.	Absolute, dynamische oder datengebundene Positionierung ist möglich.

Tabelle 10.1: Einige Unterschiede zwischen GDI/GDI+ und der WPF

Funktionalität	GDI/GDI+	WPF
Grafik	Pixel-Orientierung	Vektor-Orientierung
Messgröße	Orientiert sich am Hardware-Pixel.	Verwendet eine geräteunabhängige Messgröße.
Rendering	Immediate Mode: Zeichenbefehle werden von der Anwendung direkt an die Grafikhardware weitergegeben und am Bildschirm gezeichnet.	Retained Mode: Zeichenbefehle werden zwischengespeichert. Die Anwendung definiert, wo und was dargestellt werden soll. Das System übernimmt die Darstellung und Aktualisierung
Video/Audio	Player wird benötigt.	Integrierte Unterstützung

Tabelle 10.1: Einige Unterschiede zwischen GDI/GDI+ und der WPF (Forts.)

Diese Auflistung bringt einige grundlegende Unterschiede ans Licht. Die nachfolgenden Abschnitte werden näher darauf eingehen.

10.2 Zweidimensionale Grafiken

In diesem Abschnitt wenden wir uns der Erstellung von 2D-Grafiken zu. Die WPF bietet drei Ebenen, um diese darzustellen:

- **Shapes:** Diese leiten von `UIElement` ab (und damit auch von `Visual`) und lassen sich via XAML oder Code in Ihre Anwendung einbinden. Sämtliche Subklassen (`Rectangle`, `Ellipse`, `Line` etc.) stellen ein `Drawing` dar.

- **Drawing:** Leichtgewichtige Objekte, die das Hinzufügen von geometrischen Formen, Text und Medien zu einer Anwendung ermöglichen. Sie bieten keine Unterstützung für das Layout-System (da sie nicht vom Typ `Visual` sind), keine Eingabemöglichkeiten und können keinen Fokus erhalten. Daher eignen sie sich besonders für Hintergründe oder Cliparts.

- **DrawingContext:** Setzt Zeichenbefehle auf der untersten verfügbaren Ebene ab. Elemente vom Typ `Visual` und `Drawing` können so mit visuellem Inhalt ausgestattet werden.

Wenden wir uns nun den einzelnen Bereichen und Klassen zu, um diese in der Praxis zu erleben.

Hinweis

Sämtliche in diesem Abschnitt gezeigten Beispiele finden Sie auf der beigelegten CD unter `Kapitel10/Kap10_2DGraphics`.

10.2.1 Shapes

Shape ist eine abstrakte Klasse und stellt eine zweidimensionale Form dar. Sie befindet sich im Namespace `System.Windows.Shapes` wie auch alle in der WPF verfügbaren Ableitungen (siehe Abbildung 10.1).

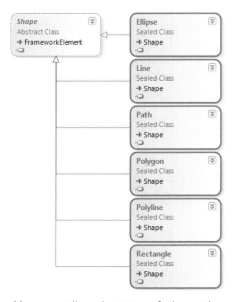

Abb. 10.1:   Alle in der WPF verfügbaren Shapes

Da die Basisklasse Shape von FrameworkElement erbt, ist es ihr möglich, sich selbst zu zeichnen und daher auch Teil des Layout-Systems zu sein.

Hinweis

Shapes verfügen auch über Input Events, die abonniert werden können. Somit ist es möglich auf die Maus als auch auf Tastatureingaben zu reagieren.

Die Klasse Shape definiert bereits viele hilfreiche Eigenschaften, die in Tabelle 10.2 aufgelistet sind.

Eigenschaft	Beschreibung
Fill	Definiert durch einen Brush, wie der Inhalt der Form gefüllt wird.
Height	Setzt die Höhe des Elements oder liefert diese zurück.
Stretch	Gibt an, wie der Inhalt im verfügbaren Platz dargestellt wird.
Stroke	Definiert einen Brush zur Darstellung des Randes eines Shape-Objekts.
StrokeDashArray	Definiert ein Array von Werten, das die Abstände und ausgefüllten Bereiche des Randes beschreibt.
StrokeThickness	Definiert die Stärke des Randes. Der Standardwert beträgt 1.
Width	Setzt die Breite des Elements oder liefert diese zurück.

Tabelle 10.2: Die wichtigsten Eigenschaften der Klasse Shape

Eine sehr interessante Eigenschaft, welche Elementen vom Typ UIElement gemein ist, ist SnapsToDevicePixels. Wird diese Eigenschaft auf true gesetzt, werden die Kanten des jeweiligen Elements direkt auf die Pixel des Endgeräts gesetzt. Dadurch lassen sich Elemente wesentlich schärfer darstellen und Artefakte des Anti-Aliasings vermeiden. Der Unterschied wird in Abbildung 10.2 dargestellt.

Abb. 10.2: Unterschiede SnapsToDevicePixels

Ellipse

Das Element Ellipse repräsentiert eine Ellipse. Es stehen alle Eigenschaften der zugrunde liegenden Klasse Shape zur Verfügung. Weitere Eigenschaften werden nicht definiert. Nachfolgend finden Sie eine beispielhafte Deklaration einer Ellipse, die grün ausgefüllt und mit einem schwarzen Rahmen versehen wird. Das Ergebnis ist in Abbildung 10.3 dargestellt.

```
<Ellipse Fill="Green"
         Width="90"
```

```
Height="150"
Stroke="Black"
StrokeThickness="3"/>
```

Abb. 10.3: Ellipse mit dickem Rahmen

Line

Das Element `Line` stellt eine einfache Linie dar. Mit X1, X2, Y2 und Y3 können die Koordinaten entsprechend festgelegt werden. Da es sich bei diesem Element – wie bei allen Shapes – um ein `FrameworkElement` handelt, wird auch hier das Layout-System verwendet, wodurch die Koordinaten auf Basis des zugrunde liegenden Elements zu verstehen sind. Listing 10.1 zeigt hierbei drei einfache Linien, die in Abbildung 10.4 in visueller Darstellung zu sehen sind.

Mit dieser Klasse lassen sich nur gerade Linien erstellen. Sollen komplexere Linienführungen zum Zuge kommen, sind Sie auf das Element `Polyline` angewiesen, das ein wenig später gezeigt wird.

```
<Line X1="7" X2="20" Y1="45" Y2="10" Stroke="Black" StrokeThickness="3"/>
<Line X1="7" X2="30" Y1="10" Y2="10" Stroke="Black" StrokeThickness="3"/>
<Line X1="20" X2="7" Y1="45" Y2="10" Stroke="Black" StrokeThickness="3"/>
```

Listing 10.1: Drei einfache Linien

Abb. 10.4: Darstellung von unterschiedlichen `Line`-Elementen

Path

Mithilfe des Elements `Path` ist es möglich, komplexere Shapes zu erstellen. Die dabei wichtigste Eigenschaft wird durch `Data` dargestellt. Sie enthält die entsprechenden `Geometry`-Daten, um die Form schlussendlich darstellen zu können. Die einzelnen `Geometry`-Klassen werden in Abschnitt 10.2.2 beschrieben.

Es ist sowohl ein geschlossener als auch ein offener Pfad möglich. Besonders viel Spielraum bietet die Tatsache, dass ein Pfad sogar mehrere Flächen enthalten kann, die sich nicht berühren oder überschneiden.

Pfade können auf zwei unterschiedliche Arten dargestellt werden. Zum einen steht die »Element Syntax« zur Verfügung und zum anderen die »Path Markup Syntax«.

Listing 10.2 zeigt per Element Syntax, wie eine einfache Sanduhr erstellt werden kann. Die zugehörige Darstellung ist in Abbildung 10.5 zu sehen.

```xml
<Path Stroke="Black" StrokeThickness="3">
    <Path.Data>
        <PathGeometry>
            <PathGeometry.Figures>
                <PathFigure StartPoint="0,0">
                    <PathFigure.Segments>
                        <PathSegmentCollection>
                            <LineSegment Point="70,70"/>
                            <LineSegment Point="0,70"/>
                            <LineSegment Point="70,0"/>
                            <LineSegment Point="0,0"/>
                        </PathSegmentCollection>
                    </PathFigure.Segments>
                </PathFigure>
            </PathGeometry.Figures>
        </PathGeometry>
    </Path.Data>
</Path>
```

Listing 10.2: Einfacher Pfad per Element Syntax

Abb. 10.5: Darstellung einer einfachen Sanduhr

Die zweite, weitaus kürzere Variante der Darstellung ist die Path Markup Syntax. Dabei setzt diese Variante auf die Syntax von SVG (»Scaleable Vector Graphics«).

```xml
<Path
    Fill="White"
    Stretch="Fill"
    Stroke="Black"
```

```
StrokeThickness="5"
Margin="125,173.542,160,176"
Data="M13.401642,2.5 L14.083675,3.3916397 C38.506989,
    34.174908 98.885216,55.95763 169.5,
    55.95763 240.11479,55.95763 300.49301,34.174908 324.91632,
    3.3916397 L325.59836,2.5 326.36649,3.280365 C332.92221,
    10.195591 336.5,17.665237 336.5,25.45763 336.5,
    61.079998 261.73157,89.95763 169.5,89.95763 77.268448,
    89.95763 2.5,61.079998 2.5,25.45763 2.5,17.665237 6.0777869,
    10.195591 12.633515,3.280365 z"/>
```

Listing 10.3: Deklaration eines Path-Elements per Path Markup Syntax

Abb. 10.6: Beispiel für einen Path

Polygon

Mit der Klasse Polygon kann eine geschlossene Form mit beliebigen Eckpunkten dargestellt werden. Die Eckpunkte werden über die Eigenschaft Points definiert. Diese ist vom Typ PointsCollection und enthält eine Auflistung von Point-Instanzen. Jede Point-Instanz beschreibt einen Eckpunkt. Listing 10.4 zeigt die Deklaration eines einfachen Polygons, das in Abbildung 10.7 zu sehen ist.

```
<Polygon Fill="Green" Points="10,10 30,80, 60,20"/>
```

Listing 10.4: Deklaration eines einfachen Polygons

Abb. 10.7: Einfaches Polygon

Polyline

Die Klasse `Polyline` ähnelt dem `Polygon`-Objekt. Der Unterschied besteht darin, dass eine `Polyline` keine abgeschlossene Form sein muss. Listing 10.5 zeigt eine einfache Verwendung der besagten Klasse. Abbildung 10.8 zeigt das Resultat.

```
<Polyline FillRule="EvenOdd" Stroke="Black" StrokeThickness="2">
    <Polyline.Points>
        <PointCollection>
            <Point X="10" Y="10"/>
            <Point X="60" Y="60"/>
            <Point X="35" Y="1"/>
            <Point X="80" Y="50"/>
        </PointCollection>
    </Polyline.Points>
</Polyline>
```

Listing 10.5: Verwendung der Klasse `Polyline`

Abb. 10.8: Darstellung einer einfachen Polyline

Rectangle

Mit dem Element `Rectangle` können einfache Rechtecke dargestellt werden. Listing 10.8 zeigt dazu ein kleines Beispiel, das in Abbildung 10.9 zu sehen ist.

```
<Rectangle Fill="Green"
           Width="100"
           Height="50"
           Stroke="Black"
           StrokeThickness="3"/>
```

Listing 10.6: Deklaration eines einfachen Rechtecks

Abb. 10.9: Ein einfaches Rechteck

Hinweis

Um sich die Shape-Beispiele anzusehen und mit diesen zu testen, klicken Sie in der Beispielanwendung im Hauptfenster auf SHOW SHAPE SAMPLES.

10.2.2 Geometries

Geometrien werden durch die abstrakte Basisklasse `Geometry` dargestellt. Sie dient im Grunde einem ähnlichen Zweck wie die zuvor vorgestellte abstrakte Klasse **Shape**: der Darstellung von zweidimensionalen Grafiken. Allerdings bestehen zwischen diesen beiden Varianten große Unterschiede.

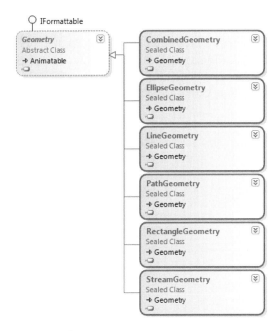

Abb. 10.10: Übersicht der Subklassen von `Geometry`

Während `Shape` von `FrameworkElement` ableitet, greift `Geometry` auf die Basisklasse `Freezable` zurück. Dies resultiert in folgenden Eigenheiten:

- `Geometry`-Objekte können als Ressourcen definiert und über mehrere Objekte hinweg geteilt werden.

- Sie können als schreibgeschützt markiert werden, um die Performance zu erhöhen, sie zu klonen oder Thread-sicher zu verwenden.

- Da Shapes von `FrameworkElement` erben, sind sie Teil des Layout-Systems, `Geometry`-Objekte hingegen nicht. Darüber hinaus besitzen Letztere keine Input-Ereignisse.

- Shape-Elemente werden für das Rendering von zweidimensionalen Grafiken verwendet. Geometrien sind hingegen vielfältiger einsetzbar, da sie die geometrische Region von 2D-Grafiken, Clipping bzw. Hit Testing beschreiben.

- Geometry-Objekte können für die Beschreibung eines Animationspfades verwendet werden.

In Abbildung 10.10 sehen Sie die in `System.Windows.Media` angesiedelten Ableitungen der Klasse `Geometry`.

EllipseGeometry

Die Klasse `EllipseGeometry` dient der Darstellung einer Ellipse. Von Bedeutung sind die Eigenschaften `Center`, `RadiusX` und `RadiusY`. Mittels `Center` bestimmen Sie den Mittelpunkt der Ellipse, `RadiusX` legt den horizontalen Radius fest, `RadiusY` den vertikalen. In Listing 10.7 wird ein Element vom Typ `Path` erstellt. Die Eigenschaft `Data` erhält ein `EllipseGeometry`-Objekt. Eine weitere Möglichkeit, Geometrien darzustellen, besteht in der Verwendung der Klasse `GeometryDrawing`, die im nächsten Abschnitt näher erklärt wird. Das Resultat sehen Sie in Abbildung 10.11.

```
<Path Fill="Gray" Stroke="Black">
    <Path.Data>
        <EllipseGeometry Center="50,50"
                         RadiusX="50"
                         RadiusY="50"/>
    </Path.Data>
</Path>
```

Listing 10.7: Verwendung der Klasse `EllipseGeometry`

Abb. 10.11: Darstellung der `EllipseGeometry`

RectangleGeometry

Mit der Klasse `RectangleGeometry` kann ein Rechteck dargestellt werden. Um die Position und Größe des Rechtecks zu bestimmen, wird die Eigenschaft `Rect` verwendet. Ein Abrunden der Ecken kann durch die Angabe der Eigenschaften `RadiusX` und `RadiusY` erfolgen. Wie `EllipseGeometry` beschreibt `RectangleGeometry` ebenfalls nur den Verlauf der Form. Die Füllfarbe wird auch hier über das Path-Objekt gesetzt. Listing 10.8 zeigt die einfache Verwendung, Abbildung 10.12 das Ergebnis.

```
<Path Fill="Gray" Stroke="Black">
    <Path.Data>
        <RectangleGeometry Rect="15,10 75,75"/>
    </Path.Data>
</Path>
```

Listing 10.8: Verwendung der Klasse RectangleGeometry

Abb. 10.12: Darstellung der RectangleGeometry

LineGeometry

Die Klasse LineGeometry bietet die Möglichkeit, eine Linie darzustellen. Durch die Eigenschaft StartPoint wird der Startpunkt der Linie festgelegt, EndPoint legt den Endpunkt fest. Auch hier werden Füllfarbe und Rahmen durch das Path-Element übernommen.

```
<Path Fill="Gray" Stroke="Black">
    <Path.Data>
        <LineGeometry StartPoint="15,15"
                      EndPoint="70,50"/>
    </Path.Data>
</Path>
```

Listing 10.9: Verwendung der Klasse LineGeometry

Abb. 10.13: Darstellung einer LineGeometry

Hinweis

Wenn Sie mehrere LineGeometry-Objekte durch eine GeometryGroup gruppieren, erhalten Sie ein ähnliches Resultat wie bei der Verwendung der Klasse Polyline.

Geometry-Objekte kombinieren

Wenn Sie zwei Geometry-Objekte miteinander kombinieren möchten, kann dies über die Klasse CombinedGeometry erfolgen. Die Eigenschaften Geometry1 und Geometry2 nehmen die beiden zu kombinierenden Geometrien auf. Über die Eigenschaft GeometryCombineMode können Sie festlegen, auf welche Art und Weise die beiden Geometrien kombiniert werden. Die zugrunde liegende Aufzählung vom Typ GeometryCombineMode bietet die folgenden vier Werte an:

- Exclude: Durch diese Einstellung wird die durch Geometry2 definierte Fläche von der durch Geometry1 definierten Fläche abgezogen.

- Intersect: Das Resultat enthält die Schnittmenge aus Geometry1 und Geometry2.

- Union: Dies ist der Standardwert dieser Eigenschaft und zeichnet eine Kombination der beiden angegebenen Geometrien.

- Xor: Die resultierende Form besteht aus der Fläche beider Geometrien abzüglich der Schnittmenge derselben.

In Listing 10.10 sehen Sie die Verwendung der Klasse CombinedGeometry mit dem auf Exclude gesetzten GeometryCombineMode. Abbildung 10.14 zeigt dieselbe Deklaration in den unterschiedlichen Modes.

```
<Path Fill="Gray" Stroke="Black">
    <Path.Data>
        <CombinedGeometry GeometryCombineMode="Exclude">
            <CombinedGeometry.Geometry1>
                <RectangleGeometry Rect="10,10 50,50"/>
            </CombinedGeometry.Geometry1>
            <CombinedGeometry.Geometry2>
                <RectangleGeometry Rect="30,30 50,30"/>
            </CombinedGeometry.Geometry2>
        </CombinedGeometry>
    </Path.Data>
</Path>
```

Listing 10.10: Verwendung einer CombinedGeometry mit Mode Exclude

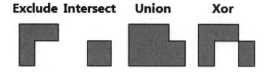

Exclude Intersect   Union   Xor

Abb. 10.14: CombinedGeometry-Objekte in den verschiedenen Modes

Darstellung von mehreren Geometry-Objekten

Mithilfe der Klasse GeometryGroup können mehrere Geometry-Objekte zu einer Gruppe zusammengefasst werden. Kommt es dazu, dass sich einzelne Linien überlappen, stellt sich die Frage, welcher Teil der Form gefüllt werden kann bzw. soll. Dazu wird die Eigenschaft FillRule verwendet. Diese ist vom gleichnamigen Typ FillRule und definiert zwei Werte:

- EvenOdd
  Diese Regel beschreibt, ob sich ein Punkt im Ausfüllbereich befindet. Hierzu wird in eine beliebige Richtung ein unendlicher Strahl gezeichnet. Dabei werden die einzelnen Pfadsegmente gezählt, die den Strahl schneiden. Ergibt sich daraus eine ungerade Zahl, befindet sich der Punkt im Ausfüllbereich, andernfalls nicht.

- NonZero
  Auch hier wird durch das Zeichnen eines unendlichen Strahls in eine beliebige Richtung festgestellt, ob sich ein Punkt im Ausfüllbereich befindet oder nicht. Ausgehend vom ursprünglichen Punkt werden die Schnittstellen des Strahls mit der Figur überprüft. Beginnend bei 0 (»zero«) wird für jede Schnittstelle, die den Strahl von links nach rechts schneidet, 1 addiert. Wird der Strahl von rechts nach links geschnitten, wird 1 subtrahiert. Ist das Ergebnis dieser Prüfung 0, befindet sich der Punkt außerhalb der Form, andernfalls ist er Teil des Ausfüllbereichs.

```
<Path Stroke="Black" StrokeThickness="1" Fill="#CCFCFF">
   <Path.Data>
      <GeometryGroup FillRule="EvenOdd">
         <EllipseGeometry RadiusX="10" RadiusY="10" Center="75,75" />
         <EllipseGeometry RadiusX="20" RadiusY="15" Center="75,75" />
         <EllipseGeometry RadiusX="30" RadiusY="50" Center="75,75" />
         <EllipseGeometry RadiusX="50" RadiusY="60" Center="75,75" />
      </GeometryGroup>
   </Path.Data>
</Path>
```

Listing 10.11: Verwendung von FillRule.EvenOdd

Listing 10.11 zeigt die Verwendung von FillRule.EvenOdd. Wird hier nun eine beliebige Linie durch die Form gezogen, wird einmal eine ungerade Anzahl von Linien durchschnitten, dann eine gerade Anzahl von Linien, dann wiederum eine ungerade usw. Dadurch ergibt sich die alternierende Füllung der einzelnen Ringe. Das Ergebnis ist in Abbildung 10.15 zu sehen.

Abb. 10.15: Ergebnis `FillRule.EvenOdd`

Listing 10.12 zeigt die Verwendung von `FillRule.Nonezero`. Wie im Ergebnis (siehe Abbildung 10.16) ersichtlich, werden alle Ringe ausgefüllt. Dies ergibt sich aus der Tatsache, dass die einzelnen Pfade von links nach rechts gezeichnet werden und beim Ziehen einer durchgehenden Linie keine Schnittpunkte auftreten, die von rechts nach links verlaufen. Dadurch wird bei jedem Schnittpunkt 1 addiert. Das ergibt eine positive Zahl und somit werden alle Bereiche ausgefüllt.

```
<Path Stroke="Black" StrokeThickness="1" Fill="#CCFCFF">
    <Path.Data>
        <GeometryGroup FillRule="Nonzero">
            <EllipseGeometry RadiusX="10" RadiusY="10" Center="75,75" />
            <EllipseGeometry RadiusX="20" RadiusY="15" Center="75,75" />
            <EllipseGeometry RadiusX="30" RadiusY="50" Center="75,75" />
            <EllipseGeometry RadiusX="50" RadiusY="60" Center="75,75" />
        </GeometryGroup>
    </Path.Data>
</Path>
```

Listing 10.12: Verwendung von `FillRule.Nonezero`

Abb. 10.16: Ergebnis `FillRule.Nonezero`

Erstellen von komplexen Geometrien

Mit den bis jetzt vorgestellten Klassen konnten hauptsächlich einfache Geometrien dargestellt werden. In der Praxis sind häufig auch komplexere Ausprägungen gefordert. Zu diesem Zweck existiert die Klasse `PathGeometry`. Damit lassen sich Linien, Rechtecke, Ellipsen, Kurven und Bogenlinien erstellen. Ein Objekt vom

Typ `PathGeometry` besteht dabei aus mehreren `PathFigure`-Objekten, die in der Eigenschaft `Figures` angegeben werden und die nachfolgende Eigenschaften bieten:

- **IsClosed**: Diese Eigenschaft vom Typ `Boolean` beschreibt, ob das erste und letzte angegebene Segment miteinander verbunden sind (`true`) oder nicht (`false`). Sind die beiden Segmente miteinander verbunden, handelt es sich um eine geschlossene Geometrie.

- **IsFilled**: Diese Eigenschaft ist ebenfalls vom Typ `Boolean` und gibt an, ob auf den inneren Bereich der Form Hit Testing, Clipping und Rendering angewendet wird. Bei Verwendung des Wertes `false` wird nur der Umriss der Form dargestellt.

- **StartPoint**: Definiert den Startpunkt des Segments. Der Standardwert beträgt 0,0.

- **Segments**: Eine Auflistung von `PathSegment`-Objekten, welche die schlussendliche Form definieren.

`PathSegment` ist eine abstrakte Klasse, die nicht direkt verwendet werden kann. Es stehen zahlreiche Ableitungen für die unterschiedlichen Anwendungsfälle zur Verfügung:

- **ArcSegment**: Definiert einen elliptischen Bogen zwischen zwei Punkten.

- **BezierSegment**: Definiert eine kubische Bézierkurve zwischen zwei Punkten.

- **LineSegment**: Erstellt eine Linie zwischen zwei Punkten.

- **PolyBezierSegment**: Stellt eine oder mehrere kubische Bézierkurven dar.

- **PolyLineSegment**: Definiert eine Gruppe von Liniensegmenten.

- **PolyQuadraticBezierSegment**: Definiert eine Gruppe von quadratischen Bézierkurven-Segmenten.

- **QuadraticBezierSegment**: Stellt eine quadratische Bézierkurve zwischen zwei Punkten dar.

Listing 10.13 stellt beispielhaft für die möglichen Segmente eine Bézierkurve dar. Dazu bietet die Klasse `PolyBezierSegment` die Eigenschaft `Points` an. Dabei handelt es sich um eine `PointCollection`, die Sie mit den gewünschten Kontrollpunkten auffüllen können. Das Ergebnis ist in Abbildung 10.17 zu sehen.

```
<Path Fill="Gray" Stroke="Black">
    <Path.Data>
        <PathGeometry>
            <PathGeometry.Figures>
                <PathFigure IsClosed="False"
```

```
                            IsFilled="False"
                            StartPoint="0,0">
                    <PathFigure.Segments>
                        <PolyBezierSegment
                            Points="50,50 10,50 100,20
                                    -20,50 120,-20 50,50"/>
                    </PathFigure.Segments>
                </PathFigure>
            </PathGeometry.Figures>
        </PathGeometry>
    </Path.Data>
</Path>
```

Listing 10.13: Verwendung der Klasse PolyBezierSegment

Abb. 10.17: Darstellung von kubischen Bézierkurven

Hinweis

Um sich die Beispiele zum Thema Geometrische Formen in der Beispielanwendung anzusehen, klicken Sie auf die Schaltfläche Show Geometry Samples.

10.2.3 Pinsel (Brush)

Pinsel (engl. »Brush«) werden zum Füllen von Innenbereichen unterschiedlichster Formen benutzt. Hauptsächlich werden sie auf die Eigenschaften Background, Foreground, BorderBrush und Fill von Steuerelementen angewendet. Zu finden sind Brushes im Namespace System.Windows.Media.

In Abbildung 10.18 ist die Klassenhierarchie der Pinsel abgebildet. Die Basisklasse wird durch Brush gebildet. Dabei handelt es sich um eine abstrakte Klasse, die selbst wieder von Animatable erbt und alle deren Eigenschaften mit sich bringt.

Pinsel sind insgesamt in vier Bereiche unterteilt:

- TileBrush: Eine abstrakte Basisklasse, die es in ihren Ausprägungen erlaubt, Bereiche mit einer oder mehreren Kacheln zu füllen. Ableitungen sind in den Klassen DrawingBrush, ImageBrush und VisualBrush zu finden. Diese Klasse verfügt unter anderem über die Eigenschaften Viewbox und Viewport. Hierüber ist es möglich, nur einen bestimmten Ausschnitt der Quelle darzustellen.

- `BitmapCacheBrush`: Ermöglicht performanceoptimiertes Zeichnen von komplexen Inhalten auf mehreren Elementen. Dies ist keine abstrakte Klasse, sie kann direkt verwendet werden.

- `GradientBrush`: Die abstrakte Klasse `GradientBrush` bildet die Basis für das Ausfüllen von Bereichen mit Farbverläufen. Die beiden Ableitungen `LinearGradientBrush` und `RadialGradientBrush` können direkt verwendet werden.

- `SolidColorBrush`: Mithilfe dieser Klasse können Bereiche mit einer Volltonfarbe ausgefüllt werden. Dies ist keine abstrakte Klasse.

Nachfolgend finden Sie eine Übersicht über die einzelnen konkreten Implementierungen, angereichert durch Beschreibungen und einfache Beispiele.

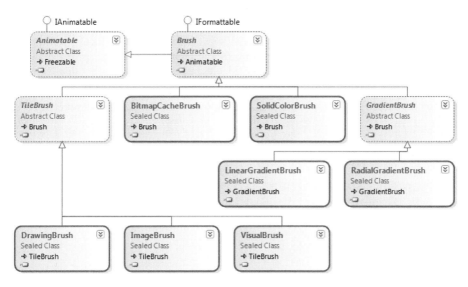

Abb. 10.18: Klassenhierarchie Brushes

DrawingBrush

Die Klasse `DrawingBrush` leitet von `TileBrush` ab und wird verwendet, um Bereiche von Zeichnungen mit Formen, Texten, Bildern oder Videos aufzufüllen.

Hinweis

Diese Klasse wird im nächsten Abschnitt in vielen Beispielen benötigt und verwendet. Daher finden Sie an dieser Stelle kein eigenes Beispiel dazu.

ImageBrush

ImageBrush erbt von TileBrush und hält als Inhalt eine Grafik, die über die Eigenschaft ImageSource zu definieren ist. Zu beachten ist, dass der vollständige zur Verfügung stehende Bereich durch die Grafik ausgefüllt wird. Dabei kann es zu Verzerrungen kommen. Dieses Verhalten kann über die Eigenschaft Stretch beeinflusst werden. Zur Auswahl stehen vier Einstellungen, die in Tabelle 10.3 näher beschrieben werden.

Wert	Beschreibung
Fill	Die angegebene Grafik wird so angepasst, dass sie vollständig in den angegebenen Bereich passt. Die Grafik kann dadurch verzerrt werden (das Seitenverhältnis wird eventuell nicht beibehalten)
None	Es wird kein Stretching ausgeführt, um die Kacheln zu füllen. Hier kann es dazu kommen, dass nur ein Teil der Grafik dargestellt wird.
Uniform	Die Grafik wird anhand der Kachelgröße so skaliert, dass sie vollständig unverzerrt angezeigt wird. Dies bedeutet, dass die längste Seite der Grafik dazu herangezogen wird, diese einzupassen und daher Ränder entstehen können.
UniformToFill	Die Grafik füllt den zur Verfügung stehenden Platz vollständig aus, wobei das Seitenverhältnis erhalten bleibt.

Tabelle 10.3: Möglichkeiten der Eigenschaft Stretch

Die Verwendung ist denkbar einfach und wird in Listing 10.14 gezeigt. Dabei wird eine Schaltfläche deklariert, die als Hintergrund per ImageBrush eine Grafik gesetzt bekommt. Das Ergebnis ist in Abbildung 10.19 zu sehen.

```
<Button Width="75" Height="75">
    <Button.Background>
        <ImageBrush ImageSource="Images/katze.jpg"
                Stretch="Fill"/>
    </Button.Background>
</Button>
```

Listing 10.14: Beispiel für ImageBrush

Abb. 10.19: Schaltfläche mit ImageBrush

Wie bereits erwähnt, verfügt die Basisklasse `TileBrush` über die Eigenschaften `Viewbox` und `Viewport`. `Viewbox` ist vom Typ `Rect` und kann verwendet werden, um einen Ausschnitt der Quelle darzustellen. Per Default sind die Werte für X und Y auf 0 gestellt, diejenigen für `Width` und `Height` auf 1. Dies bedeutet, dass standardmäßig die gesamte Quelle angezeigt wird. `Viewport` ist ebenfalls vom Typ `Rect` und legt die Position und Größe einer Kachel fest. Auch hier sind dieselben Standardwerte festgelegt.

In Listing 10.15 finden Sie ein Beispiel für die Verwendung der Eigenschaft `Viewbox`. Dabei wird die Grafik aus dem letzten Beispiel herangezogen, jedoch innerhalb einer Ellipse nur ein Teilbereich dargestellt. Das Ergebnis ist in Abbildung 10.20 zu sehen.

```
<Ellipse Width="100" Height="100">
    <Ellipse.Fill>
        <ImageBrush ImageSource="Images/katze.jpg"
                Viewbox="0.3 0.4 0.4 0.4"
                />
    </Ellipse.Fill>
</Ellipse>
```

Listing 10.15: Verwendung der `Viewbox`-Eigenschaft

Abb. 10.20: Resultat der `Viewbox`-Eigenschaft

> **Tipp**
>
> Die Basisklasse `TileBrush` enthält zusätzlich die Eigenschaften `ViewboxUnits` und `ViewportUnits`. Darüber kann festgelegt werden, ob relative oder absolute Koordinaten verwendet werden. Als Standard ist die Verwendung von relativen Koordinaten vorgegeben.

Eine weitere wichtige Eigenschaft ist `TileMode`. Dahinter steckt die gleichnamige Aufzählung mit folgenden Werten:

- **None:** Die Basiskachel wird nicht wiederholt, der nicht ausgefüllte Bereich wird transparent dargestellt.

- **Tile**: Die Basiskachel wird gezeichnet. Der restliche Bereich wird durch eine Wiederholung der Kachel aufgefüllt.

- **FlipX**: Diese Einstellung verhält sich wie **Tile**, jedoch wird die benachbarte Kachel horizontal gekippt.

- **FlipY**: Verhält sich ebenfalls wie **Tile**, allerdings wird die benachbarte Kachel vertikal gekippt.

- **FlipXY**: Stellt die Kombination aus **FlipX** und **FlipY** dar.

Listing 10.16 zeigt die Verwendung dieser Einstellung anhand eines Beispiels. Dabei wird per **Viewport** die Basiskachel so eingestellt, dass sie nur ein Viertel des verfügbaren Platzes einnimmt. Durch das Setzen der Eigenschaft **TileMode** auf **FlipX** wird nun zum einen der restliche Platz mit weiteren Kacheln aufgefüllt und zusätzlich die benachbarte Kachel horizontal gekippt, wie in Abbildung 10.21 zu sehen.

```
<Ellipse Width="100" Height="100">
    <Ellipse.Fill>
        <ImageBrush ImageSource="Images/katze.jpg"
                Viewport="0 0 0.5 0.5"
                TileMode="FlipX"
                />
    </Ellipse.Fill>
</Ellipse>
```

Listing 10.16: Verwendung der Eigenschaft **TileMode**

Abb. 10.21: Verwendung der **TileMode**-Eigenschaft

VisualBrush

Der **VisualBrush** ermöglicht es, an allen Stellen, an denen ein **Brush** verwendet werden kann, ein Element vom Typ **Visual** zu zeichnen. Dazu wird die Eigenschaft **Visual** angeboten, die ein entsprechendes Element aufnehmen kann.

Insgesamt stehen zwei Nutzungsvarianten zur Verfügung:

- Verwendung einer gänzlich neuen Instanz eines **Visual**-Elements,

- Verwendung eines bereits vorhandenen Visual-Elements. Dieses wird dabei dupliziert und kann beispielsweise für Effekte verwendet werden (Reflexionen etc.)

In Listing 10.17 wird eine Schaltfläche deklariert, die als VisualBrush ein Element vom Typ StackPanel-Element erhält, das wiederum zwei Schaltflächen definiert hat. Das Ergebnis zeigt Abbildung 10.22.

```
<Button Content="Click" x:Name="StartButton">
    <Button.Background>
        <VisualBrush>
            <VisualBrush.Visual>
                <StackPanel>
                    <Button Content="Please"/>
                    <Button Content="Me"/>
                </StackPanel>
            </VisualBrush.Visual>
        </VisualBrush>
    </Button.Background>
</Button>
```

Listing 10.17: Verwendung eines VisualBrush

Abb. 10.22: Verwendung von VisualBrush

BitmapCacheBrush

Diese Klasse bietet die Möglichkeit, komplexe Elemente zu cachen. Das bedeutet, dass diese performanceschonend wiederverwendet werden können. Listing 10.18 zeigt, wie eine zwischengespeicherte Grafik definiert werden kann. Dazu wird in diesem Fall die Ressourcen-Sektion eines Fensters verwendet. An dieser Stelle

wird ein Image-Element deklariert und die Eigenschaft Source auf eine bestehende Grafik gesetzt. In weiterer Folge kommt die Eigenschaft CacheMode zum
Zuge. Sie kann eine Instanz der Klasse BitmapCache aufnehmen, das eine
Bitmap-Darstellung eines Objekts vom Typ UIElement repräsentiert. Tabelle 10.4
beschreibt die Eigenschaften dieser Klasse.

Eigenschaft	Beschreibung
EnableClearType	Wenn diese Eigenschaft den Wert true aufweist, wird ClearType für die Darstellung von Texten verwendet, andernfalls kommt ein Graustufen-Antialiasing zum Einsatz. ClearType erfordert eine Ausrichtung an Pixeln, daher muss die Eigenschaft SnapsToDevicePixels ebenfalls auf true gestellt werden.
RenderAtScale	Mit dieser Eigenschaft kann der Bitmap-Cache skaliert werden. Dies ist vor allem dann nützlich, wenn das Element gezoomt und klarer erkennbar dargestellt werden soll.
SnapsToDevicePixels	Diese Eigenschaft sollte auf true gestellt werden, wenn der Inhalt an Hardware-Pixeln ausgerichtet werden soll (beispielsweise bei der Verwendung von ClearType-Text). Diese Einstellung wird von der Klasse BitmapCacheBrush ignoriert.

Tabelle 10.4: Eigenschaften der Klasse BitmapCache

Mausbewegungen auf einem zwischengespeicherten Element werden weiterhin
registriert und sind davon nicht betroffen. Neu aufgebaut wird der Cache, wenn
eine der folgenden Situationen eintritt:

- Struktur des UIElement-Objekts oder des Sub-Baumes ändert sich

- CacheMode-Einstellungen ändern sich

Änderungen am Visual Tree von darüber liegenden Elementen haben keine Auswirkung auf das zwischengespeicherte Element. Wird also beispielsweise ein
Parent-Element einer Transformation unterzogen, wird der Bitmap-Cache nicht
neu aufgebaut.

Tipp

Das Bitmap Caching ist auch bei fehlender Hardwareunterstützung möglich. In
diesem Fall findet ein Software-Rendering statt. Dieses beschränkt sich auf eine
maximale Größe von 2.048 x 2.048 Pixel.

```
<Window.Resources>
    <Image x:Key="CachedPicture" Source="Images/katze.jpg">
        <Image.CacheMode>
            <BitmapCache EnableClearType="False"
                         RenderAtScale="1"
                         SnapsToDevicePixels="True"/>
        </Image.CacheMode>
    </Image>
    <BitmapCacheBrush x:Key="CachedPictureBrush"
                      Target="{StaticResource CachedPicture}"/>
</Window.Resources>
```

Listing 10.18: Erzeugung einer zwischengespeicherten Grafik

Nach der Erstellung des Image-Elements wird in den Ressourcen eine Instanz vom Typ BitmapCacheBrush erstellt. Diese erhält einen eindeutigen Schlüssel, auf den von anderer Stelle zugegriffen werden kann. Zusätzlich wird die Eigenschaft Target auf das zwischenzuspeichernde UIElement gesetzt, das nun, wie in Listing 10.19 gezeigt, verwendet werden kann.

```
<TextBlock Text="Beispieltext Beispieltext"
           FontWeight="ExtraBold"
           TextWrapping="Wrap"
           Foreground="Black"
           Width="150"
           Height="150"
           Background="{StaticResource CachedPictureBrush}"/>
```

Listing 10.19: Verwendung eines zwischengespeicherten UIElement-Objekts

Zu beachten ist zusätzlich, dass BitmapCacheBrush im Gegensatz zum VisualBrush einige Eigenschaften des Root-Visual-Elements ignoriert:

- VisualOffset
- VisualTransform
- VisualClip
- VisualEffect
- VisualOpacity und
- VisualOpacityMask

Hinweis

Diese Klasse wurde im .NET Framework 4 eingeführt und steht in früheren Versionen nicht zur Verfügung.

SolidColorBrush

Dieser Pinsel zeichnet einen Bereich mit einer Volltonfarbe aus. Die Farbe wird über die Eigenschaft `Color` gesetzt. Über `Opacity` kann wie bei jedem anderen Pinsel die Transparenz gesetzt werden.

```
<Rectangle Width="75" Height="75">
    <Rectangle.Fill>
        <SolidColorBrush Color="Blue" Opacity="0.8" />
    </Rectangle.Fill>
</Rectangle>
```

Listing 10.20: Quadrat mit Volltonfarbe ausfüllen

Abb. 10.23: Rechteck mit `SolidColorBrush`-Füllung

LinearGradientBrush

Der `LinearGradientBrush` ermöglicht das Füllen von Bereichen mit Farbverläufen. Die Richtung des Farbverlaufs wird über die Eigenschaften `StartPoint` und `EndPoint` definiert. Standardmäßig ist `StartPoint` mit 0,0 (linke obere Ecke) und `Endpoint` mit 1,1 (rechte untere Ecke), also einem diagonalen Farbverlauf festgesetzt. Zu beachten ist an dieser Stelle, dass das Standardkoordinatensystem relativ zum umgebenden Rechteck ist, wobei 0 einem Wert von 0 Prozent entspricht und 1 einem Wert von 100 Prozent. Über die Eigenschaft `MappingMode` kann das Koordinatensystem auf ein absolutes geändert werden.

Der Eigenschaft `GradientStops` vom Typ `GradientStopCollection` können mehrere Objekte vom Typ `GradientStop` zugewiesen werden. Jeder `Gradient-Stop` definiert einen Übergang zu einem weiteren und definiert per `Color` seine Farbe und per `Offset` die Position des Übergangs.

```
<Rectangle Width="75" Height="75">
    <Rectangle.Fill>
        <LinearGradientBrush StartPoint="0,0" EndPoint="0,1">
            <GradientStop Color="Blue" Offset="0.5"/>
            <GradientStop Color="White" Offset="1.0"/>
        </LinearGradientBrush>
    </Rectangle.Fill>
</Rectangle>
```

Listing 10.21: Quadrat mit einem Farbverlauf ausfüllen

Abb. 10.24: Rechteck mit `LinearGradientBrush`-Füllung

RadialGradientBrush

Mithilfe der Klasse `RadialGradientBrush` kann ein radialer Farbverlauf gezeichnet werden. Dabei wird der Anfang des Farbverlaufs durch einen Fokuspunkt bestimmt. Ein Kreis definiert den Endpunkt (also die Außenseite) desselben. Auch hier werden wie beim `LinearGradientBrush` `GradientStop`-Objekte verwendet, welche die Farbübergänge definieren.

```
<Rectangle Width="75" Height="75">
    <Rectangle.Fill>
        <RadialGradientBrush RadiusX="75" RadiusY="75" MappingMode="Absolute">
            <GradientStop Color="Blue" Offset="0.5"/>
            <GradientStop Color="White" Offset="1.0"/>
        </RadialGradientBrush>
    </Rectangle.Fill>
</Rectangle>
```

Listing 10.22: Quadrat mit einem radialen Farbverlauf

Abb. 10.25: Rechteck mit `RadialGradientBrush`-Füllung

Hinweis

Um sich die Beispiele zum Thema Brush anzusehen, klicken Sie in der Beispielanwendung auf die Schaltfläche SHOW BRUSH SAMPLES.

10.2.4 Drawings

Drawings, oder auch Zeichnungen, beschreiben einen sichtbaren zweidimensionalen Bereich. Es handelt sich dabei um leichtgewichtige Objekte für das Hinzufügen von geometrischen Formen, Bildern, aber auch Text und Medien. Sie sind deshalb leichtgewichtig, weil sie keine Unterstützung für das Layout-System bieten. Ebenso fehlen Eingabemöglichkeiten (Fokus etc.). Durch diesen Performancevorteil eignen sich derartige Objekte bestens für Hintergründe oder die Definition von ClipArts. Die Basisklasse für Drawings wird durch Drawing dargestellt. Es handelt sich dabei um eine abstrakte Klasse aus dem Namespace System.Windows.Media. Eine Übersicht der Klassenhierarchie finden Sie in Abbildung 10.26.

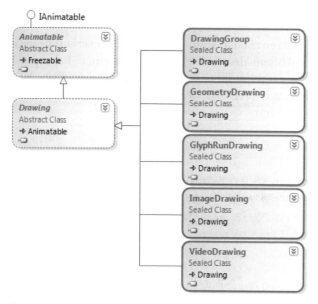

Abb. 10.26: Klassenhierarchie der Drawing-Klassen

Drawing ist von der Klasse Animatable abgeleitet und unterstützt daher Animationen. Durch das Fehlen der Layout-System-Unterstützung kann sich ein Drawing-Objekt nicht selbst darstellen. Stattdessen muss es in einem anderen gehostet werden. Dazu stehen mehrere Möglichkeiten zur Verfügung, die nachfolgend beschrieben werden:

- DrawingBrush: Lässt sich überall verwenden, wo ein Brush angewendet werden kann, da DrawingBrush direkt von Brush abgeleitet ist.

- DrawingImage: Dabei handelt es sich um eine Ableitung von BitmapSource, die daher überall dort verwendet werden kann, wo ein Image-Element einsetzbar ist.

- DrawingVisual: Von ContainerVisual abgeleitet, das wiederum von Visual ableitet. DrawingVisual kann daher direkt in den Visual Tree eingehängt werden.

> **Hinweis**
>
> Durch die Ableitung von `Animatable` erbt die Klasse `Drawing` automatisch von der Klasse `Freezable`. Dies ist von besonderer Bedeutung, da derartige Objekte sowohl einen änderbaren als auch einen fixierten Zustand annehmen können. Im fixierten Zustand sind sie schreibgeschützt und wirken sich daher positiv auf die notwendige Performance aus. Ebenso werden ausführliche Benachrichtigungen bei einer Änderung von Untereigenschaften bereitgestellt. Zusätzlich können `Freezable`-Objekte über Threads hinweg freigegeben und einfach geklont werden. Beachten Sie jedoch, dass sie nicht im schreibgeschützten Zustand versetzt werden können, wenn sie an Daten gebunden sind oder animiert werden.

Nachfolgend sehen wir uns die Ableitungen von `Drawing` näher an. Diese werden anhand von einfachen Beispielen erklärt, die ihre Verwendung zeigen.

DrawingGroup

Mithilfe einer `DrawingGroup` können mehrere Zeichnungen zu einer einzigen zusammengeführt werden. Durch die zusätzliche Möglichkeit von Transformationen, Bitmap Effects und Transparenzeinstellungen können somit komplexe Szenen erstellt werden. Tabelle 10.5 zeigt weitere wichtige Eigenschaften dieser Klasse:

Eigenschaft	Beschreibung
`ClipGeometry`	Legt die Bereiche fest, die ausgeschnitten werden oder ruft diese Information ab.
`GuidelineSet`	Setzt Führungslinien fest, die für die Ausrichtung von gerenderten Figuren an einem Gerätepixelraster verwendet werden oder liefert diese zurück.
`OpacityMask`	Dadurch können einzelne Bereiche mit Transparenz versehen oder diese Einstellungen abgerufen werden.

Tabelle 10.5: Wichtige Eigenschaften der Klasse `DrawingGroup`

Durch die Ableitung von `Drawing` kann eine `DrawingGroup` selbst wieder eine `DrawingGroup` enthalten. So lassen sich beliebige Verschachtelungen von komplexen Zeichnungen erreichen. Die Verwendung dieser Klasse wird in den nachfolgenden Beispielen aufgezeigt.

GeometryDrawing

Die Klasse `GeometryDrawing` erweitert ein Objekt vom Typ `Geometry` um die Eigenschaften `Brush` und `Pen`. Diese stehen als Eigenschaften zur Verfügung, um eine geometrische Form definieren sowie die Färbung der Innenfläche und deren Umrahmung festlegen zu können. Listing 10.21 zeigt ein einfaches Beispiel dazu unter Anwendung von mehreren GeometryDrawing-Elementen, die zu einer Gruppe zusammengefasst werden. Das Ergebnis ist in Abbildung 10.27 zu sehen.

```xml
<Image>
    <Image.Source>
        <DrawingImage>
            <DrawingImage.Drawing>
                <DrawingGroup>
                    <GeometryDrawing Brush="Black">
                        <GeometryDrawing.Geometry>
                            <RectangleGeometry Rect="30,30,30,30"/>
                        </GeometryDrawing.Geometry>
                    </GeometryDrawing>
                    <GeometryDrawing Brush="Green">
                        <GeometryDrawing.Geometry>
                            <EllipseGeometry Center="30, 30"
                                             RadiusX="10"
                                             RadiusY="10"/>
                        </GeometryDrawing.Geometry>
                    </GeometryDrawing>
                    <GeometryDrawing Brush="Yellow">
                        <GeometryDrawing.Geometry>
                            <EllipseGeometry Center="60, 60"
                                             RadiusX="10"
                                             RadiusY="10"/>
                        </GeometryDrawing.Geometry>
                    </GeometryDrawing>
                </DrawingGroup>
            </DrawingImage.Drawing>
        </DrawingImage>
    </Image.Source>
</Image>
```

Listing 10.23: Verwendung von GeometryGroup und GeometryDrawing

Zum Einsatz kommt das Element DrawingImage, das eine Eigenschaft Drawing bietet, dem eine Gruppe von Zeichnungen oder eine einzelne Zeichnung zugewiesen werden kann. Das resultierende Element wird der Eigenschaft Source eines Image-Elements zugewiesen.

> **Wichtig**
>
> Wenn Sie ein Drawing definieren, das in Ihrer Anwendung mehrfach zum Einsatz kommen soll, bietet es sich an, es als Ressource abzulegen.

Abb. 10.27: GeometryDrawings in einer DrawingGroup

GlyphRunDrawing

Mithilfe der Klasse GlyphRunDrawing kann ein GlyphRun gerendert werden. Bei einem GlyphRun handelt es sich um eine Sequenz von Symbolen aus einer Schriftart. Dabei können die Größe und der Renderstil einzeln festgelegt werden. Durch die Eigenschaft GlyphIndices kann bestimmt werden, welche Symbole der angegebenen Schriftart zur Anzeige kommen. Mittels AdvanceWidths werden für jedes der ausgewählten Symbole die zu verwendenden Breiten angegeben. BidiLevel bestimmt, ob die Symbole in der angegebenen Reihenfolge angezeigt werden (Eigenschaftswert 0) oder in umgekehrter Reihenfolge (Eigenschaftswert 1). Ein dazugehöriges Beispiel finden Sie in Listing 10.22, das Ergebnis in Abbildung 10.28.

```
<Image Width="100">
    <Image.Source>
        <DrawingImage>
            <DrawingImage.Drawing>
                <GlyphRunDrawing ForegroundBrush="Black">
                    <GlyphRunDrawing.GlyphRun>
                        <GlyphRun
                            CaretStops="{x:Null}"
                            ClusterMap="{x:Null}"
                            IsSideways="False"
                            GlyphOffsets="{x:Null}"
                            GlyphIndices="58 83 73"
                            BaselineOrigin="0,12.29"
                            FontRenderingEmSize="14"
                            AdvanceWidths="5.42 6.42 9.67"
                            BidiLevel="1">
                        <GlyphRun.GlyphTypeface>
                            <GlyphTypeface
                                FontUri="C:\windows\Fonts\courbd.ttf" />
                        </GlyphRun.GlyphTypeface>
```

```
                    </GlyphRun>
                </GlyphRunDrawing.GlyphRun>
            </GlyphRunDrawing>
        </DrawingImage.Drawing>
    </DrawingImage>
  </Image.Source>
</Image>
```

Listing 10.24: Einsatz von GlyphRunDrawing

Abb. 10.28: GlyphRunDrawing in Aktion

ImageDrawing

Diese Klasse ermöglicht die Darstellung einer Grafik. Durch die Eigenschaft
ImageSource wird die zu zeichnende Grafik dargestellt, mittels Rect die Position
und Größe. Listing 10.23 zeigt hierbei ein einfaches Beispiel, das dieselbe Grafik
übereinanderlegt. Dabei wird eine DrawingGroup definiert, die zwei ImageDraw-
ing-Elemente beinhaltet. Das gesamte DrawingImage wird der Eigenschaft
Source eines Image-Elements zugewiesen. Abbildung 10.29 zeigt das Ergebnis.

```
<Image Stretch="None">
   <Image.Source>
      <DrawingImage PresentationOptions:Freeze="True">
         <DrawingImage.Drawing>
            <DrawingGroup>
               <ImageDrawing ImageSource="Images/katze.jpg"
                     Rect="0,0,150,200"/>
               <ImageDrawing ImageSource="Images/katze.jpg"
                     Rect="0,0,105,45" />
            </DrawingGroup>
         </DrawingImage.Drawing>
      </DrawingImage>
   </Image.Source>
</Image>
```

Listing 10.25: Beispiel für DrawingImage

Abb. 10.29: Einsatz von `ImageDrawing`

Hinweis

`DrawingImage` bietet bezüglich des Renderings weit weniger Funktionalität als das `Image`-Element. Daher kommt es zu einem Performancevorteil. Diese Klasse bietet sich gerade für die Verwendung als Hintergrund oder aber auch für ClipArts an.

VideoDrawing

`VideoDrawing` kann verwendet werden, um Videos darzustellen. Anders, als der Name vermuten lässt, können auch Audiodaten abgespielt werden. Für die Einbindung von Videos und Audiodateien wird die Klasse `MediaElement` im Hintergrund verwendet. Auf diese Klasse wird zwar erst später eingegangen, sie bedarf dennoch einer kurzen Information: Die geladenen Mediendaten können nur durch die Methode `Play` von `MediaElement` wiedergegeben werden. Dies muss per Code erledigt werden. Dennoch besteht die Möglichkeit, ein `VideoDrawing`-Element per XAML zu definieren.

Listing 10.24 zeigt eine beispielhafte Verwendung von `VideoDrawing`. Es wird eine Schaltfläche erstellt, die für die Darstellung des Vordergrundes ein `Video-Drawing`-Objekt erhält. Noch ist kein Video zugewiesen, dies ist Aufgabe der zweiten Schaltfläche. Dazu muss dem eingebundenen `MediaPlayer`-Element ein Video zugewiesen und Letzteres gestartet werden (siehe Listing 10.25)

```
<Button Content="Ein Video"
        FontFamily="Arial"
        FontSize="75"
        FontWeight="ExtraBold">
    <Button.Foreground>
        <DrawingBrush>
            <DrawingBrush.Drawing>
                <VideoDrawing Rect="200,0,100,100">
```

```
                    <VideoDrawing.Player>
                        <MediaPlayer x:Name="VideoPlayer"/>
                    </VideoDrawing.Player>
                </VideoDrawing>
            </DrawingBrush.Drawing>
        </DrawingBrush>
    </Button.Foreground>
</Button>
<Button x:Name="StartVideoButton"
    Content="Start Video"
    Click="StartVideoButton_Click"/>
```

Listing 10.26: Verwendung von VideoDrawing

```
private void StartVideoButton_Click(
    object sender,
    RoutedEventArgs e)
{
    VideoPlayer.Open(new Uri("Videos/Wildlife.wmv",
                UriKind.Relative));
    VideoPlayer.Play();
}
```

Listing 10.27: Starten des Videoplayers

Das Ergebnis ist in Abbildung 10.30 zu sehen.

Abb. 10.30: VideoDrawing in Aktion

Hinweis

Sind Ihre abzuspielenden Daten nicht abhängig von Eingaben, sollten Sie Video-Drawing verwenden. Dieses Element unterstützt weder Fokus, Eingaben noch das Layout-System. Dadurch sind Performancevorteile gegenüber dem Media-Element gegeben.

Hinweis

Um sich die Beispiele zum Thema Drawings anzusehen, klicken Sie in der Beispielanwendung auf die Schaltfläche SHOW DRAWING SAMPLE.

10.2.5 Bilder

Die Darstellung von Grafiken ist ein wichtiger Bestandteil heutiger Anwendungen. Damit werden nicht nur Informationen angezeigt, sondern es wird auch auf Fehleingaben, zusätzliche Hinweise etc. hingewiesen.

Um für aktuelle Gegebenheiten gerüstet zu sein, wurden für die WPF die bereits angebotenen APIs (siehe GDI und GDI+) um weitere Möglichkeiten erweitert, darunter auch Codec-Erweiterungen und HD-Funktionalität.

Die für die Verarbeitung und Anzeige notwendigen Klassen sind in folgenden Namespaces zu finden:

- `System.Windows.Media.Imaging`
- `System.Windows.Media`
- `System.Windows.Controls`

Grafiken können auf unterschiedlichste Arten dargestellt werden. Sie können dies entweder mithilfe des `Image`-Elements bewerkstelligen oder per `ImageBrush` oder aber auch per `ImageDrawing`. Die letzten beiden Klassen wurden bereits in vorangegangenen Abschnitten erklärt.

Image

Das `Image`-Element ermöglicht die Darstellung von Grafiken in den Formaten BMP, JPG, GIF, PNG, ICO, TIFF und WDP.

Hinweis

Bei Multiframe-Bildern wird jeweils nur der erste Frame angezeigt. Ebenso wird eine Animation von Multiframes nicht unterstützt. Da jedoch möglicherweise nicht der erste Frame genutzt werden soll, kann ein Objekt vom Typ `Image-SourceConverter` verwendet werden, um ein Objekt vom Typ `BitmapFrame` zu erstellen, das einen anzugebenden Frame enthält. Die Klasse `BitmapFrame` selbst ist abstrakt, wodurch der Konverter zu verwenden ist.

Im einfachsten Fall kann eine Grafik wie folgt definiert werden:

```
<Image Source="Images/katze.jpg"/>
```

Dabei wird ein Element vom Typ Image deklariert und der Eigenschaft Source der Pfad zu einer Grafik übergeben. Durch die Angabe von Height und Width können Sie die Größe bestimmen. Wenn Sie nur einen der beiden Werte angeben, bleibt das Seitenverhältnis erhalten.

Bei der Eigenschaft Source handelt es sich eigentlich um den abstrakten Typ ImageSource. Dieser bietet mehrere interessante Ableitungen an, wie in Abbildung 10.31 zu sehen.

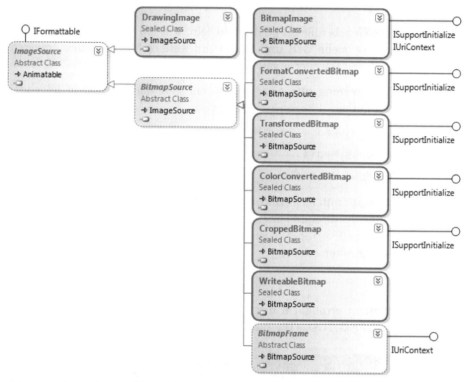

Abb. 10.31: ImageSource-Hierarchie

Auf DrawingImage wird in diesem Abschnitt nicht weiter eingegangen, da dies bereits im vorherigen Abschnitt geschehen ist. BitmapSource hingegen ist die Basis der Bildbearbeitungs-Pipeline der WPF. Diese Klasse stellt einen konstanten Satz von Pixeln mit einer bestimmten Größe und Auflösung dar. Bezüglich der Bilddekodierung verwendet diese Klasse eine automatische Codec-Erkennung. Die Grundlage wird durch die am Benutzersystem installierten Codecs gebildet.

Tipp

Bei der Verwendung von Grafiken bzw. deren Verarbeitung kann es sehr schnell zu Performanceproblemen kommen. Damit Sie den notwendigen Speicherplatz möglichst klein halten, sollten Sie mit den Eigenschaften `DecodePixel-Width` und `DecodePixelHeight` arbeiten. Dadurch werden die Grafiken mit dieser Größe dekodiert und anschließend auf die gewünschte Größe skaliert, statt mit voller Größe geladen zu werden. Sind Seitenverhältnisse beizubehalten, setzen Sie nur einen der Werte.

Tabelle 10.6 zeigt die einzelnen Subklassen der `BitmapSource` im Überblick.

Klasse	Beschreibung
`BitmapImage`	Stellt ein Bitmap dar, das über einen Uri definiert wird. Diese Klasse wird hauptsächlich via Code verwendet.
`ColorConvertedBitmap`	Wird verwendet, um ein Bitmap in ein anderes Farbschema zu konvertieren.
`CroppedBitmap`	Mit dieser Klasse kann ein Bitmap auf eine gewünschte Größe zugeschnitten werden.
`FormatConvertedBitmap`	Wird zur Konvertierung in ein anderes Pixelformat verwendet.
`TransformedBitmap`	Rotations- und Skalierungstransformationen werden mithilfe dieser Klasse auf ein Bitmap angewendet.
`WriteableBitmap`	Stellt ein Bitmap dar, das zur Laufzeit bearbeitet werden kann.

Tabelle 10.6: `BitmapSource`-Subklassen im Überblick

10.2.6 Bitmap-Effekte

In manchen Fällen ist es hilfreich, anzuzeigende Bitmaps mit Effekten zu versehen. Dazu bietet die Klasse `UIElement` eine Eigenschaft `BitmapEffect` an. Diese ist vom gleichnamigen Typ und abstrakt.

Wichtig

Sämtliche Bitmap-Effekte werden durch Software gerendert. Aus diesem Grund sollten sie nicht auf komplexe visuelle Elemente oder Animationen angewendet werden, da dies die Performance stark beeinflussen kann. Generell sollte damit sehr sparsam umgegangen werden.

Klasse	Beschreibung
BevelBitmapEffect	Stellt ein Element abgeschrägt dar. Die Breite der Schräge kann über die Eigenschaft BevelWidth festgelegt werden.
BitmapGroupEffect	Dabei handelt es sich nicht um einen Effekt, sondern um die Möglichkeit, mehrere Bitmap-Effekte zu einer Gruppe zusammenzufassen.
BlurBitmapEffect	Dadurch kann ein Element mit Unschärfe versehen werden. Der Unschärfebereich wird über die Eigenschaft Radius festgelegt.
DropShadowBitmapEffect	Versieht ein Element mit einem Schlagschatten. Beeinflusst werden kann der Bitmap-Effekt durch die Eigenschaften ShadowDepth und Noise.
EmbossBitmapEffect	Versieht ein Element mit einer Prägung. Beeinflusst werden kann die Prägung durch das Setzen der Eigenschaft Relief.
OuterGlowBitmapEffect	Setzt einen Leuchteffekt um das Element. Farbe und Größe können durch die Eigenschaften GlowColor bzw. GlowSize bestimmt werden.

Tabelle 10.7: Bitmap-Effekte im Überblick

Das in Abbildung 10.32 dargestellte Ergebnis wird durch das Beispiel in Listing 10.26 erreicht.

```
<Button Content="BlurBitmapEffect">
    <Button.BitmapEffect>
        <BlurBitmapEffect Radius="4"/>
    </Button.BitmapEffect>
</Button>
<Button Content="DropShadowBitmapEffect">
    <Button.BitmapEffect>
        <DropShadowBitmapEffect/>
    </Button.BitmapEffect>
</Button>
```

Listing 10.28: Beispiel für Bitmap-Effekte

Abb. 10.32: Blur- und DropShadow-Effekte in Aktion

Wichtig

Ab .NET 4 sind Bitmap-Effekte obsolet. Setzen Sie stattdessen normale Effekte (siehe nächster Abschnitt) ein, da diese signifikant schneller sind. Bei einer Verwendung werden Sie durch eine entsprechende Ausnahme darauf hingewiesen.

Hinweis

Um sich die Beispiele zum Thema Bitmap-Effekte anzusehen, klicken Sie in der Beispielanwendung auf die Schaltfläche SHOW BITMAPEFFECT SAMPLES.

10.2.7 Effekte

Jedes UIElement stellt die Eigenschaft Effect zur Verfügung. Dahinter steht eine abstrakte Klasse Effect, die insgesamt drei Subklassen besitzt:

- BlurEffect
- DropShadowEffect
- ShaderEffect

Die ersten beiden Effekte wurden bereits im letzten Abschnitt grundsätzlich erklärt, in Listing 10.27 finden Sie dennoch ein passendes Beispiel und das Ergebnis in Abbildung 10.33. Der Unterschied zu BitmapEffect besteht nun darin, dass hier Hardwareunterstützung zum Zuge kommt, wodurch die Effekte signifikant beschleunigt werden.

```
<Button Content="BlurEffect">
    <Button.Effect>
        <BlurEffect/>
    </Button.Effect>
</Button>
<Button Content="DropShadowEffect">
    <Button.Effect>
        <DropShadowEffect/>
    </Button.Effect>
</Button>
```

Listing 10.29: Verwendung von Effekten

Abb. 10.33: Effekte im Einsatz

Die dritte Klasse `ShaderEffect` ist eine abstrakte Klasse. Sie dient dazu, benutzerdefinierte Effekte auf Basis von Pixelshadern zu erstellen.

> **Hinweis**
>
> Um sich die Beispiele zum Thema Effekte anzusehen, klicken Sie in der Beispielanwendung auf die Schaltfläche SHOW EFFECT SAMPLES.

10.2.8 Visual Layer

Bis jetzt haben wir uns mit der Darstellung von zweidimensionalen Objekten in einer recht hohen Schicht bewegt. Shapes leiten von `FrameworkElement` ab, wodurch bereits sehr viel Funktionalität gegeben ist, das Ergebnis allerdings auch nicht so performant ist wie andere Möglichkeiten. Um dem entgegenzuwirken, können Objekte vom Typ `Drawing` oder `Geometry` eingesetzt werden. Diese bieten weniger Möglichkeiten, erhöhen aber die Performance. Es geht jedoch noch eine Stufe tiefer.

Die absolute Basis aller visuellen Elemente wird durch die Klasse `Visual` dargestellt, von der `UIElement` und in weiterer Folge `FrameworkElement` ableiten. Folgende Möglichkeiten werden durch `Visual` geboten:

- Transformationen
- Clipping
- Hit Testing
- Bestimmung des umgebenden Rechtecks
- Rendering

Weitere Möglichkeiten, die über die visuelle Darstellung hinausgehen, sind nicht möglich:

- Globalisierung
- Behandlung von Ereignissen
- Datenbindung
- Layout
- Stile

Bei der Gegenüberstellung dieser Punkte wird schnell klar, dass `Visual`-Objekte sehr leichtgewichtig sind und den Overhead ihrer Ableitungen nicht mit sich schleppen.

Verwendung von DrawingVisual

Um nun auf tiefer Ebene zu zeichnen, können Sie die Klasse `DrawingVisual` verwenden. Damit ist es möglich, Bilder, Text und Formen zu zeichnen. Für den Einsatz dieser Klasse ist ein Host-Container zu verwenden, der von `Framework-Element` abgeleitet sein muss. Wird nun ein `DrawingVisual`-Objekt erstellt, besitzt dieses noch keinen Inhalt. Dieser wird in ein Objekt vom Typ `Drawing-Context` gezeichnet, das durch den Aufruf der Methode `RenderOpen` zurückgeliefert wird. Ein `DrawingContext` bietet zahlreiche Methoden an, mit deren Hilfe Sie Aktionen durchführen können. Eine Auflistung derselben finden Sie in Tabelle 10.8. Eine weitere Möglichkeit, um an den `DrawingContext` zu gelangen, besteht in einer Ableitung von der Klasse `UIElement` und dem Überschreiben der Methode `OnRender`.

Methode	Beschreibung
Close	Schließt den Kontext und leert den Inhalt. Eine weitere Veränderung des Inhalts ist ausgeschlossen.
DrawDrawing	Zeichnet das angegebene Objekt vom Typ Drawing.
DrawEllipse	Zeichnet eine Ellipse.
DrawGeometry	Zeichnet das angegebene Objekt vom Typ Geometry.
DrawGlyphRun	Zeichnet den angegebenen Text.
DrawImage	Zeichnet die angegebene Grafik.
DrawLine	Zeichnet eine Linie.
DrawRectangle	Zeichnet ein Rechteck.
DrawRoundedRectangle	Zeichnet ein Rechteck mit abgerundeten Ecken.
DrawText	Zeichnet formatierten Text.
DrawVideo	Zeichnet ein Video.
Pop	Entfernt den zuletzt per beliebiger Push-Methode hinzugefügten Wert aus dem Kontext.
PushClip	Legt einen Ausschneidebereich im Kontext ab.
PushEffect	Legt einen Effekt im Kontext ab.
PushGuidelineSet	Legt die angegebene Auflistung an Führungslinien im Kontext ab.
PushOpacity	Legt einen angegebenen Transparenzwert im Kontext ab.
PushOpacityMask	Legt eine Transparent-Maske im Kontext ab.
PushTransform	Fügt dem Kontext eine Transformation hinzu.

Tabelle 10.8: Methoden der Klasse `DrawingContext`

Listing 10.30 zeigt hierzu ein einfaches Beispiel, in dem mehrere Rechtecke auf der Diagonalen dargestellt werden. Das Ergebnis ist in Abbildung 10.34 zu sehen.

```
private void Draw()
{
    Pen borderPen = new Pen(Brushes.Black, 0.6);
    borderPen.Freeze();

    DrawingGroup drawingGroup = new DrawingGroup();

    using (DrawingContext drawingContext = drawingGroup.Open())
    {
        drawingContext.DrawRectangle(Brushes.Gray, borderPen,
            new Rect(7.5, 7.5, 15, 15));
        drawingContext.PushOpacity(0.8);

        drawingContext.DrawRectangle(Brushes.Gray, borderPen,
            new Rect(15, 15, 30, 30));
        drawingContext.PushOpacity(0.8);

        drawingContext.DrawRectangle(Brushes.Gray, borderPen,
            new Rect(30, 30, 45, 45));
        drawingContext.PushOpacity(0.8);

        drawingContext.DrawRectangle(Brushes.Gray, borderPen,
            new Rect(45, 45, 60, 60));
        drawingContext.PushOpacity(0.8);

        drawingContext.Pop();
    }

    Image image = new Image();
    image.Margin = new Thickness(10);

    DrawingImage drawingImage = new DrawingImage(drawingGroup);
    image.Source = drawingImage;

    this.Content = image;
}
```

Listing 10.30: Zeichnen über DrawingContext

Hinweis

Um sich das Beispiel zum Thema DrawingContext anzusehen, klicken Sie in der Beispielanwendung auf die Schaltfläche SHOW DRAWINGCONTEXT SAMPLES.

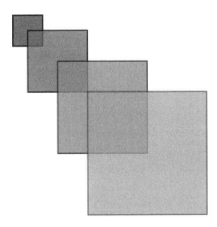

Abb. 10.34: Zeichnung per `DrawingContext`

10.3 Animationen

Die WPF bietet zu den bereits gezeigten Funktionalitäten auch die Möglichkeit, Animationen zu erzeugen. Um dies zu bewerkstelligen, werden Werte von Abhängigkeitseigenschaften schrittweise verändert. Das Ergebnis ist der Eindruck einer Animation. Um eine solche ausführen zu können, wird eine Zeitachse benötigt. Ihre Basis wird durch die abstrakte Klasse `Timeline` aus dem Namespace `System.Windows.Media.Animation` dargestellt.

Die Zeitachse selbst stellt einen Zeitabschnitt dar, der folgende Eigenschaften definiert:

- Länge

- Anzahl Wiederholungen

- Zeitpunkt des Starts

- Geschwindigkeit

- Dauer

Die von `Timeline` abgeleiteten Klassen lassen sich grob in drei Gruppen zusammenfassen (siehe auch Abbildung 10.35):

- `AnimationTimeline`: Dabei handelt es sich um Animationsklassen, mit deren Hilfe bestimmte Eigenschaften eines Typs animiert werden können. Diese stehen für unterschiedlichste komplexe, aber auch primitive Typen zur Verfügung. Im gezeigten Diagramm findet sich beispielhaft die Klasse `DoubleAnimation`, die für eine Animation einer Eigenschaft vom Typ `Double` verwendet werden kann.

- **MediaTimeline**: Diese Klasse dient zum Animieren von Videos und wird im nächsten Abschnitt gezeigt.

- **TimelineGroup**: Mit den von dieser abstrakten Klasse abgeleiteten Klassen können Animationen zu Gruppen zusammengefügt werden. Diese lassen sich sequenziell, parallel und verschachtelt abspielen.

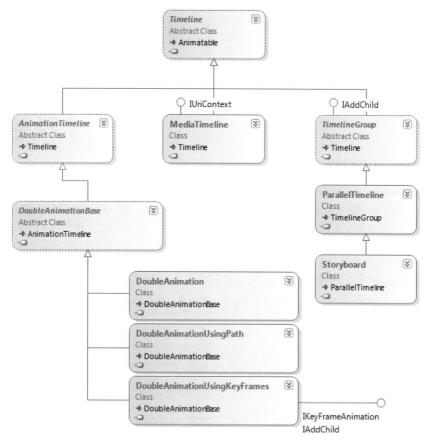

Abb. 10.35: Hierarchie der Timeline-Klasse

Damit eine Animation aktiv sein kann, bedarf es eines Objekts vom Typ Event-Trigger. Hiermit wird festgelegt, bei welchem Ereignis die Animation ausgelöst wird. Dies wird über dessen Eigenschaft RoutedEvent bestimmt. Ein EventTrigger selbst besitzt nun eine Auflistung Actions vom Typ TriggerActionCollection, die Objekte vom Typ TriggerAction halten kann. Eine Ableitung von TriggerAction stellt BeginStoryboard dar, das ein Objekt vom Typ Storyboard fassen kann und dieses beim Auftreten des Ereignisses startet. Letzteres verwaltet Animationen auf Basis der zugeteilten Timeline-Objekte.

Eigenschaft	Beschreibung
AccelerationRatio	Ein prozentueller Wert zwischen 0 und 1 auf Basis der Duration, der bestimmt, wann die maximale Geschwindigkeit erreicht wird. Diese Eigenschaft eignet sich gut, um Animationen langsam beginnen zu lassen. Ist die Eigenschaft DecelerationRatio gesetzt, dürfen beide Werte in Addition 1 nicht überschreiten.
AutoReverse	Legt fest, ob die Zeitachse nach komplettem Durchlauf rückwärtig abgespielt wird.
BeginTime	Definiert die Zeit, ab der diese Zeitachse abgespielt werden soll.
DecelerationRatio	Ein prozentualer Wert zwischen 0 und 1 auf Basis der Duration, der angibt, ab welchem Zeitpunkt begonnen wird, die Animation von der aktuellen Geschwindigkeit auf 0 hin zu verlangsamen.
Duration	Legt die Zeitdauer fest, für welche diese Zeitachse ohne Wiederholungen abgespielt wird.
FillBehavior	Definiert, wie sich die Zeitachse nach vollständigem Durchlauf verhält.
RepeatBehavior	Legt das Wiederholungsverhalten der Zeitachse fest. Die Wiederholung kann dauerhaft sein, durch eine Iterationsanzahl oder Dauer festgelegt werden. Standardmäßig ist eine Iterationsanzahl von 1 eingestellt.
SpeedRatio	Gibt die Geschwindigkeit an, mit der die Zeit für die Zeitachse vergeht.

Tabelle 10.9: Eigenschaften der Klasse Storyboard

10.3.1 Animationstypen

Für Animationen bestehen unterschiedliche Anforderungen, die sich in drei Typen abbilden lassen:

- Einfache Animation

- Keyframe-Animation

- Pfad-Animation

- Auf die einzelnen Typen wird nachfolgend eingegangen.

Einfache Animation

Dies ist die einfachste Form einer Animation. Dabei wird eine Eigenschaft ausgehend von einem Basiswert hin zu einem Zielwert durch ein zu definierendes Inkrement verändert. Abgebildet wird dies durch die Eigenschaften From, To und By. Dabei definiert From den Ausgangswert, To den Zielwert und By das Inkrement.

In Listing 10.31 finden Sie ein Beispiel einer einfachen Animation. Hier wird eine Schaltfläche nach Eintreten des `MouseEnter`-Ereignisses in der Breite vergrößert und beim Verlassen der Maus (`MouseLeave`-Ereignis) wieder in die ursprüngliche Breite zurückanimiert.

Dabei wird, wie bereits angesprochen, ein `EventTrigger` definiert und das RoutedEvent auf `Button.MouseEnter` gesetzt. Um eine Animation zu beginnen, wird ein Element vom Typ `BeginStoryboard` benötigt. Dieses enthält nun ein `Storyboard`, das schlussendlich die einzelnen Zeitachsen definiert. Da in diesem Fall die Breite einer Schaltfläche animiert werden soll und diese als `Double` definiert ist, wird eine `DoubleAnimation` verwendet.

Wichtig ist, dass für die Zeitachse angegeben wird, auf welches Ziel sich die Animation bezieht. Das geschieht durch die Attached Properties `Storyboard.TargetName` (definiert das Zielelement) und `Storyboard.TargetProperty` (definiert die Zieleigenschaft).

```xml
<Button Content="Animation Button"
        x:Name="AnimationButton">
   <Button.Triggers>
      <EventTrigger RoutedEvent="Button.MouseEnter">
         <BeginStoryboard>
            <Storyboard>
               <DoubleAnimation From="100"
                                To="250"
                                By="1"
                                Duration="0:0:0.500"
                                Storyboard.TargetName="AnimationButton"
                                Storyboard.TargetProperty="Width"/>
            </Storyboard>
         </BeginStoryboard>
      </EventTrigger>
      <EventTrigger RoutedEvent="Button.MouseLeave">
         <BeginStoryboard>
            <Storyboard>
               <DoubleAnimation From="250"
                                To="100"
                                By="1"
                                Duration="0:0:0.500"
                                Storyboard.TargetName="AnimationButton"
                                Storyboard.TargetProperty="Width"/>
            </Storyboard>
         </BeginStoryboard>
```

```
        </EventTrigger>
    </Button.Triggers>
</Button>
```

Listing 10.31: Einfache Button-Animation

Keyframe-Animation

Während eine einfache Animation Ausgangswerte hin zu Zielwerten animiert, kann eine einzelne Keyframe-Animation Übergänge zwischen mehreren Zielwerten definieren und ausführen. Die von der einfachen Animation bekannten Eigenschaften From, To und By gibt es hier nicht. Stattdessen werden die Zielwerte durch KeyFrame-Objekte beschrieben.

Das Beispiel in Listing 10.32 definiert eine Ellipse und lässt diese auf- und abspringen. Dies wird mithilfe eines Objekts vom Typ DoubleAnimationUsingKeyFrames erreicht. Es definiert drei SplineDoubleKeyFrame-Elemente, die für die Beschleunigung und Verzögerung des Balls zuständig sind. Gestartet wird die Animation, sobald die Ellipse geladen wurde.

```
<Ellipse Fill="Black"
        Stroke="Black"
        Width="50"
        Height="50">
    <Ellipse.RenderTransform>
        <TranslateTransform x:Name="EllipseTranslateTransform"/>
    </Ellipse.RenderTransform>
    <Ellipse.Triggers>
        <EventTrigger RoutedEvent="Ellipse.Loaded">
            <BeginStoryboard>
                <Storyboard>
                    <DoubleAnimationUsingKeyFrames
                        Storyboard.TargetName="EllipseTranslateTransform"
                        Storyboard.TargetProperty="Y"
                        Duration="0:0:2"
                        RepeatBehavior="Forever">

                        <SplineDoubleKeyFrame KeyTime="00:00:00"
                                    Value="293"/>
                        <SplineDoubleKeyFrame KeySpline="0,0,0.29,1"
                                    KeyTime="00:00:01"
                                    Value="31"/>
                        <SplineDoubleKeyFrame KeyTime="00:00:02"
                                    Value="293"/>
```

```
            </DoubleAnimationUsingKeyFrames>
          </Storyboard>
        </BeginStoryboard>
      </EventTrigger>
    </Ellipse.Triggers>
  </Ellipse>
```

Listing 10.32: Beispiel einer KeyFrame-Animation

Pfad-Animation

Der letzte der drei Animationstypen ist die Pfad-Animation. Hiermit kann ein Element entlang eines vorgegebenen Pfades animiert werden.

Listing 10.33 zeigt eine Schaltfläche, die sich entlang des definierten Pfades animiert. Dazu wird wie in den vorherigen Beispielen vorgegangen und ein Storyboard definiert. Dieses enthält als Kindelement ein Element vom Typ MatrixAnimationUsingPath. Das erstellte PathGeometry-Objekt definiert den geometrischen Pfad, auf dem sich die Schaltfläche schlussendlich bewegt.

```
<Button Content="Path-animated Button">
    <Button.RenderTransform>
        <MatrixTransform x:Name="MatrixTransform"/>
    </Button.RenderTransform>
    <Button.Triggers>
        <EventTrigger RoutedEvent="Button.Loaded">
            <BeginStoryboard>
                <Storyboard>
                    <MatrixAnimationUsingPath
                        Duration="0:0:3"
                        RepeatBehavior="Forever"
                        Storyboard.TargetName="MatrixTransform"
                        Storyboard.TargetProperty="Matrix">
                        <MatrixAnimationUsingPath.PathGeometry>
                            <PathGeometry
                                Figures="M 10,100 C 35,0 135,0
                                160,100 180,190 250,200 310,100" />
                        </MatrixAnimationUsingPath.PathGeometry>
                    </MatrixAnimationUsingPath>
                </Storyboard>
            </BeginStoryboard>
        </EventTrigger>
    </Button.Triggers>
</Button>
```

Listing 10.33: Pfad-animierter Button

10.4 Audio und Video

Um Audio- und Videodateien wiederzugeben, stehen insgesamt drei Klassen zur Verfügung:

- `MediaElement`: Erbt von `FrameworkElement` und kann daher direkt in XAML eingebunden werden. Es nimmt am Layout-System teil und kann auf Benutzerinteraktionen reagieren. Über dieses Element kann sowohl Video als auch Audio abgespielt werden.

- `MediaPlayer`: Diese Klasse erbt von `Animatable` und daher von `Freezable`. Dadurch nimmt sie nicht am Layout-System teil und benötigt ein Element, das diese Aufgabe übernimmt.

- `VideoDrawing`: Hierbei handelt es sich um eine Klasse vom Typ `Drawing`. Sie besitzt eine Abhängigkeit zu `MediaPlayer`.

Im Gegensatz zu den anderen Varianten kann das `MediaElement` direkt per XAML verwendet werden und bietet damit die höchste Flexibilität. Zum Abspielen von Videos stehen zwei unterschiedliche Modi zur Verfügung:

- Uhr-Modus

- Unabhängiger Modus

Im »Uhr-Modus« wird die Medienwiedergabe durch eine `MediaTimeline` gesteuert. Dadurch können Medien auf ähnliche Weise wie Animationen gesteuert werden. Eine `MediaTimeline` bietet unter anderem die Eigenschaften `Duration` und `BeginTime`. Diese bestimmen den Zeitpunkt und die Dauer der Wiedergabe. Zur Steuerung des zeitlichen Ablaufs wird zusätzlich eine Instanz vom Typ `Media-Clock` verwendet.

```
<MediaElement x:Name="VideoPlayer">
    <MediaElement.Triggers>
        <EventTrigger
            RoutedEvent="MediaElement.Loaded">
            <BeginStoryboard
                Name="WildlifeStoryboard">
                <Storyboard>
                    <MediaTimeline Source="Videos\Wildlife.wmv"
                                   Storyboard.TargetName="VideoPlayer"/>
                </Storyboard>
```

```
            </BeginStoryboard>
        </EventTrigger>
        <EventTrigger
            RoutedEvent="MediaElement.MouseLeftButtonUp">
            <PauseStoryboard
                BeginStoryboardName="WildlifeStoryboard"/>
        </EventTrigger>
        <EventTrigger
            RoutedEvent="MediaElement.MouseRightButtonUp">
            <ResumeStoryboard
                BeginStoryboardName="WildlifeStoryboard"/>
        </EventTrigger>
    </MediaElement.Triggers>
</MediaElement>
```

Listing 10.34: MediaElement im Uhr-Modus

Im »unabhängigen Modus« wird einfach der Eigenschaft Source der Uri eines Videos zugewiesen. Damit Benutzerinteraktionen durchgeführt werden können, muss die Eigenschaft LoadedBehavior auf Manual festgelegt werden. Listing 10.33 zeigt hierzu ein einfaches Beispiel. Enthalten sind Schaltflächen zur Steuerung von Play, Pause und Stop. Zusätzlich kann über ein Slider-Element die aktuell angezeigte Position des Videos verändert werden.

```
<MediaElement Source="Videos/Wildlife.wmv"
        LoadedBehavior="Manual"
        Stretch="Fill"
        Name="WildlifePlayer"
        MediaOpened="WildlifePlayer_MediaOpened"/>

<StackPanel>
    <Button Content="Start"
        x:Name="StartButton"
        Click="StartButton_Click"/>
    <Button Content="Pause"
        x:Name="PauseButton"
        Click="PauseButton_Click"/>
    <Button Content="Stop"
        x:Name="StopButton"
        Click="StopButton_Click"/>
    <Slider x:Name="PositionSlider"
        ValueChanged="UpdateVideo"/>
</StackPanel>
```

Listing 10.35: Verwendung von MediaElement

Abb. 10.36: Darstellung von Videos per `MediaElement`

Wichtig

Wenn das Abspielen eines Videos im Hintergrund eines Fensters, einer Seite etc. erfolgen soll, sind Benutzerinteraktionen meist nebensächlich, Performance steht jedoch im Vordergrund. Verwenden Sie daher in diesem Fall statt der Klasse `MediaElement` die genannten Alternativen.

Hinweis

Um sich das Beispiel zum Thema Audio und Video anzusehen, klicken Sie in der Beispielanwendung auf die Schaltfläche SHOW MEDIA SAMPLE.

In diesem Kapitel haben Sie viele Informationen rund um Grafik und Multimedia erhalten. In den Bereichen der zweidimensionalen Grafiken, der Animationen, aber auch Audio und Video wurden viele wichtige Klassen und Konzepte erklärt. Im folgenden Kapitel wenden wir uns einer größeren Beispielanwendung zu. Es beschäftigt sich mit dem MVVM-Pattern und zeigt einen möglichen Weg der Umsetzung auf.

Kapitel 11

Design und Architektur

Damit eine zukunftssichere und erweiterbare Anwendung entwickelt werden kann, sind einige Vorarbeiten zu leisten. Es ist nicht ausreichend, die Anforderungen zu kennen, sich an den Computer zu setzen, die Entwicklungsumgebung zu starten und mit der Implementierung zu beginnen.

Dieses Kapitel zeigt, welche Anforderungen an eine WPF-Anwendung gestellt werden, welche Fragen vor der Implementierung geklärt werden sollten und darüber hinaus wird eine praxisnahe Umsetzung einer Beispielanwendung demonstriert.

11.1 Anforderungen

Die Anforderungen an eine Anwendung sind vielseitig. Schlagwörter wie Erweiterbarkeit, Wartbarkeit, Testbarkeit und viele mehr fallen dazu schnell ein. Doch gerade bei der Umsetzung treten immer wieder Detailfragen auf. Bevor wir auf diese eingehen, werden wir uns jedoch den offensichtlichen Fragen und Gedanken stellen.

11.1.1 Erweiterbarkeit und Wartbarkeit

Jede Software, unabhängig davon, ob es sich um eine Standardanwendung oder eine kundenspezifische Applikation handelt, muss im Laufe ihrer Lebenszeit um Funktionalitäten erweitert werden. Aus diesem Grund ist es besonders wichtig, diese Möglichkeit auch vorzusehen. Erweiterbarkeit bedeutet jedoch nicht ausschließlich das Hinzufügen neuer Logiken, sondern auch das Ändern von bereits vorgenommenen Implementierungen. Diese Änderungen sind dann kritisch, wenn das Standardverhalten bestehen bleiben und eine speziell für einen Kunden zugeschnittene, eigene Logik zum Tragen kommen soll. An dieser Stelle wird es also erforderlich sein, Konfigurationsmöglichkeiten vorzusehen. Durch eine lose Kopplung der einzelnen Teile bestehen wenige bis keine Abhängigkeiten, wodurch ein Austausch einfach vorgenommen werden kann. Sind jedoch alle infrage kommenden Teile einander bekannt (starke Kopplung), ist diese Möglichkeit nicht mehr gegeben und geht mit großem Aufwand einher. Es müssen im Nachhinein Konfigurationsmöglichkeiten mit einbezogen werden. Eine Konzentration auf die eigentliche Erweiterung oder Spezialisierung kann nicht stattfinden. Das Resultat sind große Umbauten, hoher Aufwand und eine entsprechend hohe Fehleranfälligkeit.

Nun ist es so, dass kein Softwaredesign auf alle Eventualitäten Rücksicht nehmen kann – und das auch nicht soll. Dennoch muss in die Grundüberlegungen ein Verständnis für lose Kopplung einfließen.

Anforderungen können sich im Laufe der Zeit ändern. Bestehende Logik muss modifiziert, erweitert oder aber auch reduziert werden. Je kleiner einzelne Einheiten sind, desto einfacher sind sie zu überblicken. Dazu passend finden sich zwei Prinzipien, die dabei beherzigt werden sollten:

■ *Single Responsible Principle (SRP):* Es sollte nie mehr als einen Grund geben, eine Klasse zu ändern. Sind mehrere Gründe hierfür vorhanden, wurde die Klasse nicht für einen einzelnen Zweck implementiert. Dies bedeutet im Gegenzug, dass Änderungen an einer Klasse ungewollte Auswirkungen auf die weitere Funktionalität haben können. Das Resultat ist eine Anwendung, die anfällig für Fehlverhalten und durch die gekoppelten Funktionalitäten nur sehr schwer wartbar ist.

■ *Open Closed Principle (OCP):* Dieses Prinzip besagt, dass die einzelnen Bestandteile so implementiert werden müssen, dass sich der bereits implementierte Code nicht ändert, sondern durch neuen Code erweitert werden kann. Ziel ist es also, Code zu schreiben, der offen für Erweiterung ist, aber geschlossen für sämtliche Änderungen.

Werden diese beiden Prinzipien eingehalten, entstehen kleine Teile mit einer klar definierten Zuständigkeit, die sehr einfach erweitert und damit auch gewartet werden können.

11.1.2 Testbarkeit

Immer wieder unterschätzt und doch ein sehr wichtiges Thema. Anwendungen müssen einem laufenden Test unterzogen werden. Hier ist es nicht ausreichend, gelegentliche Testphasen zu initiieren, vielmehr muss der Code ständig getestet werden. Ein gutes Mittel hierfür ist der Einsatz von Unit Tests, mit deren Hilfe einzelne testwürdige Stellen auf Funktionstüchtigkeit hin untersucht werden.

Nur durch ausreichende Unit Tests kann sichergestellt werden, dass Funktionalitäten auch nach Änderungen und/oder Erweiterungen korrekt arbeiten. Auswirkungen auf die Stabilität können hiermit sehr schnell aufgedeckt und behandelt werden.

Hinweis

Das Thema Software Testing ist sehr weitreichend und wird daher hier nicht im Detail behandelt, es wird aber in den weiteren Abschnitten immer wieder Hinweise, Tipps und Best Practices zu diesem Thema geben.

11.1.3 Überlegungen

Diese allgemeinen Punkte müssen in ein Design gegossen werden, das für die WPF anzuwenden ist. Dabei stellen sich einige Fragen:

- Wie können die einzelnen Teile wirklich sauber voneinander getrennt werden?

- Wo wird die Businesslogik implementiert und wo wird sie eingebunden?

- Wie wird auf Benutzerinteraktionen reagiert?

- Wo werden Validierungen vorgenommen?

- Wo setze ich mit meinen Unit Tests an?

Diese und weitere Fragestellungen werden durch das Design-Pattern »Model-View-ViewModel« (kurz MVVM) geklärt bzw. wird dadurch ein möglicher Weg vorgegeben, der sich als idealer Weg herausgestellt hat.

11.2 Model-View-ViewModel-Pattern

Das MVVM-Pattern hat sich als das führende UI-Pattern für die Entwicklung unter der WPF und auch Silverlight herauskristallisiert. Wie alle anderen Patterns auch gibt es ein Rahmenwerk und eindeutige Begrifflichkeiten vor. Dieses Rahmenwerk liefert Vorschläge und Ideen, wie ein möglicher Aufbau vorgenommen werden kann. Durch die gegebenen Begrifflichkeiten ist es unterschiedlichen Entwicklern möglich, unter den Begriffen dasselbe zu verstehen.

Das Pattern unterscheidet die drei Begriffe »Model«, »View« und »ViewModel«, die in den nächsten Abschnitten genauer behandelt werden.

11.2.1 Model

»Model«-Objekte enthalten die Daten, die durch den Benutzer eingegeben und modifiziert werden. Sie stellen also die Daten in der Form dar, wie sie in der realen Welt vorkommen und nicht, wie sie technisch abgebildet werden. Dabei beinhaltet das Model auch Validierung, Benachrichtigungen bei Änderung von Eigenschaftswerten und weitere Funktionalitäten hinsichtlich der für das System notwendigen Daten. Im einfachsten Fall stellen sie jedoch lediglich ein Abbild der Datenquelle (Database Management System, Service etc.) dar.

In der Regel sollte das Model sauber gehalten werden und nur die Informationen und Funktionalitäten anbieten, die von der Anwendung (und dem Benutzer) auch tatsächlich benötigt werden.

11.2.2 View

Die »View« wird durch ein Steuerelement gebildet und stellt die Repräsentierung der Daten und der Möglichkeiten zur Benutzerinteraktion dar. Sie nimmt Benutzereingaben entgegen (Eingaben via Tastatur, Maus etc.) und zeigen Daten, Videos, Grafiken usw. an. Views werden in der Regel durch XAML erstellt und beinhalten keine Implementierung in den Code-Behind-Dateien. Ausnahmen können bei View-spezifischem Code gemacht werden. Die anzuzeigenden Daten werden per Datenbindung aus dem ViewModel bezogen. Benutzerinteraktionen á la Mausklicks werden an das ViewModel weitergeleitet und dort behandelt.

11.2.3 ViewModel

Das »ViewModel« stellt das Modell für Views dar. Dabei darf dieses nicht mit einem Code-Behind verwechselt werden. Wer bisher hauptsächlich mit Code-Behind gearbeitet hat, ist es gewohnt, direkt auf Elemente der View zuzugreifen oder UI-Elemente nach außen zu geben. Dieser Ansatz wird hier nicht verfolgt. In einem ViewModel sind keine Elemente der View bekannt und dürfen auch niemals instanziiert werden. Daten werden über Eigenschaften zur Verfügung gestellt und per Datenbindung an die View gebunden.

In einigen Fällen ist man versucht, UI-Elemente zu erstellen und diese nach außen zu geben. Dies ist hauptsächlich dann der Fall, wenn eine unbekannte Menge von Elementen in der View angezeigt werden soll und sich deren Darstellung (teilweise nur leicht) voneinander unterscheidet. In diesem Fall ist eine Liste dieser Objekte als Eigenschaft zur Verfügung zu stellen. Die Darstellung sollte durch eine Datenvorlage vorgenommen werden.

Funktionalitäten werden durch Commands bereitgestellt, die ebenfalls an die View gebunden werden. Wird tatsächlich Code für die Steuerung von Elementen der View benötigt, ist dieser im Code-Behind der View zu hinterlegen.

Hinweis

Erfahrungsgemäß wird ein ViewModel häufig mit dem bisher oft gewohnten Code-Behind verwechselt. Verabschieden Sie sich gedanklich von diesen Klassen. Denken Sie an eine saubere Auftrennung der einzelnen Teile. Oft hilft es, bei jeder neuen Referenz genau zu überlegen, ob sie benötigt wird, an dieser Stelle richtig angesiedelt ist oder ob dafür nicht ein anderer Platz der idealere wäre. Verlieren Sie auch die durch die WPF zur Verfügung gestellten Möglichkeiten wie Templating, Datenbindung etc. niemals aus den Augen.

11.2.4 Testing

Das ViewModel entspricht laut den Daten und der angebotenen Funktionalität der logischen Einheit der View. Daher müssen keine aufwendigen Tests für die View geschrieben werden. Stattdessen werden sie für das ViewModel geschrieben. Durch einen Test des ViewModels wird seine gesamte zur Verfügung gestellte Funktionalität getestet.

> **Hinweis**
>
> Das Testen von ViewModels erspart nicht das Testen der einzelnen Services und eingebundenen Komponenten. Diese sind extra zu testen. Beachten Sie auch, dass Service- und Datenbankzugriffe einen Unit Test zu einem Integrationstest machen. Sie sollten daher mit Mocks arbeiten.

11.3 MVVM-Basis implementieren

Da nun die Basisobjekte des MVVM-Patterns bekannt sind, sollten wir darangehen, eine Basis für eine Anwendung zu schaffen. Dabei müssen wir uns einige grundlegende Gedanken machen.

Unter anderem ist zu überlegen, ob Basisklassen für Models und ViewModels benötigt werden. Eine weitere große Frage ist die, wie ViewModels schlussendlich an die Views gebunden werden, ohne eine starke Kopplung zu provozieren. In der Praxis müssen ViewModels miteinander kommunizieren. Auch hierfür wird eine einfache Lösung benötigt. Weiterhin muss auch das Thema Commanding berücksichtigt werden.

Die einzelnen Lösungsansätze werden wir in den folgenden Abschnitten besprechen.

11.3.1 Basis für Model und ViewModel

Sowohl das Model als auch das ViewModel sollen über die Fähigkeit verfügen, Eigenschaftsänderungen weiterzugeben. Dazu muss bei beiden das Interface INotifyPropertyChanged implementiert werden. Es bietet sich also an, eine gemeinsame Basisklasse dafür zu schaffen. Die in Listing 11.1 gezeigte Klasse NotificationBase implementiert dieses Interface und bietet zusätzlich eine Methode RaisePropertyChanged an. Sie übernimmt die Prüfung, ob das angebotene Ereignis abonniert wurde und feuert es bei Bedarf.

```
public class NotificationBase : INotifyPropertyChanged
{
    protected void RaisePropertyChanged(string propertyName)
```

```
    {
        PropertyChangedEventHandler handler = PropertyChanged;
        if (handler != null)
            handler(this, new PropertyChangedEventArgs(propertyName));
    }

    public event PropertyChangedEventHandler PropertyChanged;
}
```

Listing 11.1:   Basis aller Typen von Benachrichtigungen über Eigenschaftsänderungen

Darauf aufbauend können nun die Basisklassen für Model und ViewModel erstellt werden. Sie unterscheiden sich durch die Tatsache, dass die Basisklasse für Model zusätzlich das Interface `IDataErrorInfo` implementiert. Dieses wird benötigt, um eine Validierung der Daten vornehmen und dem Benutzer einen Hinweis auf etwaige Fehleingaben geben zu können. Die Implementierung wird in Listing 11.2 gezeigt. Sowohl die durch die Schnittstelle vorgeschriebene Eigenschaft `Error` als auch der Indexer wurden als `virtual` markiert und können bei Bedarf durch eine Ableitung überschrieben werden. Standardmäßig werden keine Fehler zurückgegeben. Dadurch implementiert zwar jedes Model dieses Interface, es muss aber nur im Bedarfsfalle einer Validierung die entsprechenden Stellen überschreiben. Darüber hinaus kann diese Klasse um weitere Gemeinsamkeiten der Modelle erweitert werden.

```
public class ModelBase : NotificationBase, IDataErrorInfo
{
    public virtual string Error
    {
        get { return String.Empty; }
    }

    public virtual string this[string columnName]
    {
        get { return String.Empty; }
    }
}
```

Listing 11.2:   Model-Basisklasse

Die ViewModels nehmen selbst keine Validierung vor und benötigen daher die Implementierung der Schnittstelle `IDataErrorInfo` nicht, auch fehlt aktuell die Notwendigkeit von zusätzlichen Implementierungen. Dennoch wird eine entsprechende Basisklasse zur Verfügung gestellt, um eine gemeinsame Basis für unsere ViewModels zu schaffen. Diese kann bei Bedarf um gemeinsame Möglichkeiten erweitert werden und ist in Listing 11.3 dargestellt.

```
public class ViewModelBase : NotificationBase
{
}
```

Listing 11.3: ViewModel-Basis

Damit stehen nun die notwendigen Basisklassen zur Verfügung und können für die konkrete Implementierung herangezogen werden.

11.3.2 ViewModels lose binden

Die Kernaussage des MVVM-Patterns ist, dass das Model die vom Benutzer benötigten Daten enthält, das ViewModel diese zur Verfügung stellt (also das Model tatsächlich kennt) und das ViewModel wiederum an die View gebunden wird. Zu diesem Zweck wird die Eigenschaft DataContext der View mit einer Instanz des zugehörigen ViewModels gefüllt. Wie aber hat das zu passieren?

Herkömmlicher Ansatz

Nehmen wir als Beispiel die Maske des Hauptfensters einer Anwendung. Auch dieses besitzt ein zugewiesenes ViewModel, das die Daten und Funktionen zur Verfügung gestellt. Im herkömmlichen Ansatz wird an einer Stelle eine Instanz eines ViewModels erstellt und direkt als Datenkontext einer View gesetzt. Listing 11.4 zeigt beispielsweise das Setzen in der App.xaml.cs durch Überschreiben von OnStartup.

```
protected override void OnStartup(StartupEventArgs e)
{
    base.OnStartup(e);

    MainWindow main = new MainWindow();
    main.DataContext = new CompanyViewModel();

    MainWindow = main;

    MainWindow.Show();
}
```

Listing 11.4: Herkömmliches Setzen des Datenkontextes

Diese Variante funktioniert zwar, hat aber den Nachteil, dass ein konkretes ViewModel an einer Stelle instanziiert wird, die nicht einfach ausgetauscht werden kann. Ändert sich das zugrunde liegende ViewModel, muss die gesamte Anwendung zwangsweise neu kompiliert werden.

Eine ebenso häufige Variante ist das Instanziieren von ViewModels direkt im Code-Behind der View. Dies ist noch tragischer, da auf diese Art und Weise View-

Model und View fest miteinander verdrahtet werden und ein Austausch kaum machbar ist.

Wie diese Beispiele zeigen, muss eine bessere Lösung gefunden werden. Sehen wir uns dazu nachfolgende Idee an.

Bevorzugter Ansatz

Es soll vermieden werden, dass an zentralen Stellen eine Instanz eines ViewModels gebildet wird. Dies sollte vielmehr an einer Stelle geschehen, die das ViewModel beispielsweise aus einer (externen) Konfiguration heraus erzeugen bzw. die sehr einfach ausgetauscht werden kann. Zusätzlich soll es möglich sein, ein ViewModel einfach an den Datenkontext einer View zu binden.

Die Grundüberlegung dabei könnte in die Richtung gehen, dass ViewModels auf einen einfachen Nenner reduziert werden: die Angabe eines eindeutigen Namens per String. Auf Basis dieses Namens kann ein ViewModel bezogen werden. Welches genau hinter diesem Namen existiert und woher es kommt ist nebensächlich. Um diesen Part austauschbar zu machen, wird eine Schnittstelle definiert, welche die notwendigen Vorgaben macht:

```
public interface ILocator
{
    void Register(string name, object o);
    void Reset();
    object GetInstance(string name);
    object this[string name] { get; }
}
```

Listing 11.5: Schnittstelle `ILocator`

Die Schnittstelle `ILocator` schreibt eine Methode `Register` vor. Hierüber kann ein beliebiges Objekt (im weiteren Verlauf werden wir dazu ViewModels verwenden, dies ist jedoch für alle Objekte möglich) unter Angabe eines Namens registriert werden. Die Methode `Reset` kann den originalen Zustand wiederherstellen. Per `GetInstance` soll es möglich sein, eine konkrete Instanz auf Basis des zu übergebenden Namens zu erhalten. Schließlich wird ein Indexer angeboten, der ebenfalls einen String erhält und ein Objekt zurückliefern kann, also äquivalent zur Methode `GetInstance` arbeitet, jedoch auch von der Datenbindung angesprochen werden kann. Dies ist für uns relevant, da in der View mit Datenbindung gearbeitet wird und ein ViewModel auf Basis eines eindeutigen Namens an den Datenkontext gebunden werden soll.

Listing 11.1 zeigt nun die konkrete Implementierung, die für unsere ViewModels zum Einsatz kommt. Dabei werden die registrierten Instanzen in einem `Dictionary` abgelegt und können wieder daraus bezogen werden. Von Interesse ist hier die Methode FindViewModels, die durch den Konstruktor aufgerufen wird. Sie überprüft alle Typen aller geladenen Assemblies nach einem benutzerdefinierten Attribut LocatorAttribute (siehe Listing 11.7). Durch dieses Attribut ist es möglich, Typen einen Namen zu geben, mit dem eine Instanz dieses Typs automatisch durch den ViewModelLocator instanziiert und registriert werden kann.

```
internal class ViewModelLocator : ILocator
{
    private Dictionary<string, object> registeredInstances =
        new Dictionary<string, object>();

    public ViewModelLocator()
    {
        FindViewModels();
    }

    public void Register(string name, object o)
    {
        if (String.IsNullOrEmpty(name))
            throw new ArgumentNullException("name");

        if (!registeredInstances.ContainsKey(name))
            registeredInstances.Add(name, o);
        else throw new AlreadyRegisteredException
            (
                String.Format("Instance with name '{0}' already registered",
                    name)
            );
    }

    public object GetInstance(string name)
    {
        if (registeredInstances.ContainsKey(name))
            return registeredInstances[name];
        return null;
    }

    public object this[string name]
    {
        get
        {
            return GetInstance(name);
        }
    }
}
```

```
    public void Reset()
    {
        registeredInstances.Clear();
        FindViewModels();
    }


    private void FindViewModels()
    {
        Assembly[] assemblies = AppDomain.CurrentDomain.GetAssemblies();
        foreach (Assembly currentAssembly in assemblies)
        {
            foreach (Type currentType in currentAssembly.GetTypes())
            {
                foreach (object customAttribute in
                    currentType.GetCustomAttributes(true))
                {
                    LocatorAttribute locAttribute =
                        customAttribute as LocatorAttribute;
                    if (locAttribute != null)
                    {
                        if (!registeredInstances.ContainsKey(locAttribute.Name))
                        {
                            object instance =
                                Activator.CreateInstance(currentType);
                            registeredInstances.Add(
                                locAttribute.Name, instance);
                        }
                    }
                }
            }
        }
    }
}
```

Listing 11.6: Konkrete Implementierung des Locators

Nach der Instanziierung der Klasse ViewModelLocator stehen alle Typen mit dem Attribut LocatorAttribute zur Verfügung und können per GetInstance bezogen werden. Statt dies über ein Attribut zu lösen, kann auch eine Konfiguration eingelesen werden. Auch eine Kombination beider Möglichkeiten ist denkbar.

```
public class LocatorAttribute : Attribute
{
    public string Name { get; set; }
```

```
    public LocatorAttribute(string name)
    {
        Name = name;
    }
}
```

Listing 11.7: Attribut zur Vergabe eines eindeutigen Identifiers für Typen

Wie Sie in der Beispielsanwendung sehen werden, wurden die bisher genannten Klassen in einem eigenen Projekt (und daher in einer eigenen Assembly) abgelegt. Hier kommt auch zum Tragen, dass die Klasse `ViewModelLocator` `internal` ist und außerhalb dieses Projekts nicht instanziiert werden kann. Dies hat einen guten Grund: Es soll nicht möglich sein, mehrere Instanzen dieses Typs zu erstellen, damit sichergestellt ist, dass immer mit denselben Instanzen gearbeitet wird.

Möglicherweise mag der geneigte Leser nun denken, dass hier auch eine Implementierung des Patterns »Singleton« sinnvoll wäre oder aber die Klasse auch statisch sein könnte. Beides ist jedoch zu vermeiden, da dadurch die Austauschbarkeit dieser Klasse nicht mehr gegeben wäre, weil sie an den notwendigen Stellen direkt referenziert werden müsste. Stattdessen kommt eine weitere Klasse ins Spiel: der `ObjectLocator` (siehe Listing 11.8).

Der `ObjectLocator` ist eine statische Klasse und wird für den Zugriff auf den jeweils gültigen Locator verwendet. Standardmäßig wird über die Eigenschaft `Current` eine Instanz von `ViewModelLocator` nach außen gegeben. Über die Methode `Register` kann eine andere Implementierung angegeben werden. Diese Klasse ist nun an den benötigten Stellen anzugeben. Der tatsächliche Locator kann durch eine Implementierung der Schnittstelle `ILocator` jederzeit auf die eigenen Bedürfnisse zugeschnitten und bereitgestellt werden. Für die Stellen, an denen dieser Typ verwendet wird, besteht kein Änderungsbedarf, er setzt also die gewünschte Anforderung um. Die Verwendung kann nun sowohl per Code als auch per XAML erfolgen.

```
public static class ObjectLocator
{
    private static ILocator locator = new ViewModelLocator();

    public static ILocator Current
    {
        get
        {
            return locator;
        }
    }
}
```

```
public static void Register(ILocator locatorToRegister)
{
    if (locatorToRegister == null)
        throw new ArgumentNullException("locatorToRegister");

    locator = locatorToRegister;
}
}
```

Listing 11.8: ObjectLocator verwaltet den aktuellen Locator

Hinweis

Eine genaue Beschreibung der Verwendung finden Sie etwas später beim konkreten Beispiel.

Dank dieser Vorarbeit ist es nun möglich, ViewModels zur Verfügung zu stellen und über einen Mechanismus einzubinden, der jederzeit ausgetauscht werden kann. Durch kleine Änderungen/Erweiterungen kann weit mehr Flexibilität (etwa durch das Einlesen einer XML-Konfiguration) ins Spiel gebracht werden.

11.3.3 Kommunikation zwischen ViewModels

Ein weiterer wichtiger Aspekt, der noch geklärt werden muss, ist die Frage, wie ViewModels untereinander kommunizieren können.

Der erste Gedanke legt nahe, dass ein ViewModel eine bekannte Instanz eines weiteren ViewModels besitzt und Methoden desselben aufruft oder Eigenschaftswerte setzt. Dies bedingt, dass sich ViewModels untereinander kennen und somit eine direkte, starke Abhängigkeit zueinander entsteht. Eines dieser ViewModels kann nicht mehr ohne eine Abänderung des anderen ausgetauscht werden. Das ist nicht das Ziel, das wir verfolgen. Besser wäre definitiv eine Möglichkeit, Informationen zu übertragen oder Funktionsaufrufe zu tätigen, ohne dass sich die teilhabenden Instanzen tatsächlich kennen. Auch dafür gibt es eine einfache Lösung.

Die Übermittlung von Informationen oder Aufrufen lässt sich mit einer Diskussion vergleichen: Es gibt Diskussionen, in denen wüst durcheinander gesprochen wird und solche, die durch einen Mediator in die richtige Bahn geleitet werden. Letzterer nimmt Informationen auf, vermittelt sie gekonnt weiter und sorgt so für einen geregelten Ablauf. In der Regel wird mit dem Mediator gesprochen, der die einzelnen Teilnehmer koordiniert und informiert.

Dieses Verhalten kann auch für ViewModels herangezogen werden. Es wird eine Klasse verwendet, die alle Teilnehmer kennt und als Mediator auftritt. Das bedeutet, der Mediator nimmt Informationen und Aufrufe entgegen und leitet diese an den- oder diejenigen weiter, die dafür verantwortlich sind.

Damit auch dieser Mediator jederzeit gegen eine andere Implementierung ausgetauscht werden kann, wird eine Schnittstelle `IMessenger` (siehe Listing 11.9) definiert. Sie bietet mehrere Möglichkeiten, einen Empfänger zu registrieren. Dieser kann wahlweise über einen Identification Code registriert werden und eine auszuführende Aktion besitzen. Über den Identification Code können beispielsweise mehrere Empfänger gleichzeitig angesprochen werden. Zum Entfernen von Empfängern ist eine der `Unregister`-Möglichkeiten zu verwenden. Der Sender einer Information oder eines Aufrufs bedient sich einer der `Send`-Methoden, um seine Information zu übertragen.

```
interface IMessenger
{
    void Register(object recipient, string identCode, Action action);
    void Register<TNotification>(object recipient,
        Action<TNotification> action);
    void Register<TNotification>(object recipient, string identCode,
        Action<TNotification> action);

    void Send(string identCode);
    void Send<TNotification>(TNotification notification);
    void Send<TNotification>(TNotification notification, string identCode);

    void Unregister(string identCode);
    void Unregister<TNotification>(object recipient);
    void Unregister<TNotification>(object recipient, string identCode);
}
```

Listing 11.9: Schnittstelle für einen Mediator

Hinweis

Die konkrete Implementierung ist im Beispielprojekt in der Klasse `Messenger` zu finden.

Die Klasse `Messenger` implementiert die Schnittstelle `IMessenger` und bietet die Möglichkeit, Objekte als Empfänger zu registrieren und ihnen Informationen weiterzuleiten.

Der Vorteil besteht darin, dass sich sämtliche ViewModels, die miteinander kommunizieren sollen, nun nicht mehr gegenseitig kennen müssen. Stattdessen ist der `Messenger` bekannt. Über den nachfolgenden Aufruf wird ein entsprechendes ViewModel mit einem bestimmten Identification Code registriert:

```
Messenger.Instance.Register(this, "updateCompanyList", Update);
```

Es wird die aktuelle Instanz mit dem Indentification Code `updateCompanyList` registriert. Wird nun von einem Sender dieser Identification Code gewählt, wird die angegebene Methode `Update` aufgerufen.

Möchte ein anderes ViewModel dieses Verhalten auslösen, ist folgender Aufruf vorzunehmen:

```
Messenger.Instance.Send("updateCompanyList")
```

Der Messenger sorgt dafür, dass alle ViewModels, die mit dem angegebenen Identification Code registriert wurden, diese Benachrichtigung erhalten und somit die verbundene Aktion (in unserem Fall `Update`) ausgelöst wird. Ist kein Empfänger mit diesem Identification Code registriert, wird nichts ausgelöst.

Auch in diesem Fall ist die gewünschte Anforderung erfüllt. Es existiert nun ein Mechanismus, über den Informationen und Aufrufe gesendet werden können, ohne den Empfänger zu kennen. So ist es jetzt möglich, ViewModels zu entwickeln, die eigenständig und lose gekoppelt sind.

> **Hinweis**
>
> Weitere konkrete Beispiele zu diesem Thema finden sich in den implementierten ViewModels der Beispielanwendung, die im nächsten Abschnitt näher besprochen wird.

11.3.4 Commanding

Die Unterstützung von Kommandos wurde bereits vorgestellt. ViewModels stellen ihre angebotenen Funktionalitäten idealerweise per Commands zur Verfügung. Diese können in der View gebunden und ausgeführt werden.

Herkömmliche Variante

Bei der herkömmlichen Variante muss die Schnittstelle `ICommand` implementiert werden, um einen konkreten Command zu erstellen. Bietet nun ein ViewModel einen Command an, sieht dies meist wie in Listing 11.10 dargestellt aus. Es wird eine Eigenschaft für den Command zur Verfügung gestellt, die eine Command-Instanz (in unserem Fall `LoadCommand`) zurückliefert. Dieser Command wird entweder als Nested Class oder außerhalb dieses Kontextes in einer eigenen Datei implementiert. Das ist zwar ein gangbarer Weg, birgt jedoch auch zahlreiche Nachteile. Der größte Nachteil besteht wohl darin, dass der auf diese Art implementierte Command außerhalb des ViewModel-Kontextes existiert und eventuell notwendige Informationen als Parameter oder über den Konstruktor übergeben bekommen muss. Die Übergabe per Parameter mag in vielen Fällen nicht ausreichend sein, da der Command selbst über weit mehr Informationen und Daten verfügen muss.

```
private ICommand loadCommand;

public ICommand LoadCommand
{
    get
    {
        if (loadCommand == null)
            loadCommand = new LoadCommand();
        return loadCommand;
    }
}

private class LoadCommand : ICommand
{
    public bool CanExecute(object parameter)
    {
        // Implementierung
    }

    public event EventHandler CanExecuteChanged;

    public void Execute(object parameter)
    {
        // Implementierung
    }
}
```

Listing 11.10: Herkömmliche Bereitstellung eines Commands

Bedingt durch den erwähnten Nachteil muss eine bessere Lösung hierfür gefunden werden.

Bevorzugte Variante

Die ideale Lösung für das genannte Problem liegt sicherlich darin, dass die durch die Schnittstelle ICommand vorgeschriebenen Methoden CanExecute und Execute direkt im Kontext des ViewModels implementiert werden. Dadurch sind alle Informationen des ViewModels bekannt und müssen nicht auf eine (mehr oder weniger) komplizierte Art und Weise übergeben werden. Josh Smith (http://joshsmithonwpf.wordpress.com/) hat sich diesbezüglich Gedanken gemacht und die Idee des RelayCommand geboren. Seine Klasse RelayCommand implementiert die Schnittstelle ICommand und leitet die Methodenaufrufe an die Stelle weiter, an der sie implementiert wurden. Dadurch ist es möglich, die entsprechenden Methoden direkt im ViewModel zu implementieren, wodurch der Kontext erhalten bleibt. Listing 11.11 zeigt die besprochene Klasse.

```
public class RelayCommand : ICommand
{
    private readonly Func<bool> _canExecute;
    private readonly Action _execute;

    public event EventHandler CanExecuteChanged
    {
        add
        {
            if (this._canExecute != null)
            {
                CommandManager.RequerySuggested += value;
            }
        }
        remove
        {
            if (this._canExecute != null)
            {
                CommandManager.RequerySuggested -= value;
            }
        }
    }

    public RelayCommand(Action execute)
        : this(execute, null)
    {
    }

    public RelayCommand(Action execute, Func<bool> canExecute)
    {
        if (execute == null)
        {
            throw new ArgumentNullException("execute");
        }
        this._execute = execute;
        this._canExecute = canExecute;
    }

    [DebuggerStepThrough]
    public bool CanExecute(object parameter)
    {
        if (this._canExecute != null)
        {
            return this._canExecute();
        }
    }
```

```
        return true;
    }

    public void Execute(object parameter)
    {
        this._execute();
    }
}
```

Listing 11.11: RelayCommand leitet Command-Aufrufe weiter

> **Hinweis**
>
> Im besprochenen Beispiel findet sich zusätzlich eine generische Implementierung der Klasse RelayCommand.

Damit wären nun die wichtigsten Vorarbeiten geleistet und es stehen gute und erweiterbare Mechanismen zur Verfügung, damit eine konkrete Implementierung begonnen werden kann. Nachfolgend wird eine solche Beispielanwendung implementiert.

11.4 Konkretes Beispiel

In den vorangegangenen Kapiteln wurden viele Möglichkeiten der WPF besprochen und anhand kleinerer Beispiele und Codestücke besprochen. In diesem Abschnitt soll nun eine zusammenhängende Beispielanwendung implementiert werden, die viele der gezeigten Features enthält und auf dem Pattern MVVM beruht, um dessen Umsetzung zu demonstrieren. Diese Implementierung soll Ihnen zeigen, wie Sie ein Projekt starten und weiterentwickeln. Die zuvor besprochenen Mechanismen finden in diesem Beispiel Anwendung und sollen darlegen, wie Sie eine lose gekoppelte, zukunftssichere Anwendung erstellen können.

In Abbildung 11.1 ist die Projektstruktur zu finden, die bereits einen kleinen Einblick liefern soll.

- *Leader* stellt die eigentliche WPF-Anwendung dar, die alle anderen Projekte zusammenführt.

- *Leader.Controls* enthält Steuerelemente, die für die Oberfläche notwendig sind.

- In *Leader.Model* sind die Entitäten abgebildet.

- *Leader.Mvvm* bildet den Grundstock für das MVVM-Pattern, das für diese Anwendung zum Einsatz kommt.

- In *Leader.Service* findet sich ein Service, das den Zugriff auf die Datenquelle simuliert.

- Unter *Leader.View* sind alle Views abgebildet, aus denen sich die Anwendung zusammensetzt.

- In *Leader.ViewModel* finden sich schlussendlich alle verwendeten ViewModels.

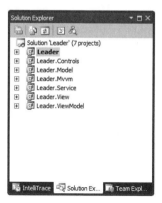

Abb. 11.1: Projektaufbau

11.4.1 Anforderungen

Die Beispielanwendung soll es ermöglichen, Interessenten für Produkte zu verwalten. Dafür müssen einige Anforderungen erfüllt werden.

Funktionale Anforderungen

- Pflege von Unternehmen, die an Produkten interessiert sind

- Verwaltung von Kontakten/Ansprechpartnern in den einzelnen Unternehmen

- Verwaltung von Produkten

- Pflege von Interessensbekundungen

- Eingabe und Verwaltung von Kundenterminen

- Auswertungen

Nicht-funktionale Anforderungen

Zusätzlich zu diesen funktionalen Anforderungen müssen außerdem nicht-funktionale Anforderungen erfüllt werden:

- Die Anwendung muss erweiterbar sein.

- Einzelne Bestandteile müssen ausgetauscht bzw. auf eigene Bedürfnisse hin angepasst werden können.

- Der Daten-Layer muss ebenfalls ausgetauscht werden können.

Grafische Abbildung

In Abbildung 11.2 ist das grundsätzliche Aussehen der Anwendung per Sketch festgelegt. Im Kopfbereich findet sich der Name der Anwendung, gefolgt von den Hauptmenü-Elementen in horizontaler Ausrichtung. Im ganz unteren Bereich der Anwendung findet sich eine Statusleiste. Im Hauptbereich werden die einzelnen Eingabemasken, Listen und Auswertungen angezeigt.

Dieser Sketch stellt die Basis für den grafischen Aufbau der Anwendung dar. Er ist in groben Zügen so umzusetzen. Dabei ist darauf zu achten, dass direkt per XAML keine Visualisierungseigenschaften gesetzt werden. Sämtliche Styles und Vorlagen sind in Ressourcenwörterbücher auszulagern, damit sie ebenfalls recht einfach (bzw. mit wenig Aufwand) ausgetauscht werden können.

> **Tipp**
>
> Es wird empfohlen, für den grafischen Aufbau von Anwendungen Sketches zu erstellen (beispielsweise über Expression Blend + Sketchflow) und diese mit dem Kunden zu besprechen. So fokussiert man sich auf das Wesentliche und kann ohne grafischen Overhead sehr schnell Ergebnisse erzielen, die sowohl vom Hersteller als auch vom Kunden abgesegnet werden.

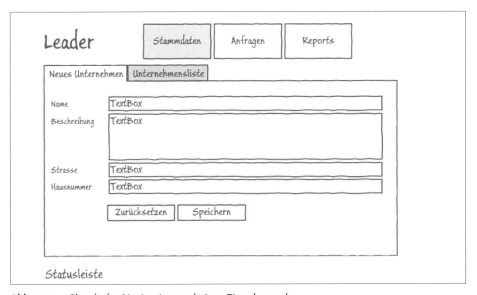

Abb. 11.2: Sketch der Navigation und einer Eingabemaske

Zu diesem Zeitpunkt sind nun sowohl die Anforderungen an die Anwendung als auch das Grundgerüst für eine Applikation auf Basis des MVVM Patterns geklärt. In weiterer Folge können Arbeiten hinsichtlich des Datenzugriffs und der Modelle erfolgen.

11.4.2 Modelle

Auf Basis der gegebenen Anforderungen kann zwischen zwei Typen von Modellen unterschieden werden. Für die Pflege von Interessensbekundungen an Produkte müssen Stammdaten erfasst werden. Hierzu müssen Entitäten für Produkte (»Product«), Unternehmen (»Company«) und Kontakte (»Contact«) vorhanden sein (siehe Abbildung 11.3).

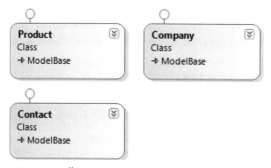

Abb. 11.3: Übersicht Stammdaten

Auf Basis der Stammdaten ist es in weiterer Folge möglich, laufende Daten einzutragen. In unserem Fall können somit Datensätze für Interessensbekundungen (»Lead«) und dazugehörig Termine (»Appointment«) erfasst werden.

Abb. 11.4: Übersicht der laufenden Daten

Weitere Modelle sind für unsere Anwendung nicht notwendig. Wie bereits in den Vorarbeiten erwähnt, steht eine Basisklasse `ModelBase` zur Verfügung, von der jedes Model erbt. Dadurch steht die Methode `RaisePropertyChanged` zur Verfügung über die das Ereignis `PropertyChanged`, das für die Datenbindung erforderlich ist, angetriggert wird.

In Listing 11.12 wird beispielhaft für alle genannten Entitäten die Klasse `Product` gezeigt. Diese besitzt die Eigenschaften `Id`, `Name` und `Description`. Die Eigenschaft Id wäre grundsätzlich für die Datenbindung nicht zwangsweise notwendig, da dadurch ein interner Wert repräsentiert wird, sie wurde aber der Vollständigkeit halber dennoch mit aufgenommen, zumal dieser Wert ohnehin benötigt wird (wenn auch nicht für die Darstellung).

```csharp
public class Product : ModelBase, IInstanceIdentifier
{
    private Int64 id;
    private string name;
    private string description;

    public Int64 Id
    {
        get { return id; }
        set
        {
            if (id == value)
                return;
            id = value;
            RaisePropertyChanged("Id");
        }
    }

    public string Name
    {
        get { return name; }
        set
        {
            if (name == value)
                return;
            name = value;
            RaisePropertyChanged("Name");
        }
    }

    public string Description
    {
        get { return description; }
        set
        {
            if (description == value)
                return;
            description = value;
            RaisePropertyChanged("Description");
        }
    }
}
```

Listing 11.12: Entität des Produkts

Alle Entitäten werden nach demselben Schema behandelt. Werden Daten als Auflistungen zur Verfügung gestellt und müssen diese auf Änderungen innerhalb derselben aufmerksam machen, sollte dafür die Klasse `ObservableCollection<T>` verwendet werden. Als Beispiel wären die einem Unternehmen zugewiesenen Kontakte zu nennen. Der entsprechende Ausschnitt aus der Klasse `Company` findet sich in Listing 11.13.

```
public ObservableCollection<Contact> Contacts
{
    get { return contacts; }
}
```

Listing 11.13: Bereitstellung von Kontakten durch das Unternehmen

11.4.3 Datenzugriff

Nachdem nun sämtliche Modelle vorhanden sind, müssen sie auch persistiert und abgerufen werden können. Vielfach kommen hier objektrelationale Mapping-Frameworks zum Einsatz, die direkt eingebunden sind oder über ein Service angesprochen werden. Die vorgestellte Beispielanwendung wird mit einer sehr einfachen Variante zurechtkommen. Es werden zu diesem Zweck keine weiteren Frameworks angebunden.

Der Grundstock wird durch die Schnittstelle `IDataService` gebildet (siehe Listing 11.14). Sie bietet lediglich einige Methoden zum Speichern und Laden von klar definierten Entitäten an.

> **Hinweis**
>
> In der Praxis werden Datenobjekte auch häufig über weitaus generischere Schnittstellen bezogen. Dieses Beispiel soll zeigen, wie auch dieser Part austauschbar gemacht werden kann.

```
public interface IDataService
{
    void AddCompany(Company company);
    Company GetCompany(Int64 id);
    List<Company> GetCompanies();

    void AddProduct(Product product);
    Product GetProduct(Int64 id);
    List<Product> GetProducts();
```

```
    void AddLead(Lead company);
    Lead GetLead(Int64 id);
    List<Lead> GetLeads();
}
```

Listing 11.14: Schnittstelle zur Persistierung von Entitäten

Die Implementierung dieser Schnittstelle erfolgt durch die Klasse `DataService`, welche die Daten im Speicher hält und entsprechend auf Anfragen reagiert. Ebenfalls werden bereits Testdaten zur Verfügung gestellt.

Hinweis

An dieser Stelle wurde auf eine Anbindung an eine Datenquelle verzichtet, um diesen Part möglichst unkomplex zu gestalten. Die WPF und MVVM sollen hier im Vordergrund stehen.

Den Zugriff auf den Service wird durch die statische Klasse `ServiceHelper` zur Verfügung gestellt (siehe Listing 11.15). Als Standard wird im Konstruktor eine Instanz der Klasse `DataService` gesetzt. Über die Eigenschaft `DataAccess` kann auf diese Instanz zugegriffen werden. Ein Austausch der Zugriffsschicht ist daher einfach gegeben.

```
public static class ServiceHelper
{
    static ServiceHelper()
    {
        DataAccess = new DataService();
    }

    public static IDataService DataAccess { get; set; }
}
```

Listing 11.15: Zugriff auf Services

Die Basis für die Daten ist geschafft. Es bestehen die einzelnen Entitäten als auch eine Möglichkeit, Daten zu speichern und zu laden. Im nächsten Schritt werden ViewModels und die Oberfläche diskutiert.

11.4.4 ViewModel und View

Die Grundlage für die späteren Views wird durch die ViewModels gelegt. Diese stellen die Daten zur Verfügung und bieten die Möglichkeit an, auf Benutzerinteraktionen zu reagieren.

Hinweis

In diesem Abschnitt werden nicht alle ViewModels besprochen, da die einzelnen Funktionalitäten ähnlich sind. Sie unterscheiden sich hauptsächlich durch die zur Verfügung gestellten Daten.

Die Anwendung benötigt zahlreiche ViewModels, die mit den notwendigen Views per Datenbindung kommunizieren. Eine schwierige Frage hierbei ist die nach der Aufteilung der Anwendung in die einzelnen Bereiche und den dafür erforderlichen Views als auch ViewModels. Hierzu sollten wir uns Abbildung 11.2 in Erinnerung rufen. Der dargestellte Sketch zeigt die Aufteilung der Anwendung bereits ganz gut.

Das Hauptfenster stellt dabei zwei Hauptbereiche dar. Der erste wird durch die Navigation für die wichtigsten Funktionen gebildet, der zweite durch den Inhaltsbereich. Letzterer dient der Darstellung der Eingabemasken und Listen. Der Inhaltsbereich ergibt sich also aus dem gewählten Navigationseintrag. Somit ist der Navigationsbereich als fester Bestandteil des Hauptfensters zu sehen.

In Listing 11.16 findet sich der bereits erwähnte Header-Bereich des Hauptfensters. Dieser besteht aus einem Grid-Element mit eingebettetem Anwendungsnamen und den Schaltflächen, die das Hauptmenü darstellen. Jede dieser Schaltflächen bekommt einen Stil zugewiesen und ist zusätzlich an einen Command gebunden, der über das ViewModel zur Verfügung gestellt werden muss.

```
<Grid DockPanel.Dock="Top"
      Style="{StaticResource HeaderPanelStyle}">
  <Grid.ColumnDefinitions>
    <ColumnDefinition Width="Auto"/>
    <ColumnDefinition Width="*"/>
    <ColumnDefinition Width="Auto"/>
  </Grid.ColumnDefinitions>

  <TextBlock Grid.Column="0"
             Text="LEADER"
             Style="{StaticResource HeaderStyle}"/>
  <StackPanel Grid.Column="1" Orientation="Horizontal">
    <Button Content="Stammdaten"
            Command="{Binding OpenMasterDataCommand}"
            Style="{StaticResource MasterDataButtonStyle}"/>
    <Button Content="Anfragen"
            Command="{Binding OpenLeadDataCommand}"
            Style="{StaticResource LeadDataButtonStyle}"/>
    <Button Content="Reports"
            Command="{Binding OpenReportCommand}"
            Style="{StaticResource ReportButtonStyle}"/>
```

```
    </StackPanel>
    <StackPanel Grid.Column="2" Orientation="Horizontal">
        <Button Content="?" Style="{StaticResource HelpButtonStyle}"/>
        <Button Content="I"
                Command="{Binding CloseApplicationCommand}"
                Style="{StaticResource ExitButtonStyle}"/>
    </StackPanel>
</Grid>
```

Listing 11.16: Header des Hauptfensters

Listing 11.17 definiert den Inhaltsbereich der Anwendung. Dazu wird ein ContentControl-Element verwendet. Dieses fungiert als Platzhalter für die tatsächliche View. Sie wird indirekt über die Eigenschaft CurrentDetailData vom
jeweiligen ViewModel zur Verfügung gestellt und an die Content-Eigenschaft des
ContentControl-Elements gebunden. Umgeben wird der Inhalt von einem
ScrollViewer-Element. Dadurch wird ein Scrolling des Inhalts ermöglicht,
sofern dieser den zur Verfügung stehenden Platz überschreitet.

```
<DockPanel Style="{StaticResource ContentAreaStyle}"
           x:Name="ContentDockPanel">
    <ScrollViewer HorizontalScrollBarVisibility="Disabled"
                  VerticalScrollBarVisibility="Auto"
                  Height="{Binding ElementName=ContentDockPanel,
                           Path=ActualHeight}">
        <ContentControl Content="{Binding CurrentDetailData}"
                        HorizontalAlignment="Stretch"
                        VerticalAlignment="Stretch"/>
    </ScrollViewer>
</DockPanel>
```

Listing 11.17: Inhaltsbereich der Anwendung

Die Bindung der Eigenschaft Content des ContentControl-Elements mag nun
den Gedanken aufwerfen, dass das dahinterstehende ViewModel eine View zur
Verfügung stellt. Dem ist aber nicht so, da ein ViewModel per Definition nichts
von einer View wissen und auch keine Referenzen dahingehend halten sollte.
Stattdessen werden durch die Eigenschaft CurrentViewData lediglich die darzustellenden Daten nach außen gegeben. Das Mapping auf die anzuzeigende View
erfolgt über eine Datenvorlage:

```
<DataTemplate DataType="{x:Type vm:MasterDataViewModel}">
    <StackPanel>
        <view:MasterDataView Margin="5"/>
    </StackPanel>
</DataTemplate>
```

Listing 11.18: Mapping von ViewModel auf View

In diesem Auszug wird definiert, dass die erfolgte Rückgabe einer Instanz vom Typ MasterDataViewModel durch die View MasterDataView in einem umgebenden StackPanel-Element anzuzeigen ist.

Dadurch bleibt das ViewModel selbst auf die Steuerung von Aktionen und die Daten selbst beschränkt. Die notwendigen Datenvorlagen werden über Ressourcen definiert. Eine Änderung kann also sehr einfach und ohne programmatischen Eingriff vorgenommen werden.

> **Tipp**
>
> Wird die Ressource nicht eingebettet, sondern aus dem Dateisystem geladen, können Änderungen sehr einfach vorgenommen werden. Eine Anpassung von Views an Kundenwünsche und ein Tausch per »Konfiguration« sind dadurch sehr einfach möglich.

Die Bereiche »Stammdaten« und »Anfragen« bieten selbst Untermenüs an, um die unterschiedlichsten Daten zu erfassen. Dies bedeutet, dass sie auf dieselbe Art und Weise wie das Hauptfenster funktionieren müssen. Auch sie verwenden dieselbe Bindung an ein ContentControl-Element, wie dies bereits weiter oben gezeigt wurde. Damit ist das Verhalten durchgängig und muss sich pro ViewModel nicht unterscheiden.

Einsatz von Commands

Die Anwendung selbst bietet viele Aktionen an. Hinter jeder Schaltfläche steckt eine Funktionalität, die aufgerufen werden muss. Für diesen Fall werden Commands herangezogen, die durch das jeweilige ViewModel angeboten werden.

Hinter dem Hauptfenster steht das ViewModel namens MainViewModel. Dieses bietet folgende Commands an:

- OpenMasterDataCommand: Öffnet die Verwaltung der Stammdaten.
- OpenLeadDataCommand: Öffnet den Eingabebereich für Anfragen.
- OpenReportCommand: Zeigt definierte Reports an.
- OpenHelpCommand: Öffnet die Hilfe.
- CloseApplicationCommand: Beendet die Anwendung.

Werfen wir einen Blick auf den ersten Command:

```
private RelayCommand openMasterDataCommand;

public ICommand OpenMasterDataCommand
{
    get
```

```
    {
        if (openMasterDataCommand == null)
            openMasterDataCommand = new RelayCommand(OpenMasterData);
        return openMasterDataCommand;
    }
}

private void OpenMasterData()
{
    CurrentDetailData = ObjectLocator.Current[ViewModelNames.
        MasterDataViewName]
                        as ViewModelBase;
}
```

Listing 11.19: Command für die Verwaltung von Stammdaten

Über die Eigenschaft `OpenMasterDataCommand` wird der Command nach außen gegeben, damit er für die Bindung (siehe Listing 11.16) verwendet werden kann. Instanziiert wird ein `RelayCommand`, der als Aktion einen Verweis auf die Methode `OpenMasterData` erhält. Darin wird die Eigenschaft `CurrentDetailData` unter Verwendung des `ObjectLocator`, der bereits weiter oben beschrieben wurde, gesetzt. Da die View darauf bindet und für den gesetzten Datentyp eine Datenvorlage vorhanden ist, wird diese aufgelöst und die darin eingebettete View angezeigt.

Popups

Die gezeigte Variante via `CurrentDetailData` funktioniert für sehr viele der verwendeten ViewModels. Eine Ausnahme bilden die ViewModels, die zur Bearbeitung von Daten verwendet werden als auch für die Anzeige der Hilfe.

Die ViewModels, die für die Neuanlage von Daten verwendet werden, sind beim `ObjectLocator` registriert und existieren nur einmal. Dadurch tritt der positive Nebeneffekt auf, dass während der Erfassung von Neudaten in einen anderen Bereich der Anwendung gewechselt werden kann, ohne bereits Eingegebenes zu verlieren. Für die Bearbeitung von Daten ist dieser Effekt jedoch nicht erwünscht, da bei jedem Aufruf neue Daten geladen werden müssen. Aus diesem Grund stehen eigene ViewModels dafür zur Verfügung. Sie werden beim `ObjectLocator` nicht registriert.

Hinweis

Der `ObjectLocator` könnte durchaus dahingehend erweitert werden, dass generell alle ViewModels bekanntgemacht werden. Beispielsweise wäre es denkbar, das `LocatorAttribute` um eine Definition zu erweitern, mit deren Hilfe festgelegt werden kann, ob ein ViewModel als einzelne Instanz registriert werden soll oder bei jedem Aufruf eine neue Instanz zurückgeliefert wird. Dies würde die Flexibilität weiter erhöhen und eine losere Kopplung fördern.

Alle Daten werden in Listen angezeigt und können aus diesen heraus zur Bearbeitung geöffnet werden. Dies erfolgt in einem eigenen Popup.

Ein Popup kann mithilfe des Popup-Elements geöffnet werden. Da dieses von unterschiedlichsten Stellen verwendet wird, erfolgt die Definition im Hauptfenster der Anwendung. Der Inhalt wird über die Eigenschaft CurrentPopupData gesteuert. Der Mechanismus ist identisch mit dem des Inhaltsbereichs der Anwendung. Über die Eigenschaft IsPopupVisible erfolgt die Steuerung, ob das Element sichtbar ist oder nicht. Das Popup enthält zusätzlich eine Schaltfläche, um es schließen zu können. Sämtliche Eigenschaften und Commands sind in der Klasse MainViewModel implementiert.

```
<Popup Placement="Center"
       PlacementTarget="{Binding ElementName=LayoutRoot}"
       IsOpen="{Binding IsPopupVisible}">
   <Border Style="{StaticResource PopupStyle}">
      <StackPanel>
         <ContentControl Content="{Binding CurrentPopupData}"/>
         <Button Content="Schließen"
                 Command="{Binding ClosePopupCommand}"/>
      </StackPanel>
   </Border>
</Popup>
```

Listing 11.20: Definition eines Popup-Elementes

Nun stellt sich die Frage, wie die Daten von einem beliebigen ViewModel zur Instanz vom Typ MainViewModel gelangen. Dies wird über den Messenger (der bereits beschrieben wurde) erledigt. Dazu wird das ViewModel in seinem Konstruktor als Empfänger registriert:

```
public MainViewModel()
{
   Messenger.Instance.Register<ViewModelBase>(this, "showPopup", ShowPopup);
}
```

Alle Signale an den Messenger mit dem Identifikationscode showPopup werden abgefangen und die Methode ShowPopup wird aufgerufen. Wie nachfolgend zu sehen, erhält diese ein Objekt vom ViewModelBase, das der Eigenschaft Current-PopupData zugewiesen wird.

```
private void ShowPopup(ViewModelBase content)
{
   CurrentPopupData = content;
```

```
    IsPopupVisible = true;
}
```

Listing 11.21: Zuweisung und Anzeige eines ViewModels in einem Popup

Auch hier kommt wieder das Daten-Template zum Zuge, das für die Bindung auf die Daten appliziert wird und so zur Anzeige kommt. Durch das Setzen der Eigenschaft `IsPopupVisible` wird es schlussendlich angezeigt und der Benutzer kann die gewünschten Änderungen vornehmen. Doch wie wird das ViewModel für die Bearbeitung übergeben?

Von der Liste zum Popup

Grundsätzlich werden für die Darstellung eines Objekts drei unterschiedliche ViewModels verwendet. So gibt es eines, das für die Neuanlage herangezogen wird, eines für die Bearbeitung und schlussendlich ein ViewModel für die Anzeige einer Liste des Objekttyps. Diese Aufteilung wurde vorgenommen, um den unterschiedlichen Anforderungen an das ViewModel gerecht zu werden.

Nehmen wir als Beispiel die Kontaktliste (siehe Abbildung 11.5). Diese findet sich im Stammdatenbereich und zeigt alle Kontakte zu einem ausgewählten Unternehmen an. Die Daten werden durch die Klasse `ContactListViewModel` zur Verfügung gestellt. Dabei wird eine `ObservableCollection` vom Typ `ContactEditView-Model` durch die Eigenschaft `Contacts` nach außen gegeben. Diese wird durch ein `DataGrid`-Element gebunden. Alle ViewModels, die der Bearbeitung eines Datensatzes dienen, bieten eine Eigenschaft `EditCommand` an. Dieser Command wird durch die Spaltenbindung der Spalte BEARBEITEN der Liste angewendet.

Abb. 11.5: Liste der zu einem Unternehmen gespeicherten Kontakte

Durch den Command-Aufruf (siehe Listing 11.22) wird über den Messenger eine Nachricht mit der aktuellen Instanz und dem Identifikationscode `showPopup` versandt. Diese Nachricht wird nun vom `MainViewModel` abgefangen und verwertet.

Dazu wird die übergebene Instanz des ViewModels der Eigenschaft Current-PopupData zugewiesen und selbiges sichtbar gemacht (siehe Listing 11.23). Das Ergebnis ist in Abbildung 11.6 zu sehen.

```
private void Edit()
{
    UndoManager.Instance.Register(Contact);
    Messenger.Instance.Send<ViewModelBase>(this, "showPopup");
}
```
Listing 11.22: ViewModel in einem Popup bearbeiten

```
private void ShowPopup(ViewModelBase content)
{
    CurrentPopupData = content;
    IsPopupVisible = true;
}
```
Listing 11.23: Popup öffnen

Abb. 11.6: Kontakt bearbeiten

Änderungen verwerfen

Anwendungen, die das Bearbeiten von Daten anbieten, müssen dem Benutzer auch die Wahl überlassen, ob diese Änderungen gespeichert werden oder nicht. Im letzten Beispiel werden Daten aus dem Kontext einer Liste bearbeitet. Da mit derselben Instanz und Datenbindung gearbeitet wird, schreiben sich Änderungen sofort bis zur Anzeige der Liste durch. Aus diesem Grund muss es eine Möglichkeit geben, Änderungen nicht zu übernehmen.

Dazu wurden zwei Klassen eingeführt:

- UndoManager: Dabei handelt es sich um eine Klasse nach dem Singleton-Pattern, die es ermöglicht, Objekte zu registrieren und darauf vorgenommene Änderungen rückgängig zu machen.

- UndoViewModel: Dies ist ein Basis-ViewModel, das den Command UndoCommand zur Verfügung stellt. Hiermit können aufgezeichnete Änderungen zurückgenommen werden.

Zusätzlich wurde die bereits bekannte Basisklasse NotificationBase um Hilfen für den Umgang der Zurücknahme von Änderungen erweitert. Diese sind in Listing 11.24 zu sehen.

```
protected void RaiseUndoPropertyChanged(string propertyName,
                                        object oldValue,
                                        object newValue)
{
    EventHandler<UndoEventArgs> handler = UndoPropertyChanged;
    if (handler != null)
        handler(this, new UndoEventArgs { Object = this,
                                          PropertyName = propertyName,
                                          OldValue = oldValue,
                                          NewValue = newValue });
}


public event EventHandler<UndoEventArgs> UndoPropertyChanged;
```

Listing 11.24: Undo-Erweiterung der Klasse NotificationBase

Da die Instanz der Klasse UndoManager das Ereignis UndoPropertyChanged eines registrierten Objekts abonniert, können so alle Änderungen überwacht werden. Ausgelöst werden Änderungsbenachrichtigungen über den Setter der jeweiligen Eigenschaft (siehe Listing 11.25).

```
public string FirstName
{
    get { return firstName; }
    set
    {
        if (firstName == value)
            return;
        RaiseUndoPropertyChanged("FirstName", firstName, value);
        firstName = value;
        RaisePropertyChanged("FirstName");
    }
}
```

Listing 11.25: Änderungsbenachrichtigung auslösen

Damit die neue Funktionalität nun überhaupt verwendet werden kann, muss ein Objekt am `UndoManager` registriert werden. Im Falle des `ContactEditViewModel` geschieht dies beim Aufruf des `Edit`-Commands:

```
private void Edit()
{
    UndoManager.Instance.Register(Contact);
    Messenger.Instance.Send<ViewModelBase>(this, "showPopup");
}
```

Listing 11.26: Objekt am UndoManager registrieren

Somit werden jetzt alle Änderungsanzeigen aufgenommen und können durch den Aufruf der Methode `Undo` am `UndoManager` für eine bestimmte Instanz wieder rückgängig gemacht werden.

Damit die Undo-Registrierungen wieder freigegeben werden, ist im Konstruktor des Registrierers die Methode `Unregister` der `UndoManager`-Instanz aufzurufen:

```
~ContactEditViewModel()
{
    UndoManager.Instance.Unregister(Contact);
}
```

Listing 11.27: Objekt beim UndoManager abmelden

Dadurch werden die beim Registrieren gesetzten Event-Abonnements freigegeben und bleiben somit nicht weiter erhalten. Das zugrunde liegende Objekt kann freigegeben werden, sofern es nicht an einer anderen Stelle noch immer referenziert wird.

Alle ViewModels, die eine Undo-Funktionalität anbieten sollen, haben als Basis eine Klasse namens `UndoViewModel` (siehe Listing 11.28). Diese stellt den `Undo`-Command zur Verfügung, der an die UI gebunden wird, wodurch die dahinterstehende Logik durch den Benutzer ausgelöst werden kann. Zusätzlich wird eine virtuelle Methode `Undo` angeboten. Dies ermöglicht das Überschreiben und Anpassen an die aktuellen Gegebenheiten im jeweiligen ViewModel.

```
public abstract class UndoViewModel : ViewModelBase
{
    private RelayCommand undoCommand;

    public ICommand UndoCommand
    {
        get
        {
```

```
        if (undoCommand == null)
            undoCommand = new RelayCommand(Undo);
        return undoCommand;
    }
}

protected virtual void Undo()
{
    UndoManager.Instance.Undo(this);
}
}
}
```

Listing 11.28: Das UndoViewModel als Basis der Undo-Funktionalität

Änderungen verwerfen – Der Ablauf

Im Ablauf der Anwendung funktioniert dies nun so, dass für die Anzeige innerhalb von Listen ein spezielles ViewModel für das Bearbeiten der Daten erstellt wird. Bei Betätigung der Bearbeiten-Funktionalität wird dieses im Popup geöffnet. Zur Verfügung stehen zwei Schaltflächen. Durch Betätigen der Schaltfläche SCHLIEẞEN wird das Popup geschlossen und die Änderungen werden übernommen. Wird ABBRECHEN aufgerufen, startet der Undo-Mechanismus durch den gebundenen Command:

```
<Button Content="Abbrechen"
        Style="{StaticResource SaveButton}"
        Command="{Binding UndoCommand}"/>
```

Listing 11.29: Undo-Command an eine Schaltfläche binden

Durch den Command UndoCommand wird die Methode Undo aufgerufen, die selbiges auf dem UndoManager für die vorhandene Instanz ausführt:

```
protected override void Undo()
{
    UndoManager.Instance.Undo(Contact);
}
```

Listing 11.30: Undo auf eine Instanz ausführen

Als Resultat steht die ursprüngliche Instanz zur Verfügung und alle Änderungen wurden verworfen.

Validierung

Alle Anwendungen, die Benutzereingaben ermöglichen, haben mit Falscheingaben zu kämpfen. Dieses gilt es möglichst zu unterbinden, um inkonsistente Daten zu vermeiden, eine weitere Verarbeitung zu ermöglichen und dem Benutzer Hilfestellungen zu bieten, was er wie auszufüllen hat. Dafür bietet die WPF einen entsprechenden Mechanismus, der auch in dieser Beispielanwendung verwendet wird.

Eine wichtige Anlaufstelle ist hierbei die Schnittstelle IDataErrorInfo. Diese schreibt zum einen die Eigenschaft Error vor, die per String zurückliefert, welches Problem generell in dieser Instanz besteht. Als Standard wird String.Empty zurückgegeben. Zusätzlich wird ein Indexer auf Basis der Eigenschaftsnamen angeboten, der zu jeder Eigenschaft zurückliefert, welcher Fehler hier vorliegt. Als Standard wird auch hier String.Empty erwartet. Dies kommt einer Fehlerfreiheit gleich.

Die Validierung wird auf den einzelnen Modellen implementiert. Dazu ist die Klasse ModelBase um die genannte Schnittstelle zu erweitern. Zusätzlich wird eine Methode IsValid angeboten, die per Boolean angibt, ob eine der angebotenen Eigenschaften einen fehlerhaften Wert enthält oder nicht. Die Implementierung ist in Listing 11.31 zu sehen.

```
public class ModelBase : NotificationBase, IDataErrorInfo
{
    public bool IsValid()
    {
        PropertyInfo[] properties = GetType().GetProperties();
        foreach (PropertyInfo pi in properties)
        {
            if (!String.IsNullOrWhiteSpace(this[pi.Name]))
                return false;
        }
        return true;
    }

    public virtual string Error
    {
        get { return String.Empty; }
    }

    public virtual string this[string columnName]
    {
        get { return String.Empty; }
    }
}
```

Listing 11.31: Validierungsbasis der Klasse ModelBase

Nehmen wir als Beispiel die Klasse Contact. Diese soll vorschreiben, dass der Nachname (Eigenschaft LastName) zwingend gesetzt sein muss, damit ein Objekt davon gespeichert werden kann. Die Abfrage wird nun im Indexer umgesetzt, indem auf den Eigenschaftsnamen hin überprüft wird, ob die dahinterstehende Eigenschaft einen Wert gesetzt hat oder nicht. Ist dies nicht der Fall, wird eine entsprechende Fehlermeldung zurückgeliefert (siehe Listing 11.32).

```
public override string this[string columnName]
{
    get
    {
        switch (columnName)
        {
            case "LastName":
                if (String.IsNullOrWhiteSpace(LastName))
                    return "Nachname muss angegeben werden";
                break;
        }
        return null;
    }
}
```

Listing 11.32: Überprüfung von Eigenschaften

Damit die Validierung nun in der Visualisierung durchgeführt wird und der Benutzer bei einer Fehl- bzw. Nichteingabe eine hilfreiche Meldung erhält, muss sie im XAML der entsprechenden View definiert werden. Um die über die Schnittstelle IDataErrorInfo implementierte Logik zu verwenden, besteht nun die Möglichkeit, die Eigenschaft ValidatesOnDataErrors der Bindung auf true zu stellen. Dadurch wird die DataErrorValidationRule der Validierungsregeln einer Bindung aktiviert und es werden diesbezügliche Abfragen an den implementierten Indexer gestellt (siehe Listing 11.33).

```
<TextBox Text="{Binding Contact.LastName, ValidatesOnDataErrors=True}"
         Validation.ErrorTemplate="{StaticResource ShowErrorTemplate}"
         IsEnabled="{Binding HasData}"
         Grid.Column="1"
         Grid.Row="4"
         Style="{StaticResource FieldValue}"/>
```

Listing 11.33: Aktivierung der Validierung in der UI

Alternativ dazu kann die Regel auch wie nachfolgend abgebildet aktiviert werden:

```
<Binding.ValidationRules>
    <DataErrorValidationRule/>
</Binding.ValidationRules>
```

Tipp

Sie können auch benutzerdefinierte Regeln definieren, indem Sie von der Klasse `ValidationRule` ableiten und die auf diese Weise angelegten Regeln der `ValidationRules`-Auflistung der Bindung hinzufügen. Die so erstellten Klassen müssen die Methode `Validate` implementieren und liefern ein Objekt vom Typ `ValidationResult` zurück. Dieses beschreibt das Ergebnis der Validierung und liefert gegebenenfalls eine entsprechende Fehlermeldung zurück. Die in dieser Art und Weise angegebenen Regeln werden bei jeder Aktualisierung des Zielwertes durchlaufen.

Über die Attached Property `Validation.ErrorTemplate` können Sie ein `ControlTemplate` definieren, das die visuelle Rückmeldung eines etwaigen Validierungsfehlers an den Benutzer beschreibt. Im genannten Beispiel wird eine Vorlage mit dem eindeutigen Schlüssel `ShowErrorTemplate` (siehe Listing 11.34) verwendet. Darüber wird das zu validierende Feld durch Informationen bezüglich des aufgetretenen Fehlers ergänzt. Das zu validierende Feld wird durch den `AdornedElementPlaceholder` eingefügt. Es wird also ein `DockPanel`-Element darübergestülpt und ein Fehler-Icon angezeigt.

```xml
<ControlTemplate x:Key="ShowErrorTemplate">
    <DockPanel>
        <Image Source="Images/validation_error.gif" VerticalAlignment="Center"/>
        <AdornedElementPlaceholder/>
    </DockPanel>
</ControlTemplate>
```

Listing 11.34: Fehlervorlage für die Visualisierung eines Validierungsfehlers

Das Ergebnis einer Nichtangabe des Nachnamens ist in Abbildung 11.7 zu sehen. Dabei fällt auf, dass die Schaltfläche HINZUFÜGEN deaktiviert ist. An diese Schaltfläche ist ein Command namens `AddCommand` gebunden:

```csharp
public ICommand AddCommand
{
    get
    {
        if (addCommand == null)
            addCommand = new RelayCommand(Add, CanAdd);
        return addCommand;
    }
}
```

Listing 11.35: Command für das Hinzufügen von neuen Datensätzen

Interessant ist hier die Methode, die für die von der Schnittstelle `ICommand` vorgeschriebene Methode `CanExecute` verwendet wird: `CanAdd`. Darin wird unter anderem die Methode `IsValid` des verwendeten Modells aufgerufen und dadurch geprüft, ob das Objekt einen gültigen Validierungsstatus hat. Ist dies nicht der Fall, kann das Objekt nicht hinzugefügt/gespeichert werden:

```
private bool CanAdd()
{
    return (model as ModelBase).IsValid() && Contact.Company != null;
}
```

Abb. 11.7: Rückmeldung einer Validierung

Die gezeigte Variante ermöglicht es dem Benutzer, bereits vor der Eingabe informiert zu werden, welche Felder zwingend ausgefüllt werden müssen, um ein valides Objekt zu erzeugen, das persistiert werden kann. Zusätzlich wird die laufende Eingabe überprüft. Werden Wertebereiche nicht eingehalten etc., kann er sofort informiert werden, um seinen Fehler zu beheben. Schlussendlich können Commands erst bei einem gültigen Objekt »freigeschaltet« werden, um eine weitere Verarbeitung (Persistierung etc.) zu ermöglichen.

11.4.5 Verwaltung der Styles und Vorlagen

Eine häufige Frage bei der Entwicklung von WPF-Anwendungen betrifft die Verwaltung von Styles und Vorlagen. In diesem Projekt werden sie direkt in der Hauptanwendung verwaltet (siehe Abbildung 11.8). Das geschieht in zwei Teilen:

- Resources

- Skins

In den »Resources« werden die notwendigen `Converter`-Elemente definiert, der Locator zum Auffinden der notwendigen ViewModels eingebunden und die Datenvorlagen für das Mapping der ViewModels auf die UI-Elemente definiert.

Im Bereich »Skins« findet sich die Datei `MainSkin.xaml`. Diese bindet alle Ressourcenwörterbücher aus dem Unterverzeichnis `MainSkin` ein, welche wiederum auf Basis ihrer Zugehörigkeit gruppiert sind. Alle Styles für den Inhaltsbereich finden sich in der Datei `Content.xaml`, alle Styles für die Eingabeformulare sind in der Datei `InputForm.xaml` zu finden usw.

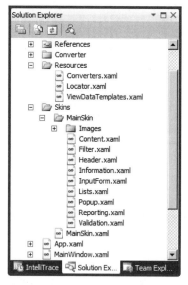

Abb. 11.8: Verwaltung der Ressourcen

- Vielfach werden Styles und Vorlagen auch auf Basis des Zieltypen zusammengefasst. Dies ist sicherlich eine gangbare Lösung, hat aber im Vergleich zur verwendeten Lösung den Nachteil, dass sie schwerer aufzufinden sind und Styles bzw. Vorlagen zu unterschiedlichsten Bereichen in derselben Datei abgelegt werden. Eine kontextbezogene Aufteilung findet nicht statt – dies ist wenig intuitiv für den Entwickler bzw. Designer.

- Die Einbindung der Ressourcen wird in der Datei `App.xaml` vorgenommen:

```
<Application.Resources>
  <ResourceDictionary>
    <ResourceDictionary.MergedDictionaries>
      <!-- Einbinden von notwendigen Ressourcen -->
```

```
        <ResourceDictionary Source="Resources/Locator.xaml"/>
        <ResourceDictionary Source="Resources/Converters.xaml"/>
        <ResourceDictionary Source="Resources/ViewDataTemplates.xaml"/>
        <!-- Einbinden von Styles und Vorlagen aus einem Skin -->
        <ResourceDictionary Source="Skins/MainSkin.xaml"/>
      </ResourceDictionary.MergedDictionaries>
    </ResourceDictionary>
</Application.Resources>
```

Listing 11.36: Einbinden aller vorhandenen Ressourcen

- Durch diesen Vorgang wird der MainSkin fix eingebunden. Durch die verwendete Struktur ließen sich jedoch mehrere Skins definieren, zwischen denen der Benutzer wählen könnte.

- Sollte es erforderlich sein, dass Styles und Vorlagen ausgetauscht/verändert werden, besteht die Möglichkeit, diese nicht in die Assembly zu kompilieren, sondern über das Dateisystem einzubinden. Dadurch könnten die Ressourcen auch vor Ort ausgetauscht werden.

- Mithilfe der Klasse XamlLoader ist es auch denkbar, Ressourcen zur Laufzeit manuell einzulesen und es so zu ermöglichen, dass weitere benutzerdefinierte Skins vom Benutzer/Kunden/etc. hinzugefügt und verwendet werden können.

- Sind für alle Produkte eines Softwareunternehmens die gleichen Ressourcen zu verwenden, sollte es dafür ein eigenes Projekt geben, dessen Assembly Output von allen Anwendungen eingebunden wird. Dadurch können die Ressourcen an einer zentralen Stelle gepflegt werden und alle Anwendungen des Unternehmens erhalten dasselbe Aussehen.

11.5 Fazit

In diesem Kapitel wurden Sie mit fortgeschrittenen Techniken konfrontiert, die Ihnen einen Ausblick auf die Möglichkeiten der WPF geben und aufzeigen, wie WPF-Anwendungen in der Praxis entwickelt werden. Vieles steht bereits durch das Framework und dessen Bibliotheken zur Verfügung. In manchen Bereichen muss der Entwickler jedoch selbst Hand anlegen und einen für sich passenden Mechanismus entwickeln. Als Anleitung dazu kann das MVVM-Pattern gesehen werden. Dieses zeichnet sich durch seine Flexibilität und Einfachheit aus. Neben der vorgestellten Variante finden sich zahlreiche MVVM-Frameworks in unterschiedlichen Ausprägungen in der Community.

Unabhängig von den existierenden Frameworks ist es wichtig, das Prinzip des hier vorgestellten Patterns zu verstehen, denn Ziel sollte es sein, möglichst große Teile wiederverwendbaren und testbaren Codes zu schreiben. Dadurch schaffen Sie kürzere Entwicklungszyklen und funktionierende Komponenten, auf die Sie sich bei weiteren Implementierungen und Projekten verlassen können. Das Ergebnis ist eine erhöhte Produktivität auf Ihrer Seite und eine höhere Zufriedenheit beim Kunden.

Hinweis

Das hier gezeigte Beispiel finden Sie auf der beigelegten CD unter `Kapitel11\MVVMSample`. Die grundlegenden Mechanismen wurden in diesem Kapitel besprochen, dennoch werden Sie an der einen oder anderen Stelle auch nicht gezeigte Implementierungen finden. Diese wurden größtenteils in den vorangegangenen Kapiteln gezeigt. Nutzen Sie dieses Beispiel, um sich mit dem MVVM-Pattern vertraut zu machen.

Stichwortverzeichnis

Roy Osherove

The Art of
Unit Testing
Deutsche Ausgabe

- Lesbare, wartbare und zuverlässige Tests entwickeln

- Stubs, Mock-Objekte und automatisierte Frameworks

- Einsatz von .NET-Tools inkl. NUnit, Rhino Mocks und Typemock Isolator

Unit Testing, richtig durchgeführt, kann den Unterschied ausmachen zwischen einem fehlgeschlagenen Projekt und einem erfolgreichen, zwischen einer wartbaren Code-Basis und einer, die niemand freiwillig anpackt, zwischen dem Nach-Hause-Kommen um 2 Uhr nachts oder zum Abendessen, selbst noch kurz vor dem Release-Termin.

Roy Osherove führt Sie Schritt für Schritt von einfachen Tests zu Tests, die wartbar, lesbar und zuverlässig sind. Er geht danach auf die Grundlagen des Interaction Testings ein und stellt schließlich bewährte Vorgehensweisen für das Schreiben, das Verwalten und das Warten der Unit Tests in echten Projekten vor. Darüber hinaus werden auch fortgeschrittene Themen behandelt wie Mocks, Stubs und Frameworks wie etwa Typemock Isolator und Rhino Mocks.

Sie werden eine Menge zu fortgeschrittenen Testmustern und zur Testorganisation, zum Arbeiten mit Legacy Code und auch zu untestbarem Code erfahren. Und Sie lernen Werkzeuge kennen, die Sie beim Testen von Datenbanken und anderen Technologien brauchen werden. Alle Beispiele sind mit Visual Studio in C# geschrieben, so dass die Beispiele insbesondere für .NET-Entwickler nützlich sind. Aber auch für Programmierer anderer Sprachen wird das Buch von großem Nutzen sein, da die Prinzipien des Unit Testings für andere Sprachen dieselben sind.

Über den Autor:
Roy Osherove ist Chef-Architekt bei Typemock und war von Anfang an einer der Organisatoren von ALT.NET. Er berät und trainiert Teams weltweit in der Kunst des Unit Testings sowie der testgetriebenen Entwicklung. Er spricht regelmäßig auf internationalen Konferenzen wie TechEd oder JAOO.
Roys Blog finden Sie auf ISerializable.com.

Probekapitel und Infos erhalten Sie unter:
www.mitp.de/9023

ISBN 978-3-8266-9023-5

Ulla Kirch · Peter Prinz

C++
Lernen und professionell anwenden

Mit Microsoft Visual C++ 2010 Express Edition auf der CD

■ **Gezielter Lernerfolg durch über-schaubare Kapiteleinheiten**

■ **Vollständige Darstellung – Schritt für Schritt**

■ **Konsequent objektorientiert programmieren**

5. Auflage

Sie möchten die Programmiersprache C++ erlernen oder vertiefen – und sind Anfänger oder aber fortgeschrittener Programmierer? Dann ist dieses Buch richtig für Sie!

Sie lernen die elementaren Sprachkonzepte von C++ und werden schrittweise bis zur Entwicklung professioneller C++-Programme geführt. In den Beispielen zeigen die Autoren die ganze Breite des Anwendungsspektrums auf. Dabei basiert die Sprachbeschreibung auf dem ANSI-Standard, der von allen gängigen Compilern unterstützt wird (Visual C++, C++Builder, GNU C++ etc.). Für den professionellen Einsatz sind in den hinteren Kapiteln die Container-Bibliothek, die numerische

Bibliothek und die Algorithmen der Standard-Template-Library beschrieben. Zahlreiche Anwendungsbeispiele illustrieren die unterschiedlichen Verwendungsmöglichkeiten.

Jedes Kapitel bietet Ihnen die Gelegenheit, mit Übungen und Musterlösungen Ihre Kenntnisse direkt zu überprüfen und zu vertiefen. Damit Sie Ihr Programm unmittelbar testen können, ist auf der beiliegenden CD die Microsoft Visual C++ 2010 Express Edition beigefügt. Die Programmbeispiele finden Sie ebenfalls auf der CD.

Probekapitel und Infos erhalten Sie unter:
www.mitp.de/9143

ISBN 978-3-8266-9143-0

ISBN 978-3-8266-5888-4

- Die Ziele und Erwartungen Ihrer User untersuchen und verstehen
- Die Methode des Goal Directed Designs anwenden
- Produkte entwickeln, mit den Ihre User optimal interagieren können

ISBN 978-3-8266-5885-3

„Das Großartige an diesem Buch ist, dass es zahlreiche Handlungsanweisungen enthält – Dinge, die ich tun kann. Es macht deutlich, dass die Verantwortung für meine Situation dort liegt, wo sie hingehört – bei mir. Dieses Buch arbeitet heraus, was ich heute tun kann. Und morgen. Und im Rest meiner beruflichen Laufbahn." *Kent Beck*

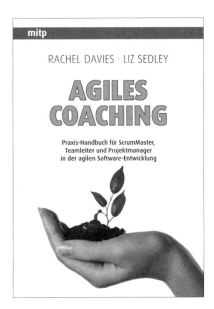

ISBN 978-3-8266-9046-4

»Ausgehend von ihren jahrelangen Erfahrungen geben Rachel und Liz neuen Trainern das Vertrauen, das sie brauchen, während sie uns alten Hasen noch ein paar neue Tricks beibringen.«
Russ Rufer, Silicon Valley Patterns Group

ISBN 978-3-8266-5898-3

Mike Cohns jahrelange Erfahrungen mit User Stories machen dieses Buch zu einer wertvollen Anleitung, in der er Ihnen praxisnah zeigt, wie Sie User Stories in Ihrem Entwicklungsteam effektiv einsetzen können.

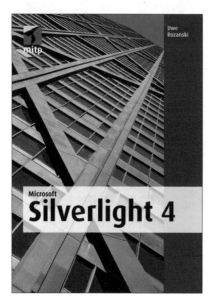

ISBN 978-3-8266-9074-7

- Einführung in XAML und die Verknüpfung
  mit dem CodeBehind
- RIAs mit Video, Audio, Events, Transformationen,
  Animationen und Deep Zooming
- Vollständige Anwendungsentwicklung
  mit Präsentation, Verarbeitungslogik und
  Datenbankanbindung

ISBN 978-3-8266-5548-7

- Kommentare, Formatierung, Strukturierung
- Fehler-Handling und Unit-Tests
- Zahlreiche Fallstudien, Best Practices,
  Heuristiken und Code Smells

ISBN 978-3-8266-5504-3

- ASP.NET: Mit Beispielprojekt
  einer Community-Website
- Navigation, dynamische Elemente,
  individuelle Layouts
- Einsatz von Datenbanken,
  Benutzerverwaltung, Sucheingabe

ISBN 978-3-8266-5915-7

- Gezielter Lernerfolg durch
  überschaubare Kapiteleinheiten
- Vollständige Darstellung –
  Schritt für Schritt
- Konsequent objektorientiert
  programmieren